개념무기들

 M 아우또노미아총서 72

개념무기들

The Conceptual Arms

지은이 조정환

펴낸이 조정환
책임운영 신은주
편집 김정연
디자인 조문영
홍보 김하은
프리뷰 손보미 · 전성욱

펴낸곳 도서출판 갈무리 **등록일** 1994. 3. 3. **등록번호** 제17-0161호
초판인쇄 2020년 11월 18일 **초판발행** 2020년 11월 24일
종이 화인페이퍼 **인쇄** 예원프린팅 라미네이팅 금성산업 **제본** 경문제책

주소 서울 마포구 동교로18길 9-13 [서교동 464-56]
전화 02-325-1485 **팩스** 02-325-1407
website http://galmuri.co.kr e-mail galmuri94@gmail.com

ISBN 978-89-6195-252-1 93100
도서분류 1. 정치철학 2. 철학 3. 현대철학 4. 정치학 5. 인문학 6. 사회과학
  7. 사회사상

값 23,000원

이 도서의 국립중앙도서관 출판예정도서목록(CIP)은 서지정보유통지원시스템 홈페이지(http://seoji.nl.go.
kr)와 국가자료공동목록시스템(http://www.nl.go.kr/kolisnet)에서 이용하실 수 있습니다.(CIP제어번
호 : CIP2020046328)

The Conceptual Arms

개념무기들

들뢰즈 실천철학의 행동학

The Ethology of Deleuze's Practical Philosophy

조정환

갈무리

일러두기

1. 인명, 지명, 책 제목, 논문 제목 등 고유명사의 원어는 맥락을 이해하는 데 원어가 꼭 필요하다고 생각되는 경우를 제외하고는 본문에서 원어를 병기하지 않았으며 찾아보기에 모두 수록하였다.
2. 단행본과 정기간행물에는 겹낫표(『 』)를, 논문, 선언문에는 홑낫표(「 」)를, 단체명에는 가랑이표(〈 〉)를 사용하였다.

행동학ethology은

각 사물을 특징짓는 빠름과 느림의 관계들과,

정동하고 정동되는 능력들에 대한 탐구이다.

질 들뢰즈

차
례

책머리에 10

1장 서론
들뢰즈의 특이함과 전환 22
소수철학과 차이의 3차원 체계 23
분열분석의 정치철학 25
카오스와 뇌 28

2장 기계:사회기계와 전쟁기계
사회기계와 그 계보학 36
전쟁기계와 그 양의성 50

3장 시간:시간의 세 차원과 두 가지 시간성
가치와 시간 60
단번에 실재적 삶에서 시작하기 67
시간의 세 차원 73
두 가지 시간성 83
비물질노동과 시간, 그리고 정치 92

개념무기들

4장　정동 : 정동은 무엇을 할 수 있는가?

정동이론의 등장　100

정동과 정보　108

정동과 정서　116

정동과 이성　119

정동과 자기정서 혹은 직관　123

들뢰즈 정동이론의 함의　130

정동에 대한 관념들 비판　135

5장　주체 : 탈주체적 주체되기의 형상들

들뢰즈는 주체성 개념에 반대했는가?　142

들뢰즈의 주체이론의 진화　145

애매한 전구체 — 보이지 않게 앞서 움직이라　160

분열자 — 절단하고 연결하라　162

소수자 — 집단적, 정치적, 탈영토적이어라　168

유목민과 장인 — 이동하고 구멍을 파라　175

들뢰즈 주체이론의 의미　188

차례

6장 정치·1: 역설의 존재론과 들뢰즈 정치학의 자장

들뢰즈 현상의 세 국면 194

들뢰즈 정치학의 기초로서의 역설의 존재론 202

들뢰즈 정치학의 자장 230

들뢰즈와 삶정치학, 그리고 맑스주의의 혁신 264

7장 정치·2: 소수정치와 삶정치

들뢰즈와 정치 280

정통에 대한 거부와 가능성의 존재론으로서의 맑스주의 282

들뢰즈의 '잠재성의 존재론' 285

네그리의 '가능성의 존재론' 299

소수정치 대 삶정치 306

자율의 정치 322

개념무기들

8장   속도 : 감속과 가속 너머

감속할 것인가 가속할 것인가? 326

「가속주의 정치 선언」과 가속의 이념 331

들뢰즈와 속력의 존재론 335

들뢰즈와 가속 : 문명화된 자본주의 기계와 속력 문제 344

탈영토적 가속에서 절편화 대 블록화 : 특이성들의 공통되기 353

기술적 요소와 배치의 문제 : 무기와 도구 364

가속과 주체성 : 프롤레타리아의 집합적 배치 371

무엇을 가속할 것인가? 383

9장   결론

취지와 요점 392

들뢰즈-추상기계 410

블록화, 공통화, 좌파, 그리고 아래로부터의 섭정의 문제 412

참고문헌 415

인명 찾아보기 419

용어 찾아보기 421

1995년 이후 지난 25년 동안 나는 다중의 자율적 공통 정치의 가능성과 방향을 탐구해 왔다. 이 탐구 기간에 나는, 흔히 그것과는 다른 방향을 가리키는 것처럼 오해되곤 하는 질 들뢰즈[1]로부터 늘 철학적 배움을 얻어 왔다. 꽤 긴 이 사숙私淑의 시간에 기회가 있을 때마다 그 배움에서 얻은 생각들을 글로 써왔는데 뒤돌아보니 뜻하지 않았음에도 불구하고 그것들이 일관된 하나의 방향을 지향하고 있음을 발견하게 되었다. 그것은 운동학적 사유체계에 갇혀 있는 동역학적 사유를 풀어내 동역학적 사유의 유연성으로 운동학적 사유의 틀을 절단하고 재구성할 개념무기들을 찾아내는 방향이었다. 들뢰즈의 철학실천을 실천철학으로 읽는 것, 그것이 사숙의 시간 내내 암묵적으로 작용하고 있던 나의 독서 방법이었던 셈이다. 들뢰즈를 이렇게 읽는다는 것은 이 책의 연구 초점이 들뢰즈라는 인물은 '누구인가?' 혹은 들뢰즈의 철학사상은

---

1. 이 책에서 들뢰즈라는 이름은 상당 부분에서, 특히 후기 철학을 서술하는 대목에서는 펠릭스 과타리라는 이름을 피뢰침처럼 머리에 꽂고 있는 이중체임을 밝혀 둔다. 그 이름을 생략한 것은 이 책의 주제 전개를 쉽게 하기 위해 순전히 편의적으로 선택한 방법이다.

'어떠한가?'를 그 자체로서 묻는 것에 있다기보다 들뢰즈의 개념무기들을 가지고 '무엇을 할 것인가?'라는 질문에 모여 있음을 의미한다.

 1990년대 초부터 들뢰즈가 한국에 소개되기 시작했지만 내가 들뢰즈에 진지한 관심을 갖게 된 것은 1995년에 발간된 마이클 하트의 책 *Gilles Deleuze : An Apprenticeship of Philosophy* [2]를 읽으면서부터였다. 이 책은 프랑스의 포스트구조주의 철학(질 들뢰즈)과 이탈리아의 자율주의 철학(안또니오 네그리)을 비교하는 내용을 담고 있는 마이클 하트의 박사학위 논문 중에서 들뢰즈를 다룬 전반부를 단행본으로 출판한 것이었다.[3] 이때가 나의 관심이 고전적 맑스주의에서 자율주의적 맑스주의로 급속히 선회하던 시기였음을 상기해 보면, 들뢰즈에 대한 나의 관심은 자율주의적 맑스주의 시각에서 프랑스 포스트구조주의 철학을 전유하는 구도 속에서 시작된 셈이었다. 이 사상적 이행과 전환이 기묘하게 중첩되어 나타난 것이 1995년 9월 초에 출판한 『현대 프랑스 철학의 성격 논쟁』[4]이

---

2. Michael Hardt, *Gilles Deleuze*, Minnesota Press, 1995 [마이클 하트, 『들뢰즈의 철학사상』, 이성민·서창현 옮김, 갈무리, 1996 ; 마이클 하트, 『들뢰즈 사상의 진화』, 김상운·양창렬 옮김, 갈무리, 2004].

3. 네그리를 다룬 학위논문의 후반부는 영어는 물론이고 어떤 언어로도 출판되지 않았지만, 한국어로 단행본 출판을 하자는 제의에 마이클 하트가 흔쾌히 동의해 주어 『들뢰즈 사상의 진화』의 쌍둥이 제목이랄 수 있는 『네그리 사상의 진화』(정남영·박서현 옮김, 갈무리, 2008)로 출판했다.

4. 알렉스 캘리니코스 외, 『현대 프랑스 철학의 성격 논쟁』, 이원영 옮김, 갈무

다. 이 책은 국제사회주의 계열의 고전적 맑스주의자들이 알튀세르, 푸코, 들뢰즈 등의 프랑스 철학자들을 다룬 텍스트들을 편역한 후에 나의 두 편의 해제논문을 덧붙여 출판한 것이다. 이 책을 다시 살펴보면 나의 과거와 당대, 그리고 미래가 서로 당황스럽게 얽혀 있어, 변환기 1990년대의 복잡한 사상적 풍경을 보는 듯하다. 주지하다시피 1980년대는 맑스, 엥겔스, 레닌, 그람시, 루카치, 로자 룩셈부르크 등의 고전적 맑스주의와 함께 동독과 소련의 이른바 '맑스-레닌주의' 국정 철학이 좌파 운동에 널리 받아들여졌던 시기다. 더 정확하게 말하면 고전적 맑스주의가 맑스-레닌주의의 안경을 통해 읽히고 맑스-레닌주의의 틀 속에서 실행되었던 때라고 해야 할 것이다. 1991년 소련 및 동구 사회주의의 급작스러운 붕괴를 계기로 고전적 맑스주의와 맑스-레닌주의를 모두 밀어내면서 쇄도한 것은 포스트모더니즘 철학이었다. 포스트모더니즘은 미국 철학이 프랑스 철학을 전유하는 하나의 방식이기도 했는데 알튀세르, 푸코, 들뢰즈는 이 때문에 이중의 맥락 속에서 수용되었다. 하나는 포스트모더니즘의 원천에 대한 탐구라는 맥락이었다. 이 맥락에서 이들(특히 푸코와 들뢰즈)은 포스트모더니즘과 구분되지 않는 철학자들로 소개되었다. 이것은 미국이, 지구제국의 군주국으로 등극하면서 프랑스 철학을 전용하는 방식이었

리, 1995.

다고 할 수 있다. 다른 한편 이러한 포스트모더니즘과 거리를 두면서 한국적 상황 속에서 프랑스 철학을 혁명의 철학으로, 구체적으로는 68혁명의 철학으로 재독해하고자 하는 맥락이 있었다. 이것은 사회주의 붕괴와 신자유주의화의 상황에서 맑스-레닌주의도 포스트모더니즘도 아닌 새로운 좌파적 비판 거점을 확보하기 위한 철학 수업이라는 맥락이었다.

『현대 프랑스 철학의 성격 논쟁』은 당연히 후자의 맥락에서 프랑스 철학을 검토하는 작업이지만, 그것의 방법과 지향에는 좀 더 복잡한 가닥들이 있다. 앞서 말한 것처럼 『현대 프랑스 철학의 성격 논쟁』에 번역된 주요 텍스트는 알렉스 캘리니코스, 크리스 하먼, 존 리스, 피터 빈스, 슈 클레그, 리처드 브래드베리 등이 참가했던 영국 사회주의 노동자당의 이론가들이 알튀세르 철학과 포스트구조주의 철학을 어떻게 해석할 것인가를 놓고 벌인 내부 논쟁 문헌들이다. 필자들은 모두 고전적 맑스주의를 자처하고 지향하는 이론가들로서 프랑스 철학을 고전적 맑스주의와 대립하는 것으로, 즉 반맑스주의나 맑스주의의 왜곡으로 보아 거부할 것인가, 아니면 맑스주의의 하나의 진화 형태(반헤겔주의적 맑스주의)로서 파악할 것인가를 놓고 논쟁하고 있다. 여러 논자가 알튀세르, 푸코, 들뢰즈를 묶어 반맑스주의로 바라보며 거부의 태도를 보이는 가운데 알렉스 캘리니코스 같은 사람은 알튀세르 철학에서 맑스주의의 반헤겔주의적 진화를 발견하고자 시도한다. 그런데 새로운 유형의 프랑스 철학에 대해 이렇게 우호적인 관심을 보인 논자조차도, 들뢰즈에게는 그만큼 우호적인 관심을 보이지 않는다. 들뢰즈가 동일하게 반혜겔주의를 지향함에도 불구하고 말이다.

'비변증법적·구성적 유물론의 모색'이라는 부제목하에 붙인 두 편의 해제 글[5]에서 나는 들뢰즈를 옹호하면서 들뢰즈를 부정적으로 평가한 그 논자들에 대한 비판적 관점을 표명한다. 당시 나의 주장은, 알튀세르, 푸코, 들뢰즈의 프랑스 철학이 고전적 맑스주의와 대립하는 것이 아니라는 알렉스 캘리니코스의 생각과 공조하면서도, 더 나아가 맑스의 정치경제학 비판은 맑스주의의 비혜겔주의적 전화를 주장하는 알튀세르/캘리니코스의 역사유물론보다 포스트구조주의 정치철학과 더 빠르고 깊게 접속될 수 있다[6]는 것으로 구성되어 있었다. 이런 사정 때문에 『현대 프랑스 철학의 성격 논쟁』은 영국 사회주의 노동자당 논자들 내부의 논쟁이라는 맥락 외에, 그 논자들과 편역해제자 사이의 불화라는 중층적 긴장까지 담은 복잡한 기류의 책이 되었다.

이러한 나의 사유 방향에 영향을 준 또 하나의 사건이 있다. 그것은 『현대 프랑스 철학의 성격 논쟁』보다 4개월 앞서

---

5. 이원영, 「마르크스주의 철학에서 헤겔주의 대 반헤겔주의」, 『현대프랑스 철학의 성격 논쟁』, 17~46쪽. 그리고 이원영, 「근대 극복과 철학에서의 반헤겔주의」, 같은 책, 47~89쪽.
6. 이원영, 「근대극복과 철학에서의 반헤겔주의」, 같은 책, 88쪽.

1995년 5월 초에 출판된 『자유의 새로운 공간』[7] 번역작업이다. 이 책은 1980년대 초에 이탈리아 레빕비아 감옥에 수감 중이었던 안또니오 네그리가 질 들뢰즈의 철학적 친구였던 펠릭스 과타리와 소통하며 쓴 책으로, 1970년대의 혁명적 반동과 통합된 세계자본주의의 구축이라는 조건 속에서 혁명의 지속 가능성을 탐구한다. 이 책은 재구성된 세계자본주의에서 사회적 주체성이 새롭게 재구성되고 있기 때문에 혁명은 이전과 동일한 방식으로 이루어질 수는 없으므로 지금까지와는 다르게 살고 생각하는 것이 필요하다고 제안한다. 그 다름의 요점은 고전적 맑스주의의 대중/전위 이분법을 해체하는 새로운 계급 재구성과 정치적 재구성을 제안하는 것인데 이것은 1995년 전후 〈민주노총〉의 발족을 전후하여 빠르게 변하고 있는 한국의 계급 상황에도 조응하는 것으로 느껴졌다. 이 때문에 『현대 프랑스 철학의 성격 논쟁』에 붙인 해제논문에서 나는 이렇게 썼다.

전위와 대중의 분리 모델은 그것이 노동의 미숙성 시대의 산물이기 때문에 이 모델 위에서 ─ 전위의 힘에 의해 ─ 구성되는 주체는 노동주체, 즉 노동의 성숙과 일반화의 요구에 의해 규정되는 주체(스타하노프형, 천리마형 주체들)일 수밖에 없다.

---

7. 안또니오 네그리·펠릭스 가타리, 『자유의 새로운 공간』, 이원영 옮김, 갈무리, 1995 ; 『자유의 새로운 공간』, 조정환 옮김, 갈무리, 2007.

그것은 노동강제를 그 본질로 하는 부르주아적 주체 개념을 벗어나지 않는다. 기존 사회주의 실험이 모두 자본주의적 사회관계의 확대재생산으로 귀결된 것은 이 때문이다. 그러나 노동의 자본에의 실질적 포섭의 심화에 의해 노동의 성숙·일반화의 요구는 이미 실현되었다. 그러므로 현 단계에 구성되어야 할 주체는 그러한 노동주체일 수 없다. 오늘의 잠재력에 기초하여 구성되어야 할 — 그리고 실질적으로 그 어느 때보다도 높은 구성의 가능성을 갖고 있는 — 새로운 주체는 반反노동의 자율적 연대에 기초한 코뮤니즘적 주체이다.[8]

고전적 맑스주의가 전위와 대중의 분리와 전위의 지도력을 혁명의 필요조건으로 사고했다면, 맑스-레닌주의는 그 분리를 사회적 위계로 고정하고 전위의 지도력을 노멘클라투라의 인민대중에 대한 통치력으로 구체화했다. 통합된 세계자본주의에서 실질적 포섭의 심화가 이 분리를 계급구성 차원에서 해체시켰음에도 불구하고, 당체제에 근거해 잔존하는 스탈린주의는 물론이고 국제사회주의처럼 탈스탈린주의의 방향에서 고전적 맑스주의를 재생산하려는 새로운 노력들도 활동가나 과학자 혹은 지식인 같은 변형된 전위를 중심으로 혁명을 사고하곤 한다. 그런데 실질적 포섭의 심화와 통합된 세계자본주의는

---

8. 이원영, 「마르크스주의 철학에서 헤겔주의 대 반헤겔주의」, 같은 책, 46쪽.

변혁의 힘을 이제 무엇보다도 인간 다중과 비인간 다중에서 찾도록 요구하고 있다. 이러한 요구에 응답함에 있어 네그리의 다중자율의 삶정치론이나 과타리의 생태론적 기계정치론, 그리고 들뢰즈의 리좀적 소수정치론은 중요한 사상적 나침반이었다.

『현대 프랑스 철학의 성격 논쟁』을 출판한 뒤 불과 2개월 뒤인 1995년 11월 4일 질 들뢰즈는 자신의 아파트에서 투신하는 것으로 생을 마감했다. 하지만 그것이 들뢰즈 철학을 마감하는 계기는 결코 아니었다. 세계와 한국에서 그것은 오히려 들뢰즈 철학이 21세기 철학이자 새로운 유형의 혁명철학으로 부상하는 계기로 작용했다. 1990년대 말 신자유주의적 자본주의가 지구화하는 상황에서, 나는 영국의 열린 맑스주의(존 홀러웨이, 워너 본펠드 등)와 〈미드나잇 노츠〉(해리 클리버, 조지 카펜치스 등)를 중심으로 하는 미국의 자율주의 운동, 1970년대 아우또노미아 운동을 혁신하는 이탈리아의 포스트오뻬라이스모operaismo 운동(네그리, 비르노, 비포 등), 이탈리아의 자율주의 맑스주의적 페미니즘 운동(마리아로사 달라 코스따, 실비아 페데리치 등), 멕시코 라깡도나 정글의 원주민 자치/자율을 주장한 사빠띠스따 봉기(마르꼬스 등) 등을 일종의 대안운동들로 연구했고, 이 과정에서 들뢰즈는 나의 정치적 상상력을 키우는 중요한 참조점으로 살아있었다.

그리고 2000년 전후 대항지구화 운동의 부상 속에서 거대한 독자를 얻어 대항 지구화 운동의 교과서처럼 읽혔고 나의 정치철학 구성에서 중요한 참조점이 된 네그리와 하트의 『제국』은, 맑스의 『자본』이 헤겔의 『논리학』의 방법을 참조하여 영국의 정치경제학(애덤 스미스, 리카도, 밀)을 재서술한 것과 유사하게 『자본』의 방법을 참조하여 『천 개의 고원』을 재서술한 것과 다르지 않은 것이었다. 이후 지구제국론, 인지자본주의론, 예술인간론, 절대민주주의론, 공통도시론으로 전개되어온 나의 이론적 발전 과정에서 들뢰즈는 늘 숨어 있는 참고인이었고 〈다중지성의 정원〉(구 〈다중문화공간 왑〉, 〈다중네트워크센터〉)에서 지속된 일련의 들뢰즈·과타리 세미나를 통해 그의 생각들은 따옴표도 없이 나의 생각 속으로 스며들어 왔다. 이 과정에서 2005년 9월에 니콜래스 쏘번의 책 *Deleuze, Marx, and Politics*를 번역출판했는데, 이때 나는 명시적으로 맑스주의와 들뢰즈를 연결하여 『들뢰즈 맑스주의』라는 용어를 만들어 사용했다.[9] 들뢰즈가 맑스주의와 대립한다는 오래된 좌파 학술계의 생각에 맞서 저자 쏘번은 들뢰즈의 철학을 68혁명 전후 이탈리아 맑스주의의 진화 형태인 오뻬라이스모와 연결시키고, 들뢰즈·과타리와 오뻬라이스모 및 아우또노미아 운동의 직접적 연결 관계를 밝히면서, 들뢰즈의 소수정치를 프롤레타리아 정치의 현대적 형태로 해석하고 있었기 때문이다.

지금까지 국제사회주의자의 관점에 대한 비판이나 자율주

---

9. 니콜래스 쏘번, 『들뢰즈 맑스주의』, 조정환 옮김, 갈무리, 2005.

의적 포스트오뻬라이스모 관점의 독해라는 방식 속에서 이루어져 온 나의 들뢰즈 연구를 이 책은 직접적으로 들뢰즈의 저작에 대한 분석이라는 형태로 수행한다. 이것은 들뢰즈를 맑스주의의 맥락 속에서 정치적으로 해석하고, 거꾸로 맑스주의를 들뢰즈의 시대 속에서 새롭게 발전시키려는 기존의 작업을 들뢰즈의 주요 개념무기들에 대한 심층탐구의 방식으로 계속하는 것이다.

이 작업에 유형무형으로 협력하고 도움을 준 많은 분들께 감사드린다. 이 책에 포함된 글들의 초기원고에 지면을 제공해 준 매체들이나 발표의 기회를 제공한 학회 및 모임에도 이 자리를 빌려 감사드린다. 본문을 미리 읽고 고치거나 다듬을 곳을 알려주거나 제목을 확정하는 데 아이디어를 보태준 손보미, 전성욱, 김미정, 이수영, 추유선 님께 감사드린다. 제목, 표지, 본문 등을 두루 함께 프리뷰하고 편집, 제작하여 어엿한 책으로 만들어 준 갈무리의 신은주, 김정연, 조문영, 김하은 님께 감사드린다.

2020년 11월 4일 들뢰즈 사후 25주년에

1장 서론

들뢰즈의 특이함과 전환
소수철학과 차이의 3차원 체계
분열분석의 정치철학
카오스와 뇌

들뢰즈의 특이함과 전환

들뢰즈는 자서전을 쓰라는 주변의 권유에 '학자에게 무슨 특별한 이야깃거리가 있겠느냐'며 완곡히 거절한 바 있다. 하지만 그의 삶은 특별하고 색다르다. 1925년 1월 18일 프랑스 파리에서 태어난 그는 철학에서 유목주의를 주장했지만 일생 동안 파리를 거의 떠나지 않았다. 프랑스가 나치에 의해 점령된 시기에 청년기를 보냈고 주어진 질서로부터의 탈주를 사유한 철학자이지만, 항독 레지스땅스 활동을 하다 체포되어 강제수용소로 이송되는 과정에서 총살당한 그의 형 죠지 들뢰즈와는 달리, 소르본느 대학에서 철학 수업에 열중했다. 그 자신은 한 번도 정치조직에 가입하거나 정치활동에 참여한 적이 없지만, 한때 프랑스 공산당원이었고 실천적 임상의 학자였던 펠릭스 과타리의 직관을 받아내어 사변철학을 실천철학, 정치철학으로 발전시켰다. 그는 과타리가 내려치는 정치적 번개를 모으고 변환하는 철학적 피뢰침이었다.

태어날 때부터 약한 폐 때문에 술로 고통을 진정시켜야 했고 말기에는 한쪽 폐를 인공폐로 교체해야 했지만, 호소력 있는 강의와 강력하고 생명력 있는 저작들을 남겼다. 「내재성 : 삶 … 」을 유고로 남길 정도로 삶을 깊이 사유한 철학자

---

1. 질 들뢰즈, 「내재성 : 하나의 삶」, 조정환 옮김, 『자율평론』 15호, 2006, http://

이지만, 1995년 11월 4일 자신의 아파트에서 투신하는 것으로 개체적 삶을 마감했다. 그의 삶과 사유의 이 역설과 색다름은 철학사를 주파하는 한 가지의 사유 전환에서 비롯되었다. 그것은 이전에 이념·존재·실체·물자체 등으로 사유되어 온 존재론적 실재를, 잠재적인 것·강도적인 것·현실적인 것이라는 세 가지 차원을 무한속도로 순환하는 절대적으로 내적인 차이의 분화와 극화 및 미분의 운동으로 새롭게 사유하는 것이다.

소수철학과 차이의 3차원 체계

들뢰즈의 사유실천은 철학사 연구에서 시작되었다. 청년기에 사르트르 철학에 매료되었지만, 그것의 인간주의적 한계를 절감한 그는 그 나름의 탈인간주의적 철학사의 흐름을 찾아나선다. 그것은 플라톤에서 데카르트를 거쳐 헤겔에 이르는 서구 주류철학의 노선과 그것이 공유하는 독단적이고 재현적인 사유의 이미지에 대항하는 일종의 철학적 레지스땅스 실천을 요구했다. 들뢰즈는 플라톤의 이데아(이념)를 흄의 경험론(1953, 『경험주의와 주체성』[2])과 칸트의 초월론(1963, 『칸트의

---

daziwon.com/?mod=document&uid=810&page_id=1250 ; 질 들뢰즈, 「내재성 : 생명 … 」, 『들뢰즈가 만든 철학사』, 박정태 엮고 옮김, 이학사, 2007, 509~517쪽.

비판철학』3)을 비판적으로 재구성한 **초월론적 경험론**의 노선에서 재해석했다. 그에 따르면 이념은 현실이 모방해야 할 초월적 모델로서 경험 밖에 있는 것도 아니고 개체적 객체로서 현실적으로 경험되는 것도 아니다. 그것은, 초록의 경험이 노랑과 파랑이라는 차이적 요소들에 의해 가능해지듯이, 현실적 경험을 가능케 하는 발생 조건이자 발생 요소로서의 잠재적이고 강도적인 차이와 다름이 없다. 다시 말해 경험의 초월론적 조건이 이념으로서의 차이이다.

들뢰즈는 니체의 영원회귀(1962, 『니체와 철학』4)와 베르그손의 지속(1966, 『베르그손주의』) 개념을 전유하면서 이 초월론적 차이를 존재론적 반복으로서의 시간으로 재규정한다. 이어진 스피노자 연구(1968, 『스피노자와 표현의 문제』5)는 들뢰즈로 하여금, 차이를 다양체로 정의할 수 있는 계기를 제공한다. 스피노자적 언어로 표현할 때 차이는, 먼저 속성으로 표현되고 다시 양태로 표현되는 실체인 것이고 그 실체는 내재적 다양체인 것이다.

이런 경로를 따라 발전해온 소수적 노선의 철학사 연구는,

---

2. 질 들뢰즈, 『경험주의와 주체성』, 한정헌·정유경 옮김, 난장, 2012.
3. 질 들뢰즈, 『칸트의 비판철학』, 서동욱 옮김, 민음사, 2006.
4. 질 들뢰즈, 『니체와 철학』, 이경신 옮김, 민음사, 2001.
5. 질 들뢰즈, 『스피노자와 표현의 문제』, 이진경·권순모 옮김, 인간사랑, 2003.

1968년에 박사학위 논문으로 제출된 『차이와 반복』[6]에서 들뢰즈 고유의 잠재성–강도성–현실성을 잇는 3차원 철학체계로 종합된다. 그리고 부논문으로 제출된 『의미의 논리』[7]에서 들뢰즈는 의미를 지시, 현시, 기호작용으로 규정해온 전통적인 세 가지 의미론 체계를 넘어서려 시도한다. 그것은 의미에 대한 존재론적 규정을 시도하는 것인데, 차이의 미분관계dy/dx에 기초한 강도적 발생으로서의 사건을 의미의 고유한 존재론적 평면으로 파악하는 방향이었다. 이 존재론적 의미론에 따르면 의미는 지시나 현시 혹은 기호작용이 아니라 차이들의 연결, 분리, 결합, 즉 사건적 계열화에서 발생한다. 의미에 대한 이러한 이해에 따라 들뢰즈는, 의미만이 아니라 (구조주의에서 중시하는) '구조'도 이 사건적 계열화를 기초로 한 계열들의 계열화를 통해 형성되는 것으로 설명한다.

분열분석의 정치철학

들뢰즈의 사유실천의 두 번째 시기는 프랑스에서 시작되어 전 세계로 퍼져나갔던 1968년의 혁명과 펠릭스 과타리와의 공동작업에 의해 특징지어진다. 68혁명은 프랑스에서 시작되

---

6. 질 들뢰즈, 『차이와 반복』, 김상환 옮김, 민음사, 2004.
7. 질 들뢰즈, 『의미의 논리』, 이정우 옮김, 한길사, 1999.

어 전 세계로 확산된 새로운 유형의 혁명운동으로, 조직된 노동자가 아니라 학생, 여성, 실업자, 동성애자 등 기존의 사회에서 소외되었던 새로운 사회적 주체들이 좌파 정당들의 정치적 통제를 넘어 자본주의와 현실의 사회주의 모두에 대항해 일어난 반란이다. 이것이 가져온 급격한 변혁과 소용돌이의 상황 속에서 들뢰즈는, 반자본주의 활동가였으며 실천적 정신과 의사였던 과타리와 더불어, 사회혁명가 맑스와 정신분석가 프로이트에 대한 새로운 독해를 수행한다(1973, 『안티 오이디푸스』8). 그는 여기서 자신이 지금까지 발전시켜온 차이 개념을 '욕망기계들'로 재정의하고, 프로이트의 '욕망적 생산'과 맑스의 '사회적 생산'을 '욕망기계들의 생산과정'이라는 관점에서 통합한다. 이를 위해 그는, 연결(합언), 분리(선언), 결합(연언)이라는 의미생산 계열화의 세 유형을 욕망의 생산, 분배, 소비라는 세 가지 사회적 과정으로 재규정한다.

당시에 프랑스 정신분석의 주류는 오이디푸스 개념을 통해 욕망적 생산의 운동을 아빠, 엄마, 나라는 삼각형 틀 속에서 해석하고 있었다. 들뢰즈는 이러한 해석 방식이 욕망적 생산이 갖는 혁명적인 사회정치적 내용을 거세하고 개인들의 사회적 욕망을 기존 체제에 수렴하고 통합하는 정신적 통제 장치라고 파악한다. 이렇게 들뢰즈와 과타리는 주류 정신분

8. 질 들뢰즈·펠릭스 과타리, 『안티 오이디푸스』, 김재인 옮김, 민음사, 2014.

석의 이 보수적 가족주의 프레임을 비판하고 해체하는 것을 68혁명에 참여하는 고유한 철학적 방식으로 이해했다. 정신분석의 가족주의에 대한 비판은 사회체제에 대한 비판으로 확장되는데, 여기서도 오이디푸스 개념이 그 유효성을 발휘한다. 역사적 사회체제들을, 사회적 생산의 운동을 영토화하는 원시영토기계, 그 운동을 초코드화하는 야만전제군주기계, 또 그 운동을 탈코드화하지만 그것을 공리계 아래에 종속시키고 그 운동을 탈영토화하면서도 재영토화하는 자본주의 문명기계 등으로 유형화하고 이것들의 기본적 성격을 확대된 오이디푸스 체제로 비판함으로써, 들뢰즈는 대안적 사유의 방법론적 초석을 가다듬는 것으로 나아간다. 이런 식으로 존재론적 차이의 개념을 일관되게 정교화함으로써, 들뢰즈는 욕망기계들의 생산적 운동을 제약하고 봉쇄하는 편집증적 정신분석 대신에 그 기계들의 특이한 운동들이 뻗어나갈 길을 열어줄 분열분석이라는 해방의 정치철학을 정립하는 데 성공한다.

마찬가지로 펠릭스 과타리와 함께 작업한 『천 개의 고원』[9](1980)에서 들뢰즈는 이 해방의 정치철학을 언어, 음악, 문학, 생물, 역사, 정치, 사회 등 여러 영역을 대상으로 확장한다. 여기에서 차이는 나무 모양과는 다른 리좀적 다양체

---

9. 질 들뢰즈·펠릭스 가타리, 『천 개의 고원』, 김재인 옮김, 새물결, 2001.

로 재정의되는데, 이를 통해 그는 지층의 통일성 아래에서 그
램분자적 층위와 분자적 층위를 구별하고, 다수어에 소수어
를 대치시킨다. 또 그는 계열적 사건 내부에서 견고한 분할
선, 양자적이고 유연한 분할선, 그리고 절대적 탈영토화의 도
주선 등을 구분한다. 나아가 추상기계, 전쟁기계로 재규정된
욕망기계는 여성, 아이, 동물되기와 분자되기를 수행하며 강
렬하고 지각 불가능하게 되는 생성의 운동을 이끈다. 또 그
것은 노동에서 벗어난 자유행동을 유도하고 홈패인 공간을 매
끈하게 만들 뿐만 아니라 그 공간에 구멍을 뚫어 돌파한다.
이런 방식으로 사변철학에서 시작된 들뢰즈의 철학은 추상
기계, 전쟁기계, 리토르넬로기계 등 강도성의 애벌레-주체들
에 근거한 탈주체주의적 주체성의 그림을 그리면서, 그 주체
성들의 탈영토적 흐름들의 이웃되기와 도주선들의 회집에
근거한 전복적 공통되기의 정치철학을 제시하는 것으로 나
아간다.

카오스와 뇌

　10년 이상 지속된 유럽(과 전 세계)의 68혁명은 1979년 4
월 이탈리아 아우또노미아 운동에 대한 대탄압을 계기로 종
결되었다. 오이디푸스적 강제노동에 대한 거부로 대표되는 68혁
명의 내적 요구는 역설적이게도, 신자유주의라는 이름으로 전

개된 위로부터의 반혁명의 동력으로 전용되어 정리해고, 비정규직화, 실업 등 노동으로부터의 배제라는 방식으로 거꾸로 실현되었다. 혁명이 지하적 흐름으로 전화할 수밖에 없었던 이러한 상황에서 들뢰즈는 다시 한번 철학사로 돌아온다. 그는 라이프니츠 연구(1988, 『주름』[10])를 통해 다양체의 이론을 구체화하고, 푸코 연구(1986, 『푸코』[11])를 통해 지층을 벗어날 '외부'의 가능성을 타진하면서 현실 사회주의가 붕괴하는 현실에서 유효할 수 있는 '맑스의 위대함'을 구상했다.

하지만 무엇보다도 주요한 공력은 『물질과 기억』[12]에 서술된 베르그손의 이미지론을 정보·영상시대에 부응하는 것으로 현대화하는 것에 바쳐졌다. 그것은, 현대의 영화가 시간의 간접적 이미지로서의 운동-이미지만이 아니라 시간의 직접적 이미지인 시간-이미지를 감각 가능한 것으로 만든다는 생각으로 표현되었다(1983, 『시네마 1』[13]; 1985, 『시네마 2』[14]). 프랜시스 베이컨이 회화적 '형상'을 통해, 보이지 않는 것들, 즉 잠재력, 차이, 시간을 감각 가능하게 만든다는 생각(1981, 『감각의 논리』[15])도 같은 것을 표현한다.

10. 질 들뢰즈, 『주름, 라이프니츠와 바로크』, 이찬웅 옮김, 문학과지성사, 2004.
11. 질 들뢰즈, 『푸코』, 허경 옮김, 그린비, 2019.
12. 앙리 베르그손, 『물질과 기억』, 박종원 옮김, 아카넷, 2005.
13. 질 들뢰즈, 『시네마 1』, 유진상 옮김, 시각과언어, 2002.
14. 질 들뢰즈, 『시네마 2』, 이정하 옮김, 시각과언어, 2005.

이러한 작업은 오래전부터 프루스트(1964, 『프루스트와 기호들』[16]), 사드와 마조흐(1967, 『사드-마조흐론』[17]), 카프카 (1975, 『카프카』[18]) 등의 문학작품을 대상으로 꾸준히 전개되어온 작업을 계속하는 것이기도 하다. 하지만 과거와 다른 점은 그 동일한 작업이, 영화나 회화도 문학과 마찬가지로 감각 불가능한 카오스로부터 감각 가능한 한 줌의 질서를 구축하는 초월론적 경험의 추상기계라는 분명한 인식하에서 전개된다는 것이다. 들뢰즈는 자신의 (그리고 과타리와 공동 저자로 내놓은) 최후 저작이며 자신의 철학에 대한 종합이라고 할 수 있는 『철학이란 무엇인가』[19]에서, 예술은 카오스에 대항하는 투쟁을 통해 감각의 기념비를 구축하는 실천이라고 말한다. 문학에 한정되지 않는 예술 일반에 대한 이러한 성격 규정을 통해 우리는 1980년대에 들뢰즈가 수행한 이미지 연구에서 하나의 도달점을 엿볼 수 있다. 이러한 의미에서의 예술은, 과학과 더불어, 철학으로 하여금 기존의 독사doxa들에 맞서 내재성의 평면에서 새로운 파라독사paradoxa적 개념을 창조할 수

15. 질 들뢰즈, 『감각의 논리』, 하태환 옮김, 민음사, 2008.
16. 질 들뢰즈, 『프루스트와 기호들』, 서동욱·이충민 옮김, 민음사, 2004.
17. 질 들뢰즈, 『매저키즘』, 이강훈 옮김, 인간사랑, 2007.
18. 질 들뢰즈·펠릭스 가타리, 『소수 집단의 문학을 위하여 : 카프카론』, 조한경 옮김, 문학과지성사, 1992.
19. 질 들뢰즈·펠릭스 가타리, 『철학이란 무엇인가』, 이정임·윤정임 옮김, 현대미학사, 1995.

있도록 돕는 친구들로 위치 지어진다.

들뢰즈는 누세기에 걸친 철학사를 섭렵하면서 차이, 다양체, 내재성, 카오스 등의 개념을 발명하고 이를 통해 칸트가 사유 불가능한 것으로 간주했던 '물 자체'$^{Ding an sich}$를 사유 가능하게 만들 뿐만 아니라 감각 가능하도록 만들 개념들을 채굴했다. 이러한 작업을 통해 들뢰즈는 자본주의와 사회주의의 대립이라는 20세기 후반의 냉전 변증법과 그 냉전적 체제에 대항하고 또 그것들을 넘어설 수 있는 개념무기들을 벼려내기 위해 노력했다.

그런데 지금은 신체활동의 노동화만이 아니라 감각, 감정, 소통, 지식 등 인지활동의 노동화를 동시에 자극함으로써 새로운 축적의 방법과 모델을 모색하던 신자유주의적 제국이 재생산의 위기에 직면한 세기이다. 이 세기는 또 위기 속에서 비전을 잃은 주권권력이 경제적 보호주의와 군사적 지역주의, 정치적 파시즘으로 나아가면서 인류의 절멸을 초래할 수도 있는 전쟁으로 자신을 구해 보려는 위험천만한 기회를 엿보고 있는 세기이다. 이러한 세기가 푸코가 말한 바의 들뢰즈의 시대로 될 수 있을 것인가? 만약 그러하다면 그 '들뢰즈의 시대'란 어떤 내용, 어떤 경향, 어떤 함의를 갖는 말인가?

이 물음에 대한 답을 구체화하기 위해서 우리는, 들뢰즈(와 과타리)에 의해 세공된 개념무기들을 제국 시대에 등장한

다중의 집합적 뇌의 창조적 부품으로 전환시키지 않으면 안 된다. 급격하게 방향을 상실하면서 주도력을 잃고 혼란에 빠져들고 있는 낡은 제국질서에 맞서 특이한 차이들의 생산적 역량을 불러내면서도, 그것이 모든 것을 집어삼키는 블랙홀로 빠져들지 않도록 할 수 있는 새로운 대안질서를 발명하는 것이 필요하다. 이 실천적인 시대적 과제를 염두에 두면서, 들뢰즈 사유의 내밀한 직조를 살피고 그것을 무한역량과 절대속도의 실재론이라는 관점에서 다시 사유하는 것, 그리고 그것을 우리 사회와 우리 시대가 직면한 문제들과 대면하게 하는 것이 이 책의 주된 관심사이다.

이 책은 들뢰즈의 기계론, 시간론, 정동론, 주체론, 정치론, 속도론을 세밀히 검토함으로써 그가 존재의 내포역량과 운동, 위도와 경도를 어떻게 구별하고 또 종합하는지를 살핀다. 이것은 들뢰즈가 존재의 동역학과 운동학을 식별한 후 양자를 스피노자적 윤리학ethics과 불가분리한 행동학ethology으로 어떻게 종합하는지를 검토하는 작업이기도 하다. 이 작업을 통해 이 책은 21세기에 들뢰즈 철학이 우리에게 던지는 윤리정치적 의미를 규명하고 자본의 스펙터클 공간 속에서 그것에 대항하면서 다중이 구축해 내고 있는 공통장의 얼개를 더듬어 보고자 시도한다. 이 책이 들뢰즈 철학의 다양한 양상들을 독자들에게 소개하면서도 직접적으로 개괄적이고 대중적인 소개서의 형식을 추구하기보다 여전히 현재성을 갖고 우리 시대의 문제들과 깊이 연루되어 있는 들뢰즈의 주요한 정치철학적 주제들에 대한 집중탐구의 형식을 추구하는 것은 이러한 취지에서다.

2장 기계 : 사회기계와 전쟁기계

사회기계와 그 계보학
전쟁기계와 그 양의성

사회기계와 그 계보학

들뢰즈에게 주권구성에 대한 개념이 있다면 그것은 잠재적인 것과 현실적인 것이라는 힘의 두 차원과 그것들 사이의 미적분 운동에 대한 철학적 성찰에 기초한다. 거대한 주권체제는 아주 작은 차이적 힘들의 적분을 통해 성립되기 때문이다. 그러므로 모든 사회기계에 대한 성찰의 출발점은 잠재적인 것으로서의 차이적 힘들이다. 그런데 차이는 단순한 비교 개념이 아니다. 또 그것은 관계 개념 이상의 것이다. 차이는 욕망하는 기계들의 생산 활동이며 이런 의미에서 욕망은 일종의 생산과정이다.[1] 차이적 욕망은 생산의 활동이고 생산의 과정인 것이다. 차이들, 특이성들의 영원회귀적 반복이 욕망의 생산력을 구성한다. 들뢰즈는 욕망의 생산과정을 사회적 생산과정과 결합시키면서 생산, 유통, 분배, 소비를 총생산의 순환과정으로 파악한 맑스의 생각에 자신의 생각을 겹쳐 놓는다. 생산 외에 아무것도 없다. 모든 것이 생산이다. 생산은 분배, 배치, 등록이자 동시에 소비다. 물론 분배, 배치, 등록과 소비는 생산을 규정한다. 하지만 그 규정은 욕망적이고 사회적인 총생산의 한가운데에서 이루어진다. 그래서 생

---

1. 이런 관점에서 들뢰즈는, 사회구성체들을 생산양식에 의해 규정하기보다 기계적 과정들(machinic processes)에 의해 규정하면서 생산양식들이 이 기계적 과정들에 의존하는 것으로 파악한다.

산들이 생산되고 분배들, 배치들, 등록들이 생산되고 소비들이 생산되고 그에 따르는 향락들, 불안들, 고통들이 생산되는 것이다.[2]

욕망하는 기계들의 생산과정 속에서 생산자와 생산물의 차이는 식별될 수 있지만, 그 차이는 일의적이다. 그것들은 일의적 존재 속에서 생산하는 생산자–생산물이다. 욕망하는 기계들의 생산과정이라는 일의성의 관점에서 보면 인간과 자연은 구별될 수 없다. 인간의 유적 생명이 생산이고 산업인 것처럼 자연 그 자체도 생산이고 산업이기 때문에 자연의 본질이 인간적인 것처럼 인간의 본질도 자연적이다. 산업은 유용물만을 생산하는 것이 아니고 자연을 인간적으로 생산하며 인간 자신을 생산한다. 맑스가 말한 것처럼 인간주의는 자연주의와 하나다. 들뢰즈가 인간을 만물의 왕이 아니라 오히려 온갖 형태 혹은 온갖 종류의 깊은 자연 생명체들과 접촉하고, 별들이나 나무들과 연결되어 있는 자연의 일부로 파악하는 것은 이 때문이다. 인간은 자연과 분리되어 있기는커녕 끊임없이 나무를 몸에, 젖을 입에, 기관–기계를 에너지–기계에 연결시킨다. 그러므로 인간과 자연은 서로 마주 대하고 있는 두 개의 항이 아니며 인과작용, 표상작용, 혹은 표현의 관계(원인–결과, 주관–객관 등) 속에 있는 양극적 대립물도

2. 들뢰즈·과타리, 『안티 오이디푸스』, 26쪽.

아니다. 인간과 자연은 하나이며 같은 본질적 실재인 생산자–
생산물이다.[3]

그래서 들뢰즈는 욕망하는 생산의 분열자를 자연과 인간
의 일체로서의 자연인으로 파악한다. 하지만 분열자가 자연
인이라는 사실 때문에 분열증적 생산과정 자체를 궁극적 목
적으로 이해하거나 혹은 그 분열적 생산과정의 무한정한 영
속으로 이해해서는 안 된다. 그 과정을 목적으로 파악하거나
그 과정을 무한정한 연속으로 보는 것은 일종의 인위적 분열
증을 만들어 내기 십상인데 우리가 병원에서 발견하곤 하는
것이 그것이다. 엄밀하게 말하면 고유하게 분열증적인 현상
이나 실체는 없다. 분열증은 생산적이고 재생산적인 욕망하
는 기계의 우주이며 "인간과 자연의 본질적 실재"로서의 보
편적이고 일차적인 생산이다.[4] 달리 말해 그것은 생산의 생산
이다.

그러면 이 생산의 생산은 어떻게 이루어지는가? 욕망하
는 기계들은 종합(연결접속, 분리접속, 결합접속)을 통해 흐름
을 생산하고 그 흐름의 절단과 채취를 통해 다른 흐름을 생산
한다. 그 이유는 욕망하는 기계가 이항적인 규칙들을 따르는
이항기계이고 이 이항성이 결합과 종합을 지배하기 때문이다.

---

3. 같은 책, 27쪽 (번역 일부 수정, Gilles Deleuze and Félix Guattari, *Anti-Oedipus*, University of Minnesota Press, 2003, p. 4).
4. 같은 책, 27~28 (번역 일부 수정, 같은 책, p. 5).

한 기계는 언제나 다른 기계와 짝을 이루고 있다. 생산의 생산은 생산적 종합이고 그 내부의 이항성 때문에 그 종합은 그리고라는 연결의 형태를 가지고 있다. 이 연결의 형태 속에는 한편에 흐름을 생산하는 기계(예컨대 젖)가 있고 다른 한편에 이것에 연결되어 흐름을 끊고 흐름을 채취하는 다른 기계가 있다(예컨대 입). 그리고 전자 역시 그것이 채취의 기능을 하면서 생산의 기능을 하는 다른 기계에 연결되어 있으므로 욕망의 이 연쇄적 이항계열은 흐르고 끊고 또 흐르면서 모든 방향에서 흐름과 부분객체의 직선적 횡단선을 이룬다고 할 수 있다. 이 횡단선상에서 각각의 기관기계들은 흐름의 세계 전체를 자기 자신의 흐름에 비추어, 즉 자기에게서 흘러나가는 에너지에 비추어 해석할 것이다. 가령 눈은 이 횡단선에서 한 기계가 다른 기계의 흐름을 끊고 혹은 자기의 흐름이 다른 기계에 의하여 절단됨을 "보"면서 모든 것을 "보는 일"을 통해 해석할 것이다.[5]

현대의 제국은 하나의 역사적 사회기계이다. 들뢰즈는 모든 사회기계의 등장을 흐름의 에너지의 연결, 절단, 그리고 채취의 관점에서 파악한다. 이제 제국에 이르게 되는 사회기계의 종합들과 그 계보학에 대한 그의 생각을 검토해 보자.

사회체의 첫 번째 형식은 원시적이고 야생적인 형성체인

---

5. 같은 책, 28~30쪽 (번역 일부 수정, 같은 곳).

	원시적·야생적 사회기계	제국적·야만적 형성체	자본주의적·문명적 형성체
선차적 종합형태	연결접속적 종합	분리접속적 종합	결합접속적 종합
비합법적 사용	외삽	이중구속 배제적-제한적 이접	적용 일대일 대응적이고 분리차별적인 사용 고정되고 제한된 동일화
합법적 사용	수평-내재적	포함적-비제한적 이접	유목적이고 다의적인 동일화
특징	내재	초재	주체의 형성
중심축	결연-친자 관계	전제군주와의 결연-전제군주와의 친자 관계	모든 탈코드화된 흐름들과 탈영토화된 흐름들의 결합접속
표상/ 기표	욕망의 코드화	욕망의 덧코드화	일반화된 흐름들의 탈코드화와 공리화

영토기계이다. 이 기계를 구축하는 것은 종합의 세 가지 유형 중에서 첫 번째 유형인 연결접속적 종합이다. 연결접속적 종합은 무한한 연쇄 혹은 연쇄의 계열들의 형태로 작동한다. 부분적이고 분리될 수 있는 객체들이 모든 방향에서 서로 연결되어 횡단선을 이룬다. 여기에서 모든 객체들은 부분적이어야

만 하며 임시적이거나 분리될 수 있는 방식으로, 그리고 수평적 연쇄에서 다른 것들과 연결될 수 있어야만 한다. 그 연쇄 속에서 모든 객체들은 동일한 평면에 내재적이어야 한다.

그런데 연결이 항상 합법적이고 적합하게 사용되는 것은 아니다. 비합법적이고 부적합하게 사용되는 연결접속적 종합이 있는데 그것이 외삽이다. 외삽이 행하는 것은 부분객체들의 연쇄로부터 그 객체들 중 하나를 끌어내어 다른 객체들의 계열 위에 그것을 올려세우고 그것으로 다른 객체들을 통제하는 것이다. 외삽의 이러한 거짓추리 모델은 아빠, 엄마, 나의 오이디푸스 삼각형 속에 모든 것을 가두는 가부장적 가족의 공식(3 + 1)이다. 원시적이고 야생적인 형성체는 이 외삽적 종합의 공식을 통해 생겨난다. 그 형성체는 영토기계인데, 그것은 대지를 다른 부분객체들의 연쇄 위로 올려 세우고 그것을 다른 객체들을 통제하는 힘으로 만듦으로써 발생한다. 영토기계에서 대지는 원시적이고 야만적인 욕망과 생산의 통일체, 전체 생산과정이 각인되고 노동력과 노동수단들이 기록되고 행위자들과 산물들이 분배되는 표면으로 된다. 여기서 대지는 생산의 준-원인으로 그리고 욕망의 객체로 현상한다. 원시적 각인의 기계, 사회장을 포괄하는 거대기계인 영토기계는 결연 와 친자관계를 축으로 하는 욕망에 내재적이지만 부분객체들의 욕망을 억압적으로 코드화하면서 민중들을 조직하는 체계이다. 이런 조직화를 가능하게 하는 중요한 메커니즘이 바로 외삽의 공식에 입각한 친족체계이며 친자관계와 결연 관계가 그 사회체의 중심축이 된다.

사회체의 두 번째 형식은 제국적·야만적 형성체인데 이것 은 종합의 두 번째 형식인 분리접속적 종합에 의해 구축된다. 분리접속의 합법적이고 적합한 사용은 포함적이고 비제한적 이다. 합법적인 이접에서는 상이한 메시지를 전달하는 두 개 의 항들이 연결되지만, 이 메시지들은 서로 갈등하지 않으며, 이 메시지들의 관계는 포함적이고 비제한적이다. 우리가 분리 접속을 종합이라고 부를 수 있는 것은 이 때문이다. 결합되지 않은 항들은 서로를 배제하지도 모순되지도 않는데, 이렇게 구별된 항들 사이에 일종의 통행이 허용되는 것이 합법적인 분리접속이다.

그런데 모든 종합이 그렇듯이 비합법적이고 부적합한 분 리접속적 종합이 있다. 분리접속이 배제적이고 제한적으로 될 때가 그렇다. 이럴 수도 저럴 수도 없게 만드는 이중구속의 거 짓추리가 그 경우에 상응한다. 야만적, 제국적 사회체에서 이 중구속의 거짓추리에 입각한 배제적이고 제한적인 분리접속 이 선차적인 종합형식으로 나타난다. 이러한 사회체에서 사회 체의 충만한 몸은 전제군주의 몸이라는 형태를 띠며 전제군 주의 초재성에 의해 특징지어지고 전제군주와의 결연 및 친자 관계가 중심축으로 자리 잡는다. 이 새로운 국가 거대기계는 원시적인 영토기계를 정의한 주요 계보들인 친자관계와 결연

관계를 유지하지만, 이 계보들을 다르게 재조직한다. 이 전제적 질서는 내재적 결연관계를 전제군주에 의해 재조직된 초재적 결연관계로 바꾸고, 내재적 친자관계를 전제군주와의 직접적 친자관계로 바꾼다. 여기서는 국가가 직접적으로 모든 관계에 들어간다. 원시 영토기계의 친자관계와 결연관계가 욕망의 흐름을 코드화했다면, 이 거대 국가기계는 욕망의 흐름을 덧코드화한다. 원시적 영토기계나 야만적 국가기계는 공통적으로 탈코드화된 흐름을 증오하고 두려워하지만, 전자가 흐름들을 대지로써 코드화하는 반면 후자는 모든 흐름들이 전제군주와의 직접적 관계를 맺도록 덧코드화하는 것이다. 덧코드화는 이전의 원시적 영토기계와 코드화라는 점에서 연속성을 갖지만, 그것과 일정한 단절의 측면도 갖는다. 이 단절의 측면 때문에 영토기계 대신 기능적 피라미드를 갖춘 국가라는 거대기계가 등장한다. 이 국가 피라미드의 정점에는 부동의 원동자인 전제군주가 있고, 그 측면에는 그것의 전동장치로서 관료장치가 있으며 그 하부에는 작동부로 기능하는 마을 사람들이 있다.[6] 들뢰즈는 국가가 조약이나 계약의 결과로 생겨나는 것이 아니라 덧코드화에 의해서 성립되는 것으로 본다. 국가도 영토를 갖지만 영토기계와는 달리 그것을 본질로 삼지는 않는다. 국가기계는 대지들의 기호들 대신 추상적 기

---

6. 폴 패튼, 『들뢰즈와 정치』, 백민정 옮김, 태학사, 2003, 230쪽.

호들을 사용한다. 국가는 대지를 재산의 대상으로 만드는 탈영토화 운동의 결과이다. 물론 전제적 국가기계도 영토기계처럼 코드체계를 유지하지만, 그것과는 다른 사회체 위에서 새로운 소유형식들을 재영토화한다. 전제적 국가기계에서도 화폐가 사용되는데, 주로 조세로서 사용되는 화폐는 생산물의 흐름들에 대한 제한된 탈영토화이자 동시에 이에 상응하는 재영토화이기도 하다. 전제적 국가기계는 원시적 영토기계의 요소들을 자신 속에 비배제적으로 포함하는 분리접속적 종합의 합법적 사용이라는 측면을 갖지만, 동시에 덧코드화에 의해 그 요소들을 이중구속의 배제적·제한적 이접의 관계 속에 끌어넣기도 한다.

사회체의 세 번째 형식은 문명화된 자본주의 형성체이며 결합접속적 종합에 의해 구축된다. 결합접속적 종합의 합법적인 사용은 '그것은 어머니야, 아버지야. 하지만 그것은 또한 다리미판, 시계, 마오쩌둥, 바바라 월터 등등이기도 해.'라고 말하는 일종의 동일화이다. 여기서 동일화는 고정되어 있지도 않고 배제하지도 않는다. 그것은 다의적이며 유목적이다. 그런데 이 결합접속적 종합이 비합법적으로 사용되면 어떻게 될까? 들뢰즈는 비합법적으로 사용되는 결합접속적 종합으로 '적용'을 든다. 적용의 거짓추리와 만날 때 결합접속적 종합은 다의성이나 유목성을 잃고 일대일 대응의 관계를 확립하는 것으로 귀착된다. 오이디푸스의 작동이 대표적인데, 그것이 사회적 생산, 재생산, 반-생산의 행위자들과 가족의 자연적 재생산의 행위자들 사이에 일련의 일대일 대응의 관계들을 확립하기 때문이다. 사회적 생산, 재생산, 반-생산의 모든 행위자들이 모두 가족의 행위자들과 동일화되고 가족의 틀을 통해 사회가 해석된다는 것은 사회가 가족에 적용된다는 것을 의미한다. 사회적 생산, 재생산, 반-생산의 행위자들이 "따라서 이것은 아버지였어 …", "따라서 이것은 어머니였어 …"[7] 식으로 그릇되게 동일화되고 모든 술어가 가족이라는 하나의 틀을 지시할 때 일대일 대응의 관계가 확립되는 것이다. 결합접속적 종합의 비합법적 사용으로서 적용의 실제적 문제는 일대일 대응의 그릇된 동일화를 통해 분리차별을 행한다는 것이다. 적용은 어떤 역사적 인물과의 동일시를 통해 우리 편을 가르고 우등 인종과 열등 인종을 가르면서 민족주의적, 인종주의적, 종교적 감정을 생산함으로써 오이디푸스를 조건 짓는다.

들뢰즈는 결합접속적 종합의 이러한 오용이 오이디푸스 체제를 가져온다는 판단에 따라 적용의 동일화와는 다른 동일화의 방식을 탐구한다. 그것은 앞서 말한 결합접속적 종합의 올바른 사용에 열려 있는 유목적이고 다의적인 동일화를 추구하는 것이다. 그것은 사회적 생산, 재생산, 반-생산의 행

7. 들뢰즈·과타리, 『안티 오이디푸스』, 182쪽.

위자들을 어떤 역사적 인물들과 동일화하는 것이 아니라, 오히려 역사의 이름들을 기관 없는 몸의 강렬도 지대들과 동일화하는 것이다. 이럴 때 분열적 주체가 생성되는데, 그 주체는 '따라서 이것은 아버지였어 …', '따라서 이것은 어머니였어 …'라고 외치는 대신 '그것은 나야! 그러니까 그것은 나란 말이야!'라고 외친다. 이 분열증적 '나'는 기관 없는 몸의 강렬도 지대와의 동일화를 통해 어떠한 동일성도 가져오지 않는 동일화를 수행한다. 이로써 그 '나'는 단숨에 세계사를 소비하는 주체로서 고정되거나 분리차별적이지 않고 유목적이고 다의적인 주체, 기쁨과 향유의 주체로 된다.

원시적·야생적 영토기계는 생산의 연결접속에서 시작했고, 제국적·야만적 전제기계는 탁월한 통일체에 입각한 등록의 분리접속에 토대를 두고 있다면 자본주의적 문명기계는 무엇보다도 결합접속에 토대를 두고 정립된다. 그런데 자본주의 사회체에서는 결합접속적 종합의 올바른 사용과 그릇된 사용이 동시에 나타난다. 자본주의 문명기계에서 결합된 것 혹은 동일화된 것은 무엇인가? 들뢰즈가 보기에 그 동일화의 지대는 어떤 역사적 인물이 아니라 탈코드화된 흐름과 탈영토화된 흐름이라는 강렬도의 지대다. 탈영토화되고 탈코드화된 흐름은 맑스가 시초축적 과정이라고 기술했던 것에 의해 설명될 수 있다. 시초축적 과정은 자본주의적 생산에 필수적인 조건들의 역사적인 생산이었다. 그중에서 가장 중요한 것은 바로 프롤레타리아트, 즉 토지로부터 분리된 자유로운 노동력의 창출이었다. 그리고 이와 더불어 화폐가 보편적 등가물로서 정립된 것은 모든 다른 가치 도식의 탈코드화를 함의한다. 그 결과 명성이나 신분이나 직함과 같은 모든 가치 형태들이 화폐의 수준으로, 요컨대 금전 관계로 환원된다. 들뢰즈는 이러한 탈코드화와 탈영토화가 기관 없는 몸, 내재성의 평면을 향한 자본주의 운동의 일부라고 말한다.

자본주의의 내재성에는 세 가지 측면이 존재한다. 첫째 측면은 노동과 생산의 탈코드화된 흐름들 사이의 미분적 관계에 기초하여 인간의 잉여가치를 추출해 내면서 중심에서 주변으로 이동하는 것이다. 둘째 측면은 과학적, 기술적 코드의 흐름들의 공리계에 기초하여 기계의 잉여가치를 추출해 내는 것이다. 그리고 셋째 측면은 이 두 가지 잉여가치의 유출을 보증하고 생산 장치 속에 반–생산을 항구적으로 투입함으로써 흐름의 잉여가치의 이 두 가지 형태를 흡수하고 실현하는 것이다.

첫 번째 측면은 노동자가 지불받은 가치(즉 임금)와 노동자가 생산하는 가치 사이의 차이, 즉 미분적 관계이다. 잉여가치는 양자 사이의 차이에서 추출된다. 두 번째 측면은 기술적 발전과 과학적 발전을 생산에 응용함으로써 특별잉여가치를 추출하는 것이다. 그리고 세 번째 측면은 생산 내부에서 자본주의 국가의 위치를 지시한다. 국가는 직접적으로 생산을 명령한다. 따라서 반-생산 장치인 국가가 생산 장치들에 내부적인 것이 된다.

그런데 자본주의는 결코 절대적인 탈영토화가 아니다. 탈영토화가 이루어진 이후, 혹은 이에 덧붙여서 모든 탈영토화가 재영토화를 작동시키기 때문이다. 하지만 이 재영토화는 이전의 원시적 영토기계나 야만적 제국기계들에서 나타났던 영토화로의 복귀가 아니다. 재영토화는 이전의 코드화나 덧코드화로의 복귀가 아니라 내재성의 평면 위에서 탈영토화나 탈코드화를 바탕으로 이루어지는 것이다. 들뢰즈는 자본주의에서 이러한 방식의 재영토화가 공리계의 형태를 취한다고 말한다. 자본주의 공리계는 낡은 코드화와 덧코드화를 대신하여 이윤 축적이라는 자본주의 체제의 목적에 봉사하기 위해서, 노동과 생산의 탈코드화된 흐름들이나 과학적이고 기술적인 코드의 흐름들을 조직하는 결합접속적 종합의 논리이다.

코드화와 덧코드화를 대신하고 내재적인 방식으로 조직하는 이러한 공리계는 무엇인가? 수학에서 공리계는 변수와 계수를 즉각적으로 결정하고 결합하는 등식과 관계들의 집합이며, 이전의 고정된 정의나 용어를 참조하지 않는다. 공리체계 내부에서 공준들postulates은 참이거나 거짓일 수 있는 명제가 아니다. 공준은 상대적으로 미결정적인 변수들을 포함하고 있기 때문이다. 우리가 이 변수들에 특수한 가치들을 부여할 때만, 혹은 다시 말해서 우리가 변수를 상수로 대체하게 될 때만 공준들은 선택된 상수에 따라서 참이거나 거짓일 수 있는 명제가 된다.

정치경제학 비판에서 공리계는 맑스가 자본주의 발전의 법칙이라고 불렀던 것에 상응한다. 맑스가 말한 법칙은 역사적인 것이며 자본주의의 기능에 내재적인 것이다. 따라서 그 법칙은 수학에서의 공리계처럼 상이한 사회적·역사적 맥락에서 상이한 변수들에 의해 충족되면서 상이한 명제들을 산출하는 등식처럼 생각될 수 있을 것이다. 반봉건 투쟁 속에서 자본주의를 발전시킨 선발자본주의 국가인 영국이나 후발자본주의국인 독일에서, 또 민족해방투쟁 끝에 자본주의를 발전시킨 아시아·아프리카·남아메리카 나라들에서, 사회주의 국가를 통해 자본주의를 발전시킨 소련에서 자본주의 발전의 양상은 상이하고 또 상이한 명제들을 산출한다. 하지만 이것들은 서로 똑같은 공리계에 따라서 작동한다. 공리계는 완전한 등식의 집합이 아니라 항상 새로운 공리들을 추가할 수 있도록 개방되어 있다.

문제는, 얼핏 보면 분열증과 동일한 것으로 보일 수 있는 자본주의 공리계와 분열증의 차이를 식별하는 것이다. 자본주의와 분열증 모두 흐름의 일반적인 탈코드화와 탈영토화에 의해 작동한다. 하지만 분열증은 절대적인 탈영토화인 반면 자본주의는 상대적인 탈영토화이다. 자본주의적 탈영토화는 자본이 탈영토화하는 것을 다시 재영토화한다는 의미에서 상대적인 탈영토화이다. 그것은 한 손으로 탈코드화한 것을 다른 손으로 공리화한다. 결합접속적 종합의 올바른 사용이 그것의 그릇된 사용과 뒤섞인다. 공리계는 자본의 탈출구이며, 흐름을 조직하고 명령을 강제하는 방식이다. 이러한 분석에 기초하여 들뢰즈는, 개방적 공리계에 따라 움직이는 자본주의에 대항하는 방법은 그것에 저항하는 것이 아니라, 자본주의가 근거하고 있고 또 가동하지만 동시에 저지하고 봉쇄하는 탈영토화와 탈코드화의 과정을 더욱더 가속하는 것이어야 한다고 말한다. "경과에서 퇴각하지 않고 더 멀리 가야 한다. 니체가 말했듯, 〈경과를 가속하라〉."[8]

전쟁기계와 그 양의성

자본주의 사회기계를 상대적 탈영토화에서 절대적 탈영토화로 밀어 넣는 역할은 전쟁기계의 몫이다. 전쟁기계는 국가나 어떤 홈패인 공간과 접촉하게 되면 국가를 해체할 뿐 결코 국가를 사용하지 않는다. 국가는 직접적으로 생산을 명령할 뿐만 아니라 생산장치들에 내부화된 반-생산의 장치이고

---

8. 같은 책, 406쪽. 이 명제의 의미맥락에 대해서는 이 책의 8장에서 상세하게 다룬다.

탈영토화의 과정을 상대화하고 재영토화하는 장치이기 때문이다. 국가는 전쟁기계와 접촉하게 되었을 때 그 전쟁기계를 파괴하거나 해체할 수 없다. 왜냐하면, 전쟁기계야말로 자신이 전유해서 작동시켜야만 사회기계의 성장과 가동이 보장되는 바로 그 객체, 사회기계의 힘의 원천이기 때문이다. 자본주의에서도 국가는 전쟁기계를 포획하여 전유하는 방식으로 그 사회기계의 운동을 뒷받침한다.

들뢰즈가 보기에 자본주의는 세 가지 포획 장치를 사용한다. 하나는 토지로부터 도출되는 지대이고, 다른 하나는 노동으로부터 도출되는 이윤이고, 세 번째는 화폐로부터 도출되는 이자 혹은 세금이다. 이 모든 포획 장치들은 스톡stock의 창조와 관련되어 있다.9 지주는 토지의 스톡을 통해 지대를 얻는다. 기업가는 노동 스톡의 창조와 관계한다. 즉 노동의 축적 혹은 잉여 노동을 통해서 이윤을 얻는다. 마찬가지 방식으로 은행가와 국가는 이자나 세금을 얻기 위해 화폐 스톡의 창조와 관계한다. 스톡의 창출이란 흐름을 멎게 하는 것이 아니라 오히려 수로화하는 것이다. 국가도 흐름을 멎게 하기보다 전쟁기계의 역동성을 수로화하여 공리계 내부에서 흐르게 한다.

맑스는 들뢰즈가 구분한 이 세 가지 포획장치가 실은 단

---

9. stock은 어원적으로 '나무줄기'라는 뜻을 갖고 있다.

한 가지의 스톡, 요컨대 노동을 포획하기 위한 장치라고 설명했다. 지대이든 이윤이든 이자이든 세금이든 상관없이 모든 잉여가치는 노동력에 대한 착취의 산물이라고 보았기 때문이다. 그리고 그는 살아있는 노동의 혁명적 잠재력을 강조했다. 들뢰즈는 (맑스가 강제로서의 노동을 욕망으로서의 노동으로 전화시키는 것이 프롤레타리아 혁명의 과제라고 말했던 것과 유사하게) 노동을 직접적으로 욕망과 연결시킴으로써 노동이 전쟁기계로서 기능할 수 있는 가능성을 밝힌다. 노동이 욕망일 때 욕망하는 생산을 통해서 자본주의적 사회체의 탈영토화의 한계와 상대성이 극복될 수 있다는 것이다. 욕망과 노동은 모두 흐름들이다. 문제는 자본주의 사회가 추상화와 재현을 통해 이것들을 포획하는 것에서 비롯된다. 주체적인 추상노동은 정치경제학이 다루는 사적 소유에 의해 재현되고, 그것의 상관물인 주체적인 추상적 욕망은 정신분석학이 다루는 사적 가족에 의해 재현된다.

노동은 욕망과 똑같은 종류의 생산적, 창조적 힘이다. 다만 전자는 자본주의에 의해 통치되고 후자는 오이디푸스에 의해 통치될 뿐이다. 물론 들뢰즈가 욕망과 동일화하고 있는 노동은 강제노동이나 임금노동이 아니다. 욕망과 동일화될 수 있는 노동은 맑스가 살아있는 노동living labour이라고 부른 것이다. 살아있는 노동은 사물들의 임시성을 입증하는 그것의 시간성이며, 살아있는 시간에 의한 세계 재구성의 능력이다.

자본은 산 노동을 죽은 노동으로 변형시킴으로써 축적을 계속한다. 축적이란 산 노동의 활동에 반복을 강제함으로써 본질적으로 이질적인 자유로운 활동을 동질적인 노동으로 변형하는 것을 통해 가능해진다. 이 상황에서 노동은 강제된 노동, 임금노동이 되는데, 이런 의미에서의 노동은 활동의 포획장치와 다름이 없다. 반복과 동질화 과정을 통해서 포획장치로 변한 노동은 산 노동을 죽은 노동으로 변형시키거나, 자유로운 활동을 살아있으나 죽은 좀비적 활동으로 만든다. 들뢰즈가 좀비의 신화를 노동의 신화라고 부르는 것은 이 때문이다. 국가에 의한 노동자의 포획은 이질적 활동들의 동질화를 통해서만이 아니라, 또한 노동자 운동의 수로화나 제약을 통해서도 이루어진다. 전쟁기계로서의 프롤레타리아트는 근본적으로 유목적이고 유목민화하는 힘이지만, 자본주의 국가의 지휘하에서 프롤레타리아트의 그 유목적 흐름은 차단되거나 굴절되어 전 지구적 자본의 축적 흐름으로 수로화되어 들어간다. 이런 과정을 통해 전쟁기계가 국가에 장착되게 되면 전쟁기계는 국가를 해체하지 못하고 국가가 수행하는 전쟁의 도구로 전화한다.

하지만 들뢰즈는 다양한 국민국가들 위에 일종의 전 지구적 국가가 출현할 가능성이 있다는 생각은 거부한다. 최종 결정을 내리는 세계 규모의 초정부는 상상될 수 없다는 것이다. 그러나 전쟁기계를 장착한 자본주의 권력이 대지 전체를 통제하고 매끈한 공간을 개혁할 때, 총력전 질서보다 훨씬 무시무시한 형태의 평화의 질서를 구축할 수 있다. 이런 조건에서는 전쟁기계가 그러한 세계 질서를 스스로 받아들이게 된다. 그리고 이럴 때 적은 다른 국가나 다른 체제이기보다 "임의의 적"으로 된다.[10] 전쟁기계를 포섭하여 카다피든 노리에가든 사담 후세인이든 IS든 그 어느 누구든 적으로 만들 수 있는 세계 질서가 현대의 전 지구적 주권권력의 도달점이다.

전 지구적 주권권력은 창조 및 자유로운 활동과 결합되던 전쟁기계로 하여금 전 지구적 질서를 받아들이도록 만들고 그것을 지속적으로 그리고 전 지구적으로 통제한다. 역으로, 본래의 전쟁기계가 이 전 지구적 주권권력을 자신의 고유한 유목적이고 다의적인 질서 아래로 종속시킬 수 있는 길이 열릴 수 있을까? 들뢰즈는 자본주의 공리계의 특성에서 그 역전의 가능성을 찾는다. 공리계는 실험과 직관에 대립하는 초재적, 자율적 틀이 결코 아니다. 그것은 미결정적 변수들의 조합을 포함한다. '임의의 적'을 적으로 삼는 현대 자본주의의 공리계는 다른 해결책을 내놓는 다른 다양한 항들에 의해 만들어진 일정한 등식을 통해 메워질 수 있는 하나의 변수이다. 현대의 전 지구화된 전쟁기계는 고정된 관계를 필요로 하지 않

10. Gilles Deleuze and Félix Guattari, *A Thousand Plateaus*, University of Minnesota Press, 1987, p. 422 [들뢰즈·가타리, 『천 개의 고원』].

으며 초재적 권력에 의해 지배되는 홈패인 공간도 필요로 하지 않는다. 새로운 배치는 현대의 전쟁기계가 운동하는 내재적 법칙을 통해서 산출된다. 공리계는 변수들 사이의 고정된 관계를 설정하는 개방된 등식들의 집합이기 때문에 새로운 공리가 끊임없이 덧붙여질 수 있고 그런 의미에서 개방적이다. 공리계는 개방적이고 다원적이기 때문에 어떤 문제(가령 이윤율의 경향적 저하)에 부딪혀도 다양한 해결책을 제안할 수 있고, 또 그 문제를 처리할 수 있다. 공리계에 재앙적인 문제는 없는데, 공리계가 그것을 구성하는 등식들에 대해 부분적이고 시험적이며 심지어 과잉결정된 해결책을 통해 기능할 수 있기 때문이다.

공리계는 고정된 진술의 계열들이 아니라 변수들의 등식의 집합이고 그런 의미에서 내재적이다. 변수들은 공리계의 임의의 요소들이다. 맑스가 다양한 구체적 유용노동으로부터 추상노동의 개념을 끌어내었을 때, 그 추상노동은 노동의 다양한 변수들을 가리키는 임의의 노동인 셈이다. 다양한 유용노동들은 추상노동 속에 내재화된다. 공리계 자체에는 주체들이나 객체들이 없고 변수들만 있다. 오히려 주체들과 객체들은 변수들을 위해 자본주의의 전개 과정에서 다양하게 대체된다. 이런 의미에서 자본주의 공리계의 변수들은 임의의 주체성들, 임의의 객체성들이다. 공리계는 주체와 객체의 모든 초재로부터 분리된 내재성의 평면이다.

자본주의 공리계가 내재성의 평면이기 때문에 그것은 초재적 국가와 갈등하고 심지어 홈패임의 모든 상관된 힘들과 갈등하는 측면을 갖는다. 자본주의는 국가형태와 국가형태의 홈패임을 사용하는 데서 시작하지만, 국가를 넘어서는 매끈한 지배 형태를 발견하는 방향으로 나아간다. 국민국가는 삶과 노동의 분리로서의 임금노동 체제의 구축, 공장의 일관라인의 구축, 필요노동시간과 잉여노동시간의 분리, 노동과 여가의 분리 등을 통해 시공간의 홈을 판다. 그런데 현대에 자본주의는 불변자본과 가변자본의 구별, 고정자본과 유동자본의 구별, 산업자본과 금융자본의 구별 같은 것을 점점 상대적인 것으로 만들고 있다. 그래서 홈패인 자본이 매끈한 자본을 생겨나게 하는 방법으로 기능할 정도다. 그 결과 점점 홈패인 자본이 매끈한 자본에 자리를 양보하면서 내재성의 평면, 매끈한 공간으로서의 자본주의 공리계가 형성된다. 그것은 자본의 매끈한 국면으로의 이행이며 자본주의의 매끈한 본질의 실현이다.

통합된 세계자본주의가 국가형태가 아니라 세계 질서를 받아들인 전 지구적 전쟁기계에 상응하게 되면서 전 지구적 전쟁기계는 그 어떤 전쟁보다 무시무시한 평화와 더불어 매끈한 공간을 지배하는 공리계의 행위자가 된다. 이렇게 현대 자본주의의 공리계가 내재성의 평면에 터를 잡으면서 동시에 무시무시한 억압을 조합한다는 사실에서 그 공리계를 가짜 내재성, 억제되고 제한된 내재성으로 볼 필요성이 대두된다. 이하에서 서술되는 들뢰즈의 다양한 철학적 모색은 이 가짜 내재성, 상대적 내재성의 힘과 운동을 넘어서는 진정한 내재성과 절대적 내재성을 사유하기 위한 노력의 표현이다.

3장 시간 : 시간의 세 차원과 두 가지 시간성

"존재는 시간이다."

가치와 시간

단번에 실재적 삶에서 시작하기

시간의 세 차원

두 가지 시간성

비물질노동과 시간, 그리고 정치

가치와 시간

근대의 혁명적 사유는, 너무나 사실적일 뿐만 아니라 또 논리적이어서 그 누구도 거부하기 어려운 하나의 생각에 입각해서 발전해 왔다. 맑스에 의해 표현된 그 생각은 세 개의 구성 부분을 갖고 있다. 첫째 부분은 "자본주의 생산양식이 지배하는 사회의 부는 사회적으로 교환 가능한 상품들의 거대한 축적으로 나타난다."는 것이다(가치형태론).[1] 그리고 둘째 부분은, "모든 상품들은 동일한 실체, 즉 사회적 노동의 객관화이며 물질화된 노동이다."[2]라는 것이다(가치실체론). 그리고 마지막 부분은 "그 상품들의 가치는 그것들을 생산하는 데 사회적으로 필요한 노동시간에 의해 결정된다."[3]는 것이다(가치척도론).

첫 번째 부분은 부르주아적 부의 현상형태를, 두 번째 부분은 부르주아적 부의 본질 혹은 실체를, 세 번째 부분은 부르주아적 부의 척도를 분명하게 정의한다. 이 정의들을 통해서, 특히 세 번째 정의를 통해서 시간은 근대를 규정하고 또 설명하는 핵심적이고 본질적인 요인으로 부각되었다. 이러한 시간 개념에 입각하여 맑스는 일반적 등가물로서의 화폐, 자신

---

1. 카를 마르크스, 『자본론』 1권 (상), 김수행 옮김, 비봉출판사, 1991, 43쪽.
2. 칼 맑스, 『정치경제학을 위하여 1』, 김호균 옮김, 중원문화, 1988, 15쪽.
3. 마르크스, 『자본론』 1권 (상), 48쪽.

의 가치 이상으로 가치를 생산하는 노동력 상품의 특수성, 노동력의 구매와 판매, 화폐의 자본으로의 전환, 절대적 및 상대적 잉여가치의 생산, 자본의 축적에 따른 프롤레타리아트의 축적, 유통과 사회적 총자본의 재생산, 잉여가치의 이윤으로의 전환, 이윤의 평균이윤으로의 전환, 이윤의 분할, 소득과 계급 등에 이르는 자본주의 운동의 총과정을 일관되게 서술할 수 있었다. 그에 따르면 더 고도의 기계화를 수반하는 이 운동 과정에서 생산력이 향상되면 될수록 이윤율이 경향적으로 저하함과 동시에 프롤레타리아트가 축적됨으로써 자본주의적 생산관계를 끝낼 혁명의 물적 조건이 조성된다. 이런 조건에서 생산 대중이 잉여노동을 통제하게 되면 가처분시간은 잉여노동시간과의 대립관계에서 해방되고, 노동시간이 아니라 가처분시간이 부의 척도가 되는 사회의 가능성이 열린다. 여기에서 우리는 시간을 혁명의 중심 문제로 설정하는 사유의 한 전범을 발견한다.

우리에게 문제는 '19세기의 자본주의 경험에 기반하여 탄생한 이 생각이 21세기 자본주의와 혁명의 문제를 사유하는 데 그대로 사용될 수 있는가?'이다. 우선 21세기의 경험에서도 부르주아 사회의 부는 여전히 상품들의 거대한 축적으로 나타난다. 아니, 상품의 범위는 더욱 확대되어 맑스의 시대에는 자본주의 외부에 놓여 있었을 수많은 객체들이 상품세계로 편입되었고, 상품으로 평가되지 않았던 많은 지적·정서적 활동들이 상품으로 평가되기 시작했다. 둘째로 많은 것이 맑스의 시대와는 달라지고 더욱 복잡해졌음에도 불구하고, 모든 상품이 사회적 노동의 객관화라는 사실이 변하지는 않았다. 상품들의 가치실체는 여전히 사회적 노동[4]이다. 그래서 노동은, 상품세계가 물질적인 것을 넘어 비물질적인 것으로 더욱 확대된 그만큼, 더욱더 우리 시대의 본질적 요소로 부상했다.

그런데 문제는 세 번째 정의이다. 상품들의 가치는 아직도 그것들을 생산하는 데 사회적으로 필요한 노동시간에 의해 결정되는가? 맑스는 개별 노동시간의 추상화, 즉 추상노동시간의 사회적 총합과 평균을 통해 '사회적 노동'을 사고했다. 이것은 간접적으로 사회적인 노동에 대한 개념이며 양화된 사회적 노동의 개념이다. 그는, 모든 개별적 노동들의 지속시간이 산술적으로 합쳐지고 평균됨으로써 한 상품의 생산에 필요한 사회적 필요노동이 측정될 수 있다고 보았다. 일반적 등가물로서의 화폐의 실존은 바로 이 측정 가능성을 누구도 부인할 수 없는 객체의 힘으로 증명하는 것이었다. 근대의 자본주의가 이 측정과 등가화의 메커니즘 위에서 기능했다는 것은 사실이다. 하지만 개별노동이 점점 비물질화하여 그 지속시간을 객관적으로 측정하기 어렵고 따라서 산술적이고 양적

---

4. 여기서 말하는 노동은 '임금노동'에 국한되지 않는다.

인 합산이나 평균화를 통해 노동의 사회성을 간접적으로 정립하는 것이 불가능하다면, 그래서 사회성이 추상적 양화를 통해 간접적으로 도달되어야 할 것이 아니라 노동과정 자체의 직접적 요구로 주어지는 것이 현실이라면 어떻게 되는 것인가?

실제로 오늘날의 노동은 점점 더 직접적으로 사회적인 것이 되어가고 있다. 여기서 직접적으로 사회적인 것이 된다는 말의 의미는 무엇일까? 그것은, 로빈슨 크루소에서 그 전형을 발견할 수 있는 개별적으로 분산된 노동들의 생산활동과 그 생산물의 사회적 교환(자유주의)을 의미하는 것은 물론 아니고, 노동계급이 국가권력을 장악하여 생산에 필요한 여러 요소들과 생산물들을 사회적 필요에 따라 배분한다(사회주의)는 의미도 아니다. 오히려 노동과정 그 자체가 직접적인 사회적 과정으로 됨으로써 사회 자체가 직접 사회를 생산하고 재생산한다는 의미에서의 질화된 사회적 노동이 더욱 확대되어가고 있다는 뜻이다. 그 결과 점점 더 중요해지고 있는 것은 합산과 평균 그리고 배분을 통해 사회적인 것을 구성할 노동의 지속시간이 아니라 직접적으로 생산적인 사회적 노동 자체이다. 상품들은 여전히 노동에 의해 생산되지만 더 이상 물화된 노동시간이라고 하기는 어려우며 사회적 삶에서 직접적으로 기능하는 삶형식 자체로 되어간다.[5] 이러한 변화 속에서 우리는 가치실체와 가치척도 사이의 근대적 절합관계에 나타나고 있는 의미 심장한 탈구^{脫臼} 현상을 주목할 수 있다.

이것은 분명 중요한 역사적 사건이다. 이 사건은 우선, 우리로 하여금 근대 자본주의가 사회적 노동을 그 지속시간에 따라 측정하는 것에 기초해 왔다는 것이 무엇을 의미하는지 되돌아보도록 만든다. 노동일^日 개념은 노동이 지속되는 '몇 시부터 몇 시까지'를 의미한다. 다시 말해 이것은 공간 속에 표시 가능한 '이 시점^{時點}부터 저 시점까지'를 표상하게 한다. 시간을 공간적인 것으로, 적어도 공간화 가능한 것으로 만드는 것, 이것이 근대 자본주의의 기본적 제도형식이다. 근대 인간의 습관과 기억은 바로 이 제도에 의해 조건 지어졌다. 그래서 우리는 노동시간이라는 용어를 통해 개별 노동자 주체가 동질적 공간에서 동질적인 운동(노동)을 하는 것을 표상하게 된다. 시계는 그것을 측정하는 기계이다.

그러나 비물질노동의 대두와 발전은 이러한 제도형태와 표상양식의 한계를 뚜렷이 드러낸다. 그것은 지속시간의 개념을 침식하며 노동의 지속시간들의 교환을 노동의 망적 흐름으로 바꾸어 놓는다. 더 이상 노동의 시간은 공간적으로 표상

---

5. 예컨대 광고 상품, 다양한 지식상품, 서비스 상품들, 온코-마우스 등의 생물상품들을 생각해 보자. 삶형식에 대해서는 마우리찌오 랏짜라또, 「비물질노동」, 조정환 옮김, 『비물질노동과 다중』, 갈무리, 2005, 203쪽, 그리고 Antonio Negri and Michael Hardt, *Multitude*, Penguin Books, 2004, pp. 185~7[안토니오 네그리·마이클 하트, 『다중』, 조정환 외 옮김, 세종서적, 2008] 참조.

될 수 없고 약동하는 내적 흐름에 접근해 간다. 맑스는 "생산영역들의 크고 작은 총체 속에서 활동하는 것은 언제나 일정한 사회체, 사회적 주체"[6]임을 잊지 않았고 "이론적인 방법에 있어서도 주체, 즉 사회는 전제로서 항상 표상에 어른거리고 있어야 한다."[7]고 강조했다. 그러므로 우리는 맑스가 이미 사회체의 약동하는 내적 흐름을 의식하고 있었음을 알 수 있다. 요컨대 그의 문제의식은 하나의 총체로서의 사회체의 약동이 현실에서 크고 작은 생산영역들과 노동들로 분화되고 그 지속시간들의 교환으로 나타나는 이유가 무엇이며 그것의 실제적 결과가 무엇인지를 탐구하는 것이었다고 할 수 있을 것이다.

그러나 문제가 바뀌고 있다. 사회는 더 이상 두뇌 활동의 생산물로서 구성되는 사유 총체성으로서만 현상하는 것이 아니라 직접적인 생산의 주체로 현상한다. 이것이 앞서 '직접적으로 사회적인 노동'이라는 말을 통해 우리가 강조하고자 한 것이다. 비물질노동을 계기로 하여 사회가 점점 더 직접적으로 결합된 생산의 주체로 등장할 때 과연 노동의 지속시간으로 공간화된 시간 개념이 그 직접적으로 사회적인 결합노동을 측정하고 규율하는 척도로서 기능할 수 있는가? 만약

---

6. 칼 맑스, 『정치경제학 비판 요강 1』, 54쪽.
7. 같은 책, 72쪽.

이것이 불가능하다면 시간의 가치척도 기능이 붕괴되었다고 할 수 있을 것이다. 그런데도 우리는 가치형태가 유지되고 있고 또 그것이 사회를 규율하고 있음을 알고 있다. 그렇다면 그 가치형태는 무엇을 통해 지탱되고 있는 것일까?[8] 이것은 시간이 더 이상 근대를 설명하는 유효한 개념일 수 없음을 의미하는가? 아니면 다른 시간 개념이 절박하게 요구되고 있음을 시사하는가?

나의 생각에 따르면 당연히 현대의 역사적 요청은 후자에 있다. 그렇다면 시간에 대한 다른 개념은 가능한가? 그것이 가능하다면 그것은 어떻게 가능한가? 이것은 근대성의 위기 속에서 우리에게 제기되는 핵심적인 물음이다. 이 물음을 진지하게 받아들이는가, 받아들이지 않는가의 태도 차이로 인해 많은 논쟁들이 발생하고 있는 것도 사실이다. 이 쟁점과 관련하여 질 들뢰즈는 시간에 대한 다른 사유가 필요함을 단호하게 역설하는 철학자이다. 그리고 그는 우리가 이 물음을 계속 물어 나가는 데 유익한 광대한 영역을 이미 개척해 놓았다. 그가 스피노자, 라이프니츠, 칸트, 맑스, 캐럴, 베르그손, 프루스트, 카프카, 푸코 등에 대한 철학적 전유를 통해 전개하는 "경첩이 풀린 시간"[9]에 대한 사유가 그것이다. 들뢰즈는 근대성

---

8. 네그리의 '명령', 푸코와 들뢰즈의 '통제'는 이 문제에 주어진 대답들이다.
9. 이 핵심 주제는 들뢰즈의 여러 저작들, 예컨대 『칸트의 비판철학』, 『니체와 철학』, 『차이와 반복』, 『시네마』 등에서 다양하게 여러 차례 반복된다.

속에서 봉합되고 억압되었던 그 '잃어버린 시간'을 찾는 정신적 탐험가이며 그의 전 저작이 바로 이 탐험에 바쳐졌다고 해도 결코 과언이 아니다.

단번에 실재적 삶에서 시작하기

그의 탐험은 철학적 오지, 소수적 철학자들의 정신세계를 구석구석 살피면서 그들로부터 새로운 시간 개념을 창조하기 위한 자료 개념들을 발굴하는 것이었다. 들뢰즈의 철학적 탐험 지도를 상세히 그려 보는 것은 흥미로운 일일 테지만 여기서는 우선 그의 철학적 탐험의 핵심적 문제의식을 간추리고 그 의미를 살피는 데 집중하도록 하자.

맑스는 노동의 지속만을 시간으로 봄으로써 근대의 공간적 시간 개념을 받아들이고 있다. 하지만 실제로 그가 드러내고자 한 것은 그러한 척도시간의 내적 모순과 한계였고 그가 추구한 것은 그 모순의 전개 속에서 이루어질 노동의 궁극적 해방이었다. 이런 의미에서 그는 척도시간에 갇혀 있는 실재 시간의 해방을 추구했다고 할 수 있다. 실제로 그는 노동시간의 단축, 자유시간의 확대를 지향하면서 궁극적으로 노동시간이 아니라 가처분시간이 부의 척도가 되는 상황을 예상한다. 그는 노동시간이 부의 척도가 되는 상황이 역사적이며 일시적이라는 것을 부단히 역설한다. 앞서 말한 바처럼 생산력이 성장하고 노동대중이 잉여노동을 점취하게 되면, 그리하여 가처분시간이 잉여노동시간과의 대립 관계에서 해방되면 노동시간이 부의 척도가 되는 상황은 중지될 수밖에 없다는 것이다.

> 현재의 부가 기초하고 있는 타인 노동시간의 절도는 새롭게 발전된 대공업 자체에 의해 창출된 이 기초에 비하면 보잘것 없는 것으로 나타난다. 직접적인 형태의 노동이 부의 위대한 원천이기를 중지하자마자 노동시간이 부의 척도이고 따라서 교환 가치가 사용가치의 [척도]이기를 중지하고 또 중지해야 한다. … 이에 따라 교환가치에 입각한 생산은 붕괴하고 직접적인 물질적 생산과정 자체는 곤궁성과 대립성을 벗는다.[10]

직접적인 물질적 생산과정 자체가 교환가치 척도에서 해방될 때 부의 척도로서 등장하는 것은 더 이상 노동시간이 아니고 모든 개인들이 자유롭게 처분할 수 있는 시간, 즉 모두의 가처분시간이다. 이처럼 맑스에게서 시간에 대한 사유는 노동시간과 가처분시간의 변증법적 관계 속에서 진행되고 전환된다. 그 전환의 조건은 노동대중이 잉여노동을 점취하게 되는 것인

---

10. 칼 맑스, 『정치경제학 비판 요강 2』, 김호균 옮김, 백의, 2000, 381쪽. 강조는 인용자.

데 그때 노동과 사회적 부는 낡은 대립관계에서 벗어나 풍부성의 원리하에서 재배치될 것이다.

그런데 그 풍부성의 원리를 가능케 하는 것은 무엇인가? 맑스는 이 원리의 기초를 탐구하는 데는 많은 노력을 할애하지 않았지만, 그것이 다음과 같은 조건하에서 형성된다는 점만은 분명하게 밝혀 두었다 : "생산물이 분산된 직접적 노동의 생산물이기를 중지하고 오히려 사회적 활동의 결합이 생산자로 나타나는" 상황.[11] 사회적 활동의 직접적 결합이라는 맑스의 이 포괄적 언명은 두 가지로 세분되어야 할 것이다. 첫째로는 생산과정 자체가 교환을 통해 매개되어야 할 분산된 직접적 노동에 의한 생산물의 생산과정이 아니라, 오히려 사회적 삶을 직접적으로 생산하는 생산과정으로 되는 것. 둘째, 사회적 생산자들이 직접 사회적으로 연합하여 그 사회적 생산과정을 직접 통제하는 것. 근대 맑스주의의 발전과정에서 후자는 코뮌, 노동자 통제, 국유화, 사회화 등의 개념을 중심으로 숙고되었지만, 전자는 깊이 고려되지 않았다. 이는 상품생산이 지역적으로 제약되고 교환이 지배적 교류 양식으로 부상하던 당대의 사회관계의 특징에 비추어 보면 어느 정도 자연스러운 일일지 모른다. 그런데 그간의 경험과 오늘날의 상황은 우리에게, 이 두 가지 조건이 동시에 갖추어질 때만 사회적으로 결합된 노동이

---

11. 같은 책, 385쪽. 강조는 인용자.

생산하는 잉여가 자본축적의 원천에서 삶의 자유의 원천으로 전환될 수 있다고 말해 준다. 요컨대 그럴 때만 가장 발전된 사회적 생산의 시대가 야만의 시대나 조야한 생산도구의 시대보다도 더 오래, 그리고 더 강도 높게 노동자들을 노동하게 하는 상황이 종식될 수 있다는 것이다.[12] 이때야말로 삶을 노동에 묶어 놓는 척도시간의 경첩이 풀리는 때가 아닐까? 여전히 공간적 표상을 벗어나지 못하고 있는 노동시간과 가처분시간의 변증법을 넘어서 삶시간 그 자체의 잠재력이 열리는 때가 아닐까?

맑스는 노동시간의 변증법을 통해 삶시간의 도래 가능성을 추론하는 방법을 사용했다. 하지만 바로 이 때문에 맑스에게서 삶시간은 항상 뒤로 밀려나 있고 억압당하고 있으며 비노동시간의 형태로 겨우 모습을 나타내는 것이 아닐까? 역사적 맑스주의들의 눈이 삶시간의 지평을 놓치고 노동시간에 고정되고 매몰된 것은 그러므로 그 나름의 이유가 있다고 할 수 있다. 하지만 노동에 주어진 강조가 더욱 경직되어 삶시간을 점점 더 깊은 어둠 속으로 밀어낸 것은 온전히 역사적 맑스주

---

12. 물론 이러한 생각이 길고 짧음에 의해 측정되는 양적이고 공간적인 시간 개념의 테두리를 벗어나는 것은 아니다. 심지어 맑스의 관점에서는 노동의 강도조차도 양적으로 측정될 수 있는 것이었다. 그러므로 맑스의 궁극적 관심은 오히려 강제된 노동인가 욕구로서의 노동인가의 문제에 두어져 있었다고 해야 할 것이다. 이 문제에 관해서는 조정환, 『아우또노미아』, 갈무리, 2003, 2장 「가치화의 두 계열」참조.

의자들의 책임이라 해야 할 것이다. 맑스 이후에 악화된 모습으로 지속된 이 문제적 상황을 역전시키는 것이 들뢰즈의 관심이다.[13] 그 관심을 이 글의 문제틀 속에서 생각해 보면 어떨까? 그것은 노동시간의 변증법을 통해 삶시간이 도래할 것으로 사고하는 맑스의 관심과는 다르다. 들뢰즈는 측정 가능한 노동시간을 노동의 부동의 단면들[14]로 이해하면서 노동 그 자체를 삶의 동적인 단면들로 이해한다. 이로써 그는 삶시간을 결과의 자리가 아니라 출발의 자리에 놓고 노동시간과 동시에 삶시간을 사유하는 방식으로 그것을 실재화한다는 점에서 맑스의 관심과 적극적으로 연결된다.

　　순간이 운동의 부동적 단면인 것처럼, 운동은 지속 즉 전체 혹은 어떤 전체의 동적인 단면이라는 것이다. 이것은 운동이 훨씬 더 심오한 그 무엇, 즉 지속^{durée} 혹은 전체^{Tout} 혹은 어떤 전체^{un tout} 안에서의 변화를 표현한다는 것을 의미한다. 지속이 변화라는 사실은 지속에 대한 정의의 일부분이다 : 지속은 변화하며 변하기를 멈추지 않는 것이다. 예컨대

---

13. 물론 이것은 들뢰즈의 관심사였을 뿐만 아니라 1968혁명의 사상들 일반, 특히 1960년대에 노동거부 운동으로 본격화된 이딸리아 오뻬라이스모의 핵심적 관심사이기도 했다. 들뢰즈는 이딸리아 오뻬라이스모에서 아우또노미아로 이어지는 흐름과 자신의 작업의 공명관계를 분명히 의식하고 있다(들뢰즈·가타리, 『천 개의 고원』, 896쪽).
14. 동질적 순간의 연속이라는 의미에서.

물질은 운동하지만 변화하지 않는다. 이제 운동은 지속 혹은 전체 안에서의 변화를 표현한다. 문제가 되는 것은, 한편으로는 이 표현이고 다른 한편으로는 '전체-지속'tout-durée의 동일화이다.[15]

여기에 두 개의 정의가 있다. 그 첫째는 지속이 변화라는 사실을 확인하는 것, 혹은 전체-지속의 실재성을 확인하는 것이다. 전체-지속은 들뢰즈에게서 특정한 삶이 아닌 불특정한 삶, 단수적이고 특이한 삶을 가리킨다.[16] 그 삶은 특정한 삶에 의해 표현된다. 즉 특정한 삶은 특이한 삶의 움직이는 단면으로 기능하고 그것은 전체-지속으로서의 삶 속에 변화를, 비결정성을, 자유를 도입한다. 이것은 맑스에게서와는 달리 노동시간을 둘러싼 투쟁을 경유하는 특정한 삶 세계의 모순을 통해서 도달되는 것이 아니라 특이한 삶의 직접적 운동, 폭발을 통해서 표현된다. 모순은 지성이 부과한 환영적 운동이며 실재하는 운동은 변화 자체로서의 실재하는 지속이라는 것이다. 지속의 움직이는 단면으로서의 운동이 지속 안에서의 변화를 표현할 수 있는 것은 지속이 변화하며 변하기를 멈추지 않기 때문이다.

---

15. 들뢰즈, 『시네마 1』, 21쪽. 강조는 들뢰즈.
16. Gilles Deleuze, *Pure Immanence*, trans. Anne Boyman, Zone Books, 2001, pp. 25~33.

시간 개념의 이 베르그손적 전환은 실재적 지속의 변화를, 그리고 그 변화를 표현함으로써 지속 안으로 자유를 도입하는 (그 단면으로서의) 운동을, 시간의 두 가지 근본적인 문제로 드러낸다. 이 전환은, 노동시간들의 축적이 가져오는 모순을 통해 변화를 설명하려 했고 그 결과 실재적 변화가 영구히 지연되도록 만들었던 관점을 파열시킨다. 얼마나 많은 맑스주의들이 상품관계들의 자기모순을 통해 도래할 파국을 기다렸던가? 그러나 들뢰즈-베르그손에 따르면 부동의 순간들로부터 변화의 시간이 구성되지는 않는다. 순간들은 죽은 시간일 뿐이며 그것들을 아무리 많이 합친다고 할지라도 그것에서 실재하는 시간이 생성되지는 않는다. 그러므로 부동의 순간들의 연쇄를 따라가면서 언젠가 생성할 실재적 시간을 기다리는 것은 불변을 정당화하는 논리로 귀착된다. 실재적 시간을 미래로 돌리는 이 대기주의적 유혹을 뿌리치고 단번에 시간의 평면, 내재성의 평면에서 시작하는 것. 이것이 들뢰즈의 근본적 기획이다. 그는 상품에서 시작해서 코뮤니즘적 삶의 출현을 찾으려 한 맑스주의 변증법과는 정반대의 방향에서, 즉 단번에 내재적 삶에서부터 시작하면서, 그 삶을 결코 떠나지 않는 다른 여정을 시작한다.

시간의 세 차원

들뢰즈는 지속에 대한 두 번째 정의에서 '운동이 전체-지속의 변화를 표현한다.'고 함으로써 베르그손(지속)과 스피노자(표현)를 분리 불가능하게 결합시킨다. 베르그손은 스피노자의 실체가 "진리와 마찬가지로 영원 속에 전체로서 주어져 있다."고 보면서 스피노자가 "점진적으로 스스로를 창조하는 실재의 관념, 즉 절대적 지속의 관념을 혐오했다."[17]고 말했다. 하지만 들뢰즈는 베르그손의 평가와는 달리 스피노자의 실체를 '표현하는 것-표현-표현되는 것'의 3항일조[18] 속에 삽입함으로써 '스피노자의 실체 = 이미 주어져 있는 전체'라는 평가를 거부하는 것으로 보인다.

만약 실체가 영원 속에 전체로서 주어져 있다면 실체의 표현esprime은 유출emanation과 다를 바가 없을 것이다. 유출에서 결과는 원인으로 돌아오지 않는다. 유출인émanative cause은 자신에 외부적인 결과를 낳으면서 그 자체는 자기 안에 머물러 있다. 그러나 표현은 내재인immanent cause의 운동이다. 그것은 유출인처럼 자기 안에 머물러 있지만, 그것이 생산한 결과 역시 원인 안으로 돌아온다. 유출인의 운동은 내재적 실재를 변화시키지 않지만 내재인의 운동은 내재적 실재를 변화시킨다.

---

17. 앙리 베르그손, 『창조적 진화』, 황수영 옮김, 아카넷, 518~9쪽.
18. 표현은 두 개의 3항일조로 나타난다. 하나는 '스스로를 표현하는 실체, 표현들인 속성, 표현된 본질'의 3항일조이며 또 하나는 '스스로를 표현하는 속성-표현들인 양태-표현된 변양'의 3항일조이다.

들뢰즈는『스피노자와 표현의 문제』여기저기에서 스피노자의 표현과 플로티누스적 유출의 차이를 강조한다.[19] 표현은 유출과 달리 생산을 통해 타자뿐만 아니라 자신을 변화시키는 내재인의 운동이다. 그런 한에서 스피노자의 표현하는 실체는 베르그손의 변화로서의 지속에 더욱 가까이 접근한다.

스피노자의 속성은 신의 영원한 본질을 표현한다. 그리고 속성들은 다시 양태들 속에 자신을 표현한다. 전자는 진정한 구성 혹은 본질의 발생이며 후자는 사물들의 생산이다. 실체-속성-양태 이것이 표현의 세 가지 계기이자 동시에 시간의 세 가지 단계이다. 들뢰즈는 베르그손을 따라 스피노자를 비판하는 것이 아니라 오히려 베르그손에 대한 비판적 전유를 통해 스피노자의 이 세 가지 단계론을 구체화한다.

베르그손은『창조적 진화』4장에서 영화적 환영을 비판하면서 영화는 부동의 단면들을 빠르게 연쇄시킴으로써 운동(의 환영)을 구성하는 것이며 그것은 우리의 지각 작용, 지적 작용, 언어 등 일상적 인식의 작동방식과 같다고 비판한다.[20] 그가 일관되게 강조하듯이 부동성의 연쇄를 통해서는 실재적 운동이 구성될 수 없는 것이며 영화의 운동성은 장면들 외부의 카메라의 운동에 의해 추상적으로 부과된 것에 불

19. 들뢰즈,『스피노자와 표현의 문제』, 28쪽 등 참조.
20. 베르그손,『창조적 진화』, 452쪽.

과하다. 따라서 영화는 보편적인 환영을 재생산하는 것일 뿐 생명의 유연성과 다양성을 재생산할 수는 없다는 것이 베르그손의 생각이다.

그러나 들뢰즈는 자연적 지각과 영화적 지각 사이에는 차이가 있다는 현상학의 논제를 받아들여 영화가 우리에게 주는 것은 부동의 단면이 아니라 동적인 단면이라고 보면서 실재적 지속의 동적 단면들로서의 운동-이미지라는 개념을 확립한다.[21]

이로써 그에게는 스피노자에게서처럼 세 개의 차원niveau이 성립된다. 첫째는 '판별될 수 있는 객체들이나 구분되는 부분들로서 정의되는 폐쇄집합들 또는 체계들'의 차원이다. 이것은 양태에 상응한다. 자연적 지각들은 이 부동의 단면들에 대한 인식을 연쇄시켜 운동과 실체에 대한 관념을 형성한다. 둘째는 '이 객체들 사이에 성립하며 그 각각의 위치를 변경시키는 이동운동'의 차원이다. 이것은 속성에 상응한다. 스피노자는 이성이 공통관념을 발견함으로써 객체들 사이의 합성과 분해의 관계를 파악한다고 보았으나 들뢰즈는 영화적 지각이 이러한 운동-이미지를 보여 준다고 말한다. 셋째는 '자체의 고유한 관계들에 의해 끊임없이 변화하는 시간적·정신적 현

---

21. 들뢰즈는 이 개념이 『창조적 진화』 4장에서는 망각되고 있지만 『물질과 기억』 1장에서 베르그손 자신에 의해 이미 발견되었던 개념이라고 말한다.

실로서의 지속 또는 전체'의 차원이다. 이것은 실체에 상응한다. 이것은 스피노자에게서나 베르그손에게서나 직관의 대상이 되는 객체이다.[22] 들뢰즈에 따르면 영화는 심지어 이 실재적 시간에 대한 직접적 이미지를 제공할 수 있을 만큼 진화하고 있다.[23]

시간의 이 세 가지 차원이 들뢰즈 자신의 언어로 정리된 곳은 『차이와 반복』이다. 그곳에서 시간은 표면적 반복, 심층적 반복, 그리고 궁극의 반복이라는 세 가지 반복 개념을 통해 서술된다. 표면적 반복은 습관(하비투스)의 반복이며 심층적 반복은 기억(므네모시네)의 반복인 반면 궁극의 반복은 죽음의 반복이다. 습관의 반복에서는 요소들, 경우와 회回들, 외생적 부분들이 반복되며, 기억의 반복에서는 내적인 가변적 총체성들이, 어떤 정도나 수준들이 반복되지만, 죽음의 반복에서는 근거가 무-바탕 속에서 폐기되고 이념들은 기억의 형식에서 벗어난다. 표면적 반복에서는 차이가 절도되며 심층적 반복에서는 차이가 포괄됨에 반해 궁극적 반복은 차이를 만든다. 들뢰즈는 첫 번째 반복을 물질적 반복, 두 번째 반복을 심리적 반복, 그리고 세 번째 반복을 존재론적 반복이라고 이름 부른다.

---

22. 들뢰즈, 『시네마 1』, 22쪽.
23. 들뢰즈, 『시네마 2』, 529쪽.

반복 개념을 통해 들뢰즈가 말하고자 하는 것은 시간이다. 그는 "모든 반복들은 시간의 순수한 형식 안에서 질서를 이루고 있는 어떤 것이 아닐까?"[24]라고 묻는다. 들뢰즈는 시간의 경험적 내용과 시간의 순수한 형식을 시간의 두 가지 종합 양식으로 구분한다. 전자가 헐벗은 반복이며 후자가 옷 입은 반복이다. 전자는 결핍에 따라 즉 부정적인 방식으로 정의된다. 이 반복의 시간은 스피노자의 1종인식에 상응한다. 주의해야 할 것은 이 반복이 부정적인 것과 동일자의 특징들을 수용하고 있지만, 자신의 계열 안에 무엇인가를 위장해 놓고 이 위장된 것을 통해 자신의 계열들 안으로 어떤 수축들을 끌어들일 수 있다는 것이다. 이 수축들은 다른 반복이 무르익어 가고 있는 어떤 우유부단한 하비투스에 해당한다.[25]

이제 두 번째 반복은 첫 번째 반복이 숨겨놓은 이 위장들을 재취합하고 독점함으로써 어떤 변신을 꿈꿀 수 있다. 습관의 재취합을 통해 자신의 기억 및 세상의 모든 기억의 심층을 회복하는 것을 통해 변신이 가능해진다는 것이다. 이것은 1종인식이 감싸고 있는 능동성을 자신의 디딤돌로 삼으면서 이성이 공통관념을 형성하는 과정과 유사하지 않은가?[26] 이 두 번째 반복에서 시간은 능동적으로 되고 시간 전체와 대등하

---

24. 들뢰즈, 『차이와 반복』, 614쪽.
25. 같은 책, 617쪽.
26. 들뢰즈, 『스피노자와 표현의 문제』, 314쪽 이하.

게 된다. 그러나 이것이 끝이 아니다.

세 번째 반복, 즉 시간의 경첩이 풀리는 반복이 있다. 앞의 두 반복이 순환 주기 안에서 사고될 수 있는 것이라면 세 번째 반복은 그 순환 주기를 파괴하면서 앞의 두 반복이 자신에게 의존하도록 만든다. 사실 매 순간 일어나는 것은 이 세 번째 반복이며 앞의 두 반복은 결정적인 순간에만 일어난다. 그러므로 반복되고 있는 유일의 사태에 대해 두 개의 반복이 있다고 말해야 한다. 자신의 조건들에 해당하는 의미작용을 폐기하면서 자신을 스스로 반복하는 것은 반복되고 있는 그 유일의 사태뿐이다. 다시 말해 회귀하는 것은 이 세 번째 반복뿐이다. 앞의 두 가지 반복은 회귀할 수 없다. 그래서 들뢰즈는 이제 이렇게 쓴다.

영원회귀는 오직 세 번째 시간 속에만 있다.… 결핍에 의한 행위의 조건은 돌아오지 않으며 변신에 의한 행위자의 조건 또한 되돌아오지 않는다. 다시 돌아오는 것은 영원회귀에 해당하는, 생산물 안의 무제약자뿐이다. 영원회귀의 배제력과 선별력, 영원회귀의 그 원심력은 반복을 의사순환주기의 세 가지 시간 안으로 분배하는 데 있지만, 또한 바로 그 원심력을 통해 처음의 두 반복은 되돌아오지 않게 되고 결정적인 것은 어떤 한순간의 것이 되며 자기 자신 위에서 맴도는 세 번째 반복만이 매번이나 매 순간을 위해 영원회귀를 위해 다시 돌아오게 된다. 부정적인 것, 유사한 것, 유비적인 것은 어떤 반복들이지만, 언제나 영원회귀의 수레바퀴에 의해 쫓기는 신세이므로 다시 돌아오지 못한다. … 다시 돌아오는 것은 오직 긍정뿐이고 다시 말해서 차이 나는 것, 유사성에서 벗어나는 것뿐이다. 이와 같이 선별적인 어떤 긍정에서 기쁨을 끌어내기에 앞서 얼마나 커다란 불안이 따를 것인가? … 익명인 '아무개'는 영원히 반복하지만, 이 '아무개'는 이제 비인격적 개체성과 전-개체적 독특성의 세계를 지칭하기 때문이다.[27]

여기서 다시 키르케고르와 니체가 스피노자의 방식으로 종합되는 것은 아닌가? 세 번째 반복에서 우리는 3종인식, 영원성, 절대적 능동성, 기쁨 등 『차이와 반복』의 보충 논문인 『스피노자와 표현의 문제』에서 탐구될 주제들을 이미 충분히 확인할 수 있다.

이제 물어야 할 것은 이 세 번째 시간의 내용이다. 영원회귀에 의해 변용되는 것의 내용은 무엇인가? 들뢰즈는 그것이 "허상simulacre, 오로지 허상들뿐"[28]이라고 간명하게 대답한다. 그것은 무의식 안의 객체 = x, 언어 안의 단어 = x, 역사 안의 행위 = x 등이다. 허상은 "차이 나는 것이 차이 그 자체를 통해

27. 들뢰즈, 『차이와 반복』, 619~623쪽.
28. 같은 책, 624쪽.

차이 나는 것과 관계 맺는 그 체계들"[29]이다. 따라서 영원회귀 안의 반복은 차이의 고유의 역량의 표현이다. 하지만 차이는 자신의 역량의 끝에서만, 즉 영원회귀 안의 반복을 통해서만 자기 자신을 되찾고 자유를 얻을 수 있다. 다시 말해, 차이가 영원회귀의 반복을 가능케 하고 영원회귀가 차이를 긍정하게 되는 것이다.

그래서 들뢰즈는 (재현이 아니라) 반복이야말로 이제까지 실현된 유일한 존재론이고 존재의 일의성이라고 말한다.[30] 그는 존재의 일의성을 옹호하는 두 가지 근본적 테제를 정식화할 때 다시 스피노자를 도입한다. 첫 번째 테제는 "존재의 형식들은 복수적이지만 이 형식들이 범주들과는 달리 존재를 분할하지 않고, 그래서 존재 안으로 복수의 존재론적 의미를 끌어들이지 않는다."는 것이다. 존재는 하나이나 그 형식은 여럿일 수 있다는 것이다.『스피노자와 표현의 문제』에서도 실체는 실재적으로 구별되나 수적으로 구별되지는 않는 것이었다.[31]

또 하나의 테제가 있다. 그것은 "존재를 언명하는 존재자는 본질적으로 변동적인 어떤 개체화하는 차이들에 따라 할당되고, 이 개체화하는 차이들은 필연적으로 '각자'에게 어떤 복수의 양태적 의미작용을 부여한다."[32]는 것이다. 이 두 번째

---

29. 같은 곳.
30. 같은 책, 631쪽.
31. 들뢰즈,『스피노자와 표현 문제』, 1장 참조.

테제를 통해 들뢰즈는 스피노자의 일의성 개념의 한계를 지적하는 것일까? "일의적인 것이 순수한 긍정의 객체가 되는 수준으로까지 나아가기 위해 스피노자주의는 한 걸음만 더 내디디면 된다. 그것은 실체로 하여금 양태들 주위를 돌게 만드는 것이고 다시 말해서 영원회귀 안의 반복에 해당하는 일의성을 실현하는 것이다."[33] 베르그손이 스피노자의 실체는 이미 주어져 있는 전체라고 비판한 것을 의식하기라도 한 듯, 들뢰즈는 일의적 존재가 단지 사유되고 긍정되기만 할 것이 아니라 실제적으로 실현되어야 함을 강조하고 있다.[34] 이것은 지속의 첫 번째 정의(지속은 변화이다)가 두 번째 정의(지속은 운동에 의해 표현된다)에 의해 보충되어야 한다는 생각에서 이미 표현되었던 것이다. 요컨대 존재의 일의성이란 존재 자체의 일의적 성격을 의미할 뿐만 아니라 이 일의적 존재가 다의적 존재자를 통해 언명된다는 점을 동시에 의미한다는 것이다. 실현, 표현의 테제를 통해 스피노자와 베르그손 모두의 불명확함을 시정하고 있는 것으로 보이는 들뢰즈의 고유한 존재론은 "영원회귀의 바퀴는 차이에서 출발하여 반복을 산출하는 동시에 반복에서 출발하여 차이를 선별한다."[35]는 명제로 집약

---

32. 들뢰즈, 『차이와 반복』, 631쪽.
33. 같은 책, 632쪽.
34. 같은 책, 114쪽.
35. 같은 곳.

된다.

두 가지 시간성

스피노자가 강조하듯이 우리의 인식이 실체-속성-양태의 관계를 늘 적실한 표현의 관계로서 파악하는 것은 아니다. 자연상태의 인식은 자주 온갖 부적실한 관념들에 의해, 수동적 변용들과 그것들의 연쇄에 의해, 즉 막연한 경험에 의해 구성된다.[36] 상상이라 불리는 인식이 그것이다. 스피노자는 이 부적실한 관념을 1종인식이라고 불렀다. 언어에 의해 구성되는 시민상태의 인식도 '~ 해야 한다'는 도덕적 형식으로 나타나는 한 적실하지 못하며 계시와 명령의 형식으로 나타나는 종교상태의 인식도 마찬가지이다. 이 모든 1종인식은 실체의 표현적 속성을 파악하는 것이 아니라 기호들을 매개로 실체의 몇몇 부분들을 그것의 고유성[37]으로 정착시킬 뿐이다. 우리로 하여금 표현의 영역으로 들어서게 만드는 최초의 적실한 관념은 공통관념이며 그것은 이성에 의해 파악된다. 공통관념을 통해 우리는 개별 실존양태들의 합성과 분해의 관계를 이해할 수 있다. 그리고 이것을 통해 우리의 활

---

36. 들뢰즈, 『스피노자와 표현의 문제』, 391쪽.
37. 고유성에 대해서는 들뢰즈, 『스피노자와 표현의 문제』, 169~171쪽 참조.

동역능을 증가시키는 정동들을 선별하고 연쇄시킬 수 있다. 스피노자는 이성을 2종인식이라고 부르는데 이 2종인식이야 말로 3종인식의 동력원이다.[38] 공통관념 속에서 우리가 비로소 실체에 대한 관념에 접촉하기 때문이다. 이성은 공통관념의 형성 과정에서 슬픔을 벗어나 수동성의 형식 속에서지만 기쁨을 축적하고 이 수동적 기쁨의 축적을 통해 능동적 인식으로 전환할 계기를 마련한다. 여기에서 3종인식이 발생하는데 이것은 직관에 의해 가능해지는 것으로 영원성에 기초한 인식이다. 이 3종인식은 능동적 기쁨으로서의 지복을 생산한다.

인식의 이러한 진화과정에서 우리는 시간성의 두 종류를 확인할 수 있다. 1종인식에 나타나는 것은 법칙, 계시, 명령, 다시 말해 척도로서의 시간이다. 그것은 기호의 시간이다. 3종인식에서 나타나는 것은 실재의 시간이다. 그것은 무한한 변양들을 부분으로 삼는 "삶이라는 유일하고 동일한 판"[39]의 시간(삶시간)이다. 스피노자가 1종인식에서 3종인식으로의 이행이라는 인식의 진화론 속에서 서술한 두 가지 시간은 베르그손의 일관된 주제이기도 하다. 그는 스피노자의 1종인식(상상, 의견, 계시)에 상응하는 인식형태를 지각과 지성으로 설정한

---

38. 같은 책, 405쪽.
39. 들뢰즈·가타리, 『천 개의 고원』, 483쪽.

다. 지성은 1종인식이 그렇듯이 객체의 주변을 돌면서 그 안에 들어가는 대신에 객체를 자기에게로 끌어들인다. 그것은 객체에 내재적인 실재를 서술하기보다 자신의 필요를 그것에 부과한다. 지성이 서술하는 법칙들은 그래서 객체의 속성이 아니라 객체에 적실하지 못한 고유성일 뿐이다. 그것은 **유용성**의 조건 속에서 객체에 부과되는 기호일 뿐이다. 그것은 실재에 대한 환영幻影을 제공한다. 지성은 유용성을 충족시키는 물리적 작용의 비밀을 건네줄 수는 있지만, 생명에 대해서는 타성의 용어로 번역한 것 이상을 제공하지는 못한다. 이와는 구별되는 인식형태가 직관이다. 스피노자에게서 그것은 3종인식인 직관인데 그것은 베르그손에게서도 역시 직관으로 나타난다. 직관은 지성과는 달리 물질의 내부로 우리를 인도해 준다. 직관은 무사심하게 되어 자기 자신을 의식하고 객체에 대해 반성할 수 있다. 그것은 무한히 확장된 본능으로서 실재에 대한 직접적 인식을 제공한다.[40]

들뢰즈는 이것을 두 가지 시간성 혹은 시간성의 두 양태라는 말로 정의한다.

한편으로는 〈이것임〉들로 된 고른판 또는 조성의 판이 있는데, 이 판은 속도들과 변용태들만을 안다. 다른 한편으

---

40. 베르그손, 『창조적 진화』, 268쪽.

이와는 완전히 다른 판인 형식의 판, 실체의 판 또는 주체의 판이 있다. 그리고 [이 둘에서] 시간과 시간성 또한 결코 같은 것이 아니다. 우선 아이온, 그것은 사건의 불확정적 시간으로서, 이것은 속도만을 알며 〈이미 여기 도달한 것〉과 〈아직 도달하지 않은 것〉을 끊임없이 나누는 유동하는 선이며 동시적인 〈너무 늦음〉과 〈너무 이름〉이며, 막 지나갈 것이자 막 지나간 것인 어떤 것이다. 그리고 반대로 측정의 시간인 크로노스, 그것은 사물들과 사람들을 고정시키고 형식을 전개하고 주체를 한정한다.… 요컨대 찰나와 지속 사이에 나아가 규칙과 불규칙 사이에 차이가 있는 것이 아니라 개체화의 두 양태, 시간성의 두 양태 사이에 차이가 있는 것이다.[41]

스피노자는 속성을 실체의 표현이라고 이해했고 양태 역시 속성의 표현이거나 실체의 재표현이라고 이해했다. 그렇다면 우리는 실체-속성-양태의 3항일조에서처럼 두 가지의 시간성을 표현의 관계로 이해할 수 있을까? 그렇지는 않다. 두 가지의 시간성은 시간을 구현하는 두 가지의 양식 혹은 방향이기 때문이다.[42] 양태라 할지라도 실체의 표현으로서 인식될 때는 실재

---

41. 들뢰즈·가타리, 『천 개의 고원』, 496쪽.
42. 니체에게서 이 두 시간성은 "주사위를 던지는 시간과 주사위가 떨어지는 시간"(들뢰즈, 『니체와 철학』, 162쪽)으로 표현되는데, 이는 베르그손에게서는

의 시간에 속하며 실체라 할지라도 그것이 속성으로서가 아니라 지성에 의해 부과된 고유성에 따라 인식될 때는 기호의 시간에 속한다. 두 가지의 시간성은 존재론적 두 차원이라기보다 단일한 실재에 접근하는 두 가지 방식, 즉 인식론적 두 차원이다. 기호는 실체의 고유성들을 지시하고 재현할 수는 있지만, 그것이 무엇인지를 설명해 줄 수 없다. 직관은 실체의 속성과 양태를 그 내재적 표현 관계 속에서 펼쳐낸다. 그래서 표현주의는 기호적 재현을 표현의 특수한 경우로 한정함으로써 표현의 움직임을 재현의 틀 속에 봉합하는 재현주의와 대립한다.

재현주의는 두 번째 시간성, 즉 크로노스의 시간성을 표시한다. 들뢰즈가 재현주의를 비판하는 이유는 재현을 통해서는 차이가 사유될 수 없기 때문이다. 지속은 부단한 새로움이자 창조이며 그래서 차이 혹은 변화 그 자체이다. 지성의 재현은 차이생성적인 이러한 지속의 시간을 4중의 굴레들, 즉 지각 안의 유사성, 개념 안의 동일성, 술어 안의 대립, 판단 안의 유비 등에 종속시킨다. 지성의 재현에는 어떤 수렴하는 세계, 어떤 단일의 중심세계가 있어야 하며, 그래서 발산과 탈중심화를 긍정할 능력을 갖지 못한다. 예컨대 환상phantasme으로부터 모상

생명의 시간과 물질의 시간의 구분으로 나타난다(베르그손, 『창조적 진화』, 65~66쪽 그리고 91~97쪽 참조).

을 구분 짓고 다시 모상으로부터 원형을 구분 짓는 플라톤적 의지는 자기동일적 원형의 내적 유사성을 감싸고 돈다. 그것은 환상을 선별하여 배제 혹은 추방하려는 지성적 기획이다. 그것은 자유로운 차이들, 유목적 분배들, 원형과 모상에 동시에 항거하는 창조적 환상들을 비난함으로써 도덕적이고 신학적인 위계질서를 확립한다. 사유하는 주체에 의해 차이가 개념의 동일성에 종속되어 있을 때 사유 안의 차이가 사라진다. 사유하기와 사유되는 것 사이의 차이, 다시 말해 사유하기의 그 생식성이 사라지는 것이다.[43]

따라서 사유 안에서 차이를 복원하기 위해서는, 즉 아이온의 시간성을 회복하기 위해서는 몇 개의 매듭이 풀려야 한다. 첫 번째로는 차이를 개념의 동일성 아래에 종속시키는 매듭을 풀어야 하며, 둘째로는 차이를 지각 안의 유사성에 종속시키는 매듭을 풀어야 한다. 전자는 사유 안에 있는 심층적 균열을 해방시키는 것이며 후자는 차이를 비외연적이고 질화되지 않는 공-간spatium의 강도로 복원하는 것이다. 세 번째로는 차이를 부정적인 것에 종속시키는 부당한 끈(서술에서의 대립)을 끊어내야 한다. 차이는 실정적positive (비)-존재인 메온이지 소극적 비-존재인 우크온이 아니며, 문제제기적인 것의 존재를 의미하는 것이지 부정적인 것의 존재를 의미하지 않는다.[44] 메온으로서의 차이

---

43. 들뢰즈, 『차이와 반복』, 560쪽.

는 부정의 非가 아니라 허사 ne를 가리키며, 모든 긍정에 선행하면서도 충만하게 실정적인 것이다. 실정적이라는 것은 정립된다는 것이며 긍정이란 실정성을 구현하고 해결하는 것을 의미한다.

그렇다면 긍정이 실정(정립)하는 것은 무엇인가? 그것은 차이이다. 그래서 긍정은 차이의 긍정이다. 여기서 우리는 다양한 긍정을 분만하는 것은 문제제기적 다양체라는 말을 덧붙여야 한다. 그래서 긍정의 본질은 다양하다는 것이며 차이를 긍정한다는 것이다. 부정적인 것은 생산된 긍정들 위로 드리운 문제의 그림자에 지나지 않는다.[45]

역사는 부정을 통해, 부정의 부정을 통해 앞으로 나아가는 것이 아니라 문제들의 규정을 통해, 차이들의 긍정을 통해 앞으로 나아간다. … 부정적인 것은 단지 어떤 귀결에 불과하고 긍정이 이중화되는 어떤 반사물에 불과하다. 그렇기 때문에 참된 혁명들은 또한 축제의 분위기를 띤다. 모순은 프롤레타리아의 무기라기보다는 차라리 부르주아가 자신을 방어하고 보존하는 방식이고 그 뒤에 숨어 어떤 문제들을 결정하려는 자신의 욕망을 지탱하는 그림자이다. … 모든 곳에서 부정적

---

44. 같은 책, 562.
45. 같은 책, 563쪽. 그리고 들뢰즈는 부정적인 것에 의해 생산되고 부정의 부정으로 생산되는 긍정은 거짓된 것이라고 단언한다(같은 책, 564쪽).

인 것은 의식의 반동이고 진정한 행위자, 진정한 연기자의 변질이자 타락이다.[46]

풀어야 할 네 번째 매듭이 아직 남아 있다. 그것은 차이를 커다란 유들과 종들에 종속시킴으로써 판단을 내리는 매듭이다. 차이를 변질시키고 타락시키는 이 매듭들은 반복을 일그러뜨려 완전한 유사성이나 극단적 동등성으로, 다시 말해 헐벗은 반복으로 보게 만드는 매듭이기도 하다. 말하자면 이것은 근거의 매듭이다. 근거 짓는다는 것은 재현을 근거 짓는다는 것이다. 그러나 이러한 근거는 발산과 탈중심화의 역량, 허상 자체의 역량에서 오는 도전을 피할 수 없다.

근거는 한편에서는 재현의 형식들을 향해 기울어 있고 다른 한편에서는 재현을 허락하지 않는 무-바탕으로 비스듬히 빠져들고 있다. 순수한 규정, 추상적인 선으로서의 사유는 미규정자인 이 무-바탕과 대결해야 한다. 이 미규정성, 무-바탕이 사유의 생식성이다. 어리석음은 사유의 가장 큰 무능력을 구성하지만, 사유에게 사유하도록 강요함으로써 사유의 가장 높은 능력의 원천이 된다. 사유는 미규정자와 규정으로 이루어지는 기계이다. 이 기계가 기능할 수 있도록 만들어 주는 것은 차이 또는 규정 가능한 것의 형식이다. 규정 가능한 것은 어떤 나-

---

46. 같은 책, 564~565쪽.

선행자이며 전(前)개체적 독특성이다. 이 비인격적 개체화와 전 개체적 독특성의 세계야말로 근거를 와해시키면서 허상들을 불러들이는 깊이와 무-바탕의 진정한 본성이 드러나는 세계 이다.

우리는 크로노스의 시간성을 조건 지어온 재현의 매듭들 을 차례로 풀어왔다. 재현의 이 네 가지 매듭을 풀어냈을 때 드러나는 것은 무엇인가? 그것은 허상의 평면이다. 이 평면 위 에서 아이온의 시간이 비로소 움직이기 시작한다. 아이온의 시간 속에서 드러나는 허상의 체계는 기초개념들로 이루어진 다. 이것은 재현의 범주들과는 다르다. 들뢰즈는 그것들을 다 음과 같이 서술한다.

(1) 강도들이 조직되고 있는 깊이, 공-간 ; (2) 강도들이 형 성하는 불균등한 계열들, 이 계열들이 그려내는 개체화의 장 들 ; (3) 계열들을 서로 소통케 하는 '어두운 전조'[애매한 전구 체] ; (4) 그 뒤를 잇는 짝짓기, 내적 공명, 강요된 운동들 ; (5) 체 계 안에 서식하게 될 수동적 자아와 애벌레-주체들의 구성, 그리고 순수한 시공간적 역동성들의 형성 ; (6) 체계의 이중적 분화를 형성하고 개체화 요인들을 뒤덮게 될 질과 외연들, 종 과 부분들 ; (7) 개봉된 질과 연장들의 세계 안에서 이 개체화 요인들이 여전히 끈질기게 항존한다는 사실을 증언하는 봉 인의 중심들.[47]

허상의 체계가 발산과 탈중심화를 가능케 하며 특권적 계열도 원형도 동일성도 소유하지 않으면서 서로 유비적이지 않은 계열화를 가능케 하는 것은 이 기초개념들을 통해서이다. 이 것들은 재인再認의 객체가 아니라 본질적인 마주침의 객체이다. 그것들은 지금 여기의 특수성으로 환원되지 않으면서 동시에 개념의 보편성으로도 환원되지 않는 새뮤얼 버틀러의 에레혼Erewhon과 같다. 그것들은 범주들에 의한 정착적 분배와는 달리, 유목적 분배를 가능케 한다.[48] 이해를 돕기 위해 굳이 이 세분된 기초개념들을 앞서 제시한 시간의 세 차원론에 대입시키면, 강도의 수준을 규정하는 (1)의 '공-간'이 실체의 차원에 상응하고 개체적 차원을 설명하는 (6)과 (7)이 양태의 차원에 상응하는 반면, 역동성들·계열화·합성·주체화를 규정하는 (2)~(5)가 속성의 차원에서 움직이고 있다고 말할 수 있을 것이다. 이 기초개념들에 의거하여 시간은 재현적 범주들의 기호체계를 벗어나 강도적 힘의 표현으로 나타나기 시작한다.

비물질노동과 시간, 그리고 정치

---

47. 같은 책, 582쪽. 대괄호 속 번역은 인용자. 5장 각주 39 참조.
48. 같은 책, 596쪽.

들뢰즈는 스피노자의 실체를 베르그손의 지속에 겹치고 다시 그것을 니체의 영원회귀에 비추어봄으로써 존재의 문제를 시간의 문제로 전위시킨다.[49] 존재는 시간이며 시간은 습관과 기억을 통해 자신을 반복하는 차이 그 자체이다. 그것은 무한히 다양하게 생성하는 삶의 내재적 약동[50]이다. 이 평면에서 노동의 문제를 다시 생각하면 어떻게 될까? 운동이 실재하는 지속의 움직이는 단편이고 양태가 속성을 통한 실체의 표현이듯이 노동은 삶의 약동의 표현이다. 그것은 삶을 생산하고 재생산하는 활동이다. 그것은 결코 인간의 활동에 국한될 수도 없고 물질적 형태의 활동에 국한될 수도 없다. 인간의 활동은 물론이고 비인간의 생명활동도, 여러 유형의 물질적 활동은 물론이고 다양한 유형의 비물질적 활동들도 삶을 생산하고 재생산하는 활동들이다. 인간활동의 경우, 노동의 역사적 진화를 통해 노동의 본령이 점점 더 비물질적인 것으로 되면서 물질적인 것이 비물질적인 것의 계기로 되는 변화가 나타나기도 한다.

물질적 노동은 노동과정 외부에 생산물을 내놓으나 그것들은 노동과정 속으로 되돌아오지 않고 소비된다.[51] 생산물의

49. 시간(time/temp)은 '나누다'(divide)는 뜻의 어간 'di/da'(di-mon, timon, timi, timme)에 뿌리를 두고 있다.
50. 몸을 보존하려는 노력은 코나투스이다. 이것이 마음과 몸에 동시에 관계할 때 충동이 되며, 충동을 의식하는 인간과 관계할 때 욕망이 된다.
51. 생산재의 경우 노동과정으로 다시 돌아온다고 볼 수도 있지만, 그 경우에도

소비는 노동 생산물이 노동력을 재생산하는 것과 같은 방식으로 결국 노동과정 속으로 되돌아오는 것이라고 할 수 있겠지만, 노동과정과 분리된 유통·분배·소비 과정을 거쳐서 이루어지는 사후적이고 간접적인 돌아옴이다. 이 때문에 한 단위의 물질적 노동에서 노동은 동질적인 것으로 남는다. 노동이 공간 속에서 연속되는 시간으로, 다시 말해 측정 가능한 것으로 보여지는 것은 여기에서이다.

하지만 비물질노동은 일반적으로 노동과정 외부에 생산물을 내놓지 않으며 생산물은 직접적으로 노동과정 속으로 돌아온다. 이렇게 돌아온 생산물로 인해 노동 그 자체가 생산과정 속에서 변화된다. 비물질노동은 물질노동에 비해 삶 시간의 이미지를 좀 더 직접적인 형태로 우리에게 보여 준다. 그것은 관계 속에서 끊임없이 변화되는 활동으로 나타난다. 그것은 낡은 노동시간 척도의 부과를 곤란하게 만든다. 비물질노동은 지각, 감각, 정동, 충동, 행동 등을 노동의 주체이자 객체로 삼는다. 나아가 영화 산업이 보여 주듯이 비물질노동은 기억, 회상, 꿈 등을 노동의 객체로 삼는다. 시간이 척도로서 부과된다는 의미에서 물질노동에 시간이 외재적이라면 비물질노동에 시간은 내재한다. 비물질노동을 통해 삶은 직접적으로 변형된다.

그것은 다른 노동과정 혹은 다음 회의 노동과정 속으로 돌아올 뿐이다.

비물질노동의 이러한 특성은 노동에 대해서뿐만 아니라 정치에 대해서도 다른 이미지를 발생시킨다. 지금까지 정치는 노동 외부에서 노동을 규율하는 것이었다. 정치는 척도로서 노동에 부과되었다. 전통적 유형의 노동정치조차도 국가 수준에서의 변화를 경유하여 간접적으로 노동 속에 변화를 도입하는 기획으로 나타났다. 그런데 지금 노동이 우리의 삶과 세계를 직접적으로 변형시키는 활동으로 되고 있다는 것은 노동이 그 자체로 직접적인 정치의 무대로 되고 있다는 것을 의미한다. 노동 속에서 전개되는 시간투쟁의 성격이 바뀐다. 그것은 이제 지속시간, 길이, 양을 둘러싼 투쟁이 아니라 질과 방향을 둘러싼 투쟁이다. 노동은 이제 다른 지각, 다른 감각, 다른 정동, 다른 행동, 다른 기억, 다른 꿈을 실현하는 갈등의 장으로 나타난다. 오히려 국가는, 자본과 마찬가지로, 실재적 지속의 시간을 은폐하고 그것의 표현을 가로막으면서 환영을 생산하고 제도화하며 습관으로 고정시키는 장치로 나타난다. 그것들은 크로노스의 시간, 환영의 시간, 재현의 시간을 발생시키고 유지시키며 확대시키는 습관, 기억, 행위의 제도형태로 나타난다.[52] 그것들은 이제 삶-표현의 역동적 과정에 재현의 굴레를 씌우고 시간을 공간으로 치환하는 권력양식으로 나타

---

52. 알튀세르의 이데올로기적 국가기구 개념은 이러한 변화를 파악하는 데 유용하다.

난다.

노동의 비물질화로 인해 점점 재현이 어렵게 될 때 환영의 제도들은 어떤 형태, 어떤 방식을 취하는가? 갈등의 평면은 좀 더 분명하게 시간 자체의 평면으로 이동한다. 권력의 발생 장소가 삶-활력의 평면 쪽으로 가까이 이동한다. 이제 어디에서 권력이 발생하는 것일까? 지각, 감각, 정동, 행동, 기억, 회상, 꿈의 잠재력의 오용[53]이 그것이다. 잠재력의 오용을 통해 실재의 시간이 초월성의 세계로 전치될 때 권력이 분명한 실체로서 등장한다. 권력은 비실재적 환타지, 비실재적 시뮬레이션, 그리고 비실재적 명령어를 통해서 작동한다. 이런 상황에서는 실재의 회복이 다시 문제로 된다. 권력에 대한 저항이 실재의 차원과의 접속 없이는 불가능하기 때문이다.

그렇다면 문제는 다시 리얼리즘인가? 여기서 우리는 재현에 초점을 맞춘 전통적 리얼리즘이 늘 표현을 억압하는 장치였음을 잊지 말아야 한다. 리얼리즘의 꽃은 우주의 잠재력virtual으로부터 차단된 화분에 피어 있었다. 그것을 우주적 잠재력과 연결된 땅에서 피어나게 하는 것이 필요하다. 필요한 것은 버추얼리즘virtualism에 의해 해독되고 지속으로

---

53. 칸트에게서 기원하는 들뢰즈의 오용('오류추리') 개념에 대해서는 들뢰즈·과타리, 『안티 오이디푸스』, 2장 참조.

서의 시간과 연결된, 그래서 표현의 힘으로 넘치는 리얼리즘
이다.[54]

---

54. 전통적 리얼리즘과 구분하여 이러한 리얼리즘을 나는 '내재적 리얼리즘'으로 규정한 바 있다.(조정환, 『예술인간의 탄생』, 갈무리, 2015, 353~378쪽 참조.) 내재적 리얼리즘의 한 계기인 '버추얼리즘'에 대해서는 조정환, 『카이로스의 문학』, 갈무리, 2006, 197~222쪽 참조.

4장 정동 : 정동은 무엇을 할 수 있는가?

정동이론의 등장

정동과 정보

정동과 정서

정동과 이성

정동과 자기정서 혹은 직관

들뢰즈 정동이론의 함의

정동에 대한 관념들 비판

정동이론의 등장

20세기 말에 한국에서 사회주의 운동을 했던 사람들이 21세기에 들어 1980년대로 대표되는 그 변혁적 시기를 이데올로기의 시대로 정의한다면, 그래서 〈조선프롤레타리아예술가동맹〉KAPF 시기를 청산하면서 '얻은 것은 이데올로기요 잃은 것은 예술이다.'라고 말했던 1930년대의 박영희처럼 '얻은 것은 이데올로기요 잃은 것은 삶이다.'라고 정리한다면 그것이 타당하다고 할 수 있을까?

이 물음에 답하기 위해서는 우선 '사회주의가 이데올로기였던가?'라는 물음에 대한 답이 주어지지 않으면 안 된다. 1980년대의 혁명가들에게 사회주의는 이데올로기이기는커녕 오히려 그것에 대립하는 것으로서의 과학이었다. 이데올로기는 허위의식을 표현하는 것이지만, 과학은 세계사적이고 자연사적인 진리를 표현하는 것으로 믿었기 때문이다. 사회주의는 허위의식이기는커녕 자본주의의 객관적 운동법칙과 그 모순에 기초한 세계사적 필연성에 대한 정치의식이었다. 그러므로 사회운동을 염두에 두면서 한국의 20세기 말을 '이데올로기의 시대'로 정리하는 것은 타당하지 않다. 그러한 규정은 반공주의, 개발주의, 성장주의 등에 이끌렸던 당대의 자본주의 국가권력을 중심에 놓고 시대 규정을 할 때나 타당할 수 있는 규정이다.

그런데 1991년 전후 현실 사회주의들의 해체와 붕괴를 겪으면서 사회주의자들은 과학과 이데올로기 사이에 자신들이 설정했던 깊은 심연이 허구적이지 않았던가, 또 양자가 대립한다는 생각이 환상적이지 않았던가, 사회주의도 결국 하나의 이데올로기이지 않았을까 하는 회의에 빠져들게 된다. 이것은 사회주의를 처음부터 이데올로기로 단정했던 우파의 주장이 좌파 내부에서 자발적으로 반향되는 순간이었다.[1] 이러한 회의는 두 가지 계기에 의해 실제적 의식으로 전화된다. 하나는 정보개방에 의해 점차 드러난 사회주의 사회의 현실과 그 역사에 대한 재고찰의 결과, 사회주의라는 말이 노동으로부터의 해방을 가리키기는커녕 국가자본의 축적에 인민의 노동력을 동원하기 위한 노동강제의 관료주의 이데올로기로 사용되었다는 인식, 즉 사회주의에 대한 이데올로기 비판의 부상이었다. 이러한 인식은 사회주의 사회라고 통칭된 역사적 사회주의를 사회주의 이데올로기를 지배 이데올로기로 삼는 관료자본주의나 국가자본주의로 바라보면서 사회주의로부터 코뮤니즘으로의 점진적 이행은 불가능하고 새로운 유형의 혁명을 통해서만 코뮤니즘으로 이행할 수 있다는 생각을 공유한다. 많은 차이에도 불구하고 트로츠키주의의 일부와 자율주의, 그리고 아나키즘이 이러한 생각을 공유하는 흐름들

---

1. 이것은 〈인민노련〉, 〈사노맹〉, 〈노동자의 깃발〉, 〈노동계급〉 등 당대의 주요한 사회주의 정파들이 대거 합법정당 노선으로 전환하거나 제도 속으로 편입되는 계기로 된다.

이다. 또 하나는 그에 대한 반작용으로, 사회주의가 이데올로기로 되어온 현실을 긍정하면서 이데올로기는 보편적이고 필연적인 것이며 이데올로기를 둘러싼 투쟁, 낡은 이데올로기에 대항하는 새로운 이데올로기의 투쟁, 자본의 이데올로기들에 대항하는 사회주의 이데올로기의 투쟁 그 자체가 유의미한 투쟁이었고 또 유의미한 투쟁이라는 인식, 즉 사회주의 이데올로기에 대한 철학적 정당화와 새로운 의미부여의 등장이었다. 이러한 정당화는 소련의 국정國定 맑스-레닌주의자들, 중국의 국정 마오주의자들, 북한의 국정 주체주의자들에게서 이미 시작되었던 것이지만 그 외부의 좌파 지식세계에서는 중기 알튀세르와 발리바르에 의해 정교하게 가공된 후 라캉주의와 지젝에 이르기까지 지금도 계속되고 있다.

이 양자는 서로 다른 가치관념을 표현하지만, 사회주의를 이데올로기로, 20세기 말을 이데올로기의 시대로 확정하고, 우리로 하여금 '얻은 것은 이데올로기였다.'고 '회고'하도록 만드는 데에서는 같은 기능을 수행한다. 그래서인지 이제는, 사회주의는 이데올로기가 아니라 과학이라는 고전 맑스주의적 반론은 거의 들리지 않는다. 오히려 과거에는 이데올로기나 과학에 종속되거나 보조적이었던 예술(적인 것)에 대한 관심이 널리 확산되고 있는 것이 현실이다. 이러한 경향은 과학적 진리가 객관적으로 주어진 것이 아니라 과학적 행위소들의 연결에 의해 만들어진다는 생각의 확산과 결부되어 있다. 과학에 대한 믿음이 약화되었고 그럼에도 이데올로기를 신뢰할 수는 없는 사람들이 박영희처럼 예술에 대한 갈망을 갖는 것일까? 진리의 패러다임은 욕망의 패러다임으로 대체된다. 정치가 미디어에 의해 매개되고 예술이 욕망의 다이어그램으로 부상함과 더불어 경제적 갈등이나 정치적 갈등 같은 사회적 갈등들은 점차 정동적 색조를 띠고 전개된다. 노동도 예술 모델을 따라 재구성된다. 이에 따라 노동자는 더욱더 예술적 자질을 요구받는다. 이것이 내가 사회구성의 측면에서 인지자본주의로의 전환[2]이라고 부르고, 주체 구성의 측면에서 예술인간의 탄생[3]이라고 표현한 한 시대의 단면들이다.

그런데 돌아보면 '과학의 시대'로 인식되기도 했던 저 '이데올로기의 시대'가 '예술의 시대'로 곧장 이행했던 것이 아니다. 1980년과 2008년 사이에 1995년이 있다. 1980년이 민중항쟁의 해이고 2008년이 촛불봉기의 해라면 1995년은 노동운동이 〈민주노총〉으로 수렴한 해이면서 동시에 한국에서 인터넷을 비롯한 정보화가 뚜렷이 진행되기 시작한 해이다. 즉 위의 두 시대 사이에 '정보 시대'라고 불리는 한 시대가 끼어 있다. 이데올로기/과학의 시대가 노동의 역능에 주목했다면 정보 시대는 이미지의 역능에 주목했다. 전자가 산업공장을 주된 관심 공간

---

2. 조정환, 『인지자본주의』, 갈무리, 2011.
3. 조정환, 『예술인간의 탄생』, 갈무리, 2015.

으로 삼았다면, 후자는 미디어 공간을 주된 관심 공간으로 삼았다. 전자가 전기기술과 다양한 산업기술들에 의해 매개되었다면 후자는 전자기술과 사이버네틱스에 의해 매개되었다. 전자가 선박과 자동차에 의해 대표되었다면 후자는 텔레비전, 영화, 핸드폰, 인터넷에 의해 대표된다. 전자가 국가정치와 거시 담론에 주목했다면 후자는 일상의 정치성과 미시 담론에 주목했다. 전자가 육체에 의거한다면 후자는 뇌에 의거한다. 전자가 아날로그적이라면 후자는 디지털적이다. 정보화는 많은 사람들에 의해 근대로부터의 탈출로 여겨지거나, 적어도 지금까지 경험된 근대와는 다른 시기를 여는 것으로 평가되었다.

하지만 정보화가 열어낸 그 다른(탈, 후) 근대의 실상은 기술유토피아주의의 주장과는 달리 참혹한 것이었다. 신자유주의에 유폐된 정보화는 근대 자본주의를 폐지하는 것이 아니라 인지적인 것으로 재구성하는 것이었다. 그것은 노동을 폐지하는 것이 아니라 일상 전체를 노동으로 만드는 것이었다. 이에 따라 노동착취는 오히려 더 큰 규모로 확장되었다. 새로운 자유('신자유')라는 이름하에서 그것은 공장을 넘어 사회 전체를 감독과 통제의 공간으로 바꾸었고, 노동시간만이 아니라 여가시간까지 감시의 시간으로 만들었다.

예술의 문턱을 낮추고 누구나가 예술가일 수 있는 조건을 창출한 것도 정보화다. 디지털 정보화는 누구나가 키보드와 프로그램을 통해 문자, 소리, 영상 등의 예술 자료들에 손쉽게 접근하고 또 그것들을 쉽게 조작할 수 있도록 만들었다. 인지자본주의는 이러한 변화된 조건을 축적에 활용한다. 모든 사람으로 하여금 예술적이고 창조적이기를 강요하며 예술능력을 시민의 자격요건으로 삼는 것이다. 뒤에서 살펴보겠지만, 환경의 자극을 예민하게 받아들이면서 창조적으로 활동할 수 있는 전개체적 역량이 정동情動, affectus인데, 인지자본주의에서는 정동이 노동의 본령으로 편입되기에 이른다. 예술의 시대는 이렇게 노동의 정보화와 정동화를 거치면서 조성되고 있는 이른바 정동적 전환affective turn 및 정동의 시대와 중첩된다.

들뢰즈의 철학과 정동이론4은 시대의 이러한 변화를 이해할 효과적인 개념무기들을 제공할 수 있는가? 만약 그럴 수 있다면 어떻게 그것이 가능한가? 과학에 대한 믿음이 드높아가고 있었던 19세기에 맑스는 철학을 하나의 이데올로기 형태로 평가했다. 과학이 이데올로기를 대체하리라는 관점에 따라 그는, 헤겔이 종교와 예술을 뒤이은 절대정신의 세계사적 종결체로 파악했던 바로 그 철학의 역사적 종말을 예상한 바

---

4. 들뢰즈와 과타리의 영향하에서 발전되고 있는 정동이론의 다양한 양상에 대해서는 멜리사 그레그·그레고리 시그워스 편저, 『정동 이론』, 최성희·김지영·박혜정 옮김, 갈무리, 2015 ; 정동이론의 미디어 이해에의 응용에 대해서는 이토 마모루, 『정동의 힘』, 김미정 옮김, 갈무리, 2016 ; 정동이론의 정치경제학적 응용에 대해서는 크리스티안 마라찌, 『자본과 정동』, 서창현 옮김, 갈무리, 2014 ; 정동이론의 문화비평적·문화정치학적 응용으로는 권명아, 『무한히 정치적인 외로움』, 갈무리, 2012와 권명아, 『음란과 혁명』, 책세상, 2013, 그리고 김미정, 『움직이는 별자리들』, 갈무리, 2019 참조.

있다. 그런데 들뢰즈는, 역사 속에서 사회주의로 수렴된 맑스의 과학(정치과학)이 또 하나의 이데올로기로 실추하는 것처럼 보이는 아이러니한 역사적 순간에 철학(정치철학)의 고유성을 다시 주장한다. 그는 '형이상학의 죽음'이나 '철학의 초극'이라는 말들을 '부질없거나 듣기 거북한 허튼소리'로 평가하면서, 감각의 기념비를 구축하는 예술이나, 변수들 사이의 함수관계를 발견하는 과학과는 달리, 개념을 창조하는 것에 철학의 본령이 있다고 주장한다.[5]

그런데 들뢰즈의 개념은 "형식화할 수 있는 기능들(추상화나 일반화)이나 사용할 수 있는 기능들(판단)을 통해 설명이 가능한, 주어진 지식이나 표상"[6]이 아니다. 그러한 의미의 지식이나 표상은 인문과학, 사회학, 인식론, 언어학, 정신분석학, 논리분석학 등의 일반개념 속에 은거하면서 개념의 창조를 방기하거나 정보화, 상품화, 디자인, 광고, 전시, 마케팅을 통해 합의를 창출하기 위한 도구로 기능하는 개념일 뿐이며 실제로는 "사유의 절대적 참상"[7]을 보여 주는 개념들일 뿐이기 때문이다. 사유가 이렇게 참혹한 상황에 놓여 있지만, 들뢰즈는 철학이 자신의 경쟁자들과 벌이는 사유상의 투쟁을 통해 오히려 개념의 창조라는 자신의 고유한 과업을 성취할

---

5. 들뢰즈·가타리, 『철학이란 무엇인가』, 18쪽.
6. 같은 책, 21쪽.
7. 같은 책, 22~23쪽.

활력을 느낄 수 있을 것이라고 본다. 이를 위해서 철학은 과학, 예술과 마찬가지로 창조자들의 서명이 각인되는 방식으로 고안하고 만들고 창조하는 일종의 민감성sensibilia의 표현이 되어야 한다.[8] 이럴 때 철학의 개념은 '광인의 웃음'으로 자신의 '눈물'을 넘어설 수 있을 것이고 창조를 통해 자립적이고 자기제작적인 특성을 향유할 수 있을 것이며 이렇게 창조된 개념은 '상품'이 아니라 '운석'이 될 것이다.[9]

민감성을 표현하는 것으로서의 개념은, 기능을 통해 설명이 가능한 개념과는 달리, 이데올로기와 동일시될 수 없다. 이데올로기는 이미 만들어진 기성복의 형태로 대중들에게 주어지지만, 민감성을 표현하는 것으로서의 개념은 부단히 새롭게 만들어지는 것이기 때문이다. 프롤레타리아의 입장에서 영국의 정치경제학, 독일의 철학, 프랑스의 사회주의를 비판적으로 종합하면서 탄생한 맑스의 혁명사상은 당시로서는 민감성을 표현하는 개념이었다. 맑스는 개념의 창조자 즉 개념적 인물이다. 하지만, 그의 사상이 사회주의로 수렴되고 호명되면서 대중의 착용만을 기다리고 있는 이미 만들어진 기성복처럼 간주

---

8. 같은 책, 13쪽. 'sensibilia'는 반베르그손주의자인 버트란드 러셀이 사용한 용어이지만 들뢰즈는 이 용어를 채용하여 인간행위자로부터 독립된 '비주체적 관찰자'인 '개념적 인물'을 의미하는 개념으로 사용한다(Paul Ardoin et al. ed., *Understanding Deleuze, Understanding Modernism*, Bloomsbury Academic, 2016, pp. 118~119).

9. 들뢰즈·가타리, 『철학이란 무엇인가』, 21쪽.

될 때 그것은 이데올로기로 된다. 그래서 들뢰즈는 "개념들은 천상의 실체처럼, 이미 다 만들어진 채 우리를 기다리는 것은 아니다. 개념들에게 천상이란 없다. 그것들은 고안되고 만들어지거나 혹은 창조되어야 한다."[10]고 말한다. 민감성에 의해 창조되지 않은 개념들은 주어진 지식이나 표상으로서의 일반개념들이다. 이런 의미에서 철학은, 맑스의 혁명사상이 그랬듯이, 일반개념, 이데올로기, 이미 주어진 세계관, 요컨대 표상적 지식들에 대한 투쟁 속에서 창조되면서 새로운 세계를 열어가는 과정 중의 사유이다. 그렇다면 들뢰즈의 정동이론은 표상적 지식에 대한 투쟁을 효과적으로 수행할 수 있는가? 그것은 우리의 삶에 적합한 새로운 세계를 열어낼 수 있는가?

정동과 정보

정보 시대가 예술의 시대, 정동의 시대를 예비했던 만큼 정보와 정동의 관계를 살피는 것에서 시작해 보자. 정보에 대한 일반적 통념이 있다. 송신자와 수신자 사이에서 전달되는 것이 정보라는 생각이 그것이다. 이러한 의미에서의 정보는 이미 주어진 것이며 창조되는 것이 아니다. 한자의 '情報'에서는 송신자와 수신자 사이에서 전달되는, 즉 '알려지는'[報] 내용

---

10. 같은 책, 13쪽.

은 '정情'이다.[11] 통상적 정보 개념은 과학(특히 수학과 물리학)에 의해 주어지는 것으로, 이 情을 에너지적인 것으로 고찰한다. 정보에 대한 과학적 개념은 두 사물들의 위치관계에 대한 측량calibration을, 그리고 감속과 가속에 입각한 일련의 틀짜기framing를 전제한다.[12] 그리하여 여기에서 지각 작용은 정보의 일정한 '양'의 수용으로 나타난다. 정보 현상은 이 에너지적 양의 전송과 수신 과정이며 전송자와 수신자 사이에 일정한 양적 평균 혹은 '합의'의 생산과정이다. 철학의 '정' 개념은 이와 다르다. 개념적 인물들도 빠르고 느린 것을 조감한다. 하지만 철학은 빠름과 느림을, 단 한 순간에 통과하는 무한속도에 기초한 비에너지적 차이difference로서 고찰한다. 이 비에너지적 차이의 장場이 정동이다. 그런데 우리의 지각 작용은 공감적이거나 반감적인 이 정동affect을 행동의 필요에 맞추어 감산하고 한정한다.[13] 달리 말해 지각 작용은 절대속도에 기초한 비에너지적인 차이를 상대속도에 기초한 에너지적 양으로 환원한다. 우리의 통념을 구성하는 과학적 정보 개념은 지각 작용의 감산작용을 거친 결과인 이 수량화된 '정'을 정보의 본령으로 간주한다. 이런 방식을 통해 그것은 무한속도에 기초한 비

---

11. 영어의 'information'에서는 송신자와 수신자 사이에서 전달되는 내용이 'form'이다.

12. 들뢰즈·가타리, 『철학이란 무엇인가』, 191쪽.

13. 같은 곳.

에너지적 차이에 대한 통제의 테크놀로지로 사용된다. 들뢰즈가 사이버네틱스를 통제사회의 기술로 파악하면서 그것으로부터 거리를 두는 것은 이 때문이다.[14]

들뢰즈가 보기에 현대 세계는 정보가 자연을 대체한 세계이다. 신문, 라디오, 텔레비전 등이 현대세계에서 정보를 전능한 것으로 만든다. 이것은 위험한 현상이다. 히틀러, 나치체제, 전쟁, 유대인수용소로 대표되는 어떤 통합적 전체가 정보를 통해 구성되기 때문이다. 그것은 무한속도에 기초한 비에너지적 차이를 상대속도에 기초한 에너지적 전체로 집계함으로써 성립되는 총체이다. 들뢰즈는 어떤 정보도 히틀러를 무찌르기에 충분하지 않다고 말함으로써 정보가 저항에 비효율적인 것임을 암시한다.[15] 히틀러를 무찌르기 위해서는 정보를 뛰어넘어야 하는데 이것은 정보적 공간의 복합성을 표현하면서 정보적인 것과의 내적인 투쟁을 수행하는 것에 의해 가능해진다.[16] 지배적 정보의 신화에 대항하는 것을 들뢰즈는 창조적 우화짓기fabulation라고 부른다. 그것은 자신의 가시적 몸에 경험 이전의 순수한 발화행위를 수용할 수 있는 순수한 증인에 의해 실행된다.

---

14. 질 들뢰즈, 『대담 : 1972~1990』, 김종호 옮김, 솔, 1994의 5장 2절 '추신 : 통제 사회에 대하여' 참조.
15. 들뢰즈, 『시네마 2』, 527쪽.
16. 같은 곳.

전후 미국에서는 신문, 영화, 텔레비전이 부상하여 사실주의적 소설의 가능성을 소진시키고 있었다. 이런 상황에서 사실을 반영하는 전통적 사실주의와는 다른 방식으로 이야기와 이야기의 형태를 창조하려는 작가들의 문학 경향을 지칭하기 위해 만들어진 것이 우화짓기라는 말이다.[17] 이들은 진지한 것과 사소한 것, 무서운 것과 유희적인 것, 비극적인 것과 희극적인 것 사이의 전통적 구분을 희미하게 만들면서 일상적인 것, 환상적인 것, 신화적인 것, 몽환적인 것을 뒤섞고 소재, 형태, 문체, 시간 순서에서 전례 없는 실험을 함으로써 표준적인 소설적 기대를 위반하는 방법을 썼다. 들뢰즈가 보기에 우화짓기는 사실과 대비되는 거짓false의 역량을 의미한다. 하지만 그것이 이데올로기로의 귀환을 추구하는 것은 아니다. 오히려 들뢰즈는 이데올로기의 권력에 거짓의 역량을 대치시킨다. 이데올로기적 허구는, 정보공간이 그러하듯이, 필연적으로 "지배자의 사고나 식민주의자들의 관점을 표현하는 이미 정해진 진실의 모델"[18]을 만들어 내어 "종교, 사회, 영화, 이미지의 체계에서 자신을 진실인 것처럼 제시하는 숭배의 형태"[19]와 연결되어 있다. 이에 반해, 우화짓기는 진실의 모델에서 허구를 해방하여 거짓에 기억과 전설 그리고 괴물을 만들

---

17. Robert Scholes, *The Fabulators*, Oxford University Press, 1967.
18. 들뢰즈, 『시네마 2』, 295쪽.
19. 같은 곳.

어낼 역량을 부여한다. 우화짓기는 개인적인 것을 정치적인 것과 분리시키던 경계를 지속적으로 횡단하면서 집단적 발화를 생산하는 정치적 발화 행동이다. 우화짓기는 이러한 집단적 발화 행동을 통해 자신의 고유한 민중을 창조한다.[20]

들뢰즈는 과학적 정보에 철학적 정보를 대치시키기보다 정보에 정동情動, affect을 대치시키기를 좋아한다. 이러한 들뢰즈의 사유 형성에 큰 영향을 준 사람은 질베르 시몽동이다. 시몽동은, 아리스토텔레스의 질료형상론[21]을 계승하면서 데이터와 의미론적 정보의 발신-수신 관계에 주목했던 사이버네틱스와 기술공학의 주류 정보 개념과는 다른 정보 개념을 정립하는 쪽을 선호한다. 그는 주류 정보이론이 취했던 닫힌 정보 도식과는 다른 열린 정보 도식에 따라 정보 개념을 재구성하는데, 이에 따르면 정보는 실재에 대한 것about이거나 실재를 위한 것for이 아니라 실재 그 자체as이다. 그도 정보를 음의 엔트로피로 간주하는 수학적 소통이론에서 출발했지만, 준안정성metastability, 변환traduction, 개체화individuation 등의 개념을 거치면서 그 출발점으로부터 멀어진다.

준안정성 개념에 따르면 정보는 발신자에게서 수신자에게 보내지는 어떤 동질적 데이터나 메시지가 아니라 전개체적 수

---

20. 같은 책, 429쪽.
21. 질료형상론은 수동적이고 타성적인 질료와 능동적으로 결정하는 형상 사이의 위계질서를 함축한다.

준에서 양측의 서로 불균등한^{disparate} 정보가 이차원적으로 상호작용하면서 비결정성의 여지를 남기는 실재적 과정이다. 개체화의 개념은 이 준안정 체계를 조건으로 전개체적인 것에서 개체적인 것으로 이행하는 개체적인 것의 발생 과정을 규정하기 위한 것이다. 개체는 개체화의 뒤에 오며 반성적인 것이 아니라 발생적인 것이다. 개체화는 시몽동이 정보의 핵심으로 파악한 이질적 실재들 사이의 상호소통을 확립함으로써 잠재적 에너지를 현실화하고 특이성들을 통합하는 과정이다. 이렇게 전개체적인 이질적 실재들이 상호작용을 통해 더 높은 차원에서 독특한 앙상블을 형성하는 것이 개체화이다. 또 이 새로운 개체 차원의 조직화는 실재들 사이에서 발생한 문제를 해결하는 방식이기도 하다.[22]

그런데 개체화된다고 해서 전개체적인 것의 이질성, 다중성, 준안정성, 다상성이 사라지는 것은 아니다. 변환의 개념은 개체화 과정에서 서로 다른 불균등한 정보적 특질들이 마주쳐 서로 상호작용함으로써 존재론적으로 새로운 것, 새로운 정보적 구조를 생산하는 발생적 과정을 지칭한다.[23] 변환은 해당 영역들의 긴장 자체로부터 문제해결의 구조를 가져온다.

---

22. Gilles Deleuze, "On Gilbert Simondon", *Desert Islands and Other Texts*, Semiotext(e)/Foreign Agents, 2004, pp. 86~89.
23. Gilbert Simondon, *L'individuation à la lumière des notions de forme et d'information*, Millon, 2005, p. 33 [질베르 시몽동, 『형태와 정보 개념에 비추어 본 개체화』, 황수영 옮김, 그린비, 2017].

변환은 긴장된 영역들에서 특이한 것을 제거하고 공동적인 것만을 보존하는 수학적 정보화의 방법과는 다르다. 그것은 각 항들의 실재성을 보존하는 방식으로 항들이 배치되면서도 각 항들이 모두 소통할 수 있는 시스템을 창출한다. 변환은 대립과 차이를 보존하여 통합하면서 바로 그 대립과 차이 때문에 가능해지는 구체적인 연결망을 찾아낸다는 점에서 부정적인 것을 긍정적인 것으로 전환시키는 과정이자 방법이다.[24]

이상의 고찰을 통해 우리는 시몽동의 정보는 발신자와 수신자 사이에서 오가는 사물(데이터나 메시지)이 아니라 마주친 두 항들 사이의 차이와 그 긴장임을 알 수 있다. 이에 따르면 정보는 두 실재적 항들 사이의 합의이기는커녕, 마주친 상대항으로부터 받는 충격과 놀람이다. 개체의 지각과 행동의 간극에서 개체에게 발생한 이 충격과 놀람의 경험이 곧 정서情緖이고 그것에 수반되는 활동역량의 전개체적 이행이 정동情動, affect인 한에서 시몽동의 정보는 정동의 관점에서 이해된 정서와 다르지 않다. 마주침에서 생기는 정서들은 지각과 행동 사이에서 문제의 평면을 구성한다. 그리고 이 문제를 조절하고 해결하는 것이 그 정서들을 새로운 앙상블 속에 재배치하는 정보화, 개체화, 구체화의 과정, 즉 변환의 과정이다.

들뢰즈는 시몽동이 말하는 정보의 준안정 체계를 차이,

---

24. 같은 책, pp. 33~34 [같은 책].

이질화, 잠재적 에너지, 강도적 양으로 규정한다.[25] 시몽동에게 서처럼 들뢰즈에게서도 개체화는 개체 이전에 있다. 이 전개체적 특이성의 세계는 마주침과 공명을 통해 개체화가 이루어지도록 하는 무대이다. 이 세계에 자아가 있다면 그 자아는 객체를 표상하는 자아와는 달리 통일되어 있지 않고 균열되어 있으며, 인격적이지 않고 전인격적인 애벌레-자아이다. 이 자아는 개체화의 장 안에서 일어나는 어떤 사건이며 그 장의 계열들이 공명하는 지점에서 구성되는 수동적 자아이다. 그러므로 자아가 객체에 선행하는 표상에서와는 반대로 애벌레-자아는 개체화의 요소인 차이와 개체화에 후행한다.[26]

전개체적 특이성들의 세계는 불균등한 계열들 사이의 강도들의 공-간spatium, 즉 개체화의 장들을 구성한다. 이제 앞선 개체화 요소들인 전구체前驅體들이 이 계열들을 소통케 하면 짝짓기, 내적 공명, 강요된 운동들이 전개된다. 새롭게 구축될 체계 안에 서식할 수동적 자아와 애벌레-주체들이 구성되면서 순수한 시공간적 역동성들이 형성되는 것은 이에 의해서이다. 이렇게 해서 구축되는 것이 허상simulacre의 체계인데, 이 체계에서 질과 외연들, 종과 부분들이 개체화의 요인들을 뒤덮지만, 그 속에서도 개체화의 요소들은 끈질기게 항존

---

25. Deleuze, *Desert Islands and Other texts*, pp. 86~89.
26. 들뢰즈, 『차이와 반복』, 580~581쪽.

한다. 차이소가 차이 자체를 통해 차이소와 관계하기를 멈추지 않기 때문에 허상의 체계는 발산과 탈중심화를 긍정하는 체계이다. 어떤 계열도 특권을 누리지 않고, 어떤 계열도 원형原型의 동일성을 소유하지 않으며, 어떤 계열도 모상의 유사성을 소유하지 않는, 그래서 어떤 계열도 다른 계열과 대립하거나 유비적이지 않고 오직 차이들의 차이들을 통해서만 다른 계열과 소통하는 무정부적이고 유목적인 분배의 세계가 있다면, 다시 말해 모든 계열들을 포괄하는 수렴의 장이 있다면 오직 비형식의 카오스일 뿐인 세계가 곧 허상의 세계이다.[27] 허상들은 카오스의 세계에 침잠하여 그 카오스의 세계로부터 건져낸 한 줌의 질서들, 카오이드들이다.[28] 앞서 언급한 우화짓기는, 시몽동의 변환의 방법론에 대응하는 것으로, 바로 이 허상적 개체화의 방법론, 즉 허상화이다.

정동과 정서

시몽동은 정보가 두 항들 사이의 차이와 긴장임을 밝힘으로써 정보의 정동적 성격을 이해할 수 있게 만들었다. 정동의 차원에서 '정情'은 두 개 이상의 개체들 사이의 차이와 긴

---

27. 같은 책, 582~583쪽.
28. 들뢰즈·가타리, 『철학이란 무엇인가』, 295쪽.

장, 즉 강도를 지칭한다. 그런데 정서affection는 두 개체들 사이의 정보적 관계에서 서로의 차이와 긴장이 각 개체들에게 수동적으로 경험되는 양태를 가리킨다. 이 관계에서 개체들은 그 관계의 부분으로 위치 지어지며 작용을 받는 개체적 자아로서 자신의 활동능력이 증대하거나 감소하는 방향으로, 혹은 촉진되거나 저해되는 방향으로 작용을 받는다. 스피노자는 몸과 마음이 증대나 촉진의 방향으로 이행하는 마주침을 기쁨으로, 감소나 저해의 방향으로의 이행하는 마주침을 슬픔으로 규정하고[29] 이 기본적 정서가 시간성(현재, 과거, 미래), 관계(직접, 간접), 연합(시공간적 거리, 연상) 등의 조건에 따라 복합적으로 변화하고 재구성되면서 경탄, 경멸, 사랑, 미움, 희망, 공포, 오만, 겸손, 자비심, 분노, 대담함, 두려움, 탐욕, 시기심 등 무한히 다양한 정서들이 파생되어 나온다고 보았다.[30] 스피노자가 보기에 마음의 본질은 몸의 현실적 존재를 긍정하는 데 있다. 이 때문에, 마음은 몸 자체나 몸의 어떤 부분이 우연한 마주침 속에서 활동능력이나 존재능력이 증대하거나 감소할 때, 촉진되거나 방해받을 때 몸의 이러한 이행의 상태를 긍정한다. 따라서 어떤 외부 물체에 대해 우리가 가지는 관념은 그 물체의 본성보다 우리 몸의 현실적 상태를 지시하

---

29. B. 스피노자, 『에티카』, 강영계 옮김, 서광사, 2008, 166~7쪽(3부 정리 11과 증명).
30. 같은 책, 219쪽 이하 참조.

는 것이라고 할 수 있다. 외부 물체와 마주쳐 특정한 정보관계에 들어간 몸이 더 크거나 작은 존재력으로 이행하는 정서상태에 있을 때, 그 경험적 정서는 몸의 이러한 이행이 어떤 원인에서 일어나는지 명료하게 이해하지 못하고 오직 부분적으로만 이해하는 혼란된 상태에 있다.[31] 스피노자는 이 혼란된 정서와 정서관념이 이해하는 원인을 부분적 원인 혹은 부적합한 원인이라고 부른다. 그리고 이렇게 부분적이거나 부적합한 원인이 우리 몸 내부에 생길 때 그 몸이 '작용을 받는다'고, 즉 '수동'한다고 부른다. 이와 달리 '능동'은, 몸의 이행이 그것의 적합한 원인을 명료하게 이해하면서 이루어지는 '작용함'을 지칭한다. 이런 구분법에 따를 때, 정서는 부분으로서의 몸이 적합하지 못한 관념을 가지고 활동력의 증대나 감소의 방향으로 이행하는 마음의 수동상태이며 "혼란된 관념"이다.[32]

하지만 수동적인 정서도 우리가 그것에 대해 명료한 관념을 형성하는 순간 더는 수동적이지 않다.[33] 우리들에게 더 잘 알려지면 알려질수록 정서는 우리들의 힘 안에 있게 되며 또 정신은 그만큼 정서의 작용을 덜 받게 된다.[34] 그리고 스피노자는, 우리가 어떤 명료한 관념을 형성할 수 없는 정서는 존재

---

31. 같은 책, 153쪽(3부 정의 1과 3).

32. 같은 책, 236쪽.

33. 같은 책, 336쪽(5부 정리 3).

34. 같은 곳(5부 정리3 보충).

하지 않는다고 단언한다.[35] 즉 우리가 어떤 마주침에서 발생하는 다양한 정보와 정서를 적합한 원인에 따라 이해할 수 있는 능력을 갖출 수 있다는 것이고 정서의 수동성을 극복하고 능동으로 나아갈 수 있다는 것이다. 이것을 가능케 하는 것이, 시몽동이 변환이라고 불렀고 들뢰즈가 우화짓기라고 불렀던 방법일 것이다. 이 방법은 개체적 차원을 벗어나 특이한 것들의 지평에서 미지의 적합한 관계를 발견하고 공통적인 것을 발명하는 실천이다.

정동과 이성

적합한 원인 인식에 기초하여 공통관념을 구축하는 것을 스피노자는 첫 번째 종류의 정서관념(표상이나 계율)과 구분해서 두 번째 종류의 인식이라고 불렀고 이성이 이에 속한다고 보았다. 그렇다면 이성은 정서나 정동과 아주 다른 능력일까? 적합한 원인의 발견과 공통적 관계의 구축은 개체가 다른 개체와 대립하면서 각기 그 관계의 부분에 머물러 있는 상태에서는 불가능하다. 그것들이 개체 이전의 전개체적 차이와 강도의 수준에서 이해될 때만, 서로에게 적합한 새로운 원인들을 발견할 수 있고 다양한 개체화 요소들 사이의 공통적 관계의 지

---

35. 같은 곳(5부 정리 4).

평을 열어나갈 수 있다.[36] 전개체적 카오스 수준으로의 침잠은 정서관념을, 즉 개체들 사이의 부분적이고 부적합한 원인들에 의해 결과된 상태이자 그 결과에 대한 관념을 넘어서기 위한 필수조건이다. 시간적으로 그리고 논리적으로 정동이 정서에 수반된다는 것을 분명히 인정하면서도 들뢰즈가 "정동affect은 정서affection가 아니다."라고 강조하면서 정서로부터 정동을 개념적으로 구분하려고 하는 이유가 여기에 있다.[37] 정서가 경험적 지평에서 개체와 개체 사이에 전개되는 힘의 수동상태라면, 정동은 여전히 수동적이라 할지라도 경험하는 개체들의 에너지적 관계를 벗어나 전개체적 차원에서 전개되는 비에너지적·비인간적 역량의 이행이다.[38] 들뢰즈가 보기에 정동은, "결정 불가능함, 구별 불가능의 지대라서, 마치 사물들, 짐승들, 사람들이 각기 그들의 본질적인 간극을 일시에 넘어서 버리는 지점에까지 무한히 닿아 있는"[39] 역량과 그것의 이행이다.

---

36. 시몽동은 전개체적 실재에 참여하여 동질성을 회복한 심리적 개체들의 공동체를 개체초월적인 것이라고 부른다.
37. 내가 어두운 방에 있을 때, 누군가가 들어와 불을 켜면 나의 몸은 어둠과 밝음이라는 두 상태를 연속적으로 경험한다. 이 예에서 들뢰즈는 몸에 의해 서로 단절된 이 두 물리적 상태가 경험되는 것을 정서라고 파악한다. 어둠의 상태와 밝음의 상태라는 단절된 두 상태의 연속적 경험과는 달리 살아있는 몸은 어둠과 밝음 사이에서 생생한 이행을 하게 되는데 몸의 이 생물학적 변이와 이행을 정동으로 파악한다(질 들뢰즈, 「정동이란 무엇인가?」, 『비물질노동과 다중』, 자율평론 기획, 갈무리, 2005, 91쪽).
38. 들뢰즈·가타리, 『철학이란 무엇인가』, 234쪽.
39. 같은 책, 249쪽.

그렇다면 정동과 정서는 어떤 관계에 있을까? 정서는 우연히 마주친 개체들이 부분적이고 부적합한 원인들에 의해 서로 한정되면서 그 부분 원인들의 작용을 주고받는 방식으로 정동의 역량을 특정한 상태 속에 함축하고 봉인한다. 이런 의미에서 정서는 에너지적 양으로 파악된 정보, 즉 수학적·물리학적 정보와 다르지 않다. 이와 달리 정동은 개체화나 개체 이전의 전개체적이고 전인격적이며 비에너지적인 역량, 즉 강도적 역량을 지시한다. 이것은 수학적 정보 개념을 비판하면서 시몽동이 정립하는 새로운 정보 개념과 다르지 않다. 이것은 새로운 개체화의 요소들이 우글거리고 있는 애벌레-주체들의 불균등한 평면을 가리킨다. 이 때문에 정동은 정서에 수반되는 수동적 운동일지라도 새로운 개체화를 위한 적합한 요인들을 찾아내고 새로운 공통의 관계들을 구축할 장을 제공할 수 있다. 다시 말해 정동은, 외부로부터 작용을 받아 생긴 정보작용인 정서의 수동 조건에서 출발하되, 그 정서관념의 한정을 넘어설 수 있다. 요컨대 정동은 기존 개체가 새로운 개체의 하위개체로 되는 우월한 제3의 개체를 형성하는 방향으로 몸과 마음을 자극할 수 있다.[40] 수동적이기만 한 정서와는 달리 수동의 정동이라도 능동의 역량으로 변환될 수 있다는 사실은 중요한 윤리정치적 의미를 갖는다.

---

40. 들뢰즈, 「정동이란 무엇인가?」, 『비물질노동과 다중』, 102쪽.

그렇다면 수동에서 능동으로의 전환이 이루어질 수 있는 구체적 조건은 무엇일까? 이미 서술했다시피, 수동에서 능동으로의 이러한 전환은 적합한 원인들, 적합한 개체화 요소들을 새롭게 발견하는 것을 필요로 한다. 따라서 정신은 개체 관계에 대한 표상을 넘어 전개체적·전인격적 강도의 차원으로 나아가 카오스적 전체에 침잠할 만큼 강하지 않으면 안 된다. 그런데 슬픔은 몸의 활동력이 감소하고 그래서 마음의 활동력이 감소하는 정서상태이다. 그러므로 슬픔의 정서와 그에 수반되는 슬픔의 정동에서는 능동으로 전환할 활동역량이 주어지지 않는다.[41] 이와 달리 기쁨은 몸의 활동력이 증대하고 그래서 마음의 활동력도 증대하는 정서상태이다. 기쁨의 정서가 가져다주는 활동능력의 증대로 인해 몸과 마음은 전개체적 지평으로 내려가 거기에서 적합한 원인을 발견하고 공통적 관계를, 좀 더 복합적인 새로운 몸을 구축할 능력을 얻게 된다.[42] 그래서 기쁨의 정서는 비록 수동적인 작용받음의 정서이지만, 마음을 전개체적이고 전인격적인 정동의 지평에 개방하고 몸이 적합한 원인에 부응하는 새로운 공통적 관계를 구축

41. 행동능력의 증대(기쁨)는 내가 상대적으로 행동능력으로부터 덜 분리되어 있음을 의미하며 슬픔은 내가 행동능력으로부터 분리되어 있음을 의미한다. 슬픔 속에서는 자신이 정동들의 원인이 될 수 없기 때문에 수동의 상태를 벗어나지 못한다.(들뢰즈,「정동이란 무엇인가?」,『비물질노동과 다중』, 52쪽).
42. 스피노자,『에티카』, 216~7(3부 정리 58 그 증명, 그리고 정리 59와 그 증명) 참조.

할 활동역량을 창출할 수 있다.[43] 이에 부응하는 관념, 즉 적합한 원인과 새로운 공통적 관계에 기초한 작용하기의 관념이 공통관념이다. 이것은 부적합한 부분적 원인에 의해 작용을 받는 관념인 정서관념에서 출발한 것이지만, 기쁨의 정서가 몸의 활동능력을 증대시키는 특수한 정동적 조건 속에서 몸이 취하는 특수한 관념양태이다.[44] 그래서 들뢰즈는 공통관념을 구축하는 이성을, 정동과 별개의 능력으로 보기보다, 정동의 특수한 유형으로 이해한다.[45]

정동과 자기정서 혹은 직관

이성은 적합한 원인을 찾아 공통관념을 구성함으로써 몸으로 하여금 정서의 제한성을, 부분적이거나 부적합한 원인에서 비롯되는 정보관념의 제한성을 넘어설 수 있게 한다. 이것이 이성이 가능케 하는 자유이다. 그런데 관념의 진화는 여기에 머물지 않는다. 이제 그 진화의 이후 향방을 정동과의 관계 속에서 생각해 보자.

정서관념이 첫째 관념이었다. 그것은 한 몸이 다른 몸과 접촉하고 또 혼합되는 한에서 한 몸의 상태에 대한 관념이었

---

43. 같은 책, 216~7쪽(3부 정리 58과 59) 참조.
44. 들뢰즈, 「정동이란 무엇인가?」, 『비물질노동과 다중』, 71쪽.
45. 같은 곳.

다.[46] 그것은 영향을 주는 몸이 영향을 받는 몸에 남기는 흔적 혹은 효과에 대한 정보를 감싸면서 영향을 받는 몸의 성질을 재현하는 관념이었다. 태양열을 받아들이면 밀랍은 녹고 진흙은 굳는다. 태양 몸과의 관계에서 녹는 것이 밀랍 몸의 정서이고 굳는 것이 진흙 몸의 정서이다. 정서관념이 주목하는 것은 원인보다 효과이다. 정서관념은 동역학적 의미에서의 역량의 증대나 감소보다 운동학적 의미에서 몸의 가속과 감속을 표상한다. 정서관념은 그 혼란된 상태에서 몸의 유용한 행동의 구도를 잡아주지만, 이 구도를 넘어서 몸이 잠재적으로 무엇을 할 수 있는지를 알려주지는 못한다. 몸이 무엇을 할 수 있는지를 부분적으로가 아니라 전체적으로 알기 위해서는 몸에게 적합한 원인들의 인식에 도달해야 한다. 그리고 그 적합한 원인들을 새로운 관계로 연합시키는 새로운 공통몸을 구성해야 한다. 우연히 마주치는 개체들도 공통몸의 구성을 통해 필연에 따라 합성된 관계로 될 수 있다. 이렇게 되면 수동적이고 혼란된 정서관념은 약화될 것이고 공통관념으로 대체될 것이다. 이것이 더 적은 완전성에서 더 큰 완전성으로의 몸과 마음의 이행을 나타낼 것이다.

몸과 마음의 이러한 갱신 및 대체를 정동적 이행으로 이해할 수 있을까? 분명 몸과 마음의 갱신 및 대체가 정동적 이행

---

46. 같은 책, 35쪽.

을 요구하지만, 후자가 전자와 동일한 것은 아니다. 정동상의 이행은 개체의 몸 및 마음의 상태변화를 지칭하는 것이 아니라 그것의 본질의 이행을 지칭하기 때문이다. 스피노자에 따르면 본질은 사물이 필연적으로 정립되는 원인이다.[47] 그러므로 본질 없이는 사물이 정립될 수 없고, 역으로 사물이 없이는 본질도 사유될 수 없다. 본질은 두 가지 방식으로 구현된다. 하나는 개개 사물의 본질로서, 즉 본질의 정서로서다. 또 하나는 전체의 지속과 이행의 본질로서, 즉 본질의 정동으로서다.[48] 두 번째 본질의 수준에서 개체는 무제한하지는 않지만 무한한 것으로 나타나고, 불균등한 거리들의 총합, 차이들의 총합으로 나타난다.[49] 이 수준에서 개체의 본질은 자신 내부의 차이의 최대치와 최소치 사이의 강도량, 즉 역량의 정도이다. 여기서 본질의 이행은 이 강도량의 이행을 의미한다. 첫 번째의 본질, 즉 정서는 하나의 상태로 나타나는 본질, 다시 말해 순간성의 형식하의 본질이다.[50] 정서는 사진처럼 사물의 이미지를 순간성의 형식하에서 재현하고 고정한다. 그것은 본질의 부동의 단면이다. 두 번째 본질의 이행을 표현하는 정동은 시간적으로, 그리고 논리적으로 정서를 뒤따른다. 하지만 정서가 부동의 단

---

47. 스피노자, 『에티카』, 81쪽(2부 정의 2).
48. 들뢰즈, 「정동이란 무엇인가?」, 『비물질노동과 다중』, 89쪽.
49. 같은 책, 113쪽.
50. 같은 책, 89쪽.

면으로 고정하는 그 어떤 연속, 즉 (베르그손적 의미의) 지속을 표현한다는 점에서 정동은 본질적으로 정서에 우선한다.[51] 정동은 정서에 봉인되는 존재역량과 활동역량 및 그것들의 이행이고 그것의 연속적 변이의 선을 가리키기 때문이다.[52] 그것은 차이의 강도적 역량이 우화짓기의 창조적 역량으로 되는 선이다. 정서가 순간성의 형식 속에서 영원하다면 정동은 이행의 형식 속에서 영원하다. 정서가 운동의 부동의 단면에 비교될 수 있다면, 정동은 지속^{dureé}, 전체^{Tout}의 동적인 단면에 비교될 수 있다.[53] 이런 의미에서 정동은 지속 혹은 전체 안에서의 변화를 표현한다고 할 수 있다. 그런데 정동이 수동을 넘어 능동으로 전화하면, 즉 능동정동이 되면 그 정동은 지속 혹은 전체 안에서의 변화를 표현하는 것을 넘어 지속 혹은 전체 그 자체의 변화, 전체의 이행, 나아가 이행 그 자체의 표현으로 된다.

정동의 능동적 변이태로서의 이성은 개체들 사이의 공통

---

51. 스피노자는, "나는 존재가 영원한 것에 대한 단순한 정의에서 나온다고 생각하는 한, 영원성을 통하여 존재 자체를 이해한다."(『에티카』, 1부 정의 8)고 하면서 그 이유를 "그러한 존재는 사물의 본질과 마찬가지로 영원한 진리로 파악되며, 따라서 지속이나 시간으로는 설명될 수 없"기 때문이라고 말한다. 하지만 들뢰즈는 스피노자가 '지속이나 시간'으로 부른 것을 운동의 지속이나 크로노스적 시간으로 이해하면서 스피노자의 영원성에 대한 규정이 베르그손의 지속에 대한 규정과 일치한다고 말한다(들뢰즈, 「정동이란 무엇인가?」, 『비물질노동과 다중』, 86~7쪽).

52. 브라이언 마수미, 『가상계』, 조성훈 옮김, 갈무리, 2011, 68쪽.

53. 들뢰즈, 『시네마 1』, 21쪽 참조.

관계를 구축하는 능력이다. 그런데 이것은 공통관계의 무한성을, 다시 말해 모든 관계가 무한에, 전체에, 지속에 결합되어 있음을 발견하는 능력이기도 하다. 그것은 정서 속에 봉인되어 있는 본질의 단편들을 자유롭게 하여 이행 그 자체인 지속의 평면으로 가져간다.[54] 즉 이성은 정보적이고 정서적인 것을 정동적인 것으로, 상태를 이행으로, 수동적인 것을 능동적인 것으로, 부동의 단편들을 동적 이행으로, 공간적인 것을 시간적인 것으로 고찰한다. 이렇게 함으로써 이성은 개체를 전체와의 관계 속에서 고찰하는 관념능력으로서의 직관을 준비한다. 직관에서는 전체 우주도 개체와 마찬가지로 하나의 정동하는 몸이다. 그것은 결합되는 관계들의 질서를 따르는 단일한 몸이다.[55] 개체의 정동하는 능력은 전체 우주의 정동되는 능력의 일정한 정도이다. 개체의 정동능력이 내적으로 무한하지만 외적으로 무제한하지는 않은 것은, 즉 최대치와 최소치를 갖는 것은 이 때문이다.

개체는 자신의 정동되는 능력의 최대치와 최소치 사이에 살 때 가장 아름다우며 그 한계를 초과할 때 추하다.[56] 하지만 적합한 관계들의 합성을 통해 새로운 개체를 구성함으로써 개체의 한계는 부단히 초극된다. 공통관념이 정서관념을

---

54. 들뢰즈, 「정동이란 무엇인가?」, 『비물질질노동과 다중』, 85~6쪽.
55. 같은 글, 62쪽.
56. 같은 책, 61쪽.

넘어서는 구성양식이듯이, 공통몸(즉 공통체)은 기존 개체의 한계를 초극하는 구성양식이다. 그러므로 "모든 사람의 정신과 신체가 하나가 되어 마치 하나의 정신과 하나의 신체를 구성하여 모든 사람이 동시에 가능한 한 자신의 유[의] 유지에 노력하고, 모든 사람이 동시에 모든 사람에게 공통된 이익을 추구하는"[57] 개체의 구축은 개체들 사이의 적합한 관계의 합성을 통한 정동적 이행의 신체적 측면이다. 이성 속에서 정동은 부적합과 적합, 불일치와 일치를 분별하고 슬픔의 정서를 낳는 부적합과 불일치를 피하면서 적합과 일치를 통해 기쁨을 낳을 새로운 관계를 실행한다. 이때 정동은 슬픔의 체제를 통해 이익을 취하고 권력을 확립하는 세력[58]과의 싸움을 피할 수 없다. 이런 의미에서 정동은 일종의 실천이성이다.

들뢰즈는 이성이 이러한 정동들의 앙상블이라고 말한다.[59] 그런데 개체의 정동능력이 내적으로 무한하면서도 다른 개체의 정동능력에 의해 제한되어 있음에 반해 우주는 내적으로 무한할 뿐만 아니라, 외부를 갖지 않기 때문에 외부로부터의

---

57. 스피노자, 『에티카』, 262(4부, 정리 18 증명). 공통몸(공통체)에 대한 스피노자의 이러한 생각은 "각인의 자유로운 발전이 만인의 자유로운 발전의 조건이 되는 하나의 연합체"(칼 맑스·프리드리히 엥겔스, 「공산주의당 선언」, 『칼 맑스 프리드리히 엥겔스 저작선집 1』, 김세균 감수, 박종철출판사, 1993, 421쪽)를 계급이 폐지된 코뮤니즘 사회로 표상했던 맑스의 언명 속에서 재생산된다.

58. 들뢰즈, 「정동이란 무엇인가?」, 『비물질노동과 다중』, 104쪽.

59. 같은 글, 71쪽.

어떤 제한도 받지 않는다. 우주는 절대적으로 무한한 정도의 역량을 갖는다. 그런데 개체의 제한된 역량이 우주의 이 무한한 역량의 일정한 정도이기 때문에 개체의 정동적 변이는 그 자체로 우주 자신의 정동적 이행을 표현하는 것이다. 그러므로 여기서 우리는 능동적으로 된 정동을 전체 혹은 지속으로 불리는 우주 개체의 자기정동의 표현이라고 말할 수 있다. 개체의 관념이 이 자기정동에 대한 관념으로 되는 한에서[60] 그 관념은 이제 정서관념이나 공통관념을 넘어 본질관념으로 된다. 내리쬐는 태양은 하나의 개체로서 나라는 개체에 작용한다. 나와 태양은 외재적으로 구별되며 나는 태양의 작용을 받는다. 이에 대한 관념이 정서관념이다. 그런데 고흐는 태양과 다른 관계를 구축한다. 고흐는 태양이 지는 모습을 그리기 위해서는 시선이 수평선에 가장 가까이 있어야 함을 발견하고 자신의 몸을 땅에 눕혀 일몰을 그린다. 이때 고흐는 태양과의 적합한 관계, 공통의 관계, 교감communion의 관계에 들어간다. 이러한 관계에 대한 관념이 공통관념이다. 여기서 나아가 로렌스는, "태양이 나를 정동하는 광선들은 내가 나 자신을 정동하는 광선들이며 내가 나를 정동하는 광선들은 나를 정동

---

60. 들뢰즈는 철학을 "…하는 한의 예술"이라고 정의한다. 그에 따르면 철학은 개념의 예술이다. "…하는 한"이란 사물들 자체에서는 지각될 수 없는 개념 속의 구별들과 관계된다. 철학은 "…하는 한에서의 사물"을, 즉 사물의 개념적 측면을 다루는 사유양식이다.(들뢰즈, 「정동이란 무엇인가?」, 『비물질노동과 다중』, 131쪽).

하는 태양의 광선들"이라고 관념한다. 이런 한에서 로렌스와 태양의 구별은 내부에서의 구별, 내재적 구별로 되고 그의 관념은 본질관념으로 된다.[61] 이 관념 속에서 로렌스와 태양은 어떤 일체union에 도달하며, 그의 정서와 태양의 정서는 모두 우주의 자기정서와 다르지 않다. 그 정서는 우주의 절대적 자기정동에 대한 직관이다.

들뢰즈 정동이론의 함의

들뢰즈의 정동이론은 이데올로기 시대로부터 정보 시대, 정동 시대를 경유해 가고 있는 최근의 역사를 철학적 관점에서 이해할 수 있도록 돕는다. 정치경제학적으로 이 시간은 산업자본주의에서 인지자본주의로의 이행의 시간이었다. 인간의 활동역량을 공장에서 기능할 신체적 노동력으로 전환시키고 그것의 기능시간을 착취하는 것에 초점을 맞추었던 산업자본주의 사회에서, 공장신체는 직접적 감독과 훈육의 기관이었다. 이에 부응하여 국가를 정점으로 하는 공장 밖 사회는 활동능력의 노동력화를, 그리고 노동시간에 대한 착취를 긍정하고 정당화하는 이데올로기 공간으로 편성되었다. 이 때문에 이에 대한 역사적 저항도 과학의 이름으로 공장 밖에서의 이데

---

61. 같은 글, 138쪽.

올로기 지배와 싸우는 것에서 시작되었다. 또 사회와 역사에 대한 과학의 정립은 공장 밖 진보적 지식인의 몫이었다. 또 혁명운동의 주요 과제는 공장 밖에서 공장에 대한 재현을 통해 만들어진 과학적 생산물(변증법적 유물론, 정치경제학, 사회주의)을 공장 안의 노동자 대중과 결합시켜 현장 노동자를 경제적 주체를 넘는 정치적·사회적 주체로 만드는 것이었다.

오랜 시기에 걸쳐 진행된 이 역사적 사회주의 운동과 그것에 대한 자본 및 권력의 수동혁명적 흡수 과정은 공장 울타리를 넘어 공장 밖 사회까지 자신의 삶의 무대로 삼는 사회적 노동자를 탄생시키기에 이르렀다. 이 새로운 사회적 주체성의 욕망을 다시 축적의 동력으로 편입시키기 위한 자본의 사회 재편성 작업이 산업자본주의에서 인지자본주의로의 이행을 가져온다. 개인들 및 개체들 사이의 정동적 관계를 양화하고 사물화하여 상품화하는 수학적 정보기술이 이 이행의 주요 테크놀로지로 활용되었다. 이 과정은 좌파운동과 그것의 거시과학의 한계를 규정하기도 했다. 사회주의 운동의 거시과학이 새로운 사회적 주체성의 미시적 욕망의 성격과 운동을 고찰하는 데 한계를 드러낸 것이 그렇다. 그 과학은 기존의 부르주아 국가 이데올로기와 다른 내용을 갖지만 새로운 몸의 운동과 유리되거나 부분 몸에 한정된다는 점에서 본질적으로는 기존의 국가 이데올로기와 다르지 않은 또 하나의 이데올로기 형태로 경화된다. 이로써 국가 이데올로기와 전통적 저항이데올로기가 미치지 못하는 틈새 공간이 형성되었고 크게 확장되었다. 그런데 20세기 말에 이 공간을 점령하고 장악한 것은 컴퓨터 및 인터넷 테크놀로지와 연관된 정보적 관계였다. 이것이 우리가 경험한 정보사회의 문맥이다.

　인지자본주의적 정보사회는 이전의 이데올로기 시대가 가졌던 강한 도덕적 경향과는 조응하지 않는다. 삶이 노동과 중첩되어버린 사회적 노동에서 소통과 관계의 영역은 넓어지고 그 필요성은 더욱 커졌다. 하지만 도덕적 조율이 불가능해진 그 공간에는 감응, 기분, 감정, 요컨대 정서의 다양한 양태들이 우글거린다. '옳다/그르다'(과학)와 '선하다/악하다'(도덕)의 짝패는 '이러하다/저러하다'(현상묘사)와 '좋다/싫다'(감정)의 짝패로 이동한다. '사랑해'의 거대한 인플레이션 속에서 '혐오해'의 축적과 첨예화가 이루어진다. 승리의 희열을 향한 경쟁적 몸부림은 상대적으로 우울, 불안을 심화시키고 경제적 공황에 상응하는 심리적 공황 상태를 예비한다. 이것이 들뢰즈의 정동이론이 도입되고 또 비판적으로 기능하기 시작한 사회심리적 공간이다. 들뢰즈는 우연한 마주침 속에서 사물에 대한 이미지를 형성하는 지각과 표상의 과정을 첫 번째 관념의 형성 과정으로 이해한다. 우리가 과학의 입장을 참칭하면서 이데올로기라고 불러온 허위의식은 개체들의 우연한 마주침이 필연적으로 가져오는 효과라는 점에서 일정한 필연성을 갖는다. 하지만 그것은 부분성과 우연성의 관념에 지나지 않는다. 들뢰즈가 이 일차적 관념을 정서관념이라고 부르는 것은, 정서가 개체들 사이의 작용과 반작용 관계에서 수동적으로 각인되는 사물의 이미지, 흔적, 효과, 상태의 관념이기 때문이다. 그렇다면 정보 시대는 이와 다른 관념형태를 가능케 하는가? 들뢰즈가 보기에 정보는 정서와 다르지 않다. 왜냐하면, 주류 정보이론에 따르면 우리가 정서로 규정한 것, 즉 지각과정에서 형성되는 사물의 이미지와 그 효과가 바로 정보이기 때문이다. 정보기술은 이 이미지와 효과를 정보적 양으로 치환하여 상품형태로 유통될 수 있게 한다. 시몽동이 이 주류적인 수학적 정보기술과는 다른 정보 질서의 가능성을 탐구했음에 반해, 들뢰즈는 시몽동이 탐구한 그 다른 정보 질서의 가능성을 정동의 개념을 통해 탐구한다. 우주적 차원에서 정情은 절대속도에 기초한 비에너지적인 차이이다. 앞서 서술했듯이 정서관념은 이 비에너지적·강도적 차이를 상대속도에 기초한 에너지적·물리적 양으로 환원하는 방식으로 고찰함으로써 생겨난다. 이런 의미에서는 이데올로기적 표상도 정서관념이지만, 정보도 다른 형태의 정서관념이다. 정서관념을 넘어서기 위해서는 전개체적·비인격적·선험적 수준, 즉 강도적 수준에서 개체화 요소들 사이의 관계 차원으로 나아가야 한다. 이 차원이 개체의 운동과 정지, 빠름과 느림을 넘는 무한속도의 비에너지적 차이의 작용공간이기 때문이다.

들뢰즈는 이 차원을 사유의 대상으로 삼으면서 정서와는

구별되는 정동의 개념을 정립한다. 정동의 개념은 그러므로 이데올로기, 정보, 정서의 한계를 넘어서야 한다는 윤리정치적 요청과 결합되어 있다. 들뢰즈는 정동의 차원에서 비로소, 본원적으로 수동적인 성격의 이데올로기, 정보, 정서의 한계를 넘어 능동으로 전환할 수 있는 계기를 찾는다. 정동도 수동적이지만 그것의 유동성으로 인하여, 고정된 개체적 관계에서와는 달리, 적합한 원인들에 따른 새로운 공통관계를 구축하면서 기존의 개체를 하위개체로 삼는 새로운 앙상블로 나아갈 능동의 역량으로 변환될 수 있기 때문이다. 능동의 역량으로 변환된 특수한 정동이 이성이다. 이성은 정서관념을 차이와 특이성에 기초한 공통관념으로 전환시킬 능력이다.[62] 관념의 이러한 전환은 다수의 개체들 사이의 복합몸인 공통체적 몸, 새로운 앙상블 몸의 구축과 평행할 것이다. 적합한 원인들의 공통관계의 발견은 다양한 자극들에 적합한 몸의 구성과 동전의 양면 같은 관계를 갖기 때문이다.[63] 그런데 앞서 말했듯이 들뢰즈(의 스피노자)에게서 공통관념은 관념 진화의 종착지가 아니다. 이성은 모든 개체들을 전체 혹은 지속과의 관계 속에서 (즉 영원성의 상 아래에서) 고찰함으로써 본질관념을

---

62. 이런 점에서, 들뢰즈의 이성 개념은, 특이성들의 공통되기보다 개체 사이의 합의를 추구하는 계몽적이고 도구적인 합리성과 소통이론의 이성 개념과는 다르고 오히려 그것에 비판적인 개념이다.

63. 스피노자, 『에티카』, 163쪽(3부 요청 1), 166쪽(3부 정리 11), 282쪽(4부 정리 38) 참조.

획득할 수 있는데, 이것이 직관이다. 들뢰즈의 모든 개념들은 이러한 직관의 사유와 몸이 어떻게 구성될 수 있는지에 대한 탐구이며 또 직관의 사유와 몸이 무엇을 할 수 있는지에 대한 탐구이다. 그의 철학은, 인지적 차원에서 잠재적으로 공통적인 관계를 사적 소유와 금융적 수탈의 제도하에 종속시킴으로써 양극화된 몸을 생산하고 있는 현대의 인지자본주의를 어떻게 극복할 것인가, 그 잠재적 공통관계를 현실화할 새로운 공통몸을 어떻게 구성할 것인가, 우리의 관념을 그 구성활동에 적합한 것으로 변환하기 위해 무엇이 필요한가를 사유할 주요한 개념무기들을 제공한다.

정동에 대한 관념들 비판

이상의 논의에 기초하여 정동이론에 가해진 몇 가지 비판적 논점에 대해 살펴보기로 하자.

첫 번째의 논점은 들뢰즈의 'affection'의 번역어로 "'정서'는 '변용'의 오역이다."라는 번역론적 문제제기이다.[64] 이러한 문제제기가, 우리말 '정서'나 '변용'에 대한 어떠한 독자적 개념 정의

---

64. 진태원, 「정동인가 정서인가? 스피노자 철학에 대한 초보적 논의」, 『현대시학』 vol. 563, 2016년 4월. 물론 나는 이 글에서 '정서'와 '정동'을 번역어로서가 아니라 'affection', 'affect'와 같은 유럽적 대응어를 갖는 하나의 한국어 개념으로 사용했다.

도 없이 문맥 외부에서 주어진 그 단어들의 상식적 의미와 어휘 습관(예컨대 읽기에 자연스럽다, 쉽다)에 호소하는 보수적 언어 태도를 보이는 것은 안타까운 일이다. 그럼에도 불구하고 이러한 문제제기가 어떤 실제적 의미를 갖는다면, 번역상의 문제제기 속에 'affection'을 이해하는 그 나름의 특수한 방식과 경향이 표현되고 있다는 점 때문이다. 얼굴 '容'자를 사용하는 '변용'變容이란 용어는 개체들 사이의 관계에서 발생하는 형태 변화, 특히 신체적 변화를 어느 정도 적절히 표현할 수 있는 번역어다. 그런데 affection은 신체적 변화만이 아니라 정신적 변화를 표현한다. 이렇게 정신적 변화를 표현하는 경우에 affection은 하나의 관념이므로 변용이라는 용어는 이 점을 표현하기 어렵다. 또 이 용어는 정서가 정동을 함축하고 봉인하는 정동의 운동론적 양태라는 점을 드러낼 수 없다. 이 때문에 변용이라는 용어는 수동에서 능동으로의 (몸과 마음 모두에 걸친) 정情의 변환 가능성도 표현할 수 없고 따라서 새로운 관념과 몸의 구성에 대해서도 사유할 수 없게 만든다. 들뢰즈가 affect와 affection의 구별이 중요함을 강조하면서도 두 단어가 같은 어간을 공유하도록, 즉 두 단어에 공통적인 "동일한 뿌리"를 갖도록 구별할 것[65]을 역설한 것은 이 점을 고려했기 때문이다. 그렇다면 '순서에 따른 情의 일어남'이라는 뜻을 갖는 '정

---

65. 들뢰즈, 「정동이란 무엇인가?」, 『비물질노동과 다중』, 84쪽.

서'情緖라는 표현에서 거북한 느낌을 받고 그것을 오류로 판단하는 사람들이 있는 것은 무엇 때문일까? 그것은 '정'에 대한 관념적 이해에서 비롯된다. 이러한 이해방식은 정서를 심리적 과정으로만 이해하기 때문에 변용이라는 말이 담아낼 수 있는 물리적 변화의 측면을 표현할 수 없다고 보게 된다. 그런데 들뢰즈의 유물론적 관점에서는 태양이 밀랍을 녹이고 진흙을 굳히는 것은 사랑 때문에 몸이 달아오르고 공포 때문에 몸이 얼어붙는 것과 다르지 않다. 모두 개체적 마주침에서 생기는 정보적 변화이기 때문이다. 우리가 '정'情을 무한속도에 기초한 비에너지적 차이로, 혹은 차이의 강도적 역량으로 이해할 수 있다면, 우리는 '변용'을 '정서'의 물리적인 경우로, '감정'feeling을 정서의 심리적인 경우로 이해할 수 있을 것이고 '정동'을 '정서'의 잠재력으로, 요컨대 진동·결합·분리·상승·수축 등의 활동역량으로 이해할 수 있을 것이다.

두 번째 논점은 정동이론이 사회구성주의, 구조주의, 문화주의에 대해 자연주의를 주장한다는 생각이다. 이러한 생각은, 자연이 문화를 결정한다는 관념을 정동이론에 외부로부터 부과한 후, 정동이론의 그 관념과는 달리 문화적인 것이 자연을 구성하는 것이 진실이므로 문화적 이데올로기가 개인들의 상상에 어떻게 개입해 오는지, 그것이 어떻게 다른 사회적 실천 층위들과 접합되는지를 연구하는 것이 중요하다는 점을 강조하는 것으로 나아간다.[66] 하지만 정동이론은 자연이 문화를 결정한다는 관념을 갖고 있지 않다. 정동이론은 우리가 살펴본 바처럼, 표상과 양화된 정보에 기초한 정서관념(이데올로기)에서 공통관념과 본질관념으로의 관념의 이행능력을 활동능력으로서의 정동에서 찾는 것이지 자연이 문화를 결정한다는 식의 소박한 자연결정론이 아니다. 정동이론의 관점에서는 자연이 결정하는 바의 자연 밖의 인간이나 자연 밖의 문화 같은 것은 존재하지 않기 때문이다.[67] 정동이론은 또 이데올로기의 필연성이나 그것의 강력함을 부인하지도 않는다. 표상된 정서관념으로서의 이데올로기는 세계에 대한 관념 주체가 개체인 한에서 필연적이고 또 그만큼 강력하다고 보기 때문이다. 그래서 정서관념으로서의 이데올로기가 어떻게 형성되고 작동되는지에 대한 탐구는 정동이론의 중요한 연구과제이기도 하다. 정작 중요한 문제는 그다음이다. 이데올로기의 이 필연성과 강력함을 인정하는 것이 다른 유형의 이데올로기를 통해 기존 이데올로기를 투쟁적으로 대체하는 방향으로 나아가느냐, 아니면 이데올로기 내부에서의 투쟁에 몰입하는 것이 아니라 이데올로기들에 예속되기를 거부하면서 개체들 사이의 공통관계를 전개체적·

---

66. 최원, 「정동 이론 비판」, 『문화/과학』 86호, 2016 여름, 93쪽 그리고 111쪽.
67. 자연과 사회, 자연과 문화를 양분하는 것이 근대의 인간중심주의적 기획이고 전략이었다는 점이 들뢰즈를 전유한 객체지향철학, 사변적 실재론, 그리고 신유물론에서 근대성 비판의 주요한 논제가 되고 있는 것은 이 때문이다.

전인격적 강도의 수준에서부터 관념하고 또 새롭게 구축함으로써 개체들이 이데올로기의 영향을 덜 받도록, 정서관념을 최소화하도록 정동을 조직하는 방향으로 나아가느냐가 쟁점이다. 정동이론은 후자를 지향하는데, 부분적이고 부적합한 원인들에 대한 관념으로서의 이데올로기는 지극히 자연적인 것이면서도 수동적인 것이기 때문에 자연을 적합한 원인들에 따라 공통적인 것으로 재구성할 능동적 능력을 갖고 있지 않다고 보기 때문이다.

세 번째의 논점은 정서와 정동은 구별되지 않으며 구별할 필요도 없다는 생각이다. 이것은 두 개념을 구분하지 않거나 못하는 것으로 나타난다. 정동이론에 대한 비판자들이 대개 이 양자를 구분하지 못하는 것은 자연스럽다고 할 수 있겠는데 정동이론의 지지자들 사이에서도 이 양자의 구분이 없거나 모호한 경우를 드물지 않게 발견한다. 하지만 정서와 정동의 구분은 정서관념에서 공통관념으로, 개체에서 공통체로 나아가기 위한 필수적인 디딤돌이다. 또 이데올로기와 정보가 본질적으로는 정서관념의 양상들이라는 점을 고려할 때, 정동 개념과 정서 개념의 구별은 이데올로기, 정보, 정서의 여러 형태들에 대한 일관된 비판을 수행하고 대안적 사유를 전개하기 위한 필수적 조건이라고 할 수 있다.

5장 주체 : 탈주체적
주체되기의 형상들

들뢰즈는 주체성 개념에 반대했는가?
들뢰즈의 주체이론의 진화
애매한 전구체 — 보이지 않게 앞서 움직이라
분열자 — 절단하고 연결하라
소수자 — 집단적, 정치적, 탈영토적이어라
유목민과 장인 — 이동하고 구멍을 파라
들뢰즈 주체이론의 의미

들뢰즈는 주체성 개념에 반대했는가?

자본주의 사회에서 국민은 국가의 주체이며, 대중은 미디어의 주체이다. 이와 마찬가지로 노동자는 생산의 집중점인 공장의 주체이고, 시민은 시장에 의해 매개되는 도시의 주체이다. 국가, 미디어, 공장, 시장과 같은 자본의 장치들은 이처럼 각각 자신의 주체들을 통해서 영위되고 또 재생산된다. 그렇기 때문에 이 장치들은 자신의 주체들을 호명하고 재생산하는 데 심혈을 기울이지 않을 수 없다. 이 순간에 그 주체들은 자기 행위의 실제적 주인인 것 같은 가상 속에서 움직인다. 나아가 이 장치들은 서로 연합하여 교차 호명을 통해 서로의 주체들을 인정해주고 상호교환을 통해 뒷받침해줌으로써, 그리고 이를 통해 각 주체들이 자본주의 장치들의 연합된 회로를 따라 질서 있게 움직이도록 만듦으로써 자본주의의 체제적 안정을 도모한다.

그러나 이 과정은 이와 상반되는 측면을 수반한다. 자본주의 장치들은 자신의 주체들을 주체화하는 동시에 대상화한다. 국민은 국가의 피지배자로 놓으며 대중은 미디어의 소비자, 즉 미디어적 환상의 희생자로 놓는다. 노동자는 기업에 의해 착취당하며 시민은 도시의 구경꾼으로 주변화한다. 이 측면에서 '주체＝subject'라는 말은 우리말에서 강조되는 주인이라는 의미보다 sub-ject의 어원에 포함되어 있는 아래에 던져진 자, 예속된 자 즉 신하라는 의미를 더 강하게 갖게 된다. 이럴 때 자본주의적 주체는 장치와 분리접속^{disjunction}의 관계에 놓인다. 주체들이 장치의 부품으로 순기능하기도 하지만, 그들이 장치에 대항하면서 기존 장치를 파괴하고 또 해체하는 힘으로 작용하게 되는 것은 자본주의적 주체가 갖는 이 이중성 때문이다.

자본주의적 장치에 대한 주체들의 저항은 자본주의 장치를 끊임없이 변형시키는 주요한 동력이다. 이 저항의 시도들을 포획하기 위해 자본이 자신의 영토를 부단히 수정하고 재편하지 않으면 안 되기 때문이다. 그 결과 오늘날 나타나고 있는 주요한 특징들 중의 하나는 자본주의적 생산이 공장-기업의 울타리를 넘어서 사회 자체를 무대로 전개된다는 점이다. 이에 따라 대도시 자체가 공장이 되고, 공장이 거대 밀집 주거지역을 동반하면서 그 자체가 하나의 대도시로 된다. 아울러 국가는 점점 미디어와 구별하기 어렵게 되고 거꾸로 미디어가 국가장치로 되는 경향도 강화된다. 과학기술 및 기계의 정보적 발전에 따른 노동의 점진적인 혹은 급격한 비물질화는 국경, 울타리, 점유권, 시민권 등의 낡은 경계들을 허물면서 자본주의 장치들의 혁신, 중첩, 혼성, 망상화網狀化를 가져오고 그것을 지탱해온 주체들의 변신과 재합성을 가져온다. 자본주의 장치들의 이러한 혁신, 중첩, 혼성, 망상화는 한편에 국가 주권을 넘는 전 지구적 네트워크 주권인 제국을 생산하고, 그리고 다른 한편에 그에 상응하는 주체를 생산하는데 우리가 다중이라고 부르는 것은 바로 제국적 주권장치에 분리접속되는 주체성의 이름이다.

장치와 주체의 이 분리접속 관계는 주체에게 어려운 문제를 제기한다. 주체의 저항이 장치의 해체를 가져오지 못하고 그것의 변형된 재생산을, 심지어는 그것의 확대와 심화를 가져오곤 하기 때문이다. 그래서 파시즘하에서의 대중이 사례적으로 보여 주듯이, 주체가 마치 자본주의 장치를 열망하는 듯한 상황, 즉 '대중은 지배받고 복종하기를 갈망한다.'고 판단되는 상황이 연출된다. 이러한 이중구속적 상황을 가로지르면서 장치와 주체의 이접관계를 해체하고 양자 사이에 새로운 해방적 관계를 정립할 수 있는 주체이론의 구축이 가능할까?

물음이 이렇게 던져진 지점에서 우리는 질 들뢰즈의 철학이, 들뢰즈는 주체성 개념에 반대했다는 통념과는 달리, 바로 오늘날의 상황과 조건에서 삶의 실제적 변화가 어떻게 가능하며 어떤 주체성이 그 변화를 촉진하거나 추진할 수 있는지 묻는 일에 바쳐져 있음을 발견한다.[1] 그러므로 제국을 생산하는 주체이면서 동시에 그것에 대항하고 있는 다중들이, 이 분리접속 상황을 타개하고 새로운 세계를 구축함에 있어 들뢰즈의 주체이론으로부터 어떤 시사점을 제공받을 수 있는가를

---

1. 여기에서 나는 '질 들뢰즈'라는 이름을 고유명으로서만이 아니라 '질 들뢰즈＋펠릭스 과타리'를 가리키는 대명사로 사용하기도 한다. 이 책 10쪽의 각주 1 참조.

살피는 것은, 위의 물음에 응답하기 위한 유익한 방법일 수 있을 것이다.

들뢰즈의 주체이론의 진화

주지하다시피 한국 사회에 들뢰즈가 수용된 것은 1990년대이다. 1989년 중국 천안문에서 시위에 나선 시민들에게 공산당이 발포를 명령하고 서독과 동독을 가르던 베를린 장벽이 붕괴된 후 소련 사회주의가 해체되면서 1980년대 한국 사회의 운동을 이끌었던 맑스-레닌주의에 대한 의심이 팽배한 상황이었다. 1917년 혁명 이후 소련 공산당에 의해 가공되어 주로 제3세계 민족해방운동을 통해 세계 전역으로 확산되었던 맑스-레닌주의는 강한 주체이론을 특징으로 한다. 제국주의는 자본주의의 최근 단계이자 최고 단계이며 그것은 프롤레타리아 혁명의 전야라는 레닌주의적 인식이 그것이다. 이 인식에 따르면 자본에 착취당하는 전 세계의 노동자와 민중, 그리고 제국주의에 잉여를 강탈당하는 식민지 민족들이 공산당의 지도하에서 사회주의를 실현하고 공산주의로의 이행을 추진할 혁명적 주체로 부상하고 있었다. 제2차 세계대전 후에 이루어진 헝가리·폴란드·체코슬로바키아 등 동유럽의 사회주의화와 중국·북한·쿠바 등 아시아, 아프리카, 라틴아메리카의 사회주의화는 그러한 인식의 정당성을 뒷받침해 주는 것으로 보였다.

그런데 수십 년 뒤인 1990년 전후에 전개된 현실은 이러한 인식이 설 자리를 빼앗는 것이었다. 무엇보다도 현실 사회주의 국가들의 노동자와 민중, 그리고 시민 들이 공산당의 지도에 따라 사회주의에서 공산주의로의 이행을 추동하기는커녕 현실 사회주의에 저항하고 국경을 넘어 '자본주의' 서방으로 탈주함으로써 오히려 사회주의를 해체시키는 '탈주체' 세력으로 기능했기 때문이다.[2] 중국의 천안문 학생시민시위가 보여 주는 것처럼 아시아 사회주의의 상황도 이와 크게 다르지 않았다.

역사적 사회주의에 대한 반성이 거대서사, 목적, 진보만이 아니라 주체에 대한 일반적 회의를 가져온 것은 이런 상황을 고려하면 자연스러운 것이었다. 프랑스 맑스주의자 알튀세르에 의해 주창된 '주체 없는 과정'으로서의 역사라는 생각과 미셸 푸코가 제기한 '인간의 죽음'이라는 생각은 근대 자체를 주체의 시대로 정의하면서 '주체의 죽음'을 특징으로 하는 새로운 시대, 즉 탈근대가 도래했다는 반맑스주의적 혹은 탈맑스주의적 포스트모더니즘의 관점으로 이어졌고 이를 바탕으로 주체의 불가능성 혹은 주체 거부에 대한 무성한 담론들이 생

---

2. 이러한 탈주체적 경향이 러시아 혁명 이후 크론시타트 수병반란, 농민반란에서 이미 징후적으로 나타났고 1953년 동독의 노동자 봉기, 1956년의 헝가리 노동자 봉기, 1968년 체코슬로바키아 시민봉기를 거쳐 1980년 폴란드 연대노조에 이르기까지 연쇄적으로 가시화되어 왔다는 사실은 당대의 유혈적 자본주의와 권위주의 체제에 맞서 싸우고 있던 한국의 사회운동에는 주목되지 않았다.

산되기에 이르렀다. 들뢰즈도 이러한 흐름 속에서 그것의 일부로서 한국 사회에 도입된 것이 분명하다. 그렇다면 후기로 가면 갈수록 자신을 맑스주의자라고 천명했던 들뢰즈의 사유들이 한국에서는 왜 맑스주의로부터의 이탈을 주장한 보드리야르나 료타르 같은 사람의 생각과 더불어 포스트모더니즘의 원조를 구성하는 것처럼 받아들여지게 되었을까? 그의 사상의 어떤 요소가 그를 이러한 흐름의 일부로 만들었을까?

주체이론의 측면에서 볼 때 그것의 가장 큰 이유는 들뢰즈가 실제로 전통적 주체 개념의 해체와 탈주체화를 주장하고 있기 때문일 것이다. 들뢰즈의 탈주체화의 전략은 근대의 사유들에서 일종의 공준으로 설정되어온 기관/유기체, 기표, 개인, 인격, 자아, 얼굴, 의식, 의미화(의미생성), 국가 등을 탈영토화하는 것에 집중한다.

들뢰즈가 보기에 의미생성과 주체화를 강요하는 것은 아주 특별한 권력장치이다. 독재적 장치가 없는 의미생성, 권위적 장치가 없는 주체화는 있을 수 없으며 기표들에 의해 작용하고 영혼들 또는 주체들에게 행사되는 권력장치가 없는 의미생성과 주체화도 있을 수 없기 때문이다.[3] 이런 관점에서 보면 기관/유기체, 기표, 개인, 인격, 자아, 얼굴, 의식 등도 이러한 권력장치의 산물이자 효과이다. 권력장치들은 문화, 도덕,

---

3. 들뢰즈·가타리, 『천 개의 고원』, 345쪽.

제도 등의 장치를 통해 인간의 편파적 정념들의 반성이나 공명을 불러일으키고 그 정념들을 확장하고 일반화하며 통합한다.[4] 그 과정에서 "습관들, 다름 아닌 습관들-나라고 말하는 습관들"[5]인 주체가 형성된다. 욕망기계나 생산기계와의 관계에서 볼 때 이러한 주체는 욕망기계가 아니라 그 곁의 여분이며 생산기계가 아니라 그것의 잔여이다.[6] 그것은 원인이 아니라 결과이며 생성이 아니라 특정한 권력장치와 결부된 하나의 언표행위적 배치물에 지나지 않는다. 이렇게 주체가 언표행위 장치의 변수일 뿐이므로 장치는 결코 주체에 의해 설명될 수 없고 거꾸로 주체가 장치에 의해 설명되어야 한다.[7] 이런 맥락에서 들뢰즈는 주체화를 가져오는 여러 장치들 중에서 자본이 가장 뛰어난 "주체화의 점"이라고 말한다.[8]

그렇다면 들뢰즈는 이러한 주체, 이러한 주체화만이 가능하다고 보았는가? 결코 그렇지 않다. 들뢰즈가 『안티 오이디푸스』에서 "개인환상이 자아를 주체로 갖고 있고 집단환상은 충동들 자체, 그리고 이 충동들이 혁명적 제도와 더불어 형성하는 욕망기계들만을 주체로 갖는다."[9]고 할 때, 여기서 그는

---

4. 들뢰즈, 『경험주의와 주체성』, 276쪽.
5. 같은 책, 276쪽에서 인용.
6. 같은 책, 47쪽.
7. 들뢰즈·가타리, 『천 개의 고원』, 269쪽.
8. 같은 책, 252~3쪽.
9. 들뢰즈·과타리, 『안티 오이디푸스』, 119쪽.

'자아'와 '욕망기계'라는 두 유형의 주체가 있음을 시사한다. 지금까지 우리는 개인환상의 주체, 즉 '나'라고 말하는 자아-주체에 대해 검토해 왔다. 들뢰즈가 벗어나야 할 혹은 해체해야 할 주체를 말한다면 바로 이 주체다. 그렇다면 집단환상의 주체인 충동들 그 자체 혹은 '욕망기계'라는 주체는 무엇일까? 정신분석 비판의 맥락에서 보면 그것은 아우성치는 리비도다. 리비도의 흐름은 "더러 치료의 실천에 저항하는 경우가 있는데, 이것은 자아의 저항이기보다 오히려 욕망적 생산 전체의 요란한 아우성이다."[10] 욕망적 생산은 "우리는 모두 분열자이다. 우리는 모두 변태이다! 우리는 모두 너무나 끈적이는 또는 너무나 막힘없이 흐르는 리비도다."[11]라고 아우성치는 주체다.

자아-주체와는 구별되는 다른 주체, 즉 아우성치는 욕망-주체의 개념은 들뢰즈의 주체이론의 진화에서 매우 중요한 위치를 차지하며 또 일관된 모습으로 발전된다. 무엇보다도 이 다른 주체 혹은 대안주체의 개념이 들뢰즈의 최초의 저작이면서 데이비드 흄의 주체이론을 전유하는 저서인 『경험주의와 주체성』의 핵심주제이기도 함을 주목할 필요가 있다. 여기서 "주체성의 문제"는 바로 "경험주의의 본질"이라고 천명되며, 주체는 "자기 자신을 펼치는 운동"으로 정의된다.[12]

---

10. 같은 책, 125쪽.
11. 같은 책, 126쪽.
12. 들뢰즈, 『경험주의와 주체성』, 167쪽.

이 스스로 펼치는 운동은 "주체가 자신을 반성하면서 자신을 넘어서는 이중의" 운동이다.[13] 주체는 경험의 반복을 통해 상상력[14] 속에서 비밀의 힘들을 추정하면서 자신이 아는 것 이상을 긍정하고(믿음) 감응을 불러오는 것들에서 힘들을 구별하면서 자연에 주어지지 않은 기능적 총체를 구성한다(발명). 흄에 따르면 이렇게 특정한 정황 속에서 경험은 수단-목적, 동기-행위의 관계에 따라 인접성, 유사성, 인과성과 같은 연합의 원리에 근거하여 믿음과 발명을 가져온다. 그리고 주어진 지각의 다발이 이런 방식으로 새롭게 종합되어 하나의 체계로 만들어지는 방식으로 주어진 것 안에서 구성되는데, 이것이 주체이다.[15] 흄의 이러한 생각으로부터 들뢰즈는 경험에서 분리된 "이론적 주체성"이라는 것은 없고 주체성은 본질적으로 실천적pratique이라는 생각을 이끌어낸다. "주체가 주어진 것 안에서 구성된다면 결국 실천적 주체만이 있을 뿐이다."[16] 흄과 들뢰즈에게서 '생각하는 나'와 같은 선험적 주체성에 대한 회의는 주체성에 대한 새로운 개념, 즉 구성적이고 실천적인 주체 개념을 정립하기 위한 징검다리로 기능한다.

---

13. 같은 곳.
14. 물론 상상력은 착란과 환상에 의해 부당한 믿음과 실행을 이끌어내기도 한다. 그것들도 인간 본성의 일부가 되어 합법적 믿음과 불가능할 정도로 뒤섞이며 그 결과 합법적 믿음과 불법적 믿음은 정도상의 차이만을 갖게 된다.
15. 같은 책, 168~170쪽.
16. 같은 책, 209쪽.

십 수 년 뒤인 1967년에 발표된 「드라마화의 방법」과 이를 확장시킨 1968년의 『차이와 반복』에서 이 '실천적 주체'의 개념은 적분된 자아주체와 구별되는 미분적 애벌레–주체의 개념으로 재정립된다. 「드라마화의 방법」에서 정의되는 애벌레–주체는 질 이전, 조합 이전의 수동자이고 배, 유충, 악몽을 견디는 자이다. 애벌레–주체는, 개별적인 시공간을 창조하고 개념의 특화규칙을 형성하며 차이화différenciation의 이중 측면인 질적 측면(질, 종)과 양적 측면(연장, 부분)을 결정할 뿐만 아니라 특별한 극을 형성하면서 이데idée들을 표현하는 시공간적 역동들dynamismes spatio-temporels이 포함하거나 가리키는 주체이다.[17] 그러므로 시공간적 역동들을 주체가 배제된 것으로 이해하는 것은 잘못이다. 단지 그것은 식물의 배상태, 곤충의 애벌레 상태, 동물의 태아상태에 비교할 수 있는 초벌적 주체만을 가질 따름인 것이다. 그것은 아직 질이 부여되지 않았으며 조합이 되지 않은 주체, 능동자라기보다 차라리 수동자이고, 내적인 공명의 압력이나 강제된 운동의 진폭을 견딜 수 있는 미분적 주체들이다.[18]

『차이와 반복』에서 이 애벌레–주체는 수동적 자아, 즉 감각작용을 구성하기 전에 이미 유기체 자체를 구성하는 수축

---

17. 들뢰즈, 『들뢰즈가 만든 철학사』, 488~489쪽.
18. 같은 책, 495쪽.

하는 응시로, 그리고 이 은밀한 응시 속에서 수축하면서 반복에서 차이를 훔쳐내는 자아로 그려진다. 어떻게 애벌레-주체가 반복에서 차이를 훔쳐낸다고 말할 수 있을까? 이것은 수동적 자아로서 시공간적 역동성의 다양한 흥분의 계열들을 응시하고 그것들을 마음속에서 묶어 짝짓고(하비투스) 각별한 상태의 내적 공명(에로스)을 일으키는 방식으로 특정한 종합의 체계 안에 서식하면서 그것을 이동하도록 만들기 때문이다.[19] 애벌레들은, 물어뜯기인 동시에 인식이고 입인 동시에 뇌인 '거머리'처럼, 자아의 유사성이나 나의 동일성이 없는 상태에서 이데의 시공간적 운동의 궤적, 미끄러짐, 회전들을 인내한다. 이것이 잠재적인 것에 전적으로 이웃해 있는 애벌레-주체가 자신의 선택을 통해 잠재적인 것을 현실화시키는 드라마화의 사건 속에서 움직이는 수동적 종합의 방식이다.[20] 그 결과 드라마화의 체계는 그 안에 가득 찬 역동성들이 체계에 서식하는 애벌레-주체들에 의해 짝짓기, 공명, 강요된 운동들을 반복하면서 새로운 질과 연장들을 개봉해 내는 차이의 운동으로 된다.[21] 이런 점에서 이 애벌레-주체, 애벌레-자아는 특정한 양태변화를 겪는다기보다 오히려 그 자신이 양태변화 자체이고 '훔쳐낸 차이'라고 할 수 있는 자아이다. 들뢰즈가 이

19. 들뢰즈, 『차이와 반복』, 266쪽.
20. 같은 책, 470~471쪽.
21. 같은 책, 267쪽.

수동적 자아는 근본적으로 분열적인 자아라고 말하는 것은 이 때문이다.[22] 분열성은 시공간적 역동성의 특성이다. 그것은 번개나 천둥처럼 다질적 계열 사이의 소통, 즉 짝짓기, 공명, 폭주, 접힘과 펼침에 의해 지지되고 또 그것을 낳으면서 질과 연장들을 개봉해 낸다.[23]

중기 들뢰즈가 보여 주는 애벌레-주체의 구상과 그 이후 주체론의 진화에서 들뢰즈 철학의 출발점이었던 흄이 여전히 중요한 역할을 한다는 점은 주목할 만하다. 흄에게 의지하여 다듬어진 초기의 실천적 주체 개념은 주어진 것에서 주어지지 않은 것을 구성하면서 다양한 관계를 만들어내는 연합의 원리에 따라 움직이는 주체성이었다. 이 '연합'의 원리는 '이다est-주체'를 넘어서 '그리고et-주체'를 상상할 수 있게 만든 개념적 원리다. 이것은 『경험주의와 주체성』으로부터 약 20년 뒤인 1972년에 들뢰즈가 재서술한 「흄」에서 분명하게 표현된다.

여기에서 경험주의적 세계는 "외성의 세계, 사유 자체가 외부dehors와의 근본적인 관계 속에 놓인 세계, 참된 원자들인 항들과 참된 외적 이동들인 관계들이 존재하는 세계, 접속사 '그리고'et가 동사 '이다'est의 내성의 자리를 빼앗는 세계, 그리하여 우리가 외적인 관계들에 의거하여 소통을 하는 그런 울

---

22. 같은 책, 187쪽.
23. 같은 책, 267쪽.

굿불굿한 옷차림을 한 익살 광대의 세계, 잡동사니의 세계, 전체화가 불가능한 단편들의 세계"[24]로 그려진다. 이 세계에서 주체들은 서로 응시하고 짝짓고 관계하고 연합하며 잡종을 이루는 원자들, 항들, 애벌레들의 소란과 아우성으로 나타난다. 같은 해에 발표한 「구조주의를 어떻게 인지할 것인가?」에서 들뢰즈는 구조주의에 대한 다른 인지 방식을 제안하면서 "구조주의는 주체를 제거하는 사유가 아니라 주체를 분산시키며 체계적으로 분배하는 사유, 주체의 동일성에 저항하는 사유, 주체를 흩뜨리며 이리저리 이동시키는 사유, 비인격적 개별화나 선개인적 특이성을 가지고서 언제나 유목적인 주체를 만드는 사유"[25]라고 말하는데, 이것은 코기토 자아를 해체시키고 공통감과 양식을 파괴하면서 수동적으로 수축된 비인격적 특이성을 따라 사유하는 일종의 애벌레-주체성을 제시하는 것과 다름없는 것으로 이해할 수 있다.

지금까지 우리는 『안티 오이디푸스』에 서술된 두 개의 주체, 즉 자아-주체와 욕망기계-주체 중에서 후자를 이해하기 위해 들뢰즈 사유 속에서 그것의 계보학을 더듬어 왔다. 그런데 들뢰즈가 보기에 이 두 주체는 결코 대칭적으로 대립하는 주체들이 아니다. 전자에는 특정한 성을 가진 고정된 자아가

---

24. 들뢰즈, 『들뢰즈가 만든 철학사』, 134쪽.
25. 같은 책, 415쪽.

있다. 그것은 부분객체에서 이탈된 것으로서 하나의 완전한 객체의 정립으로 이행하는 지점에서 성립한다. 이 주체는 하나의 결핍으로서 전제군주적인 완전한 객체에 필연적으로 예속해 살아간다. 이것이 자아-주체, 오이디푸스-주체, 혹은 "자신을 구성하는 어떤 상처와 분리될 수 없을뿐더러 위장과 전치로부터도 분리될 수 없는"[26] 나르키소스적 주체이다. 후자에는 욕망기계를 형성하면서 그 각 요소가 실정적으로만 정립될 수 있고, 다양체의 한가운데서 다른 부분객체들과 연결·분리·결합의 관계에 들어가는 충동, 앞서 말한 애벌레-주체가 있다. 들뢰즈는 이 두 주체를 등가적인 대립관계로 파악하는 것이 아니라 후자를 "유일한 주체"[27]로 파악한다. 끊임없이 변이 속에 있는 이 주체는 자기 고유의 삶 속에 죽음의 경험을 데리고 다니지 않을 수 없다. 모든 강도는 결국 종식될 것이고 모든 생성은 죽음-생성이기도 하기 때문이다. 그래서 죽음의 인접 부품으로 기능하는 이 주체는 "언제나 죽음의 경험을 해 가는 어떤 〈누군가〉"이지 "모델을 받아들이는 어떤 나^{un} $_{Je}$"가 아니다. 왜냐하면, 모델이 있다면 그것은 욕망기계들이 산출되어 나오는 기관 없는 몸일 것이기 때문이다. 그래서 들뢰즈는 모델에서 경험으로 나아가야 한다고, 모델에서 경험으

---

26. 들뢰즈, 『차이와 반복』, 250쪽.
27. 들뢰즈·과타리, 『안티 오이디푸스』, 115쪽.

로 재출발하고 되돌아가야 한다고, 바로 이것이 죽음을 분열 증화하는 것이며 욕망기계들이 수행하는 것이 바로 이것이라고 말한다.[28]

욕망기계-주체성을 유일하고 일차적인 주체성으로 바라보는 관점은 욕망기계가 추상기계와 전쟁기계로 변주되는『천 개의 고원』에서 한층 더 심화된 형태로 계속된다. "사실상 일차적인 것은 절대적 탈영토화, 절대적 도주선"이다. 그 선들은 아무리 복잡하고 다양할지라도 "고른판 또는 기관 없는 몸(절대적으로 탈영토화된 것인〈지구〉)의 절대적 탈영토화이고 절대적 도주선"이다. 이것이 유일하고 실재적인 주체성이다. 그렇다면 자아-주체, 오이디푸스-주체, 나르키소스-주체는 무엇인가? 그것은 기관 없는 몸 위에서 성층작용이 일어나 생긴 잔여물, 지층이며 탈영토화가 상대적으로 되는 일시적 순간들이다. 지층은 생성의 장이 아니라 흡수, 고정, 소비의 장이다.

하지만 지층의 상대적 탈영토화 안에도 늘 절대적 탈영토화의 내재성이 있음을 잊지 말아야 한다. 지층들 사이에서 미분적 관계들과 상대적 운동을 조절하는 기계적 배치물은 "절대적인 것으로 향하는 탈영토화의 첨점들"을 여전히 갖고 있기 때문이다.[29] 이 첨점들은 선도적이며 반反재현이다. 그것들

---

28. 같은 책, 548~549쪽.
29. 들뢰즈,『천 개의 고원』, 115~6쪽. 이러한 생각은 1960~70년대에 전개된 이탈리아의 오뻬라이스모 및 아우또노미아의 사유와 들뢰즈 사유의 강한 접

은 앞서서 창조하는 점들을 구성하고 도주선들의 탈영토적 접합접속을 추구하면서 도래할 실재를 건설하는 도표, 즉 추상기계의 요소들로 기능한다.[30] 「슬로건에 관하여」를 통해 당대 러시아의 창조의 점들의 접합접속을 시도했던 레닌-추상기계는 그 한 예다.[31] 이와 유사한 추상기계의 사례는 배반을 통해 도주선을 찾는 예언자들과 그들의 보편적 배반의 체제에서 찾아볼 수 있다. 신은 인간을 배반하고 인간은 신을 배반한다. 요나는 니네베로 가라는 신의 명령을 배반하고 주님의 얼굴에서 멀리 달아난다. 예수는 유대인의 신을 배반하고 유대인들을 배반하며 신에게 배반당하고 유다에게 배반당하는 보편적 배반의 추상기계다.[32]

이 예언자들이 갖는 망상은 관념이나 상상의 망상이기보다도 행동의 망상이다. 예언자가 신과 맺는 관계는 전제군주적이고 기표작용적인 관계이기보다는 정념적이고 권위적인 관계이다. 예언자는 현재와 과거의 권력들을 적용하는 자가 아니라 미래의 역량들을 앞서가서 탐지하는 자이다.[33] 정념과 행동에서의 이러한 선취는 이들 추상기계들이 고정된 주체를

점이다. 이 접점을 주제로 한 책으로는 니콜래스 쏘번의 『들뢰즈 맑스주의』 참조.

30. 들뢰즈·가타리, 『천 개의 고원』, 273쪽.

31. 같은 책, 162쪽,

32. 같은 책, 237쪽 이후.

33. 같은 책, 241쪽.

넘는 생성의 주체가 되도록 만든다. 생성은 모델 도시나 기념물을 어떻게 건축할 것인가가 아니라 가능한 수단들을 동원하여 특이성들을 어떻게 중계할 것인가라는 관심을 통해 이루어진다.[34] 생성의 주체는 로고스나 뮈토스를 사용하여 관청에 호소하는 국가, 즉 동일성의 주체와는 달리, 파토스를 사용하여 민중에게 호소함으로써 잡종화하고 혼종화한다.[35]

이 때문에 모든 재현 아래에는 언제나 이념idée의 판명claire-애매obscur한 바닥이 존재하며 모든 로고스 아래에는 그 어떤 파토스의 드라마가 늘 움직이게 된다.[36] 부단한 생성을 통해 원본을 거부하는 주체는 『차이와 반복』에서 이미 서술되었던 것이다. 읽히는 주체의 동일성은 비의秘儀적 단어들을 통해 한정되는 발산적 계열 안에서 와해되고, 읽는 주체의 동일성은 가능한 복수적인 다중의 독서 안에서 중심을 이탈하며 와해된다. 각 계열은 다른 계열들의 회귀 안에서 실존하며 허상simulacre으로 된다. 하지만 허상은 단순한 모방이 아니라 원형, 특권적 위치 등을 반대하고 전복하는 행위 그 자체이다. 유사상을 폐기하면서 원본과 모상의 구별을 불가능하게 만드는 허상의 발전적 계열에서는 칸트가 말한 경험의 가능 조건이 아니라 경험의 실재 조건이 문제이다. 경험의 실재 조건은 "계속

---

34. 같은 책, 724쪽.
35. 같은 책, 728쪽 전후.
36. 들뢰즈, 『들뢰즈가 만든 철학사』, 508쪽.

되는 불일치", 어떤 "차이의 차이"가 언제나 순수한 현전의 직접적이고 무매개적인 요소로 대두하는 것이다.[37] 이런 생각 때문에 들뢰즈는 계열들의 발산, 원환들의 탈중심화, 괴물의 생산을 통해 감성적인 것의 존재를 드러내는 일종의 경험이나 실험 그 자체로 나타나는 예술이야말로 오늘날 철학에 "재현을 폐기하는 데로 이르는 길"을 가리키고 있는 선도적 추상기계라고 말하게 된다.[38]

지금까지 우리는 들뢰즈가 자아주체, 나르키소스주체, 오이디푸스주체의 재현적 환상 아래에서 아우성치고 있는 애벌레-주체, 욕망기계-주체의 유일 실재성과 그것의 드라마를 밝히는 것에 커다란, 그리고 일관된 노력을 기울여 왔음을 계보학적 방식으로 살펴보았다. 그런데 이러한 계보학적 서술은 들뢰즈 주체론의 개념적 전개를 스케치하고 있기 때문에 전개체적이고 전인격적인 강도성의 장에서 펼쳐지는 애벌레-주체의 운동이 어떠한 것인지를 이해하는 데에는 한계가 있다. 다행스럽게도 들뢰즈는 여러 곳에서 이 애벌레-주체의 형상들을 제시함으로써 이것에 대한 좀 더 구체적인 이해를 가능하도록 만든다. 분열자, 소수자, 유목민, 장인, 전쟁기계 등이 그것이다. 이제 이 형상들을 검토함으로써 주체에 대한 들뢰즈

---

37. 들뢰즈, 『차이와 반복』, 166쪽.
38. 같은 책, 166~7쪽.

의 사유실험의 경로를 좀 더 구체적으로 살펴보자.

애매한 전구체前驅體 — 보이지 않게 앞서 움직이라

애벌레-주체들이 움직이는 강도성의 장은 그 자체가 차이이며 불균등한 계열들이다. 여기에서 강도의 차이와 불균등한 계열들을 미리 소통시키는 동작주가 있다. 들뢰즈가 "애매한 전구체"[39]라고 부르는 주체는 마치 번개가 번쩍이기 전의 전조처럼 눈에 보이지도 않고 느껴지지도 않게 찾아와 계열들 사이의 "짝짓기", 체계 속에서의 "내적 공명", 기존의 계열들 자체를 넘어서는 진폭의 형식 아래 발생하는 "강제된 운동" 등을 낳는다.[40] 애매한 전구체가 수행하는 이 소통의 행동이 체

---

39. 이것은, 1967년의 「드라마화의 방법」에서는 précurseur sombre로, 1968년의 『차이와 반복』에서는 précurseur obscur로 표현된다. 이 말은 "어두운 전조"(『차이와 반복』) 혹은 "어두운 예고자"(『들뢰즈가 만든 철학사』) 등으로 번역되고 있다. 들뢰즈가 말하는 précurseur는 우리말 '전조'가 일상어에서 주로 지시하는 바와 같은 어떤 '현상' 개념을 넘어서 어떤 사건의 본격화에 앞선 행위자 즉 '주체' 개념으로 나타난다. 이 개념은 분명히 개체적이거나 인격적인 형태를 띠지 않으며 이 예고 행위가 무수히 다양한 차이들의 우글거림을 지시한다는 점에서 비인격적 다수성(억의 만 배)을 표현하는 '조'(兆)를 포함하는 '전조'라는 역어가 적실할 수 있다. 하지만 이 말은 차이의 계열들 사이에서 그것이 수행하는 소통행위적 측면을 표현하기가 어렵다. "예고자"라는 말은 행위자를 뜻하지만, 그 행위가 알림의 행위에 국한되는 느낌을 준다. 여기서 나는 이 개념을 생명체의 물질대사에서 반응이 일어나기 전의 원료물질을 칭하는 데 사용되는 '전구체'로 새긴다. 그리고 obscur도 강도장이 갖는 판명(claire)-애매(obscur)와의 연관을 상기시키기 위해 그대로 '애매'로 새긴다.

계를 질로 채우며 연장으로 덮는다. 이 애매한 전구체와의 관계 속에서 보면 질이란 차이들의 시공간적 역동들로부터 유래하는 것이며, 서로 다른 강도들 사이에서 애매한 전구체를 따라 번쩍이면서, 자신을 구성하는 차이가 사라지는 데 필요한 시간 동안만 지속하는 기호 또는 사건으로 정의할 수 있다.[41] 그리고 시공간적 역동들로 하여금 질과 연장을 생산하도록 하는 주체가 바로 애매한 전구체이지만 그것은 "능동자"라기보다 "수동자"이며 "어른"이라기보다 "태아"이다. 들뢰즈가 보기에는 철학자의 사유도 시공간적 역동에서 비롯되는 내적 공명의 압력이나 강제된 운동의 진폭을 견디면서 계열들 사이의 접속과 소통을 수행하는 애매한 전구체로서 애벌레-주체적 활동이다.[42] 이러한 주체활동은 이미 형성되고 질이 주어졌으며 조합된 주체로서 재현 속에서 활동하는 코기토주체와는 결코 어울릴 수 없는 것이다.

물론 전구체에도 어떤 자기동일성이 있고 전구체를 통해 소통하게 되는 계열들 사이에도 어떤 유사성이 있다. 애매한 전구체가 자기 자신 위에 필연적으로 어떤 허구적 동일성의 가상을 투사하고 자신에 의해 회집된 계열들 위에 필연적으로 어떤 소급적 유사성의 가상을 투사하기 때문이다. 하지만 여기

40. 들뢰즈, 『들뢰즈가 만든 철학사』, 494~5쪽.
41. 같은 책, 495쪽.
42. 같은 곳.

에서 동일성과 유사성은 어떤 불가피한 가상이나 착각이며 전구체의 작동방식이 체계 전반에 가져온 통계적 효과이고 전구체가 자신의 고유한 효과들 밑으로 숨어들어 가는 위장에 지나지 않는다. 애매한 전구체는 차이의 계열들 사이에서 분화소로 기능하며 자신의 고유한 역량을 통해 차이들을 직접적이고 무매개적으로 관계짓는 "차이 짓는 차이소", "자기 자신과 차이 나는 차이"다. 그래서 전구체는 자신이 결여한 자리 말고는 다른 자리에 없고 자신이 결여한 동일성 말고는 다른 동일성을 갖지 않는다. 그것은 언제나 제자리에 없는 객체인 x이다. 이 계속되는 불일치^{dispars}로서의 애매한 전구체는 차이의 즉자존재, 즉 차이 그 자체를 의미한다.[43] 이 전구체-주체는 동일이 아닌 차이, 유사가 아닌 다름, 필연이 아닌 우연을 반복하는 영원회귀의 주체다. 전구체-주체가 이처럼 차이와 자기 차이의 주체인 한에서, 전구체를 감지하며 전구체와 함께 움직이는 주체인 예언자는 앞서 언급한 것처럼 배반과 자기 배반의 주체로, 즉 보편적 배반의 주체로 나타날 수밖에 없는 것이다.

분열자 — 절단하고 연결하라

애매한 전구체를 차이 짓는 차이로 규정하는 한에서, 그

---

43. 들뢰즈, 『차이와 반복』, 269~270쪽.

것은 이미 계속되는 불균등과 불일치를 가져오는 분열자다. 애매한 전구체가 『차이와 반복』의 주체라면, 분열자는 『안티 오이디푸스』의 주체다. 애매한 전구체는 후자에서는 도처에서 온갖 동작으로 멈춤 없이 기능하는 기계들로, 그 나름의 짝짓기들, 그 나름의 연결들을 통해 흐름을 절단하고 채취하는 욕망하는 기계들, 그리고 그 기계들의 기계들로 나타난다. 뷔히너가 재구성한 렌츠의 산책에서는 별들이나 무지개 같은 천상기계들, 알프스 기계들, 광합성 기계들, 렌츠의 몸의 기계들이 끊임없는 소음을 내며 서로 짝짓는다. 이 기계들의 산책, 난혼, 군무에서 인간과 자연은 구분되지 않는다. 거기에는 기계들을 짝지어 "하나 속에서 다른 하나를 생산하는" 욕망적 기계들만이 있다.[44] 들뢰즈는 이 분열증적 기계들의 산책, 난혼, 군무를 맑스의 언어를 가져와 "유적 삶"으로 정의한다.[45] 맑스 기계와의 짝짓기를 통해 들뢰즈의 분열증-기계(분열자)는 자연, 인간, 산업 등 그 어떤 극에도 고정되지 않고 서로의 근본적 동일성 속에서 전개되는 보편적 생산과정 그 자체로, 호모 나투라Homo natura로 이해된다.[46]

---

44. 들뢰즈·과타리, 『안티 오이디푸스』, 23~24쪽.
45. 맑스는 자연 전체를 자신의 생명활동의 근거로 삼고 이 생명활동 전체를 자신의 의식 대상으로 삼는 인간을 유적 존재(Gattungswesen)로 정의한 바 있다. 들뢰즈에게서 "유적 삶"이라는 용어는 이제 자연과 인간을 가리지 않는 전체 기계들의 짝짓기, 공명, 강제운동을 의미하게 된다. 칼 마르크스, 『경제학-철학수고』, 김태경 옮김, 이론과실천, 1987, 60쪽.

분열자는 이항규칙을 따르는 이항기계이다. 하나의 기계는 언제나 다른 기계와 짝지어 있기 때문이다.[47] 분열자 기계는 모든 방향에서 선형을 취하는 욕망의 흐름들이다. 이 흐름들은 부분객체들에 의해 생산되는데, 그것은 또 다른 흐름들을 생산하는 또 다른 부분객체들에 의해 부단히 절단되고 또 다른 부분객체들에 의해 재절단됨으로써 파편화되지만, 그 흐름만은 지속된다.[48] 이런 의미에서 이 분열적인 에너지 흐름은 하나의 전체이지만 부분객체들을 총체화하지도 통일하지도 않는 횡단적 전체로서 자신의 부분들 곁에 덧붙는 전체이다. 그것은 부분들과 공존하며 부분들에 인접하고 부분들에 적용되며 그 자체로 따로 생산되는 전체이다. 그것은 하나로도 여럿으로도 환원할 수 없으며 기원이나 목적을 갖는 총체성이 아니고 변증법적 종합의 통일체도 아닌 순수한 욕망기계, 욕망적 생산의 분열적 다양체다.[49]

이 욕망하는 흐름-기계는 절단들의 체계인데 그 절단은 채취하기, 이탈하기, 여분 남기기라는 세 가지 양태를 갖는다. 첫째의 양태로, 그것은 흐름을 생산하는 다른 기계와의 연결을 생산한다. 그럼으로써 그것은 그 흐름의 절단을 생산한다.

---

46. 들뢰즈·과타리, 『안티 오이디푸스』, 26~8쪽.
47. 같은 책, 28쪽.
48. 같은 책, 29쪽.
49. 같은 책, 84쪽.

항문기계와 장기계, 장기계와 위기계, 위기계와 입기계, 입기계와 가슴떼의 흐름은 절단으로서의 연결의 연쇄이다. 각 마디들, 각각의 부분객체들이 욕망하는 흐름-절단들인 이 연쇄에서 절단은 연결이고 다시 연결은 절단이다.[50] 둘째의 양태로, 욕망하는 흐름-기계는 이탈을 생산한다. 이것은 모든 욕망기계들이 자기 안에 일종의 코드를 갖고 있다는 사실과 연관된다. 욕망의 코드들은 분열적 다양체의 기관 없는 몸 위에 어떤 부분객체가 등록되고 전달되고 기능하는 방식을 규정한다. 코드는 욕망을 생산하는 기호의 사슬로, 블록이나 벽돌 혹은 알파벳처럼 이탈 가능하고 이동이 쉬운 절편들로 구성된다. 그런데 벽돌들을 이동 불가능하게 만든 만리장성의 경우에서처럼, 사회적 수준에서 전제군주 기표가 이 기호의 사슬을 부수고 선형화하고 일대일 대응시켜 부동의 요소로 사용할 수도 있다. 이런 경우 분열자는 이것들로부터 새로운 다의성을 만들어 내기 위해 이 절편들을 이탈시키고 떼어내고 모든 방향으로 가져가는 행위자다. 셋째의 양태로, 욕망기계는 여분을 남긴다. 이 여분의 절단이 바로 기계 곁에 생산되는 기계의 인접 부품으로서의 주체이다. 하지만 이것을 앞서의 고정된 자아-주체의 여분성과 동일시해서는 안 된다. 기계 곁에 생산된 주체는 특유한 인물적 동일성을 갖지 않고 기관 없는 몸

---

50. 같은 책, 75쪽.

의 미분화를 파괴하지 않으면서 돌아다닐 수 있기 때문이다. 이 주체는 기계 곁에 서 있는 하나의 몫이면서 동시에 기계에 의해 실행되는 흐름의 채취나 사슬의 이탈에 상응하는 부분들이 되돌아오는 공유된 몫일 수 있다. 자신이 경유하는 상태에서 태어나며 그 상태를 소비하고 부분들로 이루어진 하나의 몫으로서 이 상태로 다시 귀결하는 것이 이 주체이다.[51] 주체 절단은 결코 결핍을 가리키지 않는다. 그것은 오히려 주체에게 몫으로 돌아오는 부분, 주체에게 여분으로 돌아오는 수입을 가리킨다.

들뢰즈에 따르면, 욕망기계는 결코 은유가 아니며 이 세 양태에 따라 절단하고 절단되는 자이다. 그리고 채취의 연결접속적 종합은 리비도를, 이탈의 분리접속적 종합은 누멘을, 잔여의 결합접속적 종합은 볼룹타스를 에너지로 동원한다.[52] 이 요소들의 복합을 통해 욕망적 생산은 생산의 생산, 등록의 생산, 소비의 생산을 분열적으로 경과하게 된다. 분열자는 이 과정에서 자아가 등진 원, 즉 욕망기계(영원회귀의 독신기계)의 원주 위에서 자신을 펼치는 주체이다.[53] 이 주체는 자신을 인물들과 동일시하지 않으며 역사의 이름들을 기관 없는 몸 위의 강도intensité 지대들과 동일시한다. 그것은 이제 호모 나투라를 넘어,

---

51. 같은 책, 81쪽.
52. 같은 책, 82쪽.
53. 같은 책, 52쪽.

"이게 나다, 따라서 이게 나다!"라고 외치며 세계사를 단번에 소비하는 주체, 즉 호모 히스토리아Homo historia로 나타난다. 실재계란 욕망의 객체적 존재 그 자체다. 맑스가 말한 자연적이고 감각적인 객체적 존재는 겪음passion으로서의 욕망이다. 욕망은 객체의 실존이라는 조건들 가까이에서 이 조건들에 합류하고 그것들을 뒤따르며 이 조건들과 함께 이전된다.

욕망에서 그 객체적 존재를 빼앗아 결핍에 대한 공포로서의 필요로 전환시키는 것은 억압하는 권력이다. 시장경제가 강요하는 필요는 욕망과 혼동될 수 없다. 그것은 욕망이 생산하는 실재계 속의 역-생산물이기 때문이다. 결핍은 욕망의 역-결과이다. 그러므로 필요는 억압에 따른 주체의 소외 정도를 표시한다. 억압은 고정된 자아주체를 생기게 만들고 그램분자적 조직화를 야기시키는 장치다.[54] 분열자가 "이게 나다, 따라서 이게 나다!"라고 외치는 것은 부분객체들을 빼앗아 소외시키는 권력의 그램분자적 조직화의 구도를 균열시키면서 역사의 모든 객체들을 되찾는 행동이다. 역사적 분열자들, 즉 혁명가들, 예술가들, 견자들은 권력이 빼앗는 부분객체들에 들러붙으면서 그것들이 객체적이라는 데 대한 만족을 표현한다. 이로써 이들은, 선행하는 생산의 조직화 후에 조직되어 번식하는 시장경제라는 지배계급의 예술[55], 즉 결핍의 예술과는

---

54. 같은 책, 62쪽.

달리 자신의 생산적 힘으로 삶을 껴안으면서 욕망기계들의 체제 속으로 부서지고 불타고 고장 난 객체들을 들여오고 욕망적 생산으로 사회적 생산을 합선하는 진정한 집단환상의 예술을 창출한다.[56]

소수자 ─ 집단적, 정치적, 탈영토적이어라

들뢰즈는 이처럼 분열자, 즉 '분열적 욕망기계의 절단체제'라는 개념을 가지고 자신의 '애매한 전구체'의 개념을 더욱 진전시킬 뿐만 아니라 맑스의 역사/유물론(호모 히스토리아와 호모 나투라)을 새롭게 번역하고 있다. 맑스에게서 개인의 노동이, 생산수단의 강탈과 사적 소유로 인해 개개인에게 강요되는 노역이고 인간의 유적 본질인 활동력Tätigkeit의 소외이듯이, 들뢰즈에게서 고정된 자아주체('나')의 일상적 필요는 억압권력이 객체를 **빼앗음**으로 인해 생기는 공포 현상이며 욕망의 소외이다. 그러므로 이 소외로부터 벗어나는 것은 욕망하는 생산(즉 유적 삶)이 피할 수 없는 과제, 즉 자기 욕망으로 된다. 분열, 절단, 나눔은 이 소외의 체제로부터 벗어나서 새로운 연결을 발명하는 방법이었다.

---

55. 같은 책, 63쪽.
56. 같은 책, 67쪽.

맑스는 이 소외의 체제를 자본주의라 명명하고 그 속에서 움직이는 두 개의 주체를 식별한다. 하나는 자본가이고 또 하나는 노동자이다. 그러면 노동자가 소외의 체제를 절단할 바로 그 주체성인가? 그렇지 않다. 맑스는 자본주의에서 노동력의 담지자인 노동자는 가변자본 범주로서 자본의 운동에 포함된 자본주의 체제의 일부라고 파악한다. 노동자는 자본에 의해 억압당하고 착취당하며 그로 인해 소외된 존재이지만 그 자체가 직접적으로 자본주의 체제를 벗어날 분열, 절단, 나눔의 주체성으로 이해되지는 않는 것이다. 맑스가 혁명의 관점에서 "혁명하지 않는 노동자는 아무것도 아니다."라고 말하게 되는 것은 이 때문이다.

물론 노동자의 노동력은 유적 활동력의 소외태이므로 노동력 담지자인 노동자 외부에서 유적 삶의 가능성을 찾는 것은 관념적인 것이다. 분명히 노동자는 탈소외, 탈자본주의, 그리고 유적 본질의 실현으로서의 코뮤니즘의 잠재적 토대이다. 하지만 그것은 현실에서 자본에 속해 있기 때문에 자신의 현 상태를 부정함으로써만 적극적 역할을 수행할 수 있다. 맑스가 프롤레타리아트라는 범주를 별도로 설정하는 것은 노동자와 겹치면서도 가변자본으로서의 노동자와는 다른 벡터를 설명하기 위한 것이다. 프롤레타리아트는 노동자를 근거로 하지만 노동자로 환원될 수 없는 혁명적 주체성의 범주로 서술된다. 만약 그렇다면 맑스에게서 자본가와 노동자가 항상 새로운 변증법적 종합에 이르게 될 모순 관계를 맺고 있는 것으로 파악되는 것과는 달리 프롤레타리아트는 자본주의 체제에서 이탈할 성분으로, 비변증법적인 빼기minus의 힘으로 사고되고 있는 것이지 않을까?

소수자the minor와 도래하는 민중은 들뢰즈가 이러한 물음을 제기하고 그것에 응답하기 위해 제시하는 주체 개념이다. 한 인터뷰에서 네그리의 질문에 대해 들뢰즈가 응답한 바에 따르면, 소수자는 다수자와 상대 개념이다. 여기서 다수자는 수효가 아니라 표준이 되는 모델[57]에 의해 규정되는 개념이다. 유럽의 경우, 도시에 거주하는 백인, 성인, 남성 등이 그것이다. 다수자와 달리 소수자는 표준이 되는 모형이 없다. 이 사실이 소수자를 맑스의 노동자에서와 마찬가지로 두 가지 선택 앞에 놓이게 만든다. 맑스의 노동자는 자본순환 속의 가변자본으로서 그 자신을 더 큰 개별적 혹은 집합적 자본요소로 만들 필요에 노출되어 있다. 이럴 때 노동자는 자본주의 체제의 적극적 구성요소로 기능하게 된다. 그런데 노동자는 가변자본으로서의 자신의 위치와 역할을 벗어나 체제를 침식하는 힘으로도 기능할 수 있다. 프롤레타리아트, 코뮤니스트는 이러한 발전 방향을 취하는 힘에 붙여지는 이름이다. 이와 마찬가지로 들뢰즈의 소수자도 자신의 생존 혹은 구제를 위해 정

---

57. 들뢰즈, 『대담』, 192쪽 (원문 대조하여 번역 내용 일부 수정함).

체성을 선택하고 그것을 자신의 이름으로 선택하며 그에 합당한 권리를 내세울 필요에 노출된다. 이 길을 선택할 때 소수자는 모델을 만들어 내고 그 모델에 종속되는데 그것은 다수자의 종속적 성분으로 기능하는 길이다. 다른 한편 소수자는 모델을 만들거나 그것에 종속되기를 거부하고 생성이라는 미지의 길로 들어설 수 있다. 이때 소수자의 힘은 자신이 창조하는 것에 달려 있고 설령 그것이 어떤 모델 속으로 들어갈 때도 그것에 종속되지 않는 것에 달려 있다.[58] 들뢰즈는 이 창조적 소수자를 민중people이라고 부르는데, 민중은 다수자가 되었을 때조차 창조적 소수자로 남아 있는 주체이다. 이렇게 소수자가 다수자이면서도 창조적 민중일 수 있는 이유는 이 두 성분이 동일한 평면에서 살아지는 것이 아니기 때문이다.[59] 민중은, 죽음, 굴종, 치욕과 수치에 저항하면서 자신에게 없는 민중을 불러내는 예술처럼, 자신에게 없는 민중을 창조하는 자, 꾸며내는 자이다. 꾸며내기fabulation는 이런 의미에서 예술과 민중이 공유하는 주체화의 기술이다.

그렇다면 그 꾸며내기란 무엇일까? 베르그손은 꾸며내기를 부정적 뉘앙스로 묘사했다. 즉 사람들이 어떤 사건을 자연현상이나 신에게 귀속시킴으로써 자발적 환상을 창출하는

---

58. 같은 책, 193쪽.
59. 같은 곳.

환영적 소질로 정의했다. 들뢰즈는 이 꾸며내기의 그 "환영적 소질"을 오히려 적극적인 것으로 재해석한다. 그가 보기에 예술가에게서 지각은 풍경으로부터 떨어져 있는 인간이 풍경 속으로 들어가는 경험이며 자연의 비인간적 풍경이다. 그리고 정동은 인간이 타자로, 즉 동물이나 식물이나 분자나 무無로 되는 경험으로서 인간의 비인간되기이다.[60] 예술은 이러한 지각과 정동을 통해 감각의 블록을 추출하여 그것을 제 발로 서 있게 하는 작업, 즉 감각을 기념비화하는 작업이다.[61] 그러나 기념비는 과거를 기억하는 것이 아니다. 그것은 사건에 그 사건을 기념할 만한 구성물을 제공하는 현재의 감각들로 이루어진 회집체이다. 그러므로 기념비는 기억이 아니라 꾸며내기이다.[62] 그리고 진실의 이상도 가장 깊은 꾸며내기이다.[63] 그리고 꾸며내기는 기억 속에서가 아니라 현재의 감각들 속에서 재료들을 발견하면서 아이로, 비인간으로, 그리고 민중으로 되는 생성 그 자체이다. 들뢰즈는 이 꾸며내기가 인물, 사물이 한 상태에서 다른 상태로 옮겨가면서 타자가 되는 과정이며 그것에 고유한 민중이 창안되는 과정이라고 말한다.[64] 그러므

---

60. 들뢰즈·가타리, 『철학이란 무엇인가』, 243쪽.
61. 같은 책, 241쪽.
62. 같은 책, 240쪽.
63. 들뢰즈, 『시네마 2』, 294쪽.
64. 같은 책, 296쪽.

로 소수자 민중은, 지각과 정동을 통해 타자로 되는 예술가처럼, 생성하며 타자로 이행하는 주체성이라고 할 수 있다.[65]

이것이 들뢰즈가 말하는 소수적 주체성이다. 들뢰즈는 카프카를 예로 들어, 독일어로 글을 쓸 수도 없고 독일어 외의 다른 언어로도 글을 쓸 수 없는, 그래서 어떤 언어로도 글을 쓸 수 없는 닫힌 상황 속의 프라하 유대인들의 글쓰기에 대해 분석하면서 이 소수적 주체성(소수문학)의 세 가지 특성을 정의한다. 첫째로 소수자 주체성은 다수자 지배에 갇혀 있기 때문에 강한 탈영토화율을 지닌다. 둘째로 소수자 주체성이 놓인 갇힌 공간이 협소하기 때문에 여기에서는 아주 사소한 것이나 개인적인 것을 막론하고 모든 것이 정치적 성격을 띤다. 셋째 특징은 발화가 집단적으로 구성된다는 것이다. 소수자 주체성에서는 개인이 거장적 발화를 할 수 없기 때문에 모든 것이 집단적 성격을 띤다. 심지어 한 개인의 발화조차도 그 자체로 집단적 행동으로 되고 그것이 잠재적인 다른 공동체를 표현할 수 있다.[66]

소수적 주체성의 특성에 대한 이런 탐구 끝에 들뢰즈는 "다수어와 소수어는 두 개의 언어가 아니라 언어의 두 가지

---

65. 나는 예술과 민중의 이러한 혼성화를 '예술인간'의 개념으로 다룬 바 있는데, 이에 대해서는 조정환, 『예술인간의 탄생』 참조.

66. 질 들뢰즈·펠릭스 가타리, 『소수 집단의 문학을 위하여』, 조한경 옮김, 문학과지성사, 1992, 33~37쪽.

사용 또는 두 가지 기능을 규정하는 방식이다."[67]라고 생각하기에 이른다. 이 생각은 비단 언어 문제만이 아니라 다수자와 소수자라는 두 주체성에 대해서도 적용될 수 있는 생각일 것이다. 두 개의 주체가 있는 것이 아니라 주체의 두 가지 사용 또는 두 가지 기능이 있는 것이라고 말이다. 여기서 소수자는 다수자와는 달리 모델이 아니라 "변주역량"에 의해 정의된다. 게일어, 아일랜드 영어, 흑인 영어 등의 소수적 언어는 강한 다수어인 영국 영어나 미국 영어를 변주시키는 언어들이다. 이처럼 한 언어가 다수어의 성격을 더 많이 가질수록 소수적 변주역량의 영향을 더 많이 받게 된다. 표준어를 소수어로 취급하거나 다수어를 소수어가 되도록 만드는 방식으로 소수어는 다수어 그 자체가 소수어가 되도록 다수어를 에워싼다. 그리하여 자신의 다수어를 소수어로 만드는 역량이 소수파라 불리는 작가들이 힘이며, 소수자들의 힘이고, 도래하는 민중의 힘이다.[68] 추상적 표준과 모델 속에 포함되어 실제로는 누구도 아니고 아무도 아닌 자인 다수자와는 달리, 소수자는 표준과 모델로부터 벗어나면서 모든 사람의 잠재역량을 갖게 되어 그 스스로 모든 사람, 즉 유적 존재로서의 전인全人으로 되어간다. 이것은 생성하는 것, 실재하는 것, 자율적인 것이 소수

---

67. 들뢰즈·가타리, 『천 개의 고원』, 200쪽.
68. 같은 책, 202쪽.

자와 그의 변용능력뿐임을 의미한다.[69]

유목민과 장인 ─ 이동하고 구멍을 파라

들뢰즈에게서 맑스의 프롤레타리아트 개념과 연결되는 것은 소수자 주체성만이 아니다. 그는 다시 프롤레타리아트를 숲과 농업 사이의 매끈한 공간에서 움직이는 유목민과 연결하면서 그것을 "유목민의 후계자"[70]로 단언하기를 주저하지 않는다. 맑스의 생각 속에서 프롤레타리아트가 누군가의 후계자라면 아마도 농민, 빈민의 후계자일 것이다. 그런데 어떤 맥락에서, 그리고 어떤 의미에서 프롤레타리아트가 유목민의 후계일 수 있는 것일까? 그것은 애매한 전구체, 분열자, 소수자와 어떤 관계에 있는 주체일까?

우선 들뢰즈가 말하는 유목민의 몇 가지 특징을 살펴보자. 첫째, 유목민은 영토를 갖고 있고 관습적인 궤적을 따라 이동하지만 이 영토와 궤적, 그리고 거주지는 정주민의 그것들과는 달리 중계점, 간주곡에 지나지 않는다. 둘째, 유목민의 궤적은, 인간들에게 몫으로 지정되는 부분공간 혹은 닫힌 공간을 배분한 후 이들을 잇는 교통 기능을 수행하는 것

---

69. 같은 책, 204~5쪽.
70. 같은 책, 741쪽.

이 아니라 인간들과 짐승들을 무규정적이며 교통하지 않는 열린 공간 속으로 분배한다. 셋째, 유목민은 움직이는 것으로 보이지만 실제로는 이동하지 않고 앉아 있다. 즉 유목민은, 경로와 함께 지워지면서 방향을 바꾸며 이동해 나가는 특징 선에 의해서만 구분되는 매끈한 공간 위에 자신을 분배하고 점유하고 거주하며 그것을 보존한다.

유목민은 외연적이고 상대적인 운동을 하는 것이 아니라 내포적이며 절대적인 운동, 즉 속도를 갖고 있다. 유목민은 갇힌 상황 속에서 그것을 벗어나려는 소수자가 그렇듯이 탈영토화되어 있다. 유목민이 국지적으로 재영토화한다고 하더라도 그것은 탈영토화의 한 중계점, 계기에 지나지 않는다. 소수자가 모든 것에서 정치적이듯이 유목민도 모든 면에서 정치적이다. 유목민의 정치성은 무엇보다도 그것이 전쟁기계의 발명자라는 데에 있다. 전쟁기계는 내부성의 형식인 국가장치 외부에 있다.[71] 국가는 직접적이고 마법적으로 포획하는 방식을 택하기 때문에 전쟁을 포함하지 않는다. 그것이 폭력을 휘두르는 경우에는 전사들이 아니라 경찰관과 교도관을 동원하며 무기조차 필요로 하지 않는다. 국가가 군사제도와 군대를 보유하는 경우에도 국가는 전쟁을 법률적으로 통합하고 군사 기능을 조직화할 뿐이다. 그러므로 전쟁은 국가 장치로 환

---

71. 같은 책, 671쪽.

원 불가능하며 주권 외부에서 국법에 선행한다. 들뢰즈가 "전쟁기계는 국가장치와는 다른 종류, 다른 본성, 다른 기원을 갖는다."[72]고 말하는 것은 이 때문이다. 국가가 내부성의 형식인 데 반해, 전쟁기계는 외부성의 형식이다. 그것이 국가장치와 혼합될 때조차 이 본성은 변하지 않는다. 국가가 군사제도의 형태로 전쟁기계를 전유할 때조차 전쟁기계는 국가에 끊임없이 문제를 제기함으로써 자신의 외부성을 주장할 수 있다. 우리 시대와 관련한 들뢰즈의 물음은 바로 이 외부성의 가능성, 즉 "전쟁기계가 국가에게 정복당해 이미 실존하지 않는 바로 그 순간에[도] 국가로 환원되지 않는 이 기계가 최고도의 환원 불가능성을 보여 주는 동시에 승승장구하는 국가에 도전할 수 있는 활력 또는 혁명력을 갖춘 사유기계, 사랑기계, 죽음기계, 창조기계 속으로 흩어져 들어"[73]갈 수 있을 가능성을 타진하는 것이다.

그것은 무엇보다도 "국가는 전쟁에 반대한다."는 홉스의 명제를 "전쟁은 국가에 반대한다."로 역전시키고 권력기관 주위에 집중되는 나무형 집단과 대립하는 리좀 유형의 집단을, 법과는 전혀 다른 노모스를 전쟁기계로 그려내는 것에서 시작해야 한다. 이 작업은 우선 과학에서 왕립과학과 유목과학

---

72. 같은 책, 673쪽.
73. 같은 책, 682쪽. 대괄호 속의 글자는 인용자.

을 식별하는 것에서 시작할 수 있다. 실체, 동질성, 직선, 정리, 모방, 재현, 홈패임, 계량성, 박자, 형상–질료 관계, 정태성, 유기체, 공적 명성, 정주노동력, 상수의 도출, 로고스, 재생산하기, 범주화, 지성 등을 특징으로 하는 왕립과학으로부터 흐름, 생성, 다질성, 소용돌이, 문제설정, 발생, 주파, 매끈함, 비계량성, 리듬, 재료–힘 관계, 역동성, 몸, 비밀의 역량, 유목적 동업조합, 변수의 변주, 노모스, 이동하기, 문제발명, 직관 등을 특징으로 하는 유목과학을 분리시키는 것이다.[74]

둘째로 철학에서 유목적 사유를 국가적 사유 모델로부터 분리시키는 것도 중요하다. 국가적 사유모델은 모든 사유를 포괄하는 사유의 이미지를 사용하여 마법적 포획, 장악, 속박을 통해 참된 사유의 제국을 건립한다. 국가가 사유에 내부성의 형식을 부여하면 사유는 이 내부성에 보편성의 형식을 부여하는 것이다. 철학자, 사회학자, 정신분석가 등이 국가를 위한 사유의 공무원으로 기능하는 것은 이것을 증거한다. 반면 반–사유, 유목적 사유자들은 국가와 연합한 사유의 이미지를 파괴하면서 사유를 바깥의 갖가지 힘들과 관련시킨다. 이들은 "도래할 민중과 밀접하게 연결되어 있는 고독, 아직 여기 있지는 않지만 민중 없이는 존재할 수 없기 때문에 민중을 불러오고 민중을 갈망하는 고독"[75]으로서의 절대고독을 증언한

---

74. 같은 책, 683~718쪽.

다. 이들의 사유는 방법이라는 보편적 사유의 모델 대신 중계, 간주곡, 재출발을 통해 매끈한 공간을 점거하는 과정과 소송으로서의 사유, 순수한 강렬함을 가진 몸체처럼 행동하는 감정^{Gemüt}의 사유, 이미지를 형성하는 대신 중계에 의해 작용하는 사유, 주체-사유가 아닌 사건-사유, 정리-사유가 아닌 문제-사유, 관청에 호소하는 것이 아니라 민중에 호소하는 사유를 보여 준다.

이상의 것은 과학이나 철학과 같은 사유형식들에서 유목성을 식별하는 작업에 속한다. 이 작업은 유목적 삶 그 자체에서 유목성을 식별하는 작업으로 나아가야 한다. 이 측면에서 가장 먼저 주목되는 것은 유목민의 전쟁기계가 혈통적 조직화 원리를 갖는 원시사회, 영토적 조직화 원리를 갖는 국가사회와는 달리 수적 조직화의 원리를 갖는다는 점이다.[76] 수적 조직화의 원리는 헤아려진 수$^{Nombre\ nombré}$에 기초하는 것이 아니라 헤아리는 수$^{Nombre\ nombrant}$, 즉 자율적인 산술적 조직화에 기초한다. 이러한 조직화는 헤아려진 수처럼 홈이 패인 공간을 계량하는 것이 아니라 매끈한 공간의 주체로서 전개된다.[77] 이때 전쟁기계는 박자에 맞춰 행진하는 국가의 군대와는 달리 측정하기 어려운 리듬에 맞춰 자율적으로

---

75. 같은 책, 723쪽.
76. 같은 책, 746쪽.
77. 같은 책, 749쪽.

움직이는 이동적 점거자이다. 유목민의 이 이동적 점거는 인간, 물질, 짐승 등의 비축·이동·배치 등과 관련된 복합적이고 분절적인 병참술을 포함하면서 수적으로 조직된 특수한 몸체들의 산술적 복제나 이중화에 따라 전개된다. 즉 출발점이 되는 집합(혈통 씨족들)을 산술화하고, 거기서 추출된 부분 집합을 통일시키고(십인대, 백인대 등), 이처럼 통일된 집합에 대응해 다른 집합을 대체하는 방식으로 다른 종류의 집합을 형성함으로써 그것을 결정적 권력 요소로 확립하는 것(특수체)이다.[78] 이러한 조작은 혈통에 기반한 귀족정치로의 복귀나 제국적 관료제의 형성을 저지하기 위한 방법이었다.

전쟁기계는 도구를 사용하기보다 무기를 사용한다. 그것의 무기는 정동affects이다. 도구와 무기는 방향, 벡터, 모델, 음조, 표현 등에서 구분된다.[79] 첫째로 무기는 내향적introceptif인 도구와 달리 투사적projectif이어서 추진기와 탄도를 본질적 계기로 삼는다. 둘째로 무기는 단순한 파괴 도구가 아니며 속도라는 고유한 벡터를 출현시키는 행동의 기계이다. 그것은 폭력을 소진시켜 버리는 것이 아니라 폭력을 지속시키고 무제한의 것으로 만들 수 있는 수단이다. 유목민은 수렵한 동물을 먹어 치우기보다 그것을 키우고 조련하여 달리게 함

---

78. 같은 책, 755쪽.
79. 도구와 무기의 구별에 대한 좀더 상세한 서술은 이 책 364쪽 이하 참조.

(승마용 말)으로써 그것의 속도를 보존한다(폭력의 경제).[80] 이로써 인간은 빠르게 달리는 동물로 되고 여기에서 애초의 동물은 모터로 기능한다. 이런 방식으로 전쟁기계의 무기는 중력, 이동, 중량, 고도 등의 체계가 아니라 속도에 의거하는 영구 운동체적 배치 체계로 조직된다.[81] 셋째로 이 무기는 노동처럼 모델을 따르기보다 자유로운 행동처럼 과정으로 기능한다. 전쟁기계가 장착한 모터는 노동에서처럼 외부 물체에 작용하기 위해 무게중심을 선적으로 이동하면서 소진되어가는 동력원이 아니라 자유로운 행동에서처럼 동체 자체에만 작용하면서 물체의 성분들이 중력으로부터 탈출해 점을 갖지 않는 공간을 절대적으로 차지하게 만드는 소용돌이치는 동력원으로 기능한다.[82] 넷째, 전쟁기계의 무기에서 중요한 것은 기술적 요소들의 집합인 기술적 기계가 아니라 특정한 시기에 무엇이 기술적 요소인가, 용도와 내용과 적용 범위는 어떠한가를 규정하는 사회적·집단적 기계, 즉 기계적 배치이며[83] 그 배치는 무엇보다도 정념적인 것으로 욕망의 배치이다. 흔히 생각되듯이 정념적 욕망은 자연적이고 자발적으로 결정되는 것이 아니라 배치하고 배치되는 것, 즉 기계적인 것

---

80. 들뢰즈·가타리, 『천 개의 고원』, 761쪽.
81. 같은 책, 765쪽.
82. 같은 책, 763쪽.
83. 같은 책, 764쪽.

이다. 그러므로 배치가 유도하는 정념들, 욕망들 없이는 배치의 합리성이나 효율성도 있을 수 없다. 배치는 무엇보다 욕망의 배치인 것이다. 여기에서 들뢰즈는 노동자의 감정sentiment 형식과 전쟁기계의 정동affect 형식을 구분한다. 감정 형식은 물질과 물질의 저항에 대한 평가, 형식과 형식의 발전에 대한 감각, 힘과 힘의 이동의 경제 등의 중력을 포함함에 반해 정동 형식은 동체 자체의 속력과 요소들의 속력의 합성에만 관여한다.[84] 감정이 이동하고 지연되며 저항하는 정서émotion임에 반해 정동은 속력으로서 정서의 급속한 방출, 반격, 투사이며 절대적 부동이나 순수한 긴장도 이 속력 벡터의 일부이다. 전쟁기계는 무술처럼 코드를 따르기보다 정동의 통로인 길을 따르며 무기를 속력에 종속시켜 무기를 사용하는 법과 동시에 무기를 사용하지 않는 법을 익힌다. 전쟁기계는 자기를 비우고 무위無爲를 익힘으로써 고정된 주체를 해체한다. 다섯째로 전쟁기계는 국가장치와 다르다. 국가장치는 도구를 사용하는 노동을 조직하기 위해, 포획한 행동을 문자로 기호화하여 표현하는 반면 전쟁기계는 이동 가능성과 정동성을 갖는 보석류·세공품·장식품 등을 통해 자신을 표현한다.

도구와 무기에 대한 이런 구별 위에서, 그리고 전사가 군인으로 변형되어 버리고 직공ouvrier이 노동자travailleur로 변형

---

84. 같은 책, 768쪽.

되어 버린 상황 속에서 들뢰즈는 전쟁기계-주체의 부활 가능성을 타진한다. 그것은 신화나 고대사 속의 낡은 전사나 직공의 형상을 복구하는 것도 아니며 이미 움직이고 있는 용병 순회군사고문 테크노크라트나 이동프로그램분석가 CIA나 IBM 같은 희화적이고 왜곡된 형상을 따르는 것도 아니다. 능동적 저항과 기술적 해방을 이룩할 수 있는 기계에 인접해 있는 이들 유목하는 전사와 이동하는 직공은 과거적이거나 첨단적인 형상이라기보다 역사횡단적인 배치의 새로운 형상들로 재창출되어야 한다.

그것이 어떻게 가능할까? 들뢰즈는 무기와 도구가 순수한 가능성과 변이를 도주선으로 공유하고 있다는 사실에 주목하며, 오늘날 지하·하늘·해저의 기술자들이 형성되고 있다는 점에 주목한다. 이들은 모두 정도 차가 있지만, 세계 질서에 속해 있으며 잠재적 지식과 행동을 비자발적으로 발명하고 축적해 가고 있다. 중요한 것은, 이것들이 정밀한 것들이지만 누구나 쉽게 획득할 수 있는 것으로서 누구든지 새로운 배치의 창조를 위해 쉽게 이용할 수 있다는 사실이다. 그래서 들뢰즈는 이들 첨단기술과 무술을 새로운 유형의 직공이나 전사집단을, 요컨대 새로운 전쟁기계-주체성을 결합시킬 가능성으로서 이용하자고 제안한다.[85]

---

85. 같은 책, 775쪽.

이 작업을 달성하기 위해서는 유목민들이 어떻게 자신들의 무기를 발명했는가를 참조해야 한다. 유목민은 최초의 가장 중요한 이주자인 장인을 자신과 연결접속하는 방법으로 자신의 무기를 발명한다. 장인은 야금술의 체득자들, 담지자들이다. 야금술은 두 가지 변수를 갖는다. 하나는 다양한 차원을 가진 시공간적 특이성이나 이것임, 그리고 이것들과 결합하는 변형 과정으로서의 조작의 변수다. 또 하나는 이러한 특이성과 조작에 대응하는 다양한 층위의 정동적 질이나 표현의 특질(경도, 무게, 색깔)이라는 변수다. 즉 야금술은, 특이성과 표현의 특질을 짊어지고 연속적으로 변주되는 탈영토적 성질의 운동─물질의 흐름을 받아들여 집합적 배치물로 만드는 기술이다. 그래서 장인들은 채집가일 때만 완전한 장인일 수 있다. 이 채집의 과정에서 장인은 물질의 흐름에 순종하면서 이동하는 편력자, 방랑자이고 이동하는 직관이다. 채집가를 별도로 조직하여 직공으로부터 채집을 분리시켜 버리면 장인은 노동자가 되어 버린다. 유목적 장인의 이동은, 물질의 흐름을 따르기보다 시장의 흐름을 따르는 상인의 이동이나 토지의 조건에 따르는 목축민의 이동 혹은 이주민 등의 이동과는 성질이 다르다. 장인의 이동은 이러저러한 조건에 따른 이동이 아니라 물질의 흐름을 따라 매끈한 공간을 점거하는 이동이다.[86] 물질의 흐름을 따르고 그것에 순종한다는 것은 그 흐름을 방관하는 것을 의미하지 않는다. 야금술은 물질에 의식을 부여하고 이것을 의식하도록 만든다. 에너지를 내포한 물질성은 준비된 질료를 표출하고 질적인 변환이나 변형은 형상을 표출한다. 즉 야금술은 물질로부터 물질성을 해방시키고 형상의 연속적 변환을 통해 형상으로부터 변형을 해방시킨다. 즉 서로 분리된 형상들을 초월해 형상의 연속적 전개, 물질의 연속적 변주를 가능케 하는 것이다. 이것은 물, 풀, 나무, 짐승 등 모든 것이 광물적 원소로 가득 차 있어 금속으로 될 수 있다는 것을 통해 보증된다.[87] 그래서 야금술은 물질의 현상학, "애매한" 과학, 또는 인격화된 소수자과학이다.[88] 야금술에서 금속은 일종의 비유기적 생명, 기관 없는 몸이다.

야금술을 체득하고 있는 장인은 물질 흐름에, 광물 형태에 순종하는 사람이다. 광산은 물질의 흐름, 혼합, 도주의 원류이고 광부들은 광산에 침입해 들어오는 유목민, 야만족, 농민반란군들과 손을 잡았다. 이 연합 속에서 대장장이들은 유목민도, 정주민도 아니며 순회하는 자이다. 이들은 정주민들의 홈패인 공간이나 유목민들의 매끈한 공간도 아닌 공간에, 광산 속에 들어 있는 광물 자체처럼 동굴이나 구멍처럼 반지하 오두막에서 혈거 생활을 한다. 이들은 어둠 속에

---

86. 같은 책, 787쪽.
87. 같은 책, 789쪽.
88. 같은 곳.

서 살고 사랑하고 일하고 죽고 태어나며 몇 세기 후에는 산 전체를 뚫고 지나가 멀리 떨어진 정반대 쪽에서 다시 모습을 드러내는 식의 삶의 양식을 보여 준다. 홈 패인 공간이나 매끈한 공간 모두를 가로지르면서 어느 한쪽에서도 정지하지 않고 방랑하며, 농업과 목축을 동시에 피해간다는 의미에서는 이중의 절도, 이중의 배반을 행한다. 이렇게 이들은 구멍 뚫린 공간을 만들어 내는데, 이 공간은 유목공간에는 연결접속되는 반면 정주공간에는 결합접속된다. 유목적 배치 및 전쟁기계와 연결접속되면, 그것은 리좀이 되어 비약하고 우회하고 지하를 통과하고 공중에 줄기를 뻗어 다양한 출구, 궤적, 구멍을 만든다. 반면, 물질흐름을 포획하고 표현의 특질을 형상 또는 코드에 도입하여 구멍 전체를 함께 공명시킴으로써 도주선을 틀어막는 정주적 배치 및 국가장치와 결합접속되면 그것은 노동모델에 종속되고 수목적 결합체제의 부품으로 편입된다.[89] 이런 방식으로 들뢰즈는 현대의 유목민들과 유목운동이 현대의 장인들이 국가장치와 결합접속되지 못하도록 저지하면서 그들이 자신과 연결접속되도록 만듦으로써 자신의 무기를 만들어나갈 수 있을 것임을 시사한다. 즉 유목적 전쟁기계라는 표현형식이 이동적 야금술이라는 내용형식을 취하는 것이 필요하다는 것이다.

---

89. 같은 책, 797쪽.

그렇다면 전쟁기계는 전쟁을 목표로 하는가? 그렇지 않다. 전쟁은 전쟁기계의 이차적이고 보충적인 또는 종합적인 목표다. 하지만 국가가 전쟁기계를 전유하고 나면 전쟁기계는 전쟁을 직접적이고 일차적인 목표로 삼게 된다. 그리고 자본주의는 전쟁 관련 시설, 산업, 그리고 전쟁경제에 대한 고정자본의 투자, 전쟁을 수행하는 동시에 희생자가 되는 인구라는 가변자본에 대한 투자를 통해 전쟁을 총력전으로 만든다. 이러한 발전과정은 전 지구적 전쟁기계의 두 형태를 보여 주는데 하나는 전쟁 그 자체를 다른 목적을 갖지 않는 무제한적 운동으로 만들어 버리는 파시즘이요 다른 하나는 공포와 생존의 평화를 직접적인 목표로 삼는 무시무시한 전쟁기계이다. 이처럼 국가는 전쟁기계를 전유하고 이 기계를 자기 목적에 맞게 변경시켰지만 이제 역으로 이 전쟁기계가 국가장치들을 전유하면서 전쟁 자체를 목적으로 삼고 또 점점 더 많은 정치적 기능을 수행하는 전쟁기계를 풀어놓기에 이른다.[90] 국가와 결합한 이 전쟁기계는 다른 국가나 체제가 아니라 임의의 적을 만들어 내면서 극히 처참한 국지전을 자신의 일부로 유지하거나 유발한다.

그러면 이것이 전쟁기계의 세계사적 최후를 의미할까? 전쟁기계의 혁명적 잠재력은 완전히 소진된 것일까? 들뢰즈는 그렇게 생각하지 않는다. 그는, 국가적 혹은 전 세계적 전쟁기

---

90. 같은 책, 809쪽.

계를 가능케 해주는 조건들, 즉 고정자본과 가변자본에 대한 투자와 축적이야말로 변이적, 소수자적, 민중적, 혁명적 기계들의 특징을 이루는 예상 밖의 반격 가능성이나 예기치 못한 주도권을 장악할 수 있는 가능성을 재창조하고 있다고 본다. 실제로 전 세계적 전쟁기계가 지목하고 있는, "다양한 형태를 취하고 책략을 꾸미고 경제적·반체제적·정치적·도덕적 영역 모두에서 편재하고 있는" "사보타주의 실천자, 계속해서 모습을 바꾸는 도망자들"인 저 "임의의 적"이야말로 전 세계적 전쟁기계가 재창조하고 있는 혁명적 잠재력이다.[91] 이것이야말로 들뢰즈가 도래할 민중이라고 부르고 네그리가 다중이라고 부르는 새로운 전쟁기계-주체의 형상인 것이다. 이 전쟁기계는 전쟁을 주요 사업과 목표로 만드는 국가장치에 대항하면서, 새로운 지구를 만들기 위해 전 세계적 전쟁기계의 포획장치와 지배장치들이 사용하는 대규모 결합접속을 해체시키면서 다양한 연결접속을 만들어내는 주체성이다.

들뢰즈 주체이론의 의미

들뢰즈는 자신이 맑스주의자라는 사실을 밝히기를 주저하지 않았다.[92] 얼핏 보면 맑스주의의 술어들과는 먼 거리에서

---

91. 같은 곳.

작업하는 것으로 보이는 그가 그렇다면 어떤 점에서 스스로 맑스주의자라고 자임하는 것일까? 자본주의에 대한 분석과 그것이 발전해온 경로에 대한 분석을 그의 정치철학의 중심에 놓는다는 점 때문일까?[93] 그렇다고도 할 수 있겠지만 이것은 모든 현대 정치철학이 갖는 특징이기도 하다. 들뢰즈는 자본주의를 분석대상으로 삼는다는 것 이상으로 맑스가 자본주의를 내재적 체제로서 분석하고 있다는 점, 즉 자본이 스스로의 한계를 끊임없이 극복하지만 좀 더 확대된 형태로 그 한계들과 마주치게 된다는 점을 밝힌 것을 맑스의 사유의 가장 흥미로운 점으로 간주한다.[94] 이러한 맑스의 사유에 따르면, 자본의 근본적 한계는 자본 자체이다. 그러므로 들뢰즈가 맑스주의자라면 그것은, 자본을 분석한다는 점에 그 이유가 있는 것이 아니라 자본의 한계를 사유한다는 점에 그 이유가 있다고 이해해야 할 것이다.

그렇다면 부단히 극복하지만 다시 더 크게 직면하게 되는 자본의 그 한계란 무엇인가? 들뢰즈에 따르면 그것은 세 가지인데 첫째로 그것은 모순이라기보다 도주선이며, 둘째로 계급들보다 소수자들이고, 셋째로 전쟁보다 점거이다. 들뢰즈의 이러한 인식과 제안은 하나같이 계급, 대립과 모순, 그리고 투쟁

---

92. 들뢰즈, 『대담』, 190쪽.
93. 같은 곳.
94. 같은 곳.

이라는 고전적 맑스주의의 핵심적인 표상들을 뒤집는 것이다. 이것을 맑스주의라고 말할 수 있을까? 그것은 맑스주의라기 보다 오히려 그것의 부정과 거부가 아닐까? 맑스주의를 맑스가 쓴 글귀에 대한 신봉과 동일시한다면 그렇게 말하는 것이 옳을 것이다. 하지만 맑스주의를 맑스가 평생 추구했던 프롤레타리아 혁명의 실재적 경험 조건에 대한 탐구로 이해한다면 들뢰즈는 맑스의 정신에 그 누구보다도 충실한 맑스주의자임이 분명하다. 왜냐하면, 맑스에게서 탐구적 형상으로 남아 있는 프롤레타리아트를 소수적 형상으로 이해하는 것, 그것을 부르주아지와 대칭적 위치에서 그것과 대립하는 주체로서가 아니라 체제로서의 자본주의에서 도주하는 벡터로 이해하는 것, 그리고 국가장치와 결합하여 전쟁을 하는 것보다 〈팔레스타인해방기구〉나 예술운동처럼 새로운 시공간을 창출하고 그것을 실제적으로 점거하는 것이 더 프롤레타리아적인 혁명운동이라고 주장하는 것 등은 변화한 시대에 적합한 형태로 맑스의 사유를 재창조하려는 노력 이외의 다른 것일 수 없기 때문이다.

이 관점에서 보면 (이 글에서 직접적 분석대상으로 삼지 않은 텍스트들까지 포함하여) 들뢰즈의 모든 저작은 '나'라고 불리는 낡은 재현적 자아주체(코기토주체)의 이면에서 우글거리고 아우성치면서 그 자아주체를 규정하고 있는 다른 주체를 발견하고 그 잠재력을 규명하는 작업에 바쳐져 있다고 해도 과언이 아니다. 『경험주의와 주체성』에서 『철학이란 무엇인가』에 이르는 모든 저작이 이 다른 주체성에 대한 탐구서로, 달리 말해 '프롤레타리아트란 무엇인가?'에 대한 고유한 응답으로 읽힐 수 있기 때문이다. 그는 프롤레타리아 전쟁기계를, 보이지 않게 앞서 움직이는 '애매한 전구체'로, 절단하고 연결하는 '분열자'로, 집단적으로 탈영토화하는 정치적 주체인 '소수자'로, 구멍을 파며 이동하는 '유목민–장인의 결합체'로 그려내면서 그것이 고정된 자아주체의 이면에서 아우성치는 애벌레–주체들이고 실체로서의 주체를 극복하는 실천적 주체들임을 규명했다.

이런 방식으로 들뢰즈는 맑스주의에 대한 비변증법적이고 미분적이며 유목적인 인지 방식을 제시했을 뿐만 아니라 당대에 지배적이던 구조주의에 대해서도, 구조에 대한 사유라기보다 오히려 주체에 대한 사유로, 주체를 제거하는 것이 아니라 주체를 분산시키고 체계적으로 분배함으로써 유목적 주체를 만드는 사유로 재정의할 수 있는 길을 열었다. 주체가 구조의 잔여로 기능하고 있음을 인정하는 데에서 출발하되 다시 구조를 주체의 잔여로 파악하는 주체성의 절단과 이중화 및 관점의 역전을 향해 나아감으로써 들뢰즈가 열어놓은 새로운 주체성의 지평으로 인해 이제 우리는, 프롤레타리아 혁명과 그 주체성에 대한 사유를 사유의 중심에 놓지 않는 철학은 더 이상 정치철학이 아니다, 라고 말하지 않을 수 없는 상황에 이르렀다.

6장 정치·1: 역설의 존재론과 들뢰즈 정치학의 자장

들뢰즈 현상의 세 국면
들뢰즈 정치학의 기초로서의 역설의 존재론
들뢰즈 정치학의 자장
들뢰즈와 삶정치학, 그리고 맑스주의의 혁신

들뢰즈 현상의 세 국면

20세기에 질 들뢰즈 현상은 여러 차례 반복되어 왔다. 적어도 우리는 20세기에 세 번에 걸친 들뢰즈 현상의 출현을 확인할 수 있다. 한 번은 1968년, 또 한 번은 1989년, 그리고 다시 1999년. 그리고 우리는 이 세 번에 걸친 들뢰즈 현상이 각기 다르게 반복됨을 확인할 수 있다.[1] 무엇이 다른 점일까?

먼저 1968년에 들뢰즈는 차이의 사상가로 나타난다. 『차이와 반복』에서 차이는 무엇보다도 재현(동일성, 유비, 대립, 모순)에 대한 비판으로서 그리고 '사유의 이미지' 혹은 '사유의 공준'(보편적 본성의 사유라는 원리, 공통감의 이상, 재인의 모델, 재현의 요소, '부정적인 것'으로서의 오류, 지칭의 특권, 해解의 양상, 결과로서의 앎)에 대한 비판으로서의 차이였다. 『스피노자와 표현의 문제』에서 그것은 '표현하는 것-표현-표현되는 것', 실체-속성-양태의 삼위일체 속에서 더 큰 기쁨과 지복을 생산하는 역능의 진화적 운동으로 표현된다. 『의미의 논리』에서 그것은 계열화(소음-목소리-빠롤 ; 음소-형태

---

1. 최근 사변적 실재론, 신유물론을 통해 들뢰즈가 다시 객체와 실재론, 그리고 유물론의 철학자로 다르게 반복되는 현상이 발견된다. 1968년 전후의 첫 번째 반복과 유사하게 차이의 존재론과 형이상학으로 돌아가는 것으로 보이면서도, 2008년의 전 지구적 경제위기의 충격을 반영하기라도 하듯, 차이를 물질, 객체, 기계 등으로 재해석하는 이 현상에 대한 본격적 분석은 이후의 과제로 남겨둔다.

소-의미소 ; 성감대-팔루스-오이디푸스 ; 그리고 연결접속-결합접속-분리접속)되고 있는 특이성들의 **탈물질적 놀이**로, 의미의 사건으로 나타난다. 과타리와의 공동작업의 산물인 『안티 오이디푸스』에서 차이의 계열화는 사회체 속에서 전개된다. 그것은 가족기계와 사회기계에서의 종합의 양식들(생산의 연결접속적 종합, 등록의 분리접속적 종합, 소비의 결합접속적 종합 ; 원시적·야생적 토지기계, 제국적·야만적 전제군주기계, 문명적 자본주의기계)로 나타난다.[2] 이 계열화 속에서 차이는 한편에서는 **욕망하는 생산**으로, 그리고 다른 한편에서는 **분자적 무의식과 분열분석**으로 나타난다.

요컨대 1968년 전후 들뢰즈의 정치철학은 재현 비판을 거쳐 욕망의 표현으로, 욕망의 표현에서 탈물질적 의미놀이로, 다시 의미의 사건에서 계열화로 발전되어 왔다. 차이, 욕망, 표현을 중심으로 발전하는 이 독특한 정치철학은 그를 모순, 종합, 재현을 중심으로 발전해 온 전통적 좌파 정치학과 대립시킨다. 그것은 당시에 커다란 영향을 미치고 있었던 정통 맑스-레닌주의(소련과 동구의 공산당)와의 대립만을 의미하는 것은 아니었다. 들뢰즈의 정치철학적 혁신은 신그람시주의적 탈맑스주의의 방향으로 나아가면서 점차 소련으로부터 독립하고 있었던 유럽의 공산당이나 사회당 혹은 노동당의 정치

---

2. 이에 대해서는 이 책의 2장 참조.

와도 날카롭게 대립하는 것이었다. 그 결과 들뢰즈는 1968년 당시에 당 밖에서 솟구쳐 오른 새로운 사회운동들의 사상으로 자리 잡아 갔다.

들뢰즈의 무엇이 그러한 결과를 가져왔을까? 가장 중요한 것은 정치의 자리와 관련된 것이다. 부르주아 정치사상은 시장과 국가의 분리 속에서 시장에 대한 국가의 관리방식을 둘러싸고 구축되었다. 전통적 좌파 정치는 시장을 무정부적인 것으로 보면서 그것에 대한 국가의 강한 통제를 지향했다. 이러한 좌파 대안은 국가를 둘러싼 당들 사이의 계급투쟁을 초점으로 삼았는데 이것은 위로부터 계급갈등을 통제하려는 것으로 부르주아 정치사상의 프레임을 근본적으로 전복하는 것이 아니었다. 물론 권력을 아래로부터 구성한다는 생각이 좌파에게 없었던 것은 아니다. 그것은 분명히 우파와는 다른 혁신적 지점이었다. 하지만 그 혁신은 국가를 정치활동의 중심적 무대로 파악하는 전통적 관점에 흡수되었다. 그 결과 아래로부터의 권력구성도 국가의 장악이나 구축에서 완성되는 것으로 이해되었다. 하지만 들뢰즈는 재현을 거부하는 차이의 철학을 통해 국가에 의한 정치의 종합이라는 구도를 파괴하면서 삶의 미시적 영역 속에서 살아 움직이는 작은 갈등들, 언어들, 이미지들, 계략들, 발명들 등이 낳는 탈물질적 놀이와 의미의 사건을 정치의 중심 무대로 가져왔다. 이것이 서구 운동에 미친 들뢰즈 철학의 중요한 효과이다.

그렇다면 아시아에서 들뢰즈는 어떠했는가? 이 무렵 일본에서는 이미 들뢰즈가 공산당과 사회당에서 독립적인 신좌파 청년 학생들에게 커다란 영향을 미쳤던 것으로 보인다. 하지만 분단 지형하의 한국에 들뢰즈라는 이름과 그의 사유가 도착했었다는 흔적은 아직 발견되고 있지 않다. 이것은 1970년대 내내 박정희의 봉쇄된 개발 독재하에서 전 지구적 정보 유통이 자유롭지 못하고 심지어 정보를 차단당했던 결과이기도 할 것이다. 하지만 더 중요하게는 바로 이 시기가 남한에서 근대적 산업화가 급진전되면서 전통적 형태의 노동계급이 저임금 장시간 노동의 조건하에서 자본에 적대적으로 급속하게 양성되고 있던 시기였기 때문일 것이다. 여성도 가정을 벗어나 공장노동으로 진출했는데 이 당시의 노동운동이 여성에 의해 주도되었던 것은 이 사실을 뚜렷이 보여 준다. 노동계급의 당적 재현은 개발독재 권력에 의해 철저히 봉쇄되었지만, 오히려 이러한 상황이 한국 노동자들로 하여금 재현의 갈망을 갖게 함으로써, 당시를 표현보다는 재현의 시대로, 탈물질적 놀이보다는 물질적 종합의 시대로 경험하게 만들었다.

1968년과는 달리 1989년의 들뢰즈는 도주선의 철학자로 나타났다. 두 가지 흐름이 이것을 보여 준다. 하나는 포스트모더니즘으로 알려진 새로운 철학적·문화적 조류에 의한 위로부터의 들뢰즈 전유에서이다. 이 흐름은 국경을 벗어나는 자본의 이동에, 그리고 일국에서 뚜렷한 적대선의 실종에 주목하면서 후기자본주의의 유목적 성격을 부각하는 것에 들뢰즈를 이용한다. 또 하나는 아래로부터의 들뢰즈 전유에서이다. 이 흐름은 자본 이동보다 이민자들, 이주민들, 청년들 등 새로운 사회적 주체성들의 등장을 강조하면서 기존 질서로부터의 이탈을 통한 변화의 가능성을 들뢰즈로부터 읽어내려 한다.

어떤 조건의 변화로부터 이러한 독해가 유래하는 것일까? 1989년은 베를린 장벽이 붕괴된 해이다. 1929년이 1917년의 여파였듯이, 1989년은 1968년의 여파였다. 1989년경에 견딜 수 없게 된 것은 사회주의 체제들만이 아니다. 동구의 사회주의를 자신의 냉전 짝으로 삼아 유지되어왔던 서구의 케인스주의적 사회민주주의도 더 이상 지탱할 수 없게 되었다. 동과 서 모두에서 은밀하게 제국주의를 체제화하면서 은폐된 전쟁질서를 생산했던 전후 사회체제들이 불가능하게 된 것은 무엇 때문인가? 왜 동구 사회주의들의 도미노적 붕괴의 다른 한편에서 서구 사회민주주의들의 급격한 쇠퇴와 신자유주의로의 전환이 전개되었던 것인가?

이 사건에 결착된 많은 요인들 중에 가장 중요한 것은 통합된 세계시장의 **실질적** 등장이다.[3] 사회주의도 케인스주의

---

3. 이에 대해서는 네그리·가타리, 『자유의 새로운 공간』 참조.

도, 제3세계의 권위주의도 1989년을 전후한 시기에 세계시장 속에 용해되었다. 통합된 세계시장은 두 가지 계기의 결합이다. 그 하나는 초국적 금융자본이며 또 하나는 국경을 넘어 흐르는 각국 시민들의 이주, 탈주이다. 이 두 계기는 모두 1968년 혁명의 효과였다. 우선 초국적 금융자본은 1968년 혁명에 대한 자본의 대응 방식이자 자본 재합성의 양식으로 나타난다. 다중의 불복종과 노동거부는 더 이상 직접적 노동시간의 절취를 통한 축적에 기대를 걸 수 없게 만들었다. 산업자본은 화폐화하여 금융자본으로 전화한 후 이자를 찾아 국경을 넘어 이동한다. 제3세계가 그 주요한 이동지였음은 주지의 사실이다. 둘째로 이민과 탈주는 새로운 삶, 더 나은 삶을 찾으려는 다중의 유목주의의 분출이다. 특히 동구 주민들은 권위주의적 사회주의의 집중화한 권력을 피해 국경을 넘어 대량탈주함으로써 체제가 더 이상 가동될 수 없도록 만들었다.

들뢰즈의 『천 개의 고원』[4]은 영토화/탈영토화/재영토화, 코드화/탈코드화/재코드화의 개념을 통해 1968년~1989년 사이 힘들의 역동적 흐름에 개념적 형상을 부여하는 한편, (이미 『차이와 반복』에서 철학적으로 제시되었던) 다양체 개념

---

4. 『천 개의 고원』의 몇몇 판본들의 출간년도는 다음과 같다. 불어판 1980 ; 영어판 1987 ; 독어판 1992 ; 일어판 1994 ; 한국어판 2001.

의 정치화를 통해 통합된 세계시장과 그것의 이중성(거대-다양체와 미시-다양체, 그램분자-다양체와 분자-다양체, 총체 대 다양체)을 이해할 실마리를 제시한다. 특히 다양체를 가로지르는 탈영토화의 선으로서 도주선 개념은 (통합된 세계자본주의로 종합된) 절편화하는 체제를 혁명할 소수적 비전을 제시한다.

1990년대의 한국에서도 들뢰즈는 이 두 가지 흐름 속에서 검토되었다. 하나의 흐름은 탈맑스주의적 포스트모더니즘이다. 영미 포스트모더니즘의 스펙트럼에서 들뢰즈는 거대서사를 거부하는 차이의 철학자, 세계시장의 철학자, 탈근대성의 철학자로 간주된다. 이 흐름은 1997년 IMF 위기 이전까지 한국 자본주의의 상승 경향(탈종속, 정보화, 이른바 '중진자본화')에 부응하여 일대 유행으로 자리 잡는다(신우파 들뢰즈). 또 하나의 흐름은 1989년을 전후한 사회주의 붕괴 정세를 '맑스주의의 위기'로 파악하고 이 위기 극복의 수단으로 푸코, 들뢰즈, 과타리, 네그리에 눈을 돌린 흐름이다. 이 흐름에서 들뢰즈는 탈재현(대의), 탈집중, 연합의 분자적 노선의 대명사로 간주된다(신좌파 들뢰즈). 적어도 1990년대 후반까지는 전자의 흐름이 우세했다고 볼 수 있다. 하지만 동아시아발 IMF 위기가 신자유주의를 사회 전체에 확산시키고 신우파의 장밋빛 주장과는 달리 오히려 사회적 양극화가 뚜렷해지면서 점점 후자의 해석이 더 큰 설득력을 확보해 갔다.

1999년의 들뢰즈는 시애틀의 들뢰즈, 즉 리좀과 네트워크의 정치철학자로 나타난다. 하트와 네그리는 전 지구적 차원에서 권력의 네트워크화를 명확하게 드러내고(『제국』) 다중의 네트워크 투쟁을 그려냄(『다중』)에 있어 들뢰즈의 『천 개의 고원』을 (맑스의 『자본』과 더불어) 가장 중요한 참고문헌으로 삼았다. '네트워크'는 "연합의 분자적 방법"(『자유의 새로운 공간』)에 붙여진 21세기적 이름이다. 만국 자본가의 다수적·수목적 연합과 만국 다중의 소수적·리좀적 연합의 이중화라는 대립적 형상을 제시한 바 있는 들뢰즈는 이제 맑스주의의 전 지구적 혁신을 주도하는 21세기적 인물로 나타난다.[5]

1990년대 후반 이후 한국에서 일어난 들뢰즈 붐은 1980년대의 레닌주의 붐에 비견될 정도였다. 들뢰즈의 득세가 전통적 좌파운동의 약화를 가져왔는지, 아니면 전통적 좌파운동의 약화가 새로운 대안 모색으로서 들뢰즈의 득세를 가져왔는지를 판별하기는 어렵다. 어쨌든 정치뿐만 아니라 문학예술('소수문학론'), 역사('대중독재론'), 신학('해방신학론'), 철학(존재론과 형이상학), 영화 등 다양한 영역으로 들뢰즈의 사유는 확산되고 전염되었다. 이에 따라 들뢰즈 현상에 대한 비판적 대응들도 자연스럽게 나타나고 있다. 하지만 들뢰즈를 비판하

---

5. 들뢰즈와 맑스의 공명에 대한 탐구를 통해 들뢰즈를 맑스주의의 위대한 혁신가로 묘사하는 책으로는 니콜래스 쏘번의 『들뢰즈 맑스주의』 참조.

는 사람들도 일정하게는 들뢰즈에 기대면서 들뢰즈를 비판하는 경향이 있었다. 그리고 동일성, 집중성, 지도중심성을 재구축하고자 하는 그 노력들은 직접적으로 표현되기보다 간접적이고 완곡하게 나타났다.[6] 그래서 들뢰즈에 대한 비판은 대개는 들뢰즈 속에 들어 있는 복합적 요소들 중의 일부를 버리고 다른 일부를 재구성하여 자신의 정치학으로 만드는 것으로 나타나곤 했다.

들뢰즈 정치학의 기초로서의 역설의 존재론

들뢰즈의 정치학에 대한 논의로 넘어가기 전에 먼저 살펴야 할 것은 그의 철학, 특히 존재론이다. 왜냐하면, 그의 정치학은 그의 존재론에 기초하고 있기 때문이다. 들뢰즈의 존재론이 집중적으로 표현되는 것은 중기 철학에서이다. 『차이와 반복』, 『스피노자와 표현의 문제』, 그리고 『의미의 논리』 등 1968년 전후에 집중적으로 출간된 그의 저서들이 그것이다. 반면 과타리와의 공동작업을 통해 생산된 그의 후기 저작은 좀 더 정치적인 내용을 담아낸다. 『안티 오이디푸스』는 자본주의를 분석하며 『천 개의 고원』은 탈영토화와 소수 정치학을 표현한다. 지젝은 『의미의 논리』에서 『안티 오이디푸스』로

---

6. 알렉스 캘리니코스, 슬라보예 지젝, 알랭 바디우 등의 비판을 참조.

의 이행을 들뢰즈의 오이디푸스 되기라고 조롱하면서 후기의 정치학이 중기의 존재론에서 이탈했다고 비판하지만[7] 나는 후기의 정치학은 중기의 존재론에 근거할 때만 온전히 이해될 수 있으며, 반대로 중기의 존재론은 후기의 정치학을 통해 실천적으로 이해될 수 있다고 본다.

물론 이곳은 들뢰즈의 존재론의 전모를 살피기 위한 자리가 아니다.[8] 그러므로 그의 정치학을 이해하기 위한 발판을 마련하는 차원에서 이미 3장에서 상술한 바 있는 그의 존재론을 아주 개괄적으로 정리해 보기로 하자. 들뢰즈의 존재론은 세 권의 책에서 세 가지 방식으로 서술된다. 『차이와 반복』에서 존재는 시간 속에서 반복하는 것으로 나타나며, 『스피노자와 표현의 문제』에서 존재는 표현하는 것으로 나타나고 『의미의 논리』에서 존재는 역설, 즉 두 방향의 생성으로 설명된다.

차이와 반복의 존재론

들뢰즈의 작업은 우선 재현 비판에서 시작된다. 재현을 통해서 차이는 사유될 수 없다. 재현이 차이를 사유할 때, 그것은 4중의 굴레들, 즉 개념 안의 동일성, 술어 안의 대립, 판단

---

7. 슬라보예 지젝, 『신체 없는 기관』, 김지훈 외 옮김, 도서출판b, 160~172쪽.
8. 들뢰즈의 존재론에 대한 좀더 상세한 분석으로는 그의 시간론을 다룬 이 책의 3장을 참조하라.

안의 유비, 지각 안의 유사성 등에 차이를 종속시킨다. 재현은 어떤 수렴하는 세계, 어떤 단일의 중심세계가 있어야 하며, 그래서 발산과 탈중심화를 긍정할 능력을 갖지 못하기 때문이다. 예컨대 환상phantasme으로부터 모상을 구분 짓고 다시 모상으로부터 원형을 구분 지음으로써 원형과 거리가 멀어진 환상을 추방하려는 플라톤적 의지는 자기동일적 원형의 내적 유사성을 감싸고 돈다. 그것은 자유로운 차이, 유목적 분배, 원형과 모상에 동시에 항거하는 짓궂음 등을 비난함으로써 도덕적이고 신학적인 위계질서를 확립한다. 사유하는 주체에 의해 차이가 개념의 동일성에 종속되어 있을 때 사유 안의 차이가 사라진다. 사유하기와 사유되는 것 사이의 차이, 다시 말해 사유하기의 그 생식성이 사라지는 것이다.[9]

　사유 안에서 차이를 복원하기 위해서는 몇 개의 매듭이 풀려야 한다. 첫 번째로는 차이를 개념의 동일성 아래에 종속시키는 매듭을 풀어야 하며 둘째로는 차이를 지각 안의 유사성에 종속시키는 매듭을 풀어야 한다. 전자는 사유 안에 있는 심층적 균열을 해방시키는 것이며 후자는 차이를 비외연적이고 질화되지 않는 공-간spatium의 강도로 복원하는 것이다. 세 번째로는 차이를 부정적인 것에 종속시키는 부당한 끈(서술에서의 대립)을 끊어내야 한다.

---

9. 들뢰즈, 『차이와 반복』, 560쪽.

들뢰즈를 부정의 철학자로 규정하고자 하는 지젝의 전유 방식을 고려할 때[10] 이 세 번째 점을 조금 더 자세히 살펴볼 필요가 있다. 지젝이, 과타리와 연합한 후기철학과 구별하여 긍정하는 중기철학에서도 들뢰즈의 차이는 실정적 (비)-존재인 메온이지 소극적 비-존재인 우크온이 아니다. 차이는 문제제기적인 것의 존재를 의미하는 것이지 부정적인 것의 존재를 의미하지 않는다.[11] 메온으로서의 차이는 부정의 非가 아니라 허사 ne를 가리키며, 모든 긍정에 선행하면서도 충만하게 실정적인 것이다. 실정적이란 정립된다는 것이며 긍정이란 실정성을 구현하고 해결하는 것을 의미한다. 그렇다면 긍정이 실정(정립)하는 것은 무엇인가? 그것은 차이이다. 그래서 긍정은 차이의 긍정이다.

여기에 우리는 다양한 긍정을 분만하는 것은 문제제기적 다양체라는 사실을 덧붙여야 한다. 그래서 긍정의 본질은 다양하다는 것이며 차이를 긍정한다는 것이다. 부정적인 것은 생산된 긍정들 위로 드리운 문제의 그림자에 지나지 않는다.[12] 들뢰즈는 이러한 생각을 다음과 같이 표현한다.

---

10. 이에 대해서는 이 장의 조금 뒤에서 서술한다.

11. 같은 책, 562쪽.

12. 같은 책, 563쪽. 그리고 들뢰즈는 부정적인 것에 의해 생산되고 부정의 부정으로 생산되는 긍정은 거짓된 것이라고 단언한다(같은 책, 564쪽).

역사는 부정을 통해, 부정의 부정을 통해 앞으로 나아가는 것이 아니라 문제들의 규정을 통해, 차이들의 긍정을 통해 앞으로 나아간다. … 부정적인 것은 단지 어떤 귀결에 불과하고 긍정이 이중화되는 어떤 반사물에 불과하다. 그렇기 때문에 참된 혁명들은 또한 축제의 분위기를 띤다. 모순은 프롤레타리아의 무기라기보다는 차라리 부르주아가 자신을 방어하고 보존하는 방식이고 그 뒤에 숨어 어떤 문제들을 결정하려는 자신의 요망을 지탱하는 그림자이다. … 모든 곳에서 부정적인 것은 의식의 반동이고 진정한 행위자, 진정한 연기자의 변질이자 타락이다.[13]

이상 세 가지 매듭(동일성, 유사성, 부정성) 외에 풀어야 할 네 번째 매듭이 남아 있다. 그것은 차이를 커다란 유들과 종들에 종속시킴으로써 판단을 내리는 매듭이다. 차이를 변질시키고 타락시키는 이 매듭들은 반복을 일그러뜨려 완전한 유사성이나 극단적 동등성으로, 다시 말해 헐벗은 반복으로 보게 만드는 매듭이기도 하다. 말하자면 이것은 근거의 매듭이다. 근거 짓는다는 것은 재현을 근거 짓는다는 것이다. 그러나 이러한 근거는 발산과 탈중심화의 역량, 허상 자체의 역량에서 오는 도전을 피할 수 없다. 근거는 한편에서는 재현의 형

---

13. 같은 책, 564~5쪽.

식들을 향해 기울어 있고 다른 한편에서는 재현을 허락지 않는 무-바탕으로 비스듬히 빠져들고 있다. 순수한 규정, 추상적인 선으로서의 사유는 미규정자인 이 무-바탕과 대결해야한다. 이 미규정성, 무-바탕이 사유의 생식성이다. 어리석음은 사유의 가장 큰 무능력을 구성하지만, 사유에게 사유하도록 강요함으로써 사유의 가장 높은 능력의 원천이 된다. 사유는 미규정자와 규정으로 이루어진 기계이다. 이 기계가 기능할 수 있도록 만들어 주는 것은 차이 또는 규정 가능한 것의 형식이다. 규정 가능한 것은 어떤 나-선행자이며 전개체적 독특성이다. 이 비인격적 개체화와 전개체적 독특성의 세계야말로 근거를 와해시키면서 허상들을 불러들이는 깊이와 무-바탕의 진정한 본성이 드러나는 세계이다.

재현의 이 네 가지 매듭을 풀어냈을 때 비로소 드러나는 것은 허상의 평면이다. 허상의 체계는 기초개념들로 이루어진다. 이것은 재현의 범주들과는 다르다. 들뢰즈는 그것들을 다음과 같이 서술한다.

(1) 강도들이 조직되고 있는 깊이, 공-간, (2) 강도들이 형성하는 불균등한 계열들, 이 계열들이 그려내는 개체화의 장들, (3) 계열들을 서로 소통케 하는 '어두운 전조[애매한 전구체]', (4) 그 뒤를 잇는 짝짓기, 내적 공명, 강요된 운동들, (5) 체계 안에 서식하게 될 수동적 자아와 애벌레-주체들의 구성, 그

리고 순수한 시공간적 역동성들의 형성, (6) 체계의 이중적 분화를 형성하고 개체화 요인들을 뒤덮게 될 질과 외연들, 종과 부분들, (7) 개봉된 질과 연장들의 세계 안에서 이 개체화 요인들이 여전히 끈질기게 항존한다는 사실을 증언하는 봉인의 중심들.[14]

허상의 체계가 발산과 탈중심화를 가능케 하며 특권적 계열도 원형도 동일성도 소유하지 않으면서 서로 유비적이지 않은 계열화를 가능케 하는 것은 이 기초개념들을 통해서이다. 이것들은 재인의 객체가 아니라 본질적인 마주침의 객체이다. 그것들은 지금 여기의 특수성으로 환원되지 않으면서 동시에 개념의 보편성으로도 환원되지 않는 새뮤얼 버틀러의 에레혼 Erewhon과 같다. 그것들은 범주들에 의한 정착적 분배와는 달리, 유목적 분배를 가능케 한다.[15]

이제는 반복에 대해서 살펴보아야 한다. 들뢰즈는 세 가지 반복에 대해서 말한다. 표면적 반복, 심층적 반복, 그리고 궁극의 반복이 그것이다. 표면적 반복은 습관(하비투스)의 반복이며 심층적 반복은 기억(므네모시네)의 반복인 반면 궁극의 반복은 죽음의 반복이다. 습관의 반복에서는 요소들, 경우와

---

14. 같은 책, 582쪽. 대괄호 속은 인용자.
15. 같은 책, 596쪽.

회들, 외생적 부분들이 반복되며 기억의 반복에서는 내적인 가변적 총체성들이, 어떤 정도나 수준들이 반복되지만 죽음의 반복에서는 근거가 무-바탕 속에서 폐기되고 이념들은 기억의 형식에서 벗어난다. 표면적 반복에서는 차이가 절도되며 심층적 반복에서는 차이가 포괄됨에 반해 궁극적 반복은 차이를 만든다. 들뢰즈는 첫 번째 반복을 물질적 반복, 두 번째 반복을 심리적 반복으로 이름 부르면서 세 번째 반복을 존재론적 반복이라고 이름 부른다.

반복 개념을 통해 들뢰즈가 말하고자 하는 것은 시간이다. "모든 반복들은 시간의 순수한 형식 안에서 질서를 이루고 있는 어떤 것이 아닐까?"[16] 들뢰즈는 시간의 경험적 내용과 시간의 순수한 형식을 시간의 두 가지 종합 양식으로 구분한다. 전자가 헐벗은 반복이며 후자가 옷 입은 반복이다. 전자는 결핍에 따라 즉 부정적인 방식으로 정의된다. 이 반복의 시간은 스피노자의 1종인식에 상응한다. 주의해야 할 것은 이 반복이 부정적인 것과 동일자의 특징들을 수용하고 있지만, 자신의 계열 안에 무엇인가를 위장해 놓고 있고 이 위장된 것을 통해 자신의 계열들 안으로 어떤 수축들을 끌어들일 수 있으며 이 수축들은 다른 반복이 무르익어 가고 있는 어떤 우유부단한 하비투스에 해당한다는 것이다.[17] 이러

---

16. 같은 책, 614쪽.

한 반복 없이 두 번째 반복으로의 이행이 가능할까? 불가능할 것이다. 두 번째 반복은 첫 번째 반복이 숨겨놓은 위장들을 재취합하고 독점함으로써 어떤 변신을 꿈꿀 수 있다. 습관의 재취합을 통해 자신의 기억과 세상의 모든 기억의 심층을 회복하는 것을 통해 변신은 가능해진다. 이것은 스피노자가 말하는 공통관념의 발견, 즉 공통되기의 과정이 아닌가? 스피노자에게서 2종인식이 1종인식 속에 숨어 있는 기쁨과 능동의 계기들을 회집하는 것이듯, 들뢰즈의 이 두 번째 반복에서 시간은 능동적으로 되고 시간 전체와 대등하게 된다. 그러나 이것이 끝이 아니다. 세 번째 반복, 즉 시간의 경첩이 풀리는 반복이 있다. 앞의 두 반복이 순환 주기 안에서 사고될 수 있는 것이라면 세 번째 반복은 그 순환 주기를 파괴하면서 앞의 두 반복이 자신에게 의존하도록 만든다. 매 순간 일어나는 것은 세 번째 반복이며 앞의 두 반복은 결정적인 순간에만 일어난다. 그러므로 이제 반복되고 있는 유일의 사태에 대해 두 개의 반복이 있다고 말해야 한다. 자신의 조건들에 해당하는 의미작용을 폐기하면서 자신을 스스로 반복하는 것은 그 반복되고 있는 유일의 사태뿐이다. 다시 말해 회귀하는 것은 이 세 번째 반복뿐이다. 앞의 두 가지 반복은 회귀할 수 없다.

---

17. 같은 책, 617쪽.

영원회귀는 오직 세 번째 시간 속에만 있다. … 결핍에 의한 행위의 조건은 돌아오지 않으며 변신에 의한 행위자의 조건 또한 되돌아오지 않는다. 다시 돌아오는 것은 영원회귀에 해당하는, 생산물 안의 무제약자뿐이다. 영원회귀의 배제력과 선별력, 영원회귀의 그 원심력은 반복을 의사순환주기의 세 가지 시간 안으로 분배하는 데 있지만, 또한 바로 그 원심력을 통해 처음의 두 반복은 되돌아오지 않게 되고 결정적인 것은 어떤 한 순간의 것이 되며 자기 자신 위에서 맴도는 세 번째 반복만이 매번이나 매 순간을 위해 영원회귀를 위해 다시 돌아오게 된다. 부정적인 것, 유사한 것, 유비적인 것은 어떤 반복들이지만, 언제나 영원회귀의 수레바퀴에 의해 쫓기는 신세이므로 다시 돌아오지 못한다. … 다시 돌아오는 것은 오직 긍정뿐이고 다시 말해서 차이 나는 것, 유사성에서 벗어나는 것뿐이다. 이와 같이 선별적인 어떤 긍정에서 기쁨을 끌어내기에 앞서 얼마나 커다란 불안이 따를 것인가? … 익명인 '아무개'는 영원히 반복하지만 이 '아무개'는 이제 비인격적 개체성과 전-개체적 독특성의 세계를 지칭하기 때문이다.[18]

여기서 다시 키르케고르와 니체가 스피노자의 방식으로 종

---

18. 같은 책, 619~623쪽.

합된다. 세 번째 반복에서 우리는 3종인식, 영원성, 절대적 능동성, 기쁨 등 『차이와 반복』의 보충논문인 『스피노자와 표현의 문제』에서 탐구될 주제들을 이미 충분히 확인할 수 있다. 이제 물어져야 할 것은 이 세 번째 시간의 내용이다. 영원회귀에 의해 변용되는 것의 내용은 무엇인가? 들뢰즈는 그것이 "허상, 오로지 허상들뿐"[19]이라고 간명하게 대답한다. 그것은 무의식 안의 객체 = x, 언어 안의 단어 = x, 역사 안의 행위 = x 등이다. 허상은 "차이 나는 것이 차이 그 자체를 통해 차이 나는 것과 관계 맺는 그 체계들"[20]이다. 따라서 영원회귀 안의 반복은 차이의 고유한 역량의 표현이다. 하지만 차이는 자신의 역량의 끝에서만, 즉 영원회귀 안의 반복을 통해서만 자기 자신을 되찾고 자유를 얻을 수 있다. 다시 말해, 차이가 영원회귀의 반복을 가능케 하고 영원회귀가 차이를 긍정하게 되는 것이다.

그래서 들뢰즈는 (재현이 아니라) 반복이야말로 이제까지 실현된 유일한 존재론이고 존재의 일의성이라고 말한다.[21] 그는 존재의 일의성을 옹호하는 두 가지 근본적 테제를 정식화하기 위해 비로소 스피노자를 도입한다. 첫 번째 테제는 '존재의 형식은 복수적이지만 이 형식들이 범주들과는 달리 존재를

---

19. 같은 책, 624쪽.
20. 같은 곳.
21. 같은 책, 631쪽.

분할하지 않고, 그래서 존재 안으로 복수의 존재론적 의미를 끌어들이지 않는다.'는 것이다. 이것은『스피노자와 표현의 문제』1장에서 수적 구별과 실재적 구별에 대한 분석으로 상술되는 것이다. 또 하나의 테제가 있다. 그것은 "존재를 언명하는 존재자는 본질적으로 변동적인 어떤 개체화하는 차이들에 따라 할당되고, 이 개체화하는 차이들은 필연적으로 '각자'에게 어떤 복수의 양태적 의미작용을 부여한다."[22]는 것이다. 이 두 번째 테제를 통해 들뢰즈는 스피노자의 일의성 개념의 한계를 지적하는 것일까? "일의적인 것이 순수한 긍정의 객체가 되는 수준으로까지 나아가기 위해 스피노자주의는 한 걸음만 더 내디디면 된다. 그것은 실체로 하여금 양태들 주위를 돌게 만드는 것이고 다시 말해서 영원회귀 안의 반복에 해당하는 일의성을 실현하는 것이다."[23] 분명히 들뢰즈는 일의적 존재가 단지 사유되고 긍정되기만 할 것이 아니라 실제적으로 실현되어야 함을 강조하고 있다.[24] 존재의 일의성이란 존재 자체의 일의적 성격뿐만 아니라 이 일의적 존재가 다의적 존재자를 통해 언명된다는 점을 동시에 의미한다는 것이다. 이처럼 들뢰즈의 존재론은 "영원회귀의 바퀴는 차이에서 출발하여 반복을 산출하는 동시에 반복에서 출발하여

---

22. 같은 곳.
23. 같은 책, 632쪽.
24. 같은 책, 114쪽.

차이를 선별한다."[25]는 명제로 집약된다.

의미의 논리

『의미의 논리』에서 영원회귀의 시간은 순수생성으로 나타난다. 차이가 있다면 그것을 언어와 관련짓는 것이다. 두 개의 언어가 있다. 하나는 형상의 작용을 받아들이는 정지와 고정의 언어이고 또 하나는 운동과 생성을 표현하는 언어이다.[26] 명사와 형용사가 무너져 순수생성의 동사들에 연결될 때 모든 동일성은 사라진다.

스토아학파는 두 종류의 사물을 가른다. 하나는 물리적 성질을 가진 물체들이다. 이것은 응집력, 능동과 수동의 특성을 갖는 사물들 혹은 사태들이다. 공간 안에 실존하는 것은 이 물체들뿐이다. 또 하나는 이 물체들을 원인으로 하여 발생하는 효과들, 즉 비물체적인 것들이다.[27] 이것들은 부정법들에 관련되는 아이온, 과거와 미래로 무한히 나뉘며 현재를 끊임없이 지워버리는 생성이다. 이들은 사물이나 사태가 아니라 사건이다. 스토아학파는 비물체적인 것(플라톤의 이념)을 효과로 전화시킴으로서 플라톤주의를 전복한다. 그러므로 시간에 대한 두 가지 독해가 가능하다. 물체에 기반한 독해와 사건

---

25. 같은 곳.
26. 들뢰즈, 『의미의 논리』, 45쪽.
27. 같은 책, 48~49쪽.

에 기반한 독해.[28]

그렇다면 존재론의 최상위의 항은 존재가 아니다. 그것은 존재와 비존재를, 실존하는 것들과 내속하는 것들을 아우르는 한에서의 무엇aliquid이어야 한다. 그 '무엇'은 사물과 사건, 사태와 명제, 존재와 의미(물체의 표면에서의 비물체적 사건들=표면효과)라는 두 가지 방향으로 생성하며 계열화한다. 이 '무엇'은 선불교의 역설 혹은 영미 철학의 무의미와 유사하다. 그것은 깊이를 추방하는 표면 사건들의 펼쳐짐으로서, 깊이와 높이의 기법인 아이러니에 대항하는 기법이다. 이때 물체들은 효과들의 실제 원인이다. 그리고 효과들은 서로 준원인으로 작용한다.

이러한 논의를 바탕으로 들뢰즈는 명제의 새로운 차원에 대한 논의를 개시한다. 명제는 일반적으로 지시, 현시, 기호라는 세 가지 작용 속에서 이해되어 왔다. 유물론은 지시를, 데카르트주의는 현시를, 구조주의는 기호를 각각 근본적인 것으로 사고해 왔다. 들뢰즈는 여기에 "순간적이기 때문에 경험에 의해 외부에서 확인하는 것이 불가능한 차원"을 도입해야 한다고 말한다. 이것이 의미의 차원이다.

들뢰즈는 의미의 차원과 다른 명제 차원들 사이의 관계를 밝힌다. 우선 의미의 차원은 모든 지시작용에 전제된다. 즉 지

---

28. 같은 책, 51쪽.

시작용을 위해 우리는 의미 안에 단번에 들어간다. 그런데 지시는 신념과 욕구에 따라 현시하는 '나'에 의존한다. 하지만 또 나의 신념과 욕구의 질서는 기호작용의 개념적 함축들의 질서에 기반한다. 그렇다면 지시가 전제했던 의미가 바로 기호작용인 것인가? 그럴 수 없다. 기호작용은 다시 지시를 전제하기 때문이다. 요컨대 지시와 현시와 기호 사이에는 원환 관계만이 있을 뿐이다. 그래서 들뢰즈는 명제의 새로운 네 번째 차원을 의미로 정의한다. "의미는 명제에 있어 표현된 것이다. 그것은 사물들의 표면에 존재하는 비물체적인 것이며 환원 불가능한 복합적 존재이며 명제 속에 내속하거나 존속하는 순수한 사건이다."[29] 들뢰즈의 유물론적 존재론에서 나타났던 존재자와 존재의 관계는 여기서 명제와 의미의 관계로 반복된다. 의미는 존재론적 반복에 의해 규정되는 심층적 반복, 심리적 반복의 시간으로 나타난다. 그것은 사물들 속에 존재하는 것도 아니며 정신 속에 존재하는 것도 아니다. 그것은 지시, 현시, 논증과 구분되는 후설의 표현, 즉 지각적 노에마에 가깝다. 그것은 감각적 성질을 갖지 않는 것, 즉 "지각행위의 지향적 상관자인 객관적이고 비물체적인 통일체"이다. 그것은 실존하는 것이 아니라 내속/존속한다.[30] 그것은 명제와 사물의 경

---

29. 같은 책, 74쪽.
30. 명제의 빈위(賓位)인 푸르다와 푸르러지다를 비교해 보라. 의미는 명제의 빈위가 아니라 사태의 부대물이다.

계선이다. 의미는 사건인데 이때 사건은 한 사태에서의 사건의 현실화와 혼동되지 말아야 한다. 명제의 새로운 차원에 대한 이 같은 들뢰즈의 분석은 사건의 차원이 무엇인가를 좀 더 구체적으로 밝혀준다.

이렇게 해서 원인과 결과, 물체적 사물과 비물체적 사건의 이원성은 사물들과 명제들, 물체들과 언어로, 다시 말해 먹기와 말하기의 이원성으로 확장되었다. 왜냐하면, 사건-효과들이 그것들을 표현하는 명제들 바깥에는 존재하지 않기 때문이다. 그러나 이 이원성은 근본적인 것이 아니다. 사물들과 명제들은, 마치 수증기를 경계선으로 물과 열이 맞붙어 있듯이, 의미를 경계선으로 해서 맞붙어 있기 때문이다. 그렇다면 의미는 무엇인가? 그것은 사태들의 부대물로서의 열외존재이며 존재에 속하기보다 비존재에 속하는 무엇aliquid이다. 그것은 실존하지는 않지만, 명제 안에 존속한다.[31] 그것은 명제와 사물, 기표 계열과 기의 계열 안에서 부단히 순환함으로써 이 두 계열의 소통을 가능케 하면서 양식과 상식을 전복시키는 역설적 심급이다.[32] 그것은 어떤 자리도 없이 존재하는 동적 객체이다.[33]

---

31. 같은 책, 91~92쪽.
32. 같은 책, 104쪽, 또 같은 책, 계열 12, 특히 160쪽 참조.
33. 이것은 말들과 의미들, 음절적 요소들과 기호학적 요소들에 동시에 근거하면서 공존하는 계열들의 무한한 분지화를 수행하는 세 번째 종류의 신조어, 즉 선언적 신조어(disjonction ; 분리접속) 혹은 말손가방에 상응한다.

들뢰즈는 의미의 이러한 개념화가 정치학에 대해 갖는 함의를 다음과 같이 서술한다.

혁명들을 가능케 하는 것은 [기표와 기의 사이의] 이 비평형이다. 혁명들은 점진적인 기술적 발전에 의해 결정되는 것이 아니다. 혁명들은 기술적 발전의 부분들로서 기능하는 경제적이고 정치적인 총체성의 보수를 요구하는 두 계열 사이의 이 거리에 의해 가능해진다. 그래서 사실상 동일한 것인 두 가지의 오류가 존재한다. 첫째, 개량주의 또는 기술주의의 오류는 기술적 진보의 리듬에 맞추어 사회적 관계들의 부분적 정비를 증진시키거나 강요하려고 하는 점에 있다. 둘째, 전체주의의 오류는 특정한 순간의 사회적 총체의 리듬에 맞추어 기호화 가능한 것 또는 인식된 것의 총체화를 구성하고자 하는 점에 있다. 그래서 기술주의는 자연스럽게 독재와 컴퓨터의 친구가 되지만, 혁명가는 기술적 발전과 사회적 총체성 사이에서 이 사이에 그의 영구혁명의 꿈을 새기면서 그 간격 안에서 살아간다. 그래서 이 꿈 자체는 기존의 모든 질서에 대한 행위, 현실, 효과적인 위협이며 그가 꿈꾸는 것을 가능케 한다.[34]

축약하는 신조어(connexion ; 연결접속), 순환하는 신조어(conjonction ; 결합접속)는 말손가방(portmanteau)의 기능을 충족시키지 못한다. 같은 책, 113~4쪽.

34. 같은 책, 116~7쪽.

이 말은, 혁명(그리고 예술과 철학)이 새겨져야 하는 자리가 '자리를 갖지 않는' 의미의 평면임을 뜻한다. 이 평면은 차이와 반복의 관계로도, 혹은 구조와 특이점의 관계로도 설명될 수 있다. 전자의 맥락에서 볼 때 의미의 평면은 차이에 의해 추동되는 심층적 반복, 심리적 반복의 시간 그 자체이며 후자의 맥락에서 볼 때 의미의 평면은 계열들의 미분적 관계들(즉 구조)의 함숫값으로서의 특이점들이다.[35] 왜냐하면, 이 특이성들이 기표와 기의를 결정할 수 있도록 분배되면서 의미의 존재를 보장하기 때문이다.

특이성은 본질적으로 전개체적이고 비인칭적이고 비개념적이며 중성적이다. 특이성들은 발산 혹은 수렴하는 탈물질적 사건들로서, 서로 계열화되어 특이한 구조를 구성한다. 이것은 사건을 본질과 혼동하는 독단주의와의 투쟁뿐만 아니라 사건을 사고와 혼동하는 경험주의와의 투쟁을 동시에 함의한다. 사건은 본질도 사고도 아닌 특이성들의 분출로 이해된다.[36]

이제 우리는 사건을 다시 문제의 관점에서 살펴볼 수 있다. 사건들은 문제들에 관련되며 문제의 조건을 정의한다. 문제가 존속하는 곳은 해들 자체의 생성을 조직하는 사건—총체

---

35. 같은 책, 119쪽.
36. 같은 책, 124쪽.

l'Idee 안이다. 이 사건-총체 없이는 해들은 의미를 가질 수 없다. 문제는 결코 일시적인 불확정성이 아니라 사건-총체의 고유한 양상이며 사건들에 필수적으로 수반되는 지평이고 탈물질적 객관성들이다. 그러나 각각의 문제가 물음은 아니다. 문제는 계열들에 상응하는 특이점들에 의해 규정되지만 물음은 빈칸이나 움직이는 요소들에 상응하는 우발점에 의해 규정된다.

> 특이성들의 형태 변이나 재분배는 하나의 이야기를 형성한다. 각각의 조합, 각각의 배열은 하나의 사건이다. 그러나 역설적 심급은 그 안에서 모든 사건들이 소통하고 분배되는 대사건이자 모든 다른 사건들이 그것의 조각들이나 단편이 되는 유일 사건이다. … 물음은 문제들 안에서 전개되며 문제들은 근본물음 안에 포함된다.[37]

문제는 해와 관계를 맺지만, 물음은 응답과 관계를 맺는다. 해들이 문제들을 제거하기보다 그들이 의미를 가지는 데 필수적인 존속하는 조건들을 거기에서 찾아내는 것과 같이, 응답들 역시 물음을 억압하지 않고 또 그것을 메우지도 않는다.[38] 물음이 우발점에 상응한다고 했을 때, 그것은 상상 가

---

37. 같은 책, 129쪽.

능한 시간 연속체에서 최대치보다 더 큰 시간 안에서 모든 계열들을 가로질러 끊임없이 자리 옮김하는 한번-던짐unique lancer이다. 반면 특이점은 상상 가능한 연속적 시간에서 최소치보다 더 작은 시간 안에서 이루어지는 계열적 최소치이다. 우발적인 한번-던짐은 카오스이며 각각의 특이한 수는 이 카오스의 조각들이다. 각각의 수는 특이점들의 배분을, 별자리들을 만들어 낸다. 이 배분은 결코 정주적이지 않으며 유목적이다.

이제 들뢰즈는 이상의 것을 직접적으로 시간에 대한 논의로 가져간다. 한번-던짐의 시간, 즉 결코 한계 지어지지 않으며 효과들로서의 비물체적 사건들을 표면에 모으는 과거와 미래가 있다. 이것은 아이온이다. 그리고 다른 한편에는 언제나 한계 지어지며 원인들로서의 물체들의 활동과 이들 심층에서의 혼합상태를 측정하는 현재인 크로노스가 있다.[39] 후자는 주기적인 시간으로서 물체들의 운동을 측정하고 물질에 의존한다. 전자는 표면에서의 순수한 직선이고 비물체적이고 한계 지어져 있지 않으며 모든 물질에서 독립적인 시간의 빈 형식이다.[40] 좀 더 명확한 부분을 인용해 보자.

---

38. 같은 곳.
39. 같은 책, 136쪽.
40. 같은 책, 138쪽.

아이온은 우발점이 그리는 직선이다. 각 사건들의 특이점들은 언제나 그들을 무한히 나누는 또 그렇게 함으로써 그들을 소통하게 만들거나 선 전체로 펼쳐지고 늘어지게 만드는 우발점과 관련해 이 선 위에서 분배된다. 각 사건들은 아이온 전체에 적실하며, 모두 서로 소통하며 모두 하나의 유일하고 동일한 대사건, 아이온의 사건, 즉 그들이 영원한 진리를 가지게 되는 사건을 형성한다. 오로지 물체들만이 서로를 투과하며 크로노스만이 사태들로 그리고 그것이 측정하는 객체들의 운동들로 채워지는 것이다. 그러나 빈 형식이자 시간에 의해 펼쳐지는 형식인 아이온은 그것을 늘 따라다니면서도 그것 안에 살지는 않는 것, 즉 모든 사건들을 대신하는 대사건을 무한히 분할한다. 바로 그렇기 때문에 사건들 또는 효과들 사이의 통일성은 물체적 원인들 사이의 통일성과는 전혀 다른 유형에 속하는 것이다.[41]

우리가 코뮤니즘을 생각할 수 있는 평면은 바로 이곳일 것이다. 그것은 결코 물질적 차원에서 이루어지는 통일성일 수 없다. 그것은 사건들 혹은 효과들의 통일성으로서 물체들의 통일을 따라다니면서도 그 평면 외부에 있는 시간이다. 그것은 언젠가 도달할 시간이 아니라 삶의 매 순간 어느 곳에서나 움

---

41. 같은 책, 140쪽.

직이고 있는 내속하는 시간이다. 코뮤니즘은 이런 의미에서의 사건, 즉 우발점에서 특이점으로의 이행을 표식하는 카이로스의 시간이다.[42] 이 시간은 혁명과 예술과 철학에서 발견된다. 이 카이로스의 사건은 위대한 정치의 시작이다.

우리 자신을 좀 흐트러뜨리는 것으로, 표면에 존재하는 것을 배우는 것으로, 우리의 피부를 북으로서 사용하고 그래서 '위대한 정치'의 시작을 알리는 것으로 충분하다. 인간을 위한 것도 신을 위한 것도 아닌 빈칸, 일반적인 것에 속하는 것도 또 개별적인 것에 속하는 것도, 또 인칭적인 것도 보편적인 것도 아닌 특이성들. 인간이 꿈꾸고 신이 생각했던 것보다 더 큰 의미와 자유, 효과 창출들에 기반하는 순환들, 메아리들, 사건들이 이 모든 것을 가로지른다. 빈칸을 순환시키는 것, 전개체적이고 비인칭적인 특이성들로 하여금 말하게 하는 것, 요컨대 의미를 생산하는 것이야말로 오늘날 우리에게 주

---

42. 『의미의 논리』 계열 11에서 들뢰즈는 우발성과 특이성의 관계를 의미와 무의미의 내재적 관계로 설명한다. 그에 따르면 무의미는 그 고유한 의미를 말하는 하나의 말이다. 그것은 기호작용의 한 규정일 뿐만 아니라 의미를 주는 역할을 수행한다. 반면 의미는 언제나 하나의 효과, 광학적 효과·음향적 효과·표면효과·위치효과·언어효과이다(같은 책, 146~7쪽). 구조주의는 의미가 무의미(죽음의 자리, 왕의 자리, 맹목적 오점, 떠다니는 기표, 제로값, 무대측면, 부재하는 원인, 빈칸 등등)에 의해 그리고 무의미의 항구적인 자리 옮김에 의해 생산된다고 주장하는 점에서 같은 것을 이야기하고 있다(같은 책, 150쪽).

어진 과제인 것이다.[43]

의미를 생산하기 위해서는 역설의 영역에 들어서야 한다. 역설의 열정이야말로 최고의 잠재력을 실현한다. 항상 두 방향을 동시에 향하는 역설은, 시간을 객체화하여 측정하고 그것을 고정된 그 무엇에 비틀어 매어 사실상 시간을 정지시키는 것인 양식의 시간을 절단한다. 그것은 무의식의 능력이다. 왜냐하면, 그것은 의식의 등 뒤에서 상식에 반하여 발생하기 때문이다. 이렇게 의미는 무의미의 방향을 취한다. 그렇지만 의미는 또한 기호작용의 조건들에 의해 규정되지 않고서는 생성되지 못한다. 의미를 부여받은 계열들의 항들은 기호작용에 복종하여 가능한 현시 및 지시들의 법칙과 연관되는 것이다. 그러나 무의미에는 두 종류가 있다. 하나는 표면 무의미이며 또 하나는 심층 무의미이다. 표면 계열의 무의미는 기호작용에 종속되지만(이차적 조직화) 심층의 극들에는 사실상 계열이 없다. 이것은 표면의 절단과 구분되는 균열Spaltung로서 모든 의미를 흡수하여 삼켜 버리는 기관 없는 몸, 밑의미 Untersinn이다.[44]

이제 의미를 인과의 맥락에서 살펴보자. 의미는 물체적 원

---

43. 같은 책, 153쪽.
44. 루이스 캐럴이 표면 무의미의 탐구자라면 앙토냉 아르토는 심층 무의미의 탐구자이다. 같은 책, 계열 13 참조.

인들 및 이들의 조합에서 유래하는 효과이다. 그래서 그것은 언제나 자신의 원인에게 물어뜯길 위험을 감수한다. 원인들인 물체들 사이의 연결과 비물체적 효과들 사이의 연합이 생성되어 인과의 이질성이 출현될 때만 의미는 자율성을 가질 수 있다. 즉 비물체적 의미는 표면 위에서 비물체적 준원인과 결부되는 한에서만 물체적 원인과의 차이를 보존할 수 있다.[45] 다시 말해 의미는 무의미, 우발점이 물체적 원인과는 별도로 그것의 준원인으로서 기능할 때 원인들로 환원되지 않을 수 있다. 이 준원인에 의해 의미는 투과 불가능성, 비생산성, 능동과 수동에서의 자유로움, 중성을 갖게 된다.[46] 준원인은 선험적이고 중성적이며 전개체적이고 비인칭적이며 반일반적이다. 하지만 이 선험적 장에서 시작되는 표면적 조직화는 이 장을 발생적 장으로, 즉 특이성을 요소로 삼는 구조로 나타나게 한다. 이것이 의미의 두 측면이다.

대체 어떻게 중성적 표면이 풍부한 생산성의 원리로 작동할 수 있는가? 이 선험적 장에서 방출되는 것은 특이성들이다. 특이성들의 방출은 무의식적 표면 위에서 이루어지며 노마드적 배분에 의한 자기통일의 내재적이고 동적인 원리를 통

---

45. 같은 책, 181쪽.
46. 에드문트 후설이 상식과 경험의 관점에서 준원인(노에마)에 접근함으로써 생긴 결과(이중적 무의미에 대한 합리주의적 희화화)와 장-폴 사르트르가 선험적 장에서의 정적 발생을 발견하고도 이를 의식에 의해 규정되는 것으로 봄으로써 막힌 한계에 대해서는 같은 책, 계열 14 특히 186~8쪽 참조.

해 작동한다.[47] 특이성들은 개체들과 인칭들의 발생을 주도하지만, 그 자체로 개체적이거나 인칭적이지 않다.[48] 그렇다면 누가 말하는가? 내가 말하는가(데카르트), 그것이 말하는가(메를로-퐁티), 그들이 말하는가(푸코), 초인이 말하는가(니체)…?

이제 개체의 발생에 대해 논해야 한다. 특이점들은 서로 이웃 관계를 맺는다. 하나의 세계가 구성되는 것은 특이성의 계열들의 선별과 수렴이라는 조건하에서이다. 이것이 공가능성이다. 그리고 인식하는 주체로서의 자아는 공가능하지 않은 세계들 안에서, 발산하는 계열들을 가로질러 어떤 것이 동일화될 때 나타난다. 이어 개체에서 인칭으로의 이행이 있다. 인칭은 하나의 유일한 구성원만을 포함하는 집합들이다.[49] 각 인칭은 그 집합의 유일한 구성원이지만, 이는 그것에 다시 귀속되는 세계들, 가능성들, 그리고 개체들로 구성되는 하나의 집합이다. 그렇다면 개체, 인칭이 어떻게 명제 차원으로 이행하는가? 이것이 「정적 발생의 논리학·2」를 구성한다. "개체들은 무한한 분석 명제들과 관련된다. 개체들은 그들이 표현하는 것 안에서 무한하지만, 그들의 명료한 표현에 있어, 그들의

---

47. 같은 책, 194쪽.
48. 질베르 시몽동에 따르면 특이성으로서의 이 선험적 장은 (1) 장의 포텐셜 에너지, (2) 계열들의 내적인 공명, (3) 막들의 위상학적 표면, (4) 의미의 조직화, (5) 문제적인 것으로서의 지위 등의 특성을 갖는다. 같은 책, 196쪽.
49. 같은 책, 215쪽.

물체적 표현의 지대에서는 유한하다. 인칭들은 유한한 종합명제들과 관련된다. 인칭들은 그들의 정의에 있어 일정하지만 그들의 적용에 있어 일정하지 않다."[50] 개체들과 인칭들은 존재론적 명제들이다.

의미는 문제로서 표현되며 명제들이 그것에 상응한다. 문제는 발생적 요소의 실재, 명제의 어떤 테제로도 환원되지 않는 복잡한 테마이다. 문제는 해결 가능성에 의해 정의될 수 없다. 문제는 그것이 포섭하는 명제들과 유사하지 않다. 문제는 명제들 바깥에서는 실존하지 않지만 그렇다고 명제적인 것은 아니다. 문제는 명제들 안에 내속하며 열외존재(= (비)-존재)와 일치한다. 이 문제가 의미의 장이다. 명제가 의미의 겉이라면 의미는 명제의 안감이다. 의미는 명제 속에 존속하는 순수사건이다. 그것은 물체와 명제 사이에 형성되는 경계선으로서의 형이상학적 표면이다.

표현주의적 존재론

『스피노자와 표현의 문제』에서 들뢰즈는 자신의 존재론을 표현 개념을 통해 구체화한다. 표현 개념은 『의미의 논리』에서는 지시작용, 현시작용, 기호작용을 비판하는 준거점으로 사용되지만, 여기에서는 스피노자 철학의 독특함을 설명

---

50. 같은 책, 219쪽.

하는 일관된 실체(實體)로 자리 잡고 있다. 요컨대 표현은 실체, 속성, 양태의 삼위일체 구도에 기초를 두고 있다.[51] 우선 실체는 "자신 안에 있으며 자신에 의하여 생각되는 것"[52]이다. 그것은 자기원인이다. 자기원인은 철저하게 유물론적인 것으로 이해된다. 왜냐하면, 자기원인은 "그것의 본질이 실존을 포함하는 것, 또는 그것의 본성이 실존한다고 생각할 수밖에 없는 것"[53]으로 이해되기 때문이다. 따라서 실체는 실존과 분리된 관념적 객체로 이해되어서는 안 된다. 그것은 항상 양태 속에서, 즉 변용된 양태로 나타난다. 그렇다면 양태는 무엇인가? 양태는 "실체와는 달리 다른 것 안에 있으면서 다른 것에 의하여 생각되어지는 것"[54]이다. 이런 의미에서 양태는 실체가 직접적으로 표현된 것이 아니다. 그것은 실체가 다르게 분화된 것이다. 이 때문에 실체와 양태는 같은 것이면서도 같은

---

51. 나는 스피노자와 들뢰즈의 존재론이 삼위일체 구도에 입각하고 있다고 생각한다. 이와는 달리 스피노자의 존재론은 실체, 속성, 양태를 축으로 하는 삼위일체적 존재론이지만 들뢰즈의 존재론은 잠재적인 것과 현실적인 것을 축으로 하는 이항적 존재론이라는 해석도 있다. 이에 대해서는 Todd May, "Review of Gillian Howie, Deleuze and Spinoza : An Aura of Expressionism", *Notre Dame Philosophical Reviews*, 2002. 11 참조. 반면 Robert Piercey의 "Spinoza-intoxicated man : Deleuze on Expression", *Man and World* 29, 1996(이 글은 다음 링크에서 볼 수 있다. https://bit.ly/3k6f2l0)은 두 사람 모두를 삼위일체적 존재론에 따라 해석한다.

52. 스피노자, 『에티카』, 13쪽.

53. 같은 곳.

54. 같은 책, 14쪽.

것이 아니다. 세 번째의 존재론적 개념은 속성이다. 이것은 실체와 양태 사이에 놓인다. 스피노자는 속성을 "지성이 실체에 관하여 그 본질을 구성하고 있다고 지각하는 것"으로 정의한다.[55] 양태도 속성의 표현인데 속성도 표현이라면 이 양자는 어떻게 구분되는가? 들뢰즈에 따르면, 두 가지 모두 표현이지만 양태적 표현은, '실체의 속성으로의 표현'에 이어지는 '속성의 양태로의 재-표현'이다.

이렇게 해서 스피노자의 삼위일체적 존재론이 완성된다. 실체와 속성, 그리고 양태는 영원하고 무한한 존재인 신의 삼위일체 구조를 구성한다. 신은 실체의 관점에서는 영원하며 양태의 수준에서는 시간적 지속이다. 실체의 관점에서는 하나이며 양태의 관점에서는 다수이다. 실체의 관점에서는 능산적이며 양태의 관점에서는 소산적이다. 이 두 관점 혹은 수준은 앞서 말한 것처럼 표현의 관계로 이해된다. 실체의 양태로의 이행은 표현의 과정인데 이 과정은 이중화된다. 첫째는 실체에서 속성으로의 이행이다. 이것은 첫 번째 펼침으로

---

55. 속성을 지성 의존적인 것으로 다루는 듯한 이 구절의 해석 문제는 스피노자 연구의 쟁점으로 남아 있다(하트, 『들뢰즈 사상의 진화』, 3장 4절 참조). 나는 여기서 속성을 실체의 본질의 표현으로 이해하는 데 그칠 것이다. 왜냐하면, 속성을 정의한 1부의 정의 4에 곧 이어지는 정의 6에서 스피노자는 속성이 본질을 표현한다고 말하고 있기 때문이다. "나는 신을 절대적으로 무한한 존재, 즉 모든 것이 각각 영원하고 무한한 본질을 표현하는 무한한 속성으로 이루어진 실체로 이해한다."(스피노자, 『에티카』, 14쪽).

서 여기에서 실체의 본질이 형상적으로 표현된다. 둘째는 속성에서 양태로의 이행이다. 이것은 두 번째 펼침으로서 여기에서 실체는 스스로를 질, 양 등의 양태 속에서 재표현하고 속성들은 양태 속에서 스스로를 표현한다. 주의해야 할 것은 표현을 유출과 혼동하지 말아야 한다는 것이다. 표현과 유출의 혼동은 역사적으로 뿌리가 깊다. 그러나 양자는 결코 동일한 것이 아니다. 유출은 결과가 원인으로부터 분리되는 것, 즉 배출과 방사를 의미한다. 그 결과물은 원인 쪽으로 돌아오지 않고 원인에서 멀어진다. 유출은 일방적이다. 하지만 표현에서는 펼쳐진 결과가 원인 속에 함축되며(감싸이며) 내속한다. 그래서 표현에서는 펼치는 것이 내보내는 것이자 동시에 감싸는 것으로 되는 이중운동이 나타난다. 신이 표현적이라고 할 때, 이것은 '표현하는 것'과 '표현', 그리고 '표현되는 것'을 포함한다. 신의 '표현'에서 '표현되는 것'은 다시 '표현하는 것' 속에 내속한다. 따라서 신은 '표현되는 것'을 통해 '표현'하는 '표현하는 것'이다. 이처럼 들뢰즈는 스피노자의 신이 표현의 역능[56]임을 강조한다.

들뢰즈 정치학의 자장磁場

---

56. 그 역능은 사유역능과 활동역능으로 이중화된다.

앞에서 우리는 들뢰즈의 존재론 속에 들어 있는 정치적 함의에 대해 이미 암시한 바 있다. 그것은 개량주의적 기술주의와 전체주의 모두에 반대하는 것이었다. 그리고 그것은 차이만을 돌아오게 하는 존재론적 반복에 입각한 영구혁명의 논리였다. 하지만 그가 이러한 생각을 좁은 의미의 정치학적 술어로 직접 표현한 적이 없다. 그래서 들뢰즈에게는 정치학이 없다는 평가가 널리 확산될 정도였다. 그렇다면 중후기 저작에 속하는 『안티 오이디푸스』와 『천 개의 고원』은 어떤가?

지젝과 혁명적 문화정치

지젝은 이 물음에 대해 다소 센세이셔널한 주장을 펼친다. 그는 과타리와 만나기 전의 '고유한 들뢰즈'와 '과타리와 연합한 들뢰즈' 사이에 첨예한 분리의 선을 긋는다. 지젝의 눈에 과타리는 들뢰즈를 퇴행시키는 유혹자로 나타난다. 과타리와의 최초의 공동작업인 『안티 오이디푸스』는 실제로는 들뢰즈 자신의 오이디푸스화를 표시하는 것이라고 지젝은 비판한다.

들뢰즈가 구조주의를 승인한 사실을, 자신의 기본적인 입장의 모든 결과를 그가 미처 완전히 자각하지 못했을 시절에 속하는 특질이라고 기각한다면(그리하여 "경직화"가 필연적인 근본화로 파악된다면) 이는 어쩌면 너무 성급할 일일 것이다. 이러한 경직화는 반대로 "퇴행"의 신호, 잘못된 "도주선"의 신호, 복잡함을 희생함으로써 어떤 교착상태를 해결하는, 그 상태로부터 벗어나는 잘못된 출구의 신호라면 어찌할 것인가? … 과타리와 공동 집필한 그의 텍스트들의 유연함은 즉 이제 마침내 일이 매끄럽게 돌아간다는 느낌은 사실상 거짓 위안이다. 그것은 사유의 짐을 성공적으로 회피했다는 것을 나타낸다. 왜 들뢰즈는 구조주의에 있는 그 자신의 뿌리를 부인하고 그것을 "악마화"하려는 이상한 압박에 굴복하는가?[57]

전투는 잠재성을 어떻게 이해할 것인가에서 벌어진다. 이것은 앞에서 '무엇'aliquid으로, '차이적 반복'으로, '의미'로 제시되었던 바로 그것이다. 지젝은 들뢰즈의 잠재성 개념이 특히 중요하다는 사실에, 즉 들뢰즈가 잠재적인 것의 철학자라는 사실에 올바르게 주목한다.

　그런데 그의 이론적 욕망은 사실은 들뢰즈의 잠재적인 것에 대한 개념을 상징적인 것의 개념으로 전치시키고 평면화하는 것이다. 다시 말해 들뢰즈의 잠재적인 것에서 역설의 성격을 **빼앗는** 것이다. 여기에 그의 전략의 핵심이 노출되어 있다. "잠재적인 것은 궁극적으로 상징적인 것 자체가 아닌가?

---

57. 지젝, 『신체 없는 기관』, 165쪽.

상징적 권위를 예로 들어보자. 그것은 유효한 권위로 기능하기 위해서는, 완전히-현행화되지-않은-것으로, 영원한 위협으로 남아있어야 한다."[58] 이를 위해 그는 들뢰즈의 잠재적인 것이라는 개념에 존재와 생성의 존재론적 대립이 있으며 이 대립의 궁극적 준거점은 "생성 없는 순수존재라는 형이상학적 개념과 대립되는 존재 없는 순수생성"에 있고 그래서 그 대립이 근본적이라고 말한다.[59] 그런 후 그는 자신이 들뢰즈의 것으로 귀속시킨 이 '존재 없는 순수생성'(혹은 '몸 없는 기관')이 바로 '상징적 거세로서의 남근'이라고 주장하고자 하는 것이다.

이러한 전치를 통해서 지젝은 유물론을 "의미-사건 층위의 자율성에 대한 단언"[60]으로 정의한다. 몸의 거세(몸 없음), 물질의 소멸, 유일한 실재인 무, 부정성, 물체적 원인들의 그물망이 아니라 순수한 초월적 변용능력 …. 이것이 지젝의 유물론의 어휘목록들이다. "근본적인 유물론자의 자세는 그 어떤 세계도 없다고, 그 전체에 있어서의 세계는 무라고 단언하는 자세"[61]이다. 지젝은 들뢰즈가 존재와 생성의 대립이라는 올바른 설정에서 출발했으나 후기에 그것을 생산과 재

---

58. 같은 책, 18쪽.
59. 같은 책, 29쪽.
60. 같은 책, 71쪽.
61. 같은 책, 57쪽.

현의 대립으로 보는 관점으로 퇴행했다고 주장한다.[62] 그러나 이것은 『천 개의 고원』의 중요한 정치학인 '되기'의 장(10장)이 여전히 생산과 생성의 간극을 핵심적 평면으로 유지하고 있다는 점에서 오독이다. 들뢰즈의 정치학은 평면화되어 있는 것이 아니라 복합적이고 중층적이다. 『의미의 논리』에서 오이디푸스에 대한 평가와 『안티 오이디푸스』에서 오이디푸스에 대한 평가가 어조를 달리하고 있다 할지라도 들뢰즈 자신의 정치학이 퇴행을 겪고 있는 것은 아니다. 그는 존재자와 존재, 물질적인 것과 비물질적인 것 사이에 잠재성의 장을 설정하며 습관적 혹은 기억적 반복의 시간과 존재론적 반복의 시간, 사물의 시간과 의미의 시간, 생산과 생성, 분화와 미분화, 경험적인 것과 초월적인 것 사이의 긴장을 놓지 않는다. 사실상 물질적인 것과 비물질적인 것 사이에서 잠재적인 것의 긴장된 위치를 간단히 비물질적인 것으로 이동시켜 버리고 몸(물질, 생산 등등)을 손쉽게 청산하고 있는 것은 정작 지젝 자신이다. 그는 객관주의적 유물론의 한계를 옳게 지적하지만 물질 개념의 혁신이라는 절실한 과제를 회피하고 만다. 그래서 지젝의 유물론은 그 자신이 '관념론과의 타협이 아니다.'라는 변명을 하지 않으면 안 될 수준으로, 그래서 '포

---

62. 같은 책, 48쪽. 다른 한편, 지젝은 들뢰즈가 『시네마』에서 다시 중기의 문제 설정으로 돌아간다고 본다.

스트-형이상학적 관념론'이라고 부르고 싶은 충동을 금하기 어려울 수준으로 미끄러져 내려간다.

물질의 소멸에 접근하는 정치로서, 다시 말해 잠재에서 물적 현실로의 이행의 축(분화, 생산의 축)을 뺀 상태에서 오직 잠재에서 비물질적 사건으로의 이행만을 고려하면서 제안되는 것이 지젝의 혁명적 문화정치이다. 그는 현재에 초점을 맞추는 포스트모던 정치학의 여러 양상들은 인식적 지도그리기의 불가능성이라는 현실에 직면하여, 즉 주체적 인간과 객관적 상황의 연관양상을 통해 시대의 윤곽과 지형 및 경향을 드러내려는 어떤 접근법들에도 아무런 희망이 없는 현실에 직면하여 이로부터 필사적으로 후퇴하는 전략[63]이라고 비난한다. 그런데 정작 그는 과연 인식적 지도 그리기를 추구하는가? 전혀 그렇지 않다. 오히려 그는 철저하게 계획된 전략적 활동이 아니라 지금에의 완전한 몰입을 혁명적 문화정치의 혁명 과정으로 설명한다. 그것은 혁명과 삶을 연극적인 것으로 변형시키자는 제안이다. 인민이 스스로를 연기하는 심미화,[64] 그리고 진정한 파괴의 주신제(에이젠시테인), 무아지경의 난장, 목표지향적인 도구적 행동의 중지, 무제약적 소모(바타이유), 혁명적 과잉, 추상적 부정성(헤겔) … . 이러한 어휘목록을 제안하

---

63. 같은 책, 381쪽.
64. 같은 책, 383쪽.

면서 그는 이 진정으로 근본적인 정치적 행위들에서는 파괴적 제스처와 전략적·정치적 결정의 대립이 사라진다고 말한다. 순수 소모의 불가능한 제스처만이 어떤 역사적 배치 내부에서 전략적으로 가능한 것의 바로 그 좌표들을 바꿀 수 있다는 것이다.

지젝은 러시아 혁명 과정의 초점이 익명적 대중에서 영웅적 개인들로 옮겨간 시기를 1928년부터 1933년까지의 스탈린 집권기로 보고 사회주의 리얼리즘이 (프롤레타리아 분파주의를 청소하면서) 그것을 문학에서 완성하는 것으로 본다. 그래서 파괴적 에너지가 레닌주의적 방식으로 폭발하는 해방적 국면에서 스탈린주의적 법의 외설적 이면으로의 이동이 이루어진다는 것이다.[65] 그래서 이제 지젝에게 진정한 혁명은 혁명에 대한 혁명, 혁명 자체의 시초적 전제들을 혁명하는 혁명으로 이해된다. 이 심오한 혁명을 뒷받침하는 인물은 우선 "종교를 변화시키지 않으면서 어떤 부패한 윤리체계, 그것의 구성과 입법을 변경하는 것은, [즉] 재형성 없는 혁명을 하려는 것은 현대의 어리석음이다."[66]라고 말하는 헤겔이다. 물질적인 것에 앞서 종교를, 비물질적인 것을 변형시켜야 한다. 그에 이어 마오쩌둥이 성공적인 사회혁명의 조건으로서의 문화

---

65. 같은 책, 391쪽.
66. 같은 책, 396쪽에서 인용. 대괄호 속 내용은 인용자.

혁명의 실행자로 제시된다. 문화혁명은 근본적인 것이다. 그것은 혁명의 전제, 준원인, 남근, 상징을 혁명하는 것이다. 이것은 근본적 부정성의 표출이다. 이 근본적 혁명은 꿈의 실현이 아니라 꿈꾸는 양태 자체를 재발명하는 것이다. 지젝은 잠재적인 것을 모든 현실적인 것에 대한 대립과 부정과 파괴의 자리에 놓는다.

그러나 그 자신도 의식하고 있듯이, 바로 부정을 향한 충동이야말로 자본주의의 항구적 자기혁명 과정의 특질 바로 그것이 아닌가? 오늘날의 항구적 전쟁질서, 이것이 이 부정적 영구혁명 충동의 표현양식이 아닌가? 부각되는 것이 부정성과 무인 한에서 지젝은 차이들이 되돌아오는 반복의 시간을 사고할 수 없다. 사회는 인간과 비인간을 포함하는 다양한 객체들 사이의 협력체이다. 협력의 공간은 무엇을 의미하는가? 그것은 우선 차이들의 세계를 의미한다. 지젝이 말하는 간극들이 여기에 있다. 간극들은 일차적인 비물질적 공간을 정의한다. 거세, 탈영토화, 잠재화, 언어화, 관계의 장이 이곳이다. 차이들의 로두스 공간. 여기에서 차이들은 드물지만 고귀하게도 공포와 파괴의 충동을 넘어 스피노자적 방식으로 서로를 체험하면서 점차 공통적인 것의 발견으로 나아간다. 직관은 바로 이 공통적인 것의 직접적이고 무매개적인 출현이자 체현이다. 영원한 것과 지복의 발생 과정은 영원회귀에 기초한 절대적 민주주의의 현상학이 아닌가?

지젝은 (스피노자와는 달리) 다양체를 협력체로 사고하지 않으며 (들뢰즈와는 달리) 다양체를 차이를 되돌아오게 하는 구성적 반복의 시간으로 사고하지 않는다. 그는 다양체의 역설적 선분들을 준원인의 고정된 점으로 환원시킨다. 고정된 점으로 변화된 준원인, 잠재적인 것, 상징적 거세, 남근은 편집증적 파괴의 **블랙홀**로 되지 않을 수 없다. 반복되지 못하는 것들은 협력에 성공하지 못하는 것들이다. 공통적인 것의 발견에 도달하지 못하고 오직 상상적 관계에 머물 때, 자기에 고착될 때, 속성이 아니라 고유성에 머물 때, 차이는 돌아오지 못하고 파괴의 블랙홀로 된다. 이때 혁명과 정신적 테러는 구분할 수 없게 된다. 동일한 관점에서 들뢰즈에 이어 네그리와 EZLN(사빠띠스따민족해방군) 부사령관 마르꼬스를 비판하는 지젝에게서 발견되는 것이 바로 이 이론적 테러리즘이라면 '어찌할 것인가?'

니콜래스 쏘번과 소수정치

니콜래스 쏘번은 『들뢰즈 맑스주의』에서 들뢰즈의 현대적 전유를 둘러싼 논쟁에 참가한다. 그가 발견하고 구성하는 것은 『맑스의 위대함』을 기획했던 '맑스주의자인 들뢰즈'와 그 들뢰즈 속의 '잠재적 맑스'이다. 이것은 들뢰즈를 탈맑스주의적 흐름 속에 위치시켜온 지금까지의 주된 들뢰즈 해석 경향에 대한 직접적 거부이며 들뢰즈를 맑스와 재결합시키려는 매우 명시적이고 단호한 노력이다. 이 노력 속에서 쏘번은 프롤레타리아트에 대한 새로운 개념을 창안한다. 흔히 맑스의 프롤레타리아트는 상품과 가치를 생산하는 계급이면서도 생산수단을 소유하지 않아 생산과정에서 착취당하는 계급으로, 그래서 사회주의적 계급의식을 통해 하나로 통일될 수 있는 동일성의 실체적 집단으로 이해되어 왔다. 반대로 룸펜프롤레타리아트는 생산수단을 소유하지 않은 점에서는 프롤레타리아트이지만 직접적 생산과정에 참여하지 않고 있는 잡다한 계급이기 때문에 동일성을 가질 수 없는 실체적 집단으로 이해되어 왔다. 이 두 개념은 쏘번에 의해 정반대의 의미를 갖게 된다. 룸펜프롤레타리아트가 동일성을 추구하는 계급으로, 프롤레타리아트가 오히려 동일성을 거부하면서 탈주선을 찾아가는 반동일성의 계급으로, '이름 없는 프롤레타리아들'로 재해석되는 것이다.

이 당혹스러운, 그러나 놀라운 개념의 전복은 한편에서는 맑스에 대한 새로운 독해의 산물이다. 그는 '『자본』에 프롤레타리아트가 나타나지 않는 것, 맑스의 강렬하고 소수적인 교전양식, 자본의 다양한 사회관계들에 대한 프롤레타리아트의 태도, 그리고 노동에 대한 비판' 등에서 이러한 해석을 이끌어 낸다. 그리고 다른 한편에서 그것은 들뢰즈의 '소수적인 것'의 개념을 통해 맑스의 '프롤레타리아트'를 바라봄으로써 나타난 효과이다. 이제 프롤레타리아트는 사회적 집단이 아닌 하나의

'정치적 구성양식'으로서, '이름 붙일 수 없는 프롤레타리아'라는 소수적 형상으로 기능하기 시작한다. 이런 입장에서 그는 들뢰즈의 정치학을 소수정치학으로 해석하는데 그것의 주요한 명제는 다음과 같이 요약할 수 있다.

· 삶은 끊임없는 변이의 선, 창조의 선, 생성의 선이면서 동시에 특정하게 배치되며 계열화되는 선이다. 다시 말해 '삶'은 어떠한 근원적 형식들이나 동일성들도 갖지 않으며 변이와 배치의 항구적 과정이다.

· 소수정치학은 현존하는 동일성의 배치형식, 즉 갇힌 조건을 숙고해야 한다.

· 소수정치는 재현할 민중을 갖지 않는다. 실존하는 민중이 있다면 그것은 동일성의 형식이다. 필요한 것은 새로운 민중을 창조하는 것이다.

· 소수정치는 소수자의 기법들, 스타일들, 지식들, 계략들, 발명들에 주의를 기울이고 이 소수적 요소들을 이용하고 연결함으로써 자율적이고 돌발적인 생성을 발명한다. (이 과정에서 소수자는 다수주의에 함몰될 위험이 있는데, 그것은 소수자가 다수자의 형성의 이면이었기 때문이다. 소수자와, 다수주의를 거부하는 소수주의를 구분해야 할 필요성은 여기에 있다.)

· 이른바 '자율'은 오직 의식의 보편적 형상으로서의 소수

자−되기로만 이해될 수 있다.

들뢰즈와 맑스의 관계, 그리고 들뢰즈에 대한 해석 등을 둘러싸고 그가 수행하는 소수정치학 구축 작업이 지구화하는 신자유주의를 문제로 삼고 있음은 물론이다. "지구적 신자유주의 경제학과 9·11 이후에 제도화된 항구적 비상사태의 새로운 제국 체제가 결합된 힘은 자본주의 사회의 전 지구적이고 준안정적인 전체의 수준에 조절된 코뮤니즘적 분석을 더욱더 긴급하게 만들었다."[67]는 구절은 이 점을 분명히 보여 준다. 하지만 그는 자본주의 사회의 전 지구적 질서에 대한 분석이 '자본주의 사회에 도전하는 운동, 지식, 전술, 발명의 복잡성'으로부터 분리될 수 없다고 보면서 우리 시대의 운동들의 논리, 지식, 전략과 전술, 조직화의 문제에 초점을 맞춘다. 이 점에서 쏘번의 지적 노력은 '지구화하는 신자유주의 시대에 좌파들은 무엇을 어떻게 사고하고 행동할 것인가'라는 긴급한 물음에 대한 응답이자 '들뢰즈와 맑스의 접속에 입각한 좌파 재구성을 위한 혁신적 제안'을 표현한다고 볼 수 있다.

이 제안에서 그가 거리를 두는 첫 번째 좌파 정치(학)은 무엇보다도 '신그람시주의적 탈맑스주의'와 그 정치적 표현으로서의 사회민주주의 및 사회주의이다. 쏘번은 하나의 전

---

67. 쏘번, 『들뢰즈 맑스주의』, 34쪽.

형으로서 PCI(이탈리아 공산당)를 명명하고 있지만, 현실에서 그것은 현재 세계 각국의 주류 좌파정당들의 주된 경향을 표상한다. 이 경향은 '생산의 정치(학)에서부터 민주주의 및 시민사회의 정치(학)으로의 이동'을 드러낸다는 점에서 '맑스주의적 문제틀로부터의 이탈'로 간주된다. 저자가 대안으로 제시하는 것은 생산에 대한 맑스의 강조이며 이것을 삶의 생산과 재생산의 영역으로 더욱 확장시킨 들뢰즈의 '초맑스주의'(자크 동즐로의 표현)이다. 여기에서 저자는 이른바 맑스주의에 의거한다는 사회(민주)주의가 탈맑스주의적 경향을 보임에 반해 흔히 탈맑스주의로 치부되는 들뢰즈가 오히려 맑스의 관점을 확대하고 강화하고 있음을 발견한다. 들뢰즈가 쏘번에 의해 줄곧 '맑스주의자'로 취급되는 것은 이러한 판단에 근거한다.

정보화하는 전 지구적 제국의 상황에서 생산의 이행과 주권의 이행의 상호관계를 규명하고 생산의 문제의식을 다시 부각하는 데 성공한 것은 하트와 네그리의 『제국』이었다. 쏘번은 여러 가지 점에서 『제국』의 중요성을 인정한다. 하지만 정작 그가 관심을 돌리고 연합하는 것은 『제국』의 네그리, 즉 2000년대의 네그리가 아니라 1960~70년대의 네그리이다. 그가 파악하기에, 들뢰즈와 맑스의 생산적 조우가 이루어진 장소는 '비물질노동'과 '다중', '삶정치' 그리고 '코뮤니스트로 살기의 기쁨'의 개념에 의해 특징지어지는 후기^{後期}의 네그리가 아니라, PCI에 의해 억압되었던 1960년대의 오뻬라이스모와 1970년대의 아우또노미아에 적극적으로 관여했던 전기前記의 네그리라는 것이다.

이러한 절단의 중요한 근거는 오뻬라이스모와 아우또노미아의 핵심적 정치(학)이었던 '노동거부'이다. 실제로 노동거부는 쏘번의 생각을 관통하는 정치학적 뼈대이다. 그는 '노동＝자본'이라는 등식 위에서 '기계화된 노동'＝'추상기계'＝'기계론적 잉여가치를 생산하는 자본주의적 생산양식'＝'실질적 포섭'이라고 파악한다. 이것은 소수자들의 창조성, 발명력, 지식, 계략 등을 가두는 공간이다.

이 '갇힌 공간' 속에서 어떻게 코뮤니즘을 상상할 수 있을까? 이 질문에 대한 쏘번의 핵심적 응답이 '노동거부' 위에 구축되는 것이다. 그것은 프롤레타리아트, 자기가치화, 사회적 노동자에 대한 '소수적' 해석을 지향하는 쏘번이 자신의 방법론을 엮는 붉은 실이다. 따라서 우리는 그의 노동거부 개념을 좀 더 깊이 이해할 필요가 있다. 쏘번은 노동거부를 다음처럼 정의한다.

맑스의 이름 붙일 수 없는 프롤레타리아들에 핵심적인 이 노동거부는 그러므로 단지 일단의 실천들로서만 이해되지 말아야 하며 노동 속의 어떤 충만함 또는 노동 속의 주체에 대한 거부의 메커니즘으로서, 노동과 그것의 동일성에 대항하는 지속적 교전으로서 이해되어야만 한다. 따라서 노동거부는, 민중의 모델을 긍정하는 것에 대한 오뻬라이스모의 거부와 더불어, 동일성의 지속적 지연의 메커니즘으로, 그리고 사회적 공장의 생산적 체제들 내부에서 그것에 대항하는 창의적 실천을 향한 추진력으로서 이해될 수 있다. 그리하여 그것은 추상적 강령이 아니라 프롤레타리아적 구성의 양식이다.

이 정의에 따르면 노동거부는 거부와 긍정의 두 측면으로 구성된다. 한 측면은 노동 속의 충만함, 노동 속의 주체, 민중의 모델, 그리고 동일성에 대한 거부이고 다른 측면은 사회적 공장의 생산적 체제 내부에서 그것에 대항하는 창의적 실천을 향한 추진력이자 프롤레타리아적 구성의 양식이다. 두 번째 측면인 프롤레타리아적 구성양식으로서의 노동거부는 쏘번에 따르면 '전 지구적 노동자 투쟁의 영속적 특징'이다. 왜냐하면, "노동은 언제나 이미 자본이며, 정치는 필연적으로 노동과 그 주체들에 대한 거부"[68]이기 때문이다. 이러한 시각은, '노동거부는 포드주의하에서 적합한 전략이었다 하더라도 오늘날 노동자들은 그들 자신의 두뇌 속에 노동의 도구들을 지니고 다니므로 더 이상 사보타지적 러다이트적 의미의 노동거부는 상상할 수 없다.'고 보는 1980년대 이후 포스트-오뻬라이스모의

---

68. 쏘번, 『들뢰즈 맑스주의』, 323쪽.

네그리와는 다른, 심지어 대립하는 입장을 표현한다.

사상적 참조 지점에서 맑스, 오뻬라이스모와 아우또노미아, 들뢰즈라는 커다란 교집합을 갖는 네그리와 쏘번이 정치학의 실제적 구성에서 드러내는 이 차이 혹은 대립의 지점은 과연 무엇인가? 내가 보기에 핵심적 쟁점은 노동을 어떻게 파악하는가에서, 즉『경제학–철학수고』의 맑스처럼 '노동＝자본'으로 보아 노동을 거부의 대상으로 파악할 것인가 아니면『정치경제학 비판 요강』의 맑스처럼 노동을 '살아있는 형식–부여적인 불이자 살아있는 시간에 의한 사물들의 형성'으로 보아 구성의 힘으로 파악할 것인가라는 강조점의 차이에서 나타난다.

쏘번의 주장은 소외된 노동의 참상에 대한 처절한 고발로 점철된『경제학–철학수고』의 맑스에 의해 지지된다. 하지만 네그리의 주장은『정치경제학 비판 요강』의 맑스에 의해 지지된다. 이곳에서 맑스의 강조점은 노동을 세계변형과 재구성의 힘으로 파악하는 쪽으로 돌려지기 때문이다.『자본』의 맑스도 자본주의적 생산과 재생산을 '가치화 과정'의 전개로 파악하면서도 그 과정을 규정하고 있는 '노동과정'의 잠재적 독립성을 놓치지 않는다.

그렇다면 들뢰즈는 어떠한가? 확실히 들뢰즈는 노동거부에 관한 오뻬라이스모의 주장에 공감을 표한다.

소수자가 혁명적인 것은 세계적 규모의 공리계를 의문시하는 이보다 훨씬 더 심층적인 운동을 하고 있기 때문이다. 소수자의 역량, 즉 독자성은 프롤레타리아 속에서 형상과 보편적 의식을 발견한다. 그러나 노동계급이 기왕에 획득한 사회적 지위나 심지어 이미 이론적으로 극복한 국가에 의해 규정되는한 그것은 오직 "자본" 또는 자본의 일부(가변자본)로서 나타날 뿐 자본의 판(= 계획)에서 벗어날 수 없다. 기껏해야 그러한 계획은 관료적인 것이 될 뿐이다. 반대로 자본의 판에서 벗어나고 항상 그렇게 하고 있을 때에야 비로소 대중은 끊임없이 혁명적으로 되고 가산 집합들 간에 성립되는 지배적 균형을 파괴할 수 있다. 아마존-국가, 여성들의 국가, 임시적 노동자들의 국가, (노동 "거부" 국가가 어떨지는 상상하기가 쉽지 않다). 소수자가 문화적·정치적·경제적으로 지속가능한국가를 구성하지 않는 것은 국가-형식도 또 자본의 공리계도 또는 이에 대응하는 문화라는 것도 소수자에 적합하지 않기 때문이다.[69]

들뢰즈가 노동거부를 지지하는 것은 노동계급이 '가변자본'으로서의 자신을 거부할 필요가 있다는 의미이다. 이런 의미에서 이것은 '노동 = 자본'이라는 쏘번의 등식과 깊이 공명한다. 그래서 들뢰즈는 주로 임금노동을 지칭하는 '노동'이라는 개

---

69. 들뢰즈, 『천 개의 고원』, 901~902쪽.

념을 거부하면서 비노동까지 포함할 수 있는 '생산'이라는 포괄적 개념 위에서('모든 것은 생산이다.') 자신의 사유를 전개한다.

그러나 맑스에 따르면 노동과 가변자본은 직접적으로 동일시될 수 없다. 이 점은 좀 더 구체적으로 논의될 필요가 있다. 노동이 가변자본으로 되는 것은 그것이 자본가에 의해 구매된 상품인 한에서이다.[70] 자본가에게 판매된 노동력 상품은 가변자본이다. 그것은 현실에서는 '고용된 노동자'들로 나타난다. 아직 판매/구매되지 않고 시장에 나와 있는 인력으로서의 노동력 상품은 잠재적으로는 가변자본이지만 현실적으로 가변자본인 것은 아니다. 또 시장 외부의 노동능력들과 노동활동들은 가변자본이 아니다.

그러면 고용된 노동자들이 수행하는 노동은 어떠한가? 상품으로서의 노동력이 가변자본인 한에서 자본가의 입장에서 보면 노동은 그것의 사용가치의 발현이다. 분명히 노동은 가치를 보전하고 생산하지만 노동력과는 달리 그 자체로서는 가치를 갖지 않으며 따라서 가변자본이라고 할 수 없다. 이렇게 가변자본 형태로 포섭되어 움직일 때조차 가변자본으로 취급될 수 없는 '활동으로서의 노동'을 지칭하기 위해 맑스는

---

70. 『경제학-철학수고』(1844) 이후 정치경제학에 대한 비판적 연구를 통해 맑스의 사유에서 이루어진 결정적 발전이 이것이다. 그것은 '노동'과 '노동력'의 엄격한 개념적 구분으로 나타난다.

'산 노동'이라는 용어를 사용했다. 네그리가 '디오니소스의 노동'이라고 명명하는 것은 바로 이것이다.

> 끝없이 동일한 것을 반복하는 자본주의적 노동work은 우리의 시간을 앗아가면서 우리의 힘을 노예화하는 하나의 감옥으로 나타난다. 그리고 그것이 우리에게 남겨 주는 시간, 즉 우리의 여가시간은 단지 우리 자신의 수동성, 우리들의 비생산성으로만 가득 채워지는 것으로 보인다. 우리가 긍정하는 노동은 이와는 다른 지평 위에서, 이와는 다른 시간 속에서 파악되어야만 한다. 산 노동은 노동work에 의해 주어진 분업을 가로지르는 시간 속에서, 자본주의적 노동work이라는 감옥들과 그것의 임금관계의 안팎에서, **노동**work의 영역과 **비노동**nonwork의 영역 모두에서 삶을 생산하며 사회를 구성한다. 그것은 눈snow을 기다리며 누워 있는 하나의 씨앗이다. 보다 정확하게 말하면 그것은 역동적인 협업의 그물망 속에서 사회, 즉 자본에 의해 제시된 시간의 안과 밖에 있는 그 과정들의 생산과 재생산 속에서 언제나 이미 활동하고 있는 삶의 힘이다. 디오니소스는 산 노동의 신이며 그 자신의 시간의 창조자이다.[71]

---

71. 마이클 하트·안또니오 네그리, 『디오니소스의 노동 1』, 이원영 옮김, 갈무리, 1996, 24쪽.

이런 의미에서의 노동은 가치관계 밖에서는 물론이고 가치관계에 포섭되어 있을 때조차도 그것에서 독립적이며 바로 이 때문에 혁명의 존재론적 힘으로 기능할 수 있다. 물론 산 노동에 대한 긍정은 노동 일반에 대한 긍정과 동일시될 수 없으며 따라서 사회민주주의 프로젝트로 환원될 수 없다.[72] 따라서 네그리에게서 노동거부는 임금노동 및 그와 연관된 소외된 노동 형태에 대한 거부이되 노동의 내용 그 자체에 대한 거부일 수는 없다. 달리 말해, 산 노동에 대한 긍정은 임금노동에 대한 긍정이 아니라 생산적이고 창조적인 삶the Life[73]에 대한 긍정이다.

산 노동은 물론 현실적인 것이 아니다. 그것은 가치화 과정을 현실화(실현)하면서도 그 자체로는 잠재적인 것에 머문다. 그것은 "살아있는 시간에 의한 사물들의 형성으로서 사물들의 과도성, 그것들의 순간성이다."[74] 그럼에도 불구하고 그것은 실재하는 것이다. 산 노동의 실재성에 대한 긍정이 맑스와 네그리의 작품을 엮어나가며 들뢰즈에게서 그것은 잠재력이라는 철학적 술어로, 혹은 생산이라는 정치경제학적 술어로 등장한다. 쏘번이 사회(민주)주의와 신그람시주의가 보이

---

72. 쏘번은 네그리의 '디오니소스의 노동' 개념을 '국가의 자율성'이라는 사회민주주의 개념의 거울상인 '노동의 자율성'이라고 비판한다.

73. 이에 대해서는 Deleuze, *Pure Immanence*, pp. 25~35 참조.

74. Karl Marx, *Grundrisse*, Vintage Books, 1973, p. 361 [칼 맑스, 『정치경제학 비판 요강』].

는 생산에서의 이탈 경향에 맞서 생산의 정치학을 옹호하고 발전시킬 때, 그리고 소수자의 창조성을 소수정치(학)의 힘으로 설정할 때, 그는 이들과 정확하게 같은 방향에서 작업을 시작하는 것이다.

그렇다면 어디서 가지가 나누어지는 것일까? 쟁점은, 쏘번이 임금노동에 대한 거부와 산 노동의 옹호라는 네그리의 절단선 대신에 노동에 대한 거부와 생산적 창조성에 대한 옹호라는 절단선을 선택할 때 발생한다. 쏘번의 관점에서 생산적 창조성은 노동 내부에서는 실현될 수 없는 것이다. 그것은 노동과의 교전(조우-대결-창조)을 통해서만 실현될 수 있다. 요컨대 생산적 창조성은 노동 밖에서의 활동을 가리킨다. 노동 속에서 생산적 창조성은 발휘될 수 없다. 이 때문에 그는 네그리가 비물질노동 개념을 통해 노동(속에서)의 활동적 자율성을 주장하는 것을 비판한다. 이 작업에서 그는 들뢰즈의 소수적인 것의 개념에 의지한다. 하지만 소수적인 것의 개념이 노동과 창조성의 명확한 구획과 대치를 쏘번의 기대만큼 정당화해 줄 수 있을지는 의문이다.

소수파의 보편적 의식의 형상을 수립하면서 우리는 권력이나 지배의 영역과는 다른 영역인 생성의 영역에 관계한다. 연속적 변주는 〈누구나-임〉의 소수파 되기를 구성하며, 〈아무도-아님〉의 다수적 사실과 대립된다. 의식의 보편적 형상으로서의 소수파 되기는 자율이라고 불린다. 확실히 방언 같은 소수어를 사용하거나 게토나 지역주의를 만든다고 해서 우리가 혁명적으로 되는 것은 아니다. 오히려 수많은 소수적 요소들을 이용하고 연결시키고 결합함으로써 우리는 자율적이고 돌발적인 특수한 생성을 발명하게 된다.[75]

들뢰즈가 말하는 자율은 생성으로서의 자율이지 현실로서의 자율이 결코 아니다. 전자는 자율의 생성적 잠재력임에 반해 후자는 이미 실현된 자율의 양태이다. 경계되고 부정되어야 할 것은 후자, 즉 자본주의적 노동 내부에서 특정하게 실현된 자율을 확인하고 또 주장하는 경향이다. 쏘번은 이 점을 날카롭게 지적하면서 비판한다. 그는 소수적인 것과 자율적인 것의 연결고리를 끊으려고 한다. 이러한 쏘번의 노력은 '자율적인 것'을 '현실적인 것'으로 이해하는 일련의 소수자 운동들에 대한 정당하고 유효한 비판으로 받아들일 수 있다. 적지 않은 소수자 운동들이 자본주의에서 독립된 작은 '현실적' 영역의 구축을 대안으로 삼으면서 이것을 '자율'로 이해하곤 하기 때문이다. 하지만 네그리의 자율 개념은 생산과 저항과 구성을 함축하는 'within-against-beyond'(내부에서-대항하며-넘어서기)의 자율성이다. 그것은 '현존하는 관계들과의

---

75. 들뢰즈, 『천 개의 고원』, 205쪽, 강조는 인용자.

교전을 통해 그 자신의 극복과 폐지를 모색하는 것'(쏘번의 맑스) 혹은 '갇힌 공간 속에서 그것과 교전하면서 그것의 극복을 지향하는 것'(쏘번의 들뢰즈)과 구별되기 어려우며 대립되기는 더욱 어렵다. 그것은 실재적이지만 현실적이지는 않은 잠재성의 자율이면서 부단히 현실의 구성과 재구성에 관여하는 구성적 자율성이며 현실에서 독립적으로 현실구성에 영향을 행사하는 현실섭정적 자율성이다.

쏘번은 네그리의 자율 개념을 부단히 '현실성의 자율' 쪽으로 밀치는 경향이 있다. 이것은 쏘번이 현실적 자율성과 잠재적 자율성을 구분하지 않고 자율성을 현실적인 것으로만 인식하는 것의 이론적 효과이다. 이 때문에 '현실적 자율'의 가능성을 폐기하는 것은 자율성 일반의 폐기, 즉 '잠재적 자율'의 실재성까지 폐기하는 것에 이르게 된다. 들뢰즈에게서 잠재적인 것은 현실적인 것에서 자율적이면서도 항상 현실적인 것과 뒤섞여서 나타난다. 그것은 현실적인 것과 함께 가는 그것의 숨겨진 반쪽이다. 그러므로 들뢰즈가 말하는 '갇힌' 상황은 자율성의 실재성을 부정하는 것으로 읽을 수 없다. 자율성이 체제에 봉인된 상황이 '갇힌' 상황이기 때문이다. 소수정치는 이 '갇힌' 상황 속에서 그것에 저항하고 또 그것을 넘어서는 방식으로 자율성이 기능하는 양식, 정확하게 쏘번이 말하는 일종의 새로운 '구성의 양식'이다. 소수정치에서 잠재적이고 구성적인 자율성의 개념을 뺄 때, 그것은 소수정치를 갇힌 상황과의 교전이라는 시시포스의 노동에, 저 악순환에 가두는 결과를 가져오고 말 것이다.

그러므로 맑스나 들뢰즈, 그리고 네그리의 사유에서 역설을 식별하는 것은 더없이 중요한 일이다. 역능puissance은 이중 흐름이며 역설적인 것으로 나타나기 때문이다. 현실 속에 민중은 없다. 만약 그것이 현실적이라면 그것은 동일자로 된 민중이며 주권의 몸체로서, 자본의 마디로서 기능하는 민중이다. 그럼에도 불구하고 맑스는 프롤레타리아트의 발명에 대해, 그리고 들뢰즈는 민중의 발명에 대해 끊임없이 말한다.[76] 이것들은 차이들, 잠재력들, 소수적인 것들의 연합과 접속의 과정 혹은 구성의 과정이며 그 구성의 양식을 지칭한다. 네그리의 다중은 바로 이런 구성과정과 구성양식을 지칭하기 위해 발명되었다. 그것은 잠재적인 것이면서 그 잠재적인 것의 현실적인 것으로의 분화와 접속의 장소에서 발생한다. 이런 의미에서 다중과 산 노동은 능력들의 새로운 배치능력, 즉 가능성possibility의 범주이다.[77]

---

76. 들뢰즈, 『시네마 2』, 296쪽 참조.

77. 들뢰즈는 베르그손을 따라 '가능성'을 '유사성에 기초한 실재적인 것의 투영'으로 간주한다. 네그리는 이와는 달리 '가능성'을 잠재가 실재로 이행하는 창조과정의 실제적 고리로 설정한다 : "이제 우리는 잠재적인 것이 가능한 것의 경계들에 어떻게 압력을 가하고 또 이로써 실재적인 것을 건드리는지를 탐구해야만 한다. 잠재적인 것에서 가능한 것을 거쳐 실재적인 것에 이르는 이행은 창조의 근본적 활동이다. 산 노동은 잠재적인 것에서 실재적인 것에 이르는 이행으로를 구축하는 것이다. 그것은 가능성의 담지체이다. 경제적, 사

쏘번은 자율성을 오직 현실성의 범주로 간주하여 그것이 잠재성의 범주일 수 있음을 보지 않는다. 이 때문에 그는 다중을 현실성의 범주로 간주하여 그것이 잠재성과 현실성의 상호이행 과정 속에 놓인 가능성의 범주임도 인정하지 않는다. 그 결과 쏘번은, 노동의 현실적 자율성과 민중의 현실적 실존을 주장해온 사회민주주의적 조류에 네그리가 동화되고 있는 것으로 간주한다. 이럴 때, 그것은 다중의 개념이 갖고 있는 경향과 기획의 측면을 희생시킬 뿐만 아니라 그것의 존재론적 기반으로서의 산 노동이 갖는 혁명적 힘을 박탈하는 결과를 가져오지 않겠는가? 그리고 이제는 모든 사람의 삶과 겹쳐져 구분하기 어렵게 된 노동과정 그 자체가 가져오는 현실적 변화를 외면하는 결과를 가져오지 않겠는가?

그렇다고 해서 쏘번이 자본주의의 갇힌 공간인 임금노동 상황을 벗어날 길이 없다는 비관주의적 느낌을 일반화한다고 보는 것은 성급하다. 그의 정치학이 '기쁨'이라는 정서적 조건을 매우 중시하기 때문이다. 쏘번이 말하는 기쁨은 '갇힌 공간과의 교전에서 그리고 그것에 대한 비판에서 솟아오르는 특정한 기쁨과 유머'이다. 이 유머(해학)로서의 기쁨이 들뢰즈의

회적, 정치적 훈육의 새장을 열어 깨뜨렸고 근대 자본주의의 모든 규제적 차원을 그 국가-형태와 더불어 능가해 버린 노동은 이제 일반적인 사회적 활동성으로 나타난다."(Michael Hardt and Antonio Negri, *Empire*, Harvard University Press, p. 357 [네그리·하트, 『제국』].

중요한 개념들임은 분명하다.[78] 자본주의적 공리가 삶 자체를 포섭하며 그것이 통제의 더욱더 복잡한 메커니즘을 생산한다는 점에 대한 강조는 아무리 반복해도 지나치지 않을 것이다. 사실상 '정치적 구성이 출현하고 정치적 지리멸렬함의 문제가 극복될 수 있는 것은 갇힌 그리고 분산된 공간으로 경험되는 자본주의적인 사회적 생산의 한가운데에서'라는 생각은 쏘번 뿐만 아니라 맑스, 아우또노미아, 들뢰즈, 네그리 모두에 공통되는 점이다. 문제는 기쁨이 자율성의 기쁨이 아니라 갇힌 공간과의 교전에서만 나오는 기쁨이라는 생각에 있다. 물론 갇힌 공간과의 교전의 기쁨은 중요하다. 하지만 그것은 저항, 탈주, 구성을 포괄하는 자율성의 기쁨의 하나이다. 갇힌 공간에 대한 저항의 기쁨만을 특권화하는 것은 교전의 기쁨을 위해 갇힌 공간을 특권화하고 결과적으로 자본주의적인 갇힌 공간의 상황 그 자체가 영원하다는 생각을 낳게 될 수 있다. 갇힌 상황과의 교전이 드러내는 유머의 기쁨은 중요하다. 하지만 창조성이 왜 교전의 형태로만 나타나야 하는가? 쏘번도 이야기하고 있듯이 코뮤니즘이 현존하는 것을 폐지하고 극복하는 운동이라면 그것은 이미 갇힌 상황을 넘어서는 자율적 이행의 제곱 능력, 소수적 생성의 활력을 부르는 이름이 아닌가? 그것이 다시 새로운 틀에 갇힌다고 할지라도 그것은 교전

---

78. 들뢰즈, 『차이와 반복』, 34쪽.

의 새로움만을 허용하는 갇힌 상황의 동일한 반복이기보다
완전히 새로운 상황의 도래, 오직 '다른 것'(차이)만이 회귀하
는 영원회귀적 반복을 의미하는 것이지 않겠는가?

정보사회론, 페미니즘, 대중독재론, 아나키즘의 경우

문화정치와 소수정치 외에도 들뢰즈의 정치(학)적 영향은
다양한 곳에서 드러난다. 정보사회론은 들뢰즈의 영향이 나
타나는 중요한 분야의 하나이다. 특히 마누엘 카스텔의 『네트
워크 사회』[79], 바드와 소더크비스트의 『네토크라시』[80], 제러
미 리프킨의 『접속의 시대』[81] 등에서 그 영향은 직접적이다.
이들에서 들뢰즈적 사유는 무엇보다도 자본주의의 탈영토화
하는 힘에 대한 강조로 나타난다.

마누엘 카스텔은 네트워크 사회를 흐름의 권력이라는 관점
에서 정의한다. 흐름의 권력이 네트워크의 모습을 띠고 나타
난다는 것이다. 이것이 그가 파악하는 정보 시대의 특징이자
추세이다. 네트워크가 우리 사회의 새로운 사회적 지형을 구
성한다는 것은 경험적 사실이다. 또 생산, 경험, 권력, 그리고
문화적인 과정의 작동과 결과에 대한 실질적인 조정이 네트

---

79. 마누엘 카스텔, 『네트워크 사회의 도래』, 김묵한 외 옮김, 한울, 2003.
80. Alexander Bard and Jan Söderqvist, *Netocracy*, Financial Times Prentice Hall, 2002.
81. 한국어판은 제러미 리프킨, 『소유의 종말』, 이희재 옮김, 민음사, 2001.

워킹 논리에 따라 이루어지고 있는 것도 사실이다. 물론 사회 조직의 네트워킹 형태가 이전에 없었던 것은 아니다. 그는 새로운 정보기술 패러다임의 등장으로 인해 이 네트워킹 형태가 사회구조 전체에 파급되었음을 강조한다. 그에 따르면 네트워킹 형태가 사회의 물질적 구조로 됨으로써 네트워킹 논리는 네트워크를 통해 표현되는 것, 즉 특정한 사회적 이해관계를 결정하는 사회적 결정인자보다 더 주요한 위치를 차지하게 되었다. 그는 이것을 "흐름의 권력은 권력의 흐름보다 더 우선하는 것이다. 네트워크의 존재 유무, 그리고 각 네트워크의 다른 네트워크에 대한 역학관계가 우리 사회에서 지배와 변화의 핵심적 원천이 되고 있다."[82]고 표현한다. 양식이 내용을 결정하는 사회, 사회적 지형이 사회적 행동을 규정하는 사회가 카스텔이 말하는 네트워크 사회인 것이다.

바드와 소더크비스트에게서 네트워크 사회는 '상호작용의 시대'로 번역된다. 그는 상호작용의 시대의 도래, 즉 인쇄, 방송, 대중매체에 의해 지배되는 사회로부터 상호작용의 시대로의 이동이 봉건제에서 자본주의로의 이행에 비교할 만큼 극적인 의미를 갖는다고 주장한다. 이제 그것은 자본주의 사회와는 완전히 다른 사회로서의 주목주의 사회로 명명된다. 자

82. 카스텔, 『네트워크 사회의 도래』, 605~6쪽. 이 생각과 '문명적 자본주의기계'에 대한 들뢰즈와 과타리의 생각과의 공명은 깊게 느껴진다(들뢰즈·과타리, 『안티 오이디푸스』, 380~406쪽).

본주의에서 생산수단의 소유자들이 정치적·경제적 권력을 소유하듯이, 이제 주목주의 사회에서는 정보수단의 소유자들이 권력을 소유하게 된다. 정보의 전 지구적 네트워크와 새로운 소통형식을 통제하는 사람이 기업, 금융, 입법을 통제하면서 새로운 기업 및 정부 엘리트를 구성한다는 것이다. 권력은 네트워크를 통제하는 사람들에게 이전된다. 바드와 소더크비스트는 이들을 네토크라시라고 명명한다. 상호작용의 시대는 기술적으로 과잉발전되어 있으면서도 사회적으로 저발전되어 있는 하나의 사회상을 보여 준다. 네토크라시는 결코 투명하고 비위계적인 사회가 아니다. 그것은 부와 학력보다는 정보 조작을 통해 주목을 창조하고 유지하는 능력에 따라 구획되는 위계 사회이다. 네토크라트에게 화폐는 목적이 아니라 수단으로 된다. 바드와 소더크비스트는 이들을 "네트워킹을 예술형식으로 전환시킨 예술적·정치적 조작자"라고 부른다.[83] 여기에 이들에 대한 지젝의 날카로운 비판을 덧붙여 두는 것도 흥미 있는 일일 것이다. 지젝은,『네토크라시』가 사이버코뮤니즘이 아니라 사이버스탈린주의를 불러내려는 유혹의 최고의 예를 보여 준다고 비판한다. 그리고 이 사례는 "들뢰즈와 과타리의 '친자본주의적' 측면"의 집중적 발전이라고 말한다.[84]

---

83. Bard and Söderqvist, *Netocracy*.

또 한 사람, 제러미 리프킨에게서 이러한 사회적·기술적 변화는 접속의 시대의 출현으로 인식된다. 그는 『네트워크 사회』나 『네토크라시』의 생각의 유효성을 이렇게 재확인한다.

네트워크 경제의 탄생, 물품의 점진적인 탈물질화, 물질적 자본의 비중감소, 무형자산의 부상, 물품의 순수한 서비스로의 변신, 생산관점을 밀어내고 사업의 중심축에 자리 잡은 마케팅 관점, 모든 관계와 경험의 상품화 등은, 사람들이 서서히 시장과 재산교환을 뒤로하고 접속의 시대로 나아가는 여정을 시작하는 상황에서 첨단 글로벌 경제에서 급격하게 벌어지는 구조변화를 통해 현실적으로 확인할 수 있는 요소들이다.[85]

정보사회론과는 대척적인 위치에 있는 것으로 평가되어온 페미니즘에서도 들뢰즈의 흔적이 발견된다. 특히 사회의 과학기술적 변화를 페미니즘에 적극적으로 수용하고 있는 해러웨이는 들뢰즈의 탈영토화, 탈주선과 공명하는 방향에서 자신의 정치학을 구성한다. 그의 핵심적 전략개념인 회절이 바로 그것을 보여 준다. 회절은 무엇보다도 차이의 생산과 이질성의 역

---

84. Slavoj Žižek, *Organ without Bodies*, Routledge, 2004, p. 192 [지젝, 『신체 없는 기관』].
85. 리프킨, 『소유의 종말』, 169쪽.

사를 비판적 의식 속에 도입하는 것이다.

> 회절 패턴은 실물들originals에 관한 게 아니라 이질적인 역사
> 에 관한 겁니다. 거울반사와 달리 회절은 똑같은 것을 다른
> 곳에 옮기지 않아요. 회절은 이 고통스러운 기독교 천년의 끝
> 부분에서 또 다른 비판의식을 나타내는 은유이지요. 똑같은
> 것이라는 신성한 상像, the Sacred Image of the Same을 반복하는
> 게 아니라, 차이를 만드는 데 헌신적인 은유이지요. 저는 회
> 절 패턴이 상호작용, 간섭, 강화, 차이의 역사를 기록하는 방
> 식에 관심이 있어요. 이런 의미에서 "회절"은 필연적인 의미들
> 을 만드는 서술적·회화적·심리적·영혼적·정치적 과학기술입
> 니다.[86]

해러웨이는 빛이 반드시 거울의 이미지로 귀착되어야 할
이유가 없다고 말하면서 광학의 잠재력을 강조한다.

> 은유인 회절은 정체성의 형이상학과 재현의 형이상학은 잠시
> 중단하고, 광학이 빛에 관해 사고할 수 있는 다른 잠재적 방
> 식으로 가득 차 있다고 말하지요. 그중 한 방식이 역사에 관
> 한 겁니다. 그 방식은 분류로서의 정체성에 관한 게 아니라,

---

86. 다나 해러웨이, 『한 장의 잎사귀처럼』, 민경숙 옮김, 갈무리, 2005, 169쪽.

기록용 스크린 위에 기입하는 과정에 관한 거예요. 그러므로 저는 그것을 이용하여 끝없는 자기-반영성과 반대되는, 세계 속에서 차이를 만드는 일에 관해 말하지요.[87]

빛의 흐름이 차이를 생산하고 그 길(역사)을 보여 주는 방식이 곧 회절인 것이다.

주로 데리다의 영향하에서 작업하는 탈식민주의론이 들뢰즈를 이용하는 방식은 독특하다. 그 대표적 인물인 스피박은 들뢰즈에 대해 양가적인 태도를 취한다. 그는 칸트(합리적 의지의 자유를 위해서), 헤겔(무의식으로부터 의식으로 가는 정신의 움직임을 보여 주는 증거를 보여 주기 위해서), 맑스(생산 양식 서사에 규범성을 부여하기 위해서)에게서 '요구되면서도 폐제된' 토착 정보원은 제3세계 피식민인, 본성상 교육되기 어려운 '날 것의 인간'인 여성과 야만인이었다고 본다. 폐제된 관점에서 읽기란 지식의 원천이자 객체인 토착 정보원들의 (불)가능한 관점에서 서구 제국주의의 담론적 공리계를 비판하는 동시에, 무엇보다 세계를 읽어내는 (담론) 윤리를 재사유하기 위한 것이다. 그리고 그것은 어떤 동일성에 영원히 붙잡힌 채 남아 있기보다 대타성과 이질성을 환기하기 위한 것이다.[88]

---

87. 같은 책, 169~180쪽.
88. 가야트리 스피박, 『포스트식민 이성 비판』, 태혜숙 외 옮김, 갈무리, 2005, 485쪽.

스피박은 들뢰즈 속에서 재현의 개념이 어떻게 폐제되는 지를 살핌으로써 대표로서의 재현으로부터 묘사(재제시)로 서의 재현을 구출하려 시도한다. 그는 재현에는 정치에서처럼 누군가를 "위해 말한다"speaking for는 의미의 '대표'와, 예술이나 철학에서처럼 "다시-제시"re-presentation한다는 의미의 '묘사'라 는 두 의미가 함께 움직인다고 주장한다. 국가구성체와 법 내 부에서 재현이 갖는 의미와, 주체-서술subject-predication에서 재 현이 갖는 의미는 다르다. 이 두 가지 의미는 서로 관련되지만 환원될 수 없이 불연속적이라는 것이다. 그는 "국가 및 정치경 제에서의 재현과 다른 한편으로 주체이론에서의 재현 사이의 변동하는 구분이 지워져서는 안 된다."고 강조한다.[89]

노동자를 가변자본으로 파악하는 들뢰즈의 생각은 많은 사람들의 관심을 끈 '대중독재론'에서도 그 반향을 얻는다. 파 시즘, 스탈린주의, 총력전 체제 등에서 발견되는 권력과 민중 의 합의가 독재의 기반이라는 생각이 그것이다. 이것은 소수 자가 다수주의적 관점에 빠질 위험성을 경고하는 데 유익하 다. 하지만 대중독재론에서 들뢰즈의 탈주선 개념 혹은 '민중 의 발명'이라는 생각의 반향을 찾기는 어렵다.[90]

사빠띠스따 운동의 전 세계적 수용에서도 들뢰즈 효과가

89. 같은 책, 363쪽.
90. 비교역사문화연구소 기획, 『대중독재』 1~3권, 임지현·김용우 엮음, 책세상, 2004.

작용하고 있다. 마르꼬스는 신화적 글쓰기라는 독특한 방식으로 새로운 글쓰기를 발명할 뿐만 아니라 새로운 혁명의 유형(권력 장악을 거부하는 혁명, 자치, 침묵 투쟁, 대장정 등등)을 발명했다. 이것은 『천 개의 고원』에서 실험된 새로운 글쓰기와 혁명에 대한 새로운 사유를 떠오르게 한다. 이러한 사실은 사회주의 붕괴 이후의 정세 속에서 사빠띠스따 운동이 자본주의에 대한 저항의 새로운 초점으로 떠오른 것과, 들뢰즈가 신자유주의적 지구화에 대한 저항과 탈주운동의 이론적 초점으로 떠오른 것 사이에 깊은 상관이 있음을 암시한다.

생태주의의 일부는 들뢰즈의 '순수 내재성'the pure imma-nence = '삶'이라는 관점을 유기체의 생명현상에 적용한다. 즉 들뢰즈의 철학을 생명철학으로 해석하는 것이다. 이럴 때 우리는 들뢰즈의 삶이 유기체의 생명으로 환원되지 않도록 주의를 기울여야 한다. 들뢰즈가 말하는 삶은 유기체 현상을 포함하면서도 그것을 넘어서는 '하나의 삶', '잠재적 삶', '기계론적 삶', '생태적 삶'이기 때문이다. 이런 점을 고려할 때, 들뢰즈-과타리에게 인간주의와 유기체주의를 넘어서는 생태학적 사유의 요소가 있음은 분명하다. 그런데 이들의 생태학은 주류 생태학의 환경주의와 달리 정신생태, 사회생태, 그리고 환경생태 등의 여러 차원을 갖고 있음을 알 수 있다. 이 다차원성을 고려해 보면, 환경주의적 녹색사상이 생각하는 것과는 달리, 근대화로 인한 환경의 부패는 생태 문제의 표층 일부에 불과하다. 그보다 깊은 영역에서 사회생태가 작동하고 있는데, 이 영역에서 오늘날 중요한 것은 착취와 전유를 원리로 삼는 자본관계에 의한 사회적 관계 자체의 부패이다. 이로 인해 노동자들과 소수자들은 심각한 고통과 곤경에 직면하는데 이것은 환경오염에 못지 않은 중요한 생태문제이다. 들뢰즈-과타리의 생태적 인식에서는 정신생태 역시 중요한 구성 요소다. 지배체제는 항상 지각, 정서, 정보 등에 걸친 정신적·인지적 지배를 동반하기 때문이다. 심리적 조증이나 울증, 정신 혼란과 전망 상실은 중요한 생태문제이다. 들뢰즈와 과타리의 생태학적 사유는 이 다층적 생태문제들의 지층과 지형을 살펴 지도를 그려내고 생명이 새로운 삶의 공간을 구축해 나갈 환경적·사회적·정신적 도주선을 그려내는 것에 관심을 갖는다.[91]

이외에도 들뢰즈의 특이점과 탈주선의 사유는 분권, 분산을 강조하는 아나키즘의 부흥에도 중요한 영향을 미치고 있다.

들뢰즈와 삶정치학, 그리고 맑스주의의 혁신

---

91. 장시기, 「들뢰즈-가타리의 생태학적 사유의 영역들」(이 글은 다음 링크에서 볼 수 있다. http://armdown.net/schizo/2698) 참조.

우리는 지금까지 들뢰즈의 철학과 정치학이 다양한 사회적·정치적 흐름 속에 어떻게 전유되고 있는지에 대해 살펴보았다. 그것들은 크게 보면 사회의 정보적 위계화를 강조하는 흐름과 미시적 분산과 탈주를 강조하는 흐름으로 나누어질 수 있다. 우리는 이 두 흐름이 들뢰즈의 사유 속에 들어 있는 요소들 중의 특정한 측면을 강하게 부각시키면서 그것을 긍정적으로 혹은 비판적으로 전유하는 방식임을 알 수 있다. 안토니오 네그리와 그의 협력자들은 '노동의 우선적 자율성'이라는 오뻬라이스모의 정치철학적 개념을 바탕으로 들뢰즈의 이 두 측면을 결합시킴으로써 들뢰즈를 대항지구화 운동의 이론적 지주로 부각시켰다. 이제 이 자율주의적 맑스주의와 들뢰즈의 만남에 대해 살펴봄으로써 들뢰즈의 사상이 맑스주의적 코뮤니즘 정치학의 혁신에 어떻게 작용하는지를 간략히 살펴보도록 하자.[92]

네그리와 하트는 초월적 배치를 강조하는 '정보사회 = 네트워크사회론'의 관점과 내재적 배치를 강조하는 페미니즘, 포스트식민주의, 생태주의, 아나키즘의 관점을 '제국'과 '다중'의 개념을 통해 재구성하는 한편 통치성governance(이것은 포스트모던 정치학에서 협치 개념으로 발전하고 있다)에 강조점을 둔 푸코의 '생물정치' 개념과 탈주선에 강조점을 둔 들뢰즈의

---

92. 이 문제에 대한 좀더 집중적인 분석은 다음 장에서 이루어진다.

'소수정치' 개념을 결합한 이중적 의미의 '삶정치'[biopolitics] 개념을 발전시킨다. 그래서 네그리와 하트에게서 삶정치는 제국의 새로운 통치양식이면서 동시에 자율적이고 내재적인 삶의 자기가치화라는 이중 차원을 획득한다.[93]

생산력과 n승의 역량, 그리고 하나의 삶

동즐로는 들뢰즈의 사유를 일컬어, 맑스의 생산 개념을 계승할 뿐만 아니라 그것을 삶의 생산과 재생산의 영역으로 더욱 확장시키고 일반화한 일종의 '초맑스주의'라고 정의한다.[94] 이것은 탈근대성을 '생산의 거울'이라는 전통적 사유 이미지의 파괴로 보면서 '소비 모델'로의 전회를 통해 작업하는 보드리야르의 관점과는 대립적인 것이다. 들뢰즈에게 있어서 소비는 (맑스에게서와 마찬가지로) 생산과 분리될 수 없는 생산의 계기(향유와 '주체성의 생산')이며 선차적인 것은 '욕망하는 생산'이다.

생산은 즉각 소비이며 등록이고, 등록과 소비는 직접 생산을 규정하며, 그것도 생산 자체의 한가운데서 생산을 규정한다. 그리하여 모든 것은 생산이다. 생산의 생산, 즉 능동들과 수동

---

93. 조정환, 『제국기계 비판』, 갈무리, 2005, 15장 「삶정치와 자율」 참조.
94. 쏘번, 『들뢰즈 맑스주의』, 64쪽 참조.

들의 생산들. 등록의 생산, 즉 분배들과 좌표들의 생산들. 소비의 생산, 즉 쾌감들, 불안들, 고통들의 생산들. 모든 것은 생산이기에, 등록들은 즉각 완수되고 소비되며, 소비들은 직접 재생산된다.[95]

맑스는 생산력을 기계의 효율성으로 환원하는 것에 반대하여 가장 중요한 생산력은 '인간 자신'이라고 말한 바 있다.[96] 여기서 인간은 개체로서의 인간을 지칭하는 것이기보다 사회적 개인들, 사회 속에서 특정한 방식으로 결합된 생산자들을 지칭한다. 사회적 개인은 한 사회를 구성하는 과학, 언어, 지식, 기술, 숙련, 기계, 그리고 활동들의 네트워크이다. 이런 한에서 생산력은 기호적이고 사회적인 생산력이다. 맑스는 사회적 부의 생산에서 자연이 명확하게 하나의 계기로 작용하고 있음을 강조한다.[97] 하지만 맑스에게는 자연 그 자체보다는 인간과의 객체적 관계

---

95. 들뢰즈·과타리, 『안티 오이디푸스』, 26~27쪽. 강조는 들뢰즈·과타리.
96. 이때 생산력은 가치를 생산하는 힘을 가리키는 것이지 사용가치로서의 부를 생산하는 힘을 가리키는 것이 아니다. 사용가치로서의 부를 생산하는 힘으로서의 생산력은 인간의 힘을 넘어 자연의 힘을 포함하기 때문이다. 이와 관련하여 맑스는 "노동은 모든 부의 원천이 아니다. 자연도 노동과 마찬가지로 사용가치의 원천이다. (그리고 물질적 부는 바로 이 사용가치로 이루어진다) 노동 그 자체는 자연력의 하나인 인간 노동력의 발현에 불과하다."(K. 마르크스·F. 엥겔스, 「고타강령 비판」, 『마르크스·엥겔스 저작선』, 김재기 편역, 거름, 1988, 166쪽)고 말했다.
97. 저 유명한 「고타강령 비판」에서의 맑스.

속에서의 자연이 더 큰 관심사였다. 이것은 '순수 자연'의 영역이 사라져가는 근대화의 현실적 경향을 반영하는 입장 설정으로 보인다. 들뢰즈는 이와는 다른 방향에서 생산력의 개념을 '순수 내재성'으로서의 '하나의 삶'의 지평으로 확장하면서 그것을 'n승의 역량'으로 정의한다.

> 모든 것은 역량 안에서 하나로 집약된다. 키르케고르가 반복을 의식의 이차적 역량이라 할 때, '이차적'이란 말은 두 번째를 의미하지 않는다. 그것은 오히려 단 한 번을 통해 자신을 언명하는 무한자, 한 순간을 통해 자신을 언명하는 영원, 의식을 통해 자신을 언명하는 무의식, 'n승'의 역량을 의미한다.[98]

차이는 반복의 역량이며 반복은 차이의 생산이다. '순수 내재성'은 그러므로 사회적이거나 기호적이기 이전의 '순수 생산력'으로 이해된다. 모든 것은 이 '면'(面)에서 발생한다. 그러나 이 면은 현실적인 것이 아니라 잠재적인 것이며 현실의 심층이나 상층 어디에 존재하는 것이 아니라 그것의 발생 '표면'을 구성하는 것이다. 이 표면은 의식과 대립하는 의미에서의 물질도 물질과 대립하는 의미에서의 의식도 아니다. 그것은 비물

---

98. 들뢰즈, 『차이와 반복』, 40쪽.

체적 표면이다.

욕망하는 기계들이 연결을 통해 흐름을 **생산**하고 그 **흐름**의 **절단**과 채취를 통해 다른 흐름을 생산하는 것도 이 표면에서다. 욕망하는 기계는 결합을 지배하는 이항적인 규칙들에 복종하는 이항기계이다. 그래서 한 기계는 언제나 다른 기계와 짝을 이루고 있다.

> 생산적 종합, 생산의 생산은 〈그리고…〉, 〈그다음에…〉라는 연결 형식을 갖고 있다. 흐름을 생산하는 어떤 기계와 이 기계에 연결되는, 절단을, 흐름의 채취를 수행하는 또 다른 기계가 늘 있으니 말이다(젖가슴-입). 그리고 저 처음 기계는 그 나름으로는 절단 내지 채취 같은 작동을 통해 관계를 맺는 또 다른 기계에 연결되기 때문에, 이항 계열은 모든 방향에서 선형線形이다. 연속된 흐름들과 본질적으로 파편적이면서도 파편화된 부분대상들의 짝짓기를 욕망은 끊임없이 실현한다. 욕망은 흐르게 하고 흐르고 절단한다.[99]

욕망의 흐름은 욕망하는 기계들에 의해 부분객체들로 절단되고 그 부분객체들은 서로 연결되어 다시 욕망의 흐름을 생산하는 것이다.

---

99. 들뢰즈·과타리, 『안티 오이디푸스』, 28~29쪽.

생산관계와 추상기계(자본기계)

들뢰즈는 추상기계 개념을 통해 내재성의 면에서 지층이 형성되고 체제가 발생하는 과정을 사유한다. 이럴 때 자본주의적 생산은 욕망하는 기계들의 연결접속, 분리접속, 결합접속의 과정으로 이해되며 여기서 욕망하는 기계들은 다음과 같은 다양한 유형을 가질 수 있다.

토지기계 : 토지의 비옥도와 같은 자연조건[100]

인간기계 : 노동인구의 건강, 노동의 조건, 노동활동, 노동하는 시간

사회기계 : 노동자의 분업과 협업 등 사회적 조직화의 정도

기술기계 : 과학과 기술의 발전정도와 그것의 생산에의 응용방식 및 응용정도

문화기계 : 생산을 둘러싼 문화적이고 정신적인 조건

이 다양한 기계들이 우연과 욕망에 따라 다양하게 접속하는 가운데 하나의 새로운 기계이자 흐름계열인 자본기계가 탄생

---

100. 기계들의 생산이라는 들뢰즈와 과타리의 개념은 맑스의 기계 개념과 상통한다. 예컨대 맑스의 자연기계 개념은 이렇게 서술된다. "농업에서는 화학작용들을 하는 대지 자체가 이미 기계, 즉 직접적인 노동을 더욱 생산적으로 만들고 따라서 오히려 잉여를 주는 기계인데, 그 까닭은 여기에서는 기계, 즉 자연적 기계로 작업이 이루어지기 때문이다."(칼 맑스, 『정치경제학 비판 요강 2』, 김호균 옮김, 백의, 2000, 237쪽).

한다. 흐름들이 탈코드화하면서 봉건체제의 해체는 명확해진다. 봉건체제의 해체를 국가의 생존 혹은 변형이 메운다. 자본기계 속에서는 죽음이 안으로부터 나타나고 또 욕망 자체가 죽음의 본능, 즉 잠재성임이 느껴진다. 하지만 이 욕망 자체가 실질적으로는 새로운 생명을 지니고 있는 흐름들 쪽으로 옮아가고 있다는 것도 동시에 느껴진다. 자본기계에서의 탈코드화한 흐름들, 이 새로운 욕망들의 형상은 다양하다. 들뢰즈는 '팔리는 재산들의 흐름, 유통되는 돈의 흐름, 보이지 않는 곳에서 준비되는 생산과 생산수단들의 흐름, 탈영토화하는 노동자들의 흐름' 등에 주목한다. 이것들은 맑스가 자본에 대한 연구에서 분석한 바 있는 바로 그 흐름들이다.

문제는 이 흐름들의 접속이다. 자본주의가 탄생하는 데에는 이 탈코드화한 흐름들이 모두 만나 결합접속되고 서로 반작용하되 이 만남, 이 결합접속, 이 반작용 등이 동시에 일어나야 한다. 낡은 체계가 죽고 새로운 생명이 태어나며 새로운 욕망이 새로운 이름을 얻게 되려면 흐름들의 만남이 필수적이다. 그리고 그 만남은 우발적이다. 그래서 들뢰즈는 '세계사는 우연의 역사요 이 밖에 다른 역사는 없다.'고 말한다. 탈코드화한 욕망은 자본주의에만 있는 것은 아니다. 그것은 역사 속에 항상 있어 왔다. 그러나 탈코드화한 흐름들이 단지 꿈꾸는 데 그치지 않고 욕망하는 기계, 사회기계, 기술기계를 동시에 생산하는 욕망을 형성하기 위해서는 그 흐름들이 서로 만나 한 공간에서 연결되는 것이 필수적이다. 즉 자본주의의 명확한 출현을 위해서는 흐름들의 탈코드화 외에 그 흐름들의 새로운 탈영토화, 그리고 그 탈영토화한 흐름들의 결합접속이 있어야 한다. 그래서 들뢰즈는 "자본주의를 보편적이게끔 한 것은 이 결합접속의 특이성이다."[101]라고 말한다.

자본기계를 탄생시킨 마주침의 요소들 중 맑스가 『자본』에서 강조해서 밝힌 두 가지가 있다. 그 하나는 탈영토화한 노동자이고 다른 하나는 탈코드화한 화폐이다. 노동자는 자기의 노동력밖에는 팔 것이 없는 자유로운 그러나 맨 몸인 노동자가 된다. 다른 한편 화폐는 자본이 되어 노동력을 살 수 있다. 이 두 흐름은 봉건제의 태내에서 형성된다. 문제는 이 두 흐름, 즉 노동자들의 흐름과 화폐의 흐름이 만나는 것이다. 이 두 요소들 중의 하나는 낡은 사회신체인 토지의 소유관계의 해체에서 발생하고 다른 하나는 이 낡은 사회신체의 주변에 기공氣孔처럼 존재했던 상인과 고리대금업자에 의해 발생한다. 들뢰즈는 이 두 흐름 속에서 진행되는 상이한 탈코드화 및 탈영토화의 과정을 이렇게 서술한다.

자유노동자가 있기 위해서는, 사유화를 통한 흙의 탈영토화, 전유를 통한 생산도구들의 탈코드화, 가족과 조합의 해체를

---

101. 들뢰즈·과타리, 『안티 오이디푸스』, 382~383쪽. 번역 일부 수정.

통한 소비 수단들의 박탈, 끝으로 노동 자체나 기계에 도움이 되는 노동자의 탈코드화 등이 있었다. 또 자본이 있기 위해서는, 화폐 추상을 통한 부의 탈영토화, 시장 자본을 통한 생산의 흐름들의 탈코드화, 금융자본과 공공 부채들을 통한 국가들의 탈코드화, 산업자본의 형성을 통한 생산수단의 탈코드화 등이 있었다.102

자유노동자와 자본이라는 이 두 요소의 마주침이 자본기계를 생산했다. 그렇다면 이 마주침은 어떤 마주침이었는가? 대등하고 수평적인 마주침? 결코 그렇지 않다. 자본기계의 생산적 흐름은 자신 속에 자연기계와 기술기계를 끊임없이 채취하는 방향으로 전개된다. 그뿐만 아니라 그것은 인간의 생산능력을 자신 속에 부단히 포섭한다. 만남은 포섭과 합병으로 전화된다. 다음 구절 속에서 맑스는 미래의 들뢰즈처럼 느껴진다.

자본의 개념에 놓여 있는, 객체화된 노동에 의한 살아있는 노동의 점취 ─ 대자적으로 존재하는 가치에 의한, 가치증식하는 힘이나 활동의 점취 ─ 는 기계류에 입각한 생산에서는 생산과정의 소재적 요소들과 소재적 운동에서 볼 때도 생산과정 자체의 성격으로 정립되어 있다. 생산과정은 노동이 노동과정을 지

---

102. 같은 책, 384~385쪽. 강조는 인용자.

배하는 통일체로서 노동과정을 총괄한다는 의미에서의 노동과정이기를 중지했다. 오히려 노동은 기계적 체계의 수많은 점들에서 개별적인 살아있는 노동자들에게서 의식적 기관으로 나타날 뿐이다. 노동은 분산되어 기계류 자체의 총과정에 포섭되어, 스스로 체계의 한 관절을 이룰 뿐인데 이 체계의 통일은 살아있는 노동자들에게 실존해 있는 것이 아니라 노동자들의 개별적인, 사소한 행위에 비해 강력한 유기체로서 노동자에게 맞서 나타나는 살아있는 (활동적인) 기계류에 실존해 있다. 기계류에서 객체화된 노동은 노동과정 자체에서 살아있는 노동에 대하여 이것을 지배하는 권력으로 맞서는데 이 권력은 그 형태에서 볼 때 살아있는 노동의 점취로서의 자본이다. 노동과정을 자본의 증식과정의 단순한 계기로 수용하는 것은 소재적 측면에서 볼 때도 노동수단이 기계류로 전환되고 살아있는 노동이 이 기계류의 단순한 살아있는 부속물로 전환됨으로써, 기계류의 활동의 수단으로 정립하는 것이다.[103]

이처럼 산 노동의 내재적 연합이 없이 주권적 기계체제를 통해 결합된 사회적 개인들은 자본이라는 초월적 추상기계의 부품으로 포섭되고 편입되어 자본주의의 사회적 생산력으로 나타난다. 하지만 포섭과 편입은 완전할 수 없다. 산 노동은 초월적 추상기계에 포획되었지만 그것의 독자성을 완전히 잃지는 않는다. 들

---

103. 맑스, 『정치경제학 비판 요강 2』, 371쪽.

뢰즈는 이것을 전쟁기계가 초월적 추상기계의 엔진으로 장착된 것으로 묘사한다. 파업, 혁명 등은 자본주의적 추상기계와 전쟁기계로서의 산 노동 사이의 대립이 터져 나오는 가시적 형태들 중의 일부이다.

자본주의 추상기계 속에서 산 노동은 유통과정에서는 자본에 팔릴 노동자의 노동력으로 나타나고, 판매 후의 생산과정에서는 가치를 증식시킬 자본의 가변자본으로 나타난다. 이렇게 노동력 상품이자 가변자본의 형태를 띠고 있음에도 불구하고 산 노동은 자본주의적 추상기계 속에 내재하는 탈영토화의 특이점으로 실존한다. 들뢰즈는 오뻬라이스모의 노동거부에 공감을 표현한다. 역사적 노동거부 운동들은 자본기계 속에 내재하는 탈영토화의 특이점들이기 때문이다. 이제 혁명은 탈영토화의 선분을 따라 움직이는 힘들의 생성과 연결의 과정을 의미하게 된다. 그러므로 들뢰즈에게서 프롤레타리아트는 자본의 가변 부분으로 기능하는 노동자와 동일시될 수 없다. 그것은 또 어떤 측정 가능하고 집계 가능한 사회적 실체나 집단으로 이해될 수 있는 것이 아니다. 그것은 초월적 추상기계와 그 체제들이 부과하는 동일성의 형식에서 벗어나 새로운 배치를 실험하는 역능의 자기구성양식이다.

이와 달리 네그리에게서 산 노동의 특이성은 노동거부라는 형태에 한정되지 않는다. 노동거부가 기존의 자본관계의 변형을 요구하는 특이한 운동임이 분명하지만 산 노동은 자본관계 속에서라 할지라도 노동 그 자체를 통해서 세계를 구성하고 재구성하는 힘으로 나타난다. 세계를 변형하는 불로서의 노동은 끊임없이 새로운 세계를 형성하면서 기존 관계들의 재편을 요구하는 특이한 힘으로 작동하기를 멈추지 않는다.

우리는 들뢰즈와 네그리에게서 탈영토화하는 힘들의 자기구성양식을 부르는 서로 다른 이름을 발견할 수 있다. 도래할 민중을 부르는 이름인 "민중의 발명"[104](들뢰즈), 그리고 힘의 존재론적 경향이자 기획의 이름인 "다중"(네그리).[105] 네그리가 코뮤니즘이라는 전통적 언어를 새롭게 갱신하기를 원함에 반해 들뢰즈가 코뮤니즘이라는 전통적 용어에 연루되고 싶어 하지 않았다는 것은 분명하다. 하지만 자본이라는 초월적 추상기계 속에 내재하는 특이점들의 탈주적 연결과 접속을 의미하는 것으로서의 코뮤니즘('의미' 혹은 '사건'으로서의 코뮤니즘)은 들뢰즈의 리좀책-책리좀 속에서 분명한 윤곽을 드러내고 있는 것으로 보인다. 그래서 『카프카』에서 제시된 소수정치의 구상이 『순수 내재성 : 하나의 삶에 관한 에세이』에 이르면 일종의 내재적 코뮤니즘의 한 양상으로 제시되

---

104. 들뢰즈, 『시네마 2』, 429쪽. 들뢰즈·가타리, 『철학이란 무엇인가』, 314쪽.
105. 니콜래스 쏘번은 네그리의 '다중' 개념이 '이름 붙일 수 없는 프롤레타리아'를 재영토화하는 것이 아닌지 의심한다(쏘번, 『들뢰즈 맑스주의』, 248쪽 이하 참조). 반면 존 라이크만은 네그리의 '다중'이 들뢰즈의 '다양체' 및 '소수파' 개념으로부터의 정교한 개념적 생산물이라고 말한다(존 라이크만, 『들뢰즈 커넥션』, 김재인 옮김, 현실문화연구, 2005, 146쪽).

는 것으로 보인다.[106] 이런 점에서 우리는 쏘번이 들뢰즈의 부재하는 책,『맑스의 위대함』을 코뮤니즘의 내재적 혁신을 위한 책으로 상상하는 것을 지극히 자연스러운 것으로 받아들일 수 있다.[107]

---

106. Deleuze, *Pure Immanence*, pp. 25~35.
107. 이에 대해서는 쏘번, 『들뢰즈 맑스주의』, 40쪽 참조.

7장 정치·2 :
소수정치와 삶정치

들뢰즈와 정치

정통에 대한 거부와 가능성의 존재론으로서의 맑스주의

들뢰즈의 '잠재성의 존재론'

네그리의 '가능성의 존재론'

소수정치 대 삶정치

자율의 정치

어떤 탈근대적 저자들은 출현하고 있는 모델의 주변부에서 구멍이 난 곳을 찾는다. 그러나 그 주변부는 초월의 문턱 즉 거의 초월에 해당하는 내재성이며, 유물론적 실재론이 신비주의에 고개를 숙이게 마련인 모호한 장소이다. 어떤 이들은 끊임없이 이 주변부를 읽는다(데리다). 다른 이들은 마치 그것이 마침내 포착된 부정적인 것의 힘을 모으는 곳인 양 그것을 응시한다(아감벤). 공통적인 것에 대한 이런 방식의 사유는 (레비나스에게서처럼) 타자를 기다리는 갈망 속에서 신비주의로 귀결한다.[1]

들뢰즈와 정치

네그리는 오랫동안 정치적 활동에 종사했으며 정치를 자신의 사유의 중심에 놓아 왔다. 그에게는 어느 정도 분명한 윤곽을 갖는 정치학이 있다. '코뮤니즘'communism이라는 개념을 중심으로 자본주의 세계 질서의 주권적 배치를 규명하고 그것을 변형시켜 나갈 새로운 주체성의 형성을 규명하는 혁명적 정치학이 그것이다. 최근에 그것은 '제국', '비물질노동', '다중' 등의 개념적 요소들을 축으로 하는 '삶정치(학)'으로 다시 짰였다. 그는 맑스주의 전통에서 설명되어온 '공산주의 = 경제

1. 안또니오 네그리, 『혁명의 시간』, 정남영 옮김, 갈무리, 2004, 126쪽.

적 코뮤니즘'과의 구분을 위해 자신의 '삶정치적 코뮤니즘'을 '내재적'인 것이자 '자율주의적'인 것으로 설명해 왔다.

그렇다면 들뢰즈에게도 정치학이 있는가? 있다면 그것은 어떤 내용, 어떤 특징을 갖는 것인가? 들뢰즈에게는 정치학이 없다는 생각이 터무니없는 것임은 앞의 6장에서의 고찰을 통해 입증했거니와 그러한 생각은 들뢰즈의 직접적인 발언들을 통해서도 반박될 수 있다. 그의 발언들은 그가 인간적·비인간적 삶의 모든 수준에서 정치를 느끼면서 정치를 사유하고 있음을 보여 준다. 이처럼 그가 기존의 정치 개념으로는 정치로 규정할 수 없는 곳에서 정치를 읽고 있기 때문에 그에게 정치학이 없다는 생각은 오히려 전통적 정치 관념의 한계를 드러내는 것이라고 반박할 수 있을 것이다. 그럼에도 불구하고 그의 정치적 사유의 분명한 윤곽이나 방향을 특징짓기는 쉽지 않다. 많은 연구자들이 그의 정치학을 서로 다르게 특징짓는 것은 아마도 그의 사유의 이러한 복잡성 때문일 것이다. 예컨대 들뢰즈의 존재론적 정향에 주목한 마이클 하트는 그에게서 '내재성의 정치학'을 읽어내며[2], 다양성 및 욕망 개념에서 출발한 폴 패튼은 '탈영토화의 정치학'을[3], 차이의 철학과 외부의 사유에서 시작한 이진경은 '노마디즘의 정치학'을[4] 읽어

---

2. 하트, 『들뢰즈 사상의 진화』.

3. 패튼, 『들뢰즈와 정치』.

4. 이진경, 『노마디즘』 1, 2, 휴머니스트, 2002.

낸다. 니콜래스 쏘번은 들뢰즈의 정치학을 맑스의 정치학과 좀 더 분명히 대면시키면서 들뢰즈의 정치학을 '소수정치학'으로 독해하려는 주목할 만한 시도를 보여 주었다.[5]

들뢰즈의 정치학을 읽어내는 이 독해들 사이의 미세한 차이를 드러내는 것은 이 글의 관심사가 아니다. 이 글의 관심사는 오히려 들뢰즈의 정치학[6]과 네그리의 정치학의 차이 및 공명의 관계에 있다. 이 차이와 공명의 관계가 발생하는 곳은 존재론적 수준에서이다. 들뢰즈는 베르그손을 따라, 가능성-실재성의 관계 쌍을 기각하고 잠재성-현실성의 관계 쌍 속에서 존재를 사유한다. 반면 네그리는 잠재성-가능성-현실성의 이행을 통해 존재를 사유한다. 나는 존재의 잠재성, 가능성, 현실성에 대한 두 사람의 이러한 이해의 차이로부터 어떻게 서로 다르면서도 깊게 공명하는 정치학이 발전하는지를 살펴보는 한편, 이것이 맑스주의의 혁신에 어떤 가능성을 제시하는지를 검토해 볼 것이다.

정통에 대한 거부와 가능성의 존재론으로서의 맑스주의

이미 밝힌 것처럼 우리의 문제는 맑스주의 혁신의 지평에

---

5. 쏘번, 『들뢰즈 맑스주의』.
6. 여기서는 주로 니콜래스 쏘번의 '소수정치(학)'적 독해를 논의의 중심에 놓을 것이다.

서 들뢰즈와 네그리를 비교하는 것이다. 그러므로 두 사람의 존재론과 정치학에 대한 비교로 나아가기 전에 여기에서 내가 '맑스주의'라는 용어를 어떤 의미로 사용하고 있는지를 미리 밝혀두기로 하자. 나는 '맑스주의'라는 용어를 하나의 **특정한 경향성**에 붙이는 이름으로 사용한다. 요컨대 맑스주의는 코뮤니즘의 잠재력을 확인하고 그것의 실제적 가능성을 규명함으로써 그때그때의 코뮤니즘적 주체성의 구성으로서의 프롤레타리아 혁명에 참여하는 이론적 및 정치적 실천들이다. 그것은 결코 맑스에 의해 이미 표명된 말들에 대한 충실성으로 환원될 수 없다. 또 그것은 맑스의 담론에서 파생된 특정한 철학이나 정치경제학 혹은 정치학으로 환원될 수도 없다. 맑스주의가 기억의 정치학이 아니라 미래에서 영감을 얻는 혁명적 실천인 한에서 맑스주의에 '정통'orthodox이란 있을 수 없다. 왜냐하면, '정통'은 우리를 과거의 기억에 묶어 놓음으로써 새롭게 사유할 수 없도록 만드는 밧줄의 역할을 하기 때문이다. 우리는 맑스주의를 일체의 정통에 대한 거부로 이해한다. 맑스주의는 다시 말해 과거의 혁명적 기억들까지도 도래할 가능성의 관점에서 비판적으로 재조명하여 현재의 '때' 속에 합류시키는 방식으로 과거 기억과 관계 맺는 태도이다.[7] 요컨대 맑스주의

---

7. '때'에 대해서는 조정환, 「비물질노동과 시간의 재구성」, 『비물질노동과 다중』 참조.

는 가능성을 중심으로 잠재성과 현실성의 이중운동 혹은 잠재성에서 현실성으로의 펼쳐침explication과 현실성에서 잠재성으로의 감싸임implication을 사유하고 실천하는 운동이다.

　맑스주의에 대한 이러한 재정의는 다음 두 가지 해석 경향에 대한 비판을 함축한다. 첫째로 이것은 맑스주의를 현실성을 중심으로 해석해온 현실주의적 객관주의 경향에 대한 비판이다. 현실주의적 해석은 코뮤니즘을 존재의 잠재성과 접목시킬 수 없다. 그 무능력으로 인하여 그것은 자본주의 붕괴론에 기초한 혁명적 기회주의에서 자본주의 안정론에 기초한 구조개혁주의로 이동했다. 둘째로 이것은, 맑스주의를 잠재성쪽으로 너무 구부린 나머지 마침내 현실성에서 유리된 "아름다운 영혼"8에 의지하게 된 경향에 대한 비판이다. 이 경향은 잠재성의 발견을 통해 현실(주의)에 대한 날카로운 비판을 수행했으나 그 잠재성을 현실성과 연결하지 못함으로써 결국 코뮤니즘을 부정하는 반맑스주의로 흐르거나 코뮤니즘을 신비한 것으로 만들었다. 이럴 때 잠재성은 현실의 주변이나 구멍 혹은 초월적 영역으로 나타난다. 이렇게 잠재성과 현실성이 서로 대립적으로 이해되곤 하기 때문에 가능성에 대한 맑스주의의 강조는 중요한 의미를 갖는다.9 가능성은 현실적 잠재

---

8. 들뢰즈는 "아름다운 영혼"에 **빠**질 위험을 "피 흘리는 투쟁들과는 거리가 먼 차이, 서로 연합하고 화해할 수 있는 차이들에 그치고 마는 위험"으로 정의한다(들뢰즈, 『차이와 반복』, 19쪽).

성이자 잠재적 현실성이며 잠재성에서 현실성으로의 이행의 장이기도 하다. 가능성은 두 수준 사이의 발생공간이자 생성의 표면이다. 따라서 가능성의 존재론으로서의 맑스주의는 잠재력potentiality이 현실의 구성력constituent power으로 나타날 가능조건에 대한 탐구이다.

들뢰즈의 '잠재성의 존재론'

그렇다면 현실사회주의의 붕괴 및 정통 맑스주의의 퇴조 속에서 혁명적 사유의 재구축에서 중요한 영향력을 행사해온 들뢰즈는 맑스주의와 어떤 관계에 있을까? 들뢰즈 자신은 '정통적 맑스주의'에 반대하는 입장을 분명히 하면서도 자신을 '맑스주의자'로 자처하는 양면적 태도를 취했다.『맑스의 위대함』에 대한 구상은 아마도 후자의 입장에 기초한 맑스주의 혁신의 플랜이었을 것이다. 들뢰즈는 '존재론적 선회'를 통해 '객관적 현실의 인식'에 정향되어 있는 기존의 인식론적 맑스주의에 대한 근본적 비판을 제시한다. 그에 따르면, '존재는 일의적이다'; '사유와 연장은 평행하는 존재의 속성이다'; '실재는 현실적인 것인 동시에 잠재적인 것이다'; '잠재적인 것은 반복해서

---

9. 맑스의 추상적 가능성 및 구체적 가능성 개념에 대해서는 Hardt and Negri, *Multitude*, pp. 144~5 [네그리·하트, 『다중』] 참조.

주사위를 던지는 제곱능력의 차이들이다';'현실적인 것은 잠재적 차이들의 분화이자 배치이다.'[10] 이러한 생각을 맑스의 생각과 비교해 보자. 우리는 맑스가 『자본』에서 '자본주의의 현실'을 묘사하고 있다고 말할 수 없다. "자본주의적 생산의 자연법칙들로부터 발생하는 사회적 적대관계의 발전정도가 높은가 낮은가 하는 것은 여기에서는 문제가 되지 않는다."[11]는 진술에서 우리는 현실성에 대한 경험적 묘사가 그의 탐구과제가 아님을 추론할 수 있다. 그는 "문제는 이 법칙들 자체에 있으며 움직일 수 없는 필연성을 가지고 작용하며 또 관철되는 이 경향들 자체에 있다."[12]고 말하면서 자신의 연구대상이 "자본주의적 생산방식 및 그것에 대응하는 생산관계와 교환관계이다."[13]라고 단언한다. 그것은 경험적 자본주의를 그 값으로 갖는 상대적 규정관계들, 자본주의의 가능조건에 대한 탐구이다. 반면 들뢰즈는 '현실의 운동이 그렇게 나타나도록 만드는 잠재적 이념이 무엇인가?'라는 문제를 탐구했다.

맑스적인 의미의 사회적 이념들은 존재하는가? 맑스가 "추상적 노동"이라고 부르는 것이 있다. 여기서 추상되는 것은 노

---

10. 이러한 생각에 대해서는 들뢰즈, 『차이와 반복』, 449~460쪽 참조.
11. 칼 마르크스, 『자본론』 1권(상), 김수행 옮김, 비봉출판사, 2004, 5쪽.
12. 같은 곳.
13. 같은 책, 4쪽.

동생산물들의 특정한 질들, 그리고 노동자들의 질이다. 하지만 생산성의 조건들, 사회의 노동력과 노동수단들은 추상되지 않는다. 사회적 이념은 사회들의 양화 가능성, 질화 가능성, 잠재력의 요소이다. 이 이념을 통해 표현되는 것은 이념적인 다양체적 연관들의 체계, 또는 미분적 요소들 사이에서 성립하는 미분비들의 체계이다.… 그런 비율적 관계들의 변이성에는 특정한 특이점들이 상응한다. 이 변이성과 특이점들은 규정된 한 사회를 특징짓는 구체적이고 분화된 노동들 속에서 구현되고, 이 사회의 실재적 결합관계들(법률적, 정치적, 이데올로기적 관계들) 속에서 구현되며 이 결합관계들의 현실적 항들(가령 자본가-임금노동자) 속에서 구현된다.[14]

이 인용문의 후반에서 드러나듯이 들뢰즈는 잠재적인 것과 현실적인 것의 관계, 잠재적인 것에서 현실적인 것으로의 이행에 관심을 가지며 그것에 대해 철학적으로 언명한다. 그 이행은 존재론적 이행인바, 그것은 사회적 이념에서 미분비들의 체계로, 미분비들에 상응하는 특이점들에서 사회의 실재적 결합관계들과 이 결합관계의 현실적 항들로 나아간다. 이 존재론적 이행에 대한 위의 서술은 잠재성에서 가능성으로, 다시 가능성에서 현실성으로 이행하는 존재의 운동에 대한 언

---

14. 들뢰즈, 『차이와 반복』, 405쪽.

x

명이다.[15] 하지만 그의 주요한 관심은 이 운동과 이행에 두어져 있기보다 현실적인 것에서 잠재적인 것의 독립성을 밝히고 현실적인 것을 잠재적인 것으로 미분하는 것에 집중되어 있다. 혁명적 잠재력은 물론이고 혁명적 가능성마저 현실성 혹은 실현 가능성의 척도로 재단되어 억압되고 있던 당대 서구 운동의 개혁주의적 추세에 비추어 보면 이것은 유의미하고 유효한 전략적 구부림이었다. 순수회상, 지속, 에레혼, 아이온, (비)-존재 등의 '비가능한' 이름들을 통해서만 환기할 수 있었던 존재의 잠재성에 대한 호소는 실용과 실리에 깊게 물든 운동에 충격을 주었고 1968년에 온갖 현실주의적 환상을 깨고 일어난 다중의 목소리와 겹쳐졌는데, 이로 인하여 들뢰즈는 누구도 결코 건너뛸 수 없는 잠재성의 철학자로 되었다.

잠재성의 복원[16]을 통해 존재를 일의적인 것으로 사유하기 시작한 것은 현실주의적이고 객관주의적인 맑스주의를 파열시키고 새로운 단절선을 출발시키는 획기적 성과임이 분명하다. 들뢰즈는 맑스주의적 유물론이 '의식에서 독립된 객관

---

15. 들뢰즈가 『차이와 반복』을 비롯한 철학적 저작들에서 가능성 범주를 기각하지만 내가 보기에 기각되는 것은 '재현적 가능성'이며 '실재적 가능성'의 개념은 견고하게 유지되고 발전된다. 예컨대 강도, 특이성, 이것임(heccéité) 등의 개념이 그것이다.

16. 스토아학파의 비물체성, 스피노자의 실체, 라이프니츠의 단자, 니체의 힘, 베르그손의 지속 등은 들뢰즈가 잠재성 개념을 복원하는 과정에서 중요한 기여를 한다.

현실의 승인과 인식'을 넘어 사유와 연장, 잠재와 현실을 포괄하는 존재의 이중운동에 대한 물음과 배움으로 나아갈 수 있는 기틀을 제공한다. 그러나 들뢰즈의 철학적 사유의 대부분은 잠재성의 실재성을 입증하는 데 할애된다는 점이 다시 한번 환기되어야 한다. 잠재성은 직접 경험될 수 있는 것이 아니기 때문에, 잠재성의 실재는 주로 철학적 개념으로만, 그리고 예술적 형상을 통해서만 설명된다. 잠재성에서 현실성으로의 이행이 분석되지 않고 잠재성이 그 자체로, 즉 이념으로서의 차이 자체로 분석될 때 여기에 수반되는 가장 큰 위험은 "아름다운 영혼의 표상"들로 전락하는 것이다.[17] 들뢰즈는 과연 이 위험을 피하는 데 성공했는가? 만약 그렇다면 그것은 무엇을 통해 가능했는가?

물론 우리는 들뢰즈가 가능성–실재성의 쌍을 거부한다는 것을 잘 알고 있다. 들뢰즈는 베르그손을 따라 가능성을 현실성의 전사傳寫로, "해解를 받아들일 논리적 가능성"[18]으로 파악

---

17. 앞의 각주 8에서도 언급한 이 위험은 이렇게 표현된다. "동일자에서 벗어나 있고 부정적인 것에 의존하지 않는 순수한 차이들을 불러들이는 데에는 많은 위험이 따른다. 가장 큰 위험은 아름다운 영혼의 표상들로 전락하는 것이다. 그것은 피 흘리는 투쟁들과는 거리가 먼 차이, 서로 연합하고 화해할 수 있는 차이들에 그치고 마는 위험이다."(들뢰즈, 『차이와 반복』, 19쪽) 들뢰즈는 이러한 위험을 인식하면서도 "문제들은 아름다운 영혼의 동일성을 박탈하고 그의 선한 의지를 깨뜨리는 가운데 그 영혼을 파괴하는 힘을 낳는다. 문제들과 미분적 차이가 규정하는 어떤 투쟁과 파괴들. 이것들에 비추어 보면 부정적인 것의 투쟁과 파괴들은 외양에 불과하다.…모든 사유는 침략이다."(같은 책, 20쪽)라고 말한다.

하고 이러한 의미의 가능성은 실재성을 갖지 않는다고 단언한다. 이러한 의미의 가능성은 존재론적 범주라고 보기 어렵다. 그가 가능성-현실성이라는 아리스토텔레스적 쌍을 잠재성-현실성이라는 베르그손적 쌍으로 대체하는 것은 이 때문이다. 그러나 과연 가능성에 대한 다른 이해 가능성은 없는 것일까? 능력들을 실현할 새로운 배치를 가능성으로 이해할 수는 없는 것일까? 말년의 들뢰즈는 가능함, 가능태에 이전과는 전혀 다른 의미를 부여한다.

> 어떤 한순간에 조용하고 아늑한 한 세계가 있다. 갑자기 그 장 너머로 무언가를 바라보는 겁에 질린 한 표정이 떠오른다. 여기서 타자는 주체도 객체도 아닌 매우 다른 어떤 것, 가능한 세계 혹은 두려운 어떤 세계의 가능태로서 나타난다. 이 가능성의 세계는 현실 아닌, 혹은 아직은 현실이 아니지만 그럼에도 불구하고 존재하는 것이다. 그것은 그 표현 속에서만 존재하는 어떤 표현된 것, 표정 혹은 표정에 상당하는 것이다. 타자란 우선 이러한 가능한 세계의 실존이다. 그리고 이 가능한 세계 역시, 그 자체 내에 고유한 하나의 현실을 가능성으로서 지닌다. 즉 표현자가 "나는 두렵다"고 말하고 표현하는 것만으로도, 표현된 그대로의(설사 그의 말이 거짓일지라도) 현실을 가능함[e

---

18. 들뢰즈, 『차이와 반복』, 353쪽.

possible에 부여하기에 충분하다. … 타자 개념에 있어 가능한 세계와 표정은 표현된 것과 표현으로 각기 구별될지라도, 가능성의 세계는 그것을 표현하는 표정을 벗어나서는 존재하지 않는다. … 개념의 접점은 구성요소들을 끊임없이 가로지르며, 그 안에서 오르내린다. 이런 의미에서 각 구성요소는 강도적 특질, 일종의 강도적 세로좌표이다. 이는 일반적이거나 특수한 것으로서가 아니라, 거기에 다양한 의미 값들이 주어지거나 하나의 일관된 기능으로 지시됨에 따라서 일반화되거나 특수화될 수 있는 순수 단순한 어떤 특이성 – '하나의' 가능한 세계, '어떤' 표정, 단어'들' – 으로서 이해되어야 한다.[19]

여기서 가능성은 결코 현실성의 단순한 전사로 나타나지 않는다. 그것은 강도적 특질, 특이성, 표정 등으로 실재하는 것으로 나타난다. 더욱 흥미로운 것은 그가 가능태를 미적 범주로 확정한다는 점이다. 그것은 잠재적인 것을 현실화하기보다 구현하는 것으로 이해된다.

기념비란 잠재적 사건을 현실화함이 아니라 그것을 구현시킴, 즉 거기에 실체를 부여함이다. 다시 말해 사건에다가 하나의 육체를, 삶을, 우주를 부여하는 것이다. 그래서 프루스

---

19. 들뢰즈·가타리, 『철학이란 무엇인가』, 29~34쪽. 강조는 인용자.

트는 예술-기념비를 체험보다 우위의 어떤 삶으로, 그 '질적인 차이들'로, 또한 우주 렘브란트나 우주-드뷔시와 같이 그 자체 고유의 한계들, 자체들 간의 거리들과 근접함들, 자신의 고유의 성좌들, 그러한 것들이 운행시키는 감각의 집적들을 구축하는 '우주들'로 정의한다. 이 우주들은 잠재적이지도 현실적이지도 않다. 그것들은 가능태들, 즉 미적 범주로서의 가능태(가능함, 그것이 없었다면, 나는 질식해 버리고 말았을 것이다), 가능함의 실존이다. 반면 사건들은 잠재태의 현실, 모든 가능한 우주들을 조감하는 사유-본질의 형식들이다. 그렇다고 감각보다 개념이 원칙적으로 우선한다는 의미는 아니다. 감각에 대한 개념 하나라도 그 자체의 고유한 방법들에 의해 창조되어야 하며, 또 개념이 그 절대 형태 내에 필연적으로 존재해 있지 않다고 해도, 감각은 가능한 자기의 우주 안에 존재한다는 의미이다.[20]

잠재태로서의 개념과 가능태로서의 감각을 대비시키는 이상의 인용을 통해 확인할 수 있는 것은 들뢰즈가 강도, 특이성, 표현, 분화, 극화의 개념을 통해 가능성, 가능태, 가능한 것을 사고하고자 했다는 점이다. '가능성-현실성'의 쌍을 대체하는 '잠재성-현실성'의 쌍을 통해서 우리는 분리된 두 범주를 확인하는 것에 머문다. 이 양자가 서로의 반쪽이라고 말해도 사태

---

20. 같은 책, 256쪽. 강조는 인용자.

는 마찬가지이다. 문제는 강도, 특이성, 구성으로 나타나는 가능성의 장을 통해 잠재성과 현실성의 교차와 이행을 확인하는 것이다. 가능성의 장이야말로 들뢰즈의 초험적 경험론의 주제공간이며 네그리의 맑스주의적 유물론의 주제공간이다. 여기에서 우리는 두 사람 사이의 깊은 공명을 확인한다.

물론 들뢰즈는 가능성의 장을 주로 예술에서 확인한다. 그런데 그것은 우리의 삶에서도 확인될 수 있는 것이 아닌가? 사실상 '살적 구현'은 삶의 일상이다. 맑스는 자본주의 운동의 객관법칙을 규명한다고 했지만 실제로는 자본주의의 운동 속에서 그것에 대항하여 움직이며 구현되는 코뮤니즘의 살을 규명했다. 그것이 프롤레타리아트이다. 프롤레타리아트는 코뮤니즘의 가능성의 장이며 가능태이다. 물론 우리가 읽고 있는 현실의 『자본』은 프롤레타리아트라는 살의 형성을 간헐적으로, 그리고 난외적으로만 다룬다. 그렇지만 『자본』의 초고인 『정치경제학 비판 요강』은 '사회적 노동'의 형성과 구현의 과정을 보여 주고 또 전망함으로써 삶 속에 실재하는 코뮤니즘의 가능성을 밝힌다. 이처럼 가능태는 결코 예술에만 해당되는 것이 아니다. 그것은 오히려 점차 예술로 전화하는 삶 전체에 해당되는 문제이다. 맑스주의는 삶의 이 가능성의 탐구와 코뮤니즘적 가능성의 장에의 참여를 통해 세계와 자신을 혁신하는 정치학이다.

이제 예술 영역을 넘어 좀 더 직접적으로 들뢰즈의 정치 개념에 대해 살펴보기로 하자. 전통적 정치학에서 정치는 권력의 점이자 절편으로 흔히 이해되어 왔다. 이것은 정치가 오직 현실성의 수준에서만 탐구되어 왔음을 의미한다. 우파는 물론이고 좌파 역시도 권력에 대한 이 현실주의적 이해를 계승했다. 혁명정치는 현실의 권력을 장악하는 문제로 파악되었다. 이것은 지배적인 것이 되고자 하는 욕망 속에서 지배/피지배 관계를 부단히 재생산하는 정치 개념, 즉 다수주의적 정치 개념이다. 들뢰즈는 권력을 장악하는 것이 아니라 해체하는 소수적 정치 개념을 제시한다. 그는 현실 권력의 문제를 잠재력의 관점에서 다시 사고하고 권력이 잠재성의 삶을 절단하는 체제임을 밝혀낸다. 이러한 인식에서 현존하는 다수주의적 정치 개념으로부터의 단절선이 출현한다. 그것은 소수정치의 선, 즉 현존하는 체제가 삶에 새겨놓은 절단선들을 드러내고 그것을 파열하는 특이성의 선들을 발견-접속하여 **공통적 탈주의 선**을 창조하는 것이다.

여기에서 잠시 들뢰즈의 정치학에 대한 니콜래스 쏘번과 마이클 하트의 해석을 비교해 봄으로써 들뢰즈 정치학의 한 특징을 살펴보도록 하자. 쏘번은 들뢰즈의 사유에서 두 가지 삶의 과정, 태도를 확인한다. 다수적인 것과 소수적인 것이 그것인데, 다수적인 것이 동일성, 표준, 상수를 추구하는 가수적可數的인 과정을 지칭하는 것임에 반해 소수적인 것은 삶의 일탈 혹은 탈영토화의 과정을, 몰적 표준에 대항하여 세계의 잠재성을 불러내는 과정을 지칭하는 것이라고 본다.[21] 다수적인 과정이 다수주의적 형태를 가짐에 반해 소수적 과정과 경향 속에는 두 가지의 형태가 있다. 하나는 하위체계를 구성하는 소수성이며 또 하나는 잠재적이고 창조된 생성으로서의 소수주의적인 것이다.[22] 이 세 가지 형태들이 과정, 태도, 경향을 함축하는 한에서 이것들은 정치적이다. 쏘번이 '소수정치'라는 개념을 제안하는 곳은 여기에서이다. 소수정치는 '동일성을 강화하는 과정이 아니라 삶의 혁신, 실험, 그리고 뒤섞임의 과정' 이며 그 속에서 "공통체의 형식들, 실천의 기술들, 윤리적 태도들, 스타일들, 지식들, 그리고 문화적 형식들"이 구성되는 과정이다. 쏘번은 이 과정이 "갇힌" 상황에서, 즉 어떤 자율적 공간을 갖지 못한 사람들이 "운동을 동일성으로 가두는 사회적 힘들이 가득 찬" 공간에서 수행하는 정치이며 민중이 없는 상황에서 전개하는 발명의 정치라고 해석한다.[23] 그 결과 프롤레타리아트는 사회적 집단이 아님은 물론이고 코뮤니즘의 가능성이나 정치적 삶도 아닌 일종의 정치적 구성의 양식으로 이해된다.[24] 그것은 활력, 논쟁, 지속적 심문, 계략, 발명의 활기찬 과정이다. 따라서 프롤레타리아트는 반동일성주의적이

---

21. 쏘번, 『들뢰즈 맑스주의』, 56쪽.
22. 같은 곳.
23. 같은 책, 58쪽.
24. 같은 책, 153쪽.

라는 의미에서 '이름 붙일 수 없는 것'으로 나타난다.

맑스주의가 가능성의 정치(학)인 한에서 그것은 체제에 의해 주어지는 동일성에 대한 거부이며 잠재성을 불러내는 과정임이 분명하다. 이것은 분명히 활력, 논쟁, 계략, 심문, 발명 등에 의해 추동된다. 하지만 쏘번은 들뢰즈가 이 발명의 정치의 공통적 행위자를 이름 부르기를 거부했다고 말한다. 프롤레타리아트는 '정치적 구성의 양식'으로 이해될 뿐 구성의 정치적 주체성으로 파악되지 않는다는 것이다. 아래에서 좀 더 구체적으로 살펴보겠지만 이러한 설명은, 들뢰즈가 새로운 민중의 생성에 대해 거듭 강조하고 있다는 점에 비추어 볼 때, 들뢰즈 정치학에 대한 적실한 설명으로는 보기 어렵다.

마이클 하트는 쏘번과는 다른 해석을 제시한다. 들뢰즈에게서 실체(표현자)가 양태들(표현되어지는 것)의 세계에 절대적으로 내재하게 되는 것은 속성들(표현들)을 통해서이며 속성들 속에 포함된 형식들의 공통성commonality을 통해서라는 것이다. 요컨대 『스피노자와 표현의 문제』에서 확인되는 것처럼, 들뢰즈에게서도 속성들의 표현은 존재의 공통 형식들을 통해서만 발생할 수 있다는 것이다. 하트는 이것을 다음처럼 분석한다.

우리는 이러한 개념화를 두 가지 측면에서 볼 수 있다. 한편으로 속성들에 의해 신은 양태들의 세계 안에서 절대적으로 내재적이다(완전히 표현된다). 다른 한편 속성들의 공통 형식들을 통해 양태들은 신적인 실체에 완전히 분유한다. 내재성과 분유는 속성들의 표현이 갖는 두 가지 측면이다. 표현적 속성들에 의해 주어지는 이해와 유비적 고유성들에 의해 부과되어지는 복종을 구별해주는 것은 이러한 분유이다. 기호들의 체계는 우리에게 존재에 대해 아무것도 말해주지 않는다. 침묵하는 기호들과 기호학의 계명들은 존재론을 폐장閉場시킨다. 오직 표현만이 존재에 대한 우리의 인식을 열어 놓을 수 있다.25

속성들의 공통형식이야말로 양태를 내재적인 것으로, 실체의 분유로 만들 수 있는 조건이며 우리들의 이해가 유비적 고유성으로 추락하지 않을 수 있는 조건이다.

절대적 내재성은 일의성에 대한 필요조건이긴 하지만 충분조건은 아니다. 속성들은 (내재성으로부터 뒤따르는) 내부적인 공통 형식에 의해 특성화될 뿐 아니라 외부적 복수성에 의해서도 성격이 규정된다. 다시 말해서 표현적인 긍정 신학이라는 이러한 이론을 추구하기 위해서는, 각각의 무한한 속성 속에 구현된 형식적[형상적] 공통성을 상이한 속성들 사이의

---

25. 하트, 『들뢰즈 사상의 진화』, 195쪽.

형상적 구별에 의해 보충할 필요가 있다. 신의 본질은 하나의 속성 안에서 표현될 뿐 아니라 무한한 수의 형상적으로 구별되는 속성들 안에서도 표현된다.[26]

속성들의 내부적인 공통형식은 동시에 외부적 복수성을 갖는다. 다시 말해 상이한 속성들이 서로 형상적으로 구별되면서도 그것들은 내재적 공통성을 갖는다. 그것은 다음과 같이도 서술된다.

속성들은 형상적으로는 구별되고 존재론적으로는 동일하다. … 속성들은 각각 상이한 형상으로, 그러나 동일한 의미로 존재를 표현한다. 일의성은 속성들 사이의 형상적 차이를, 그러나 속성들 사이의 실재적이고 절대적인 존재론적 공통성을 함축한다.[27]

따라서 구별되면서도 공통적인 이 속성들은 우리에게 조직화의 문제를 제기한다고 보아야 한다. 그런데 하트는, 들뢰즈가 이 속성들의 조직화에 부정적이거나 그것에 무관심했다고 분석한다.[28] 쏘번이 소수정치를 동일성에의 참여이자 그것과의

---

26. 같은 책, 198쪽.
27. 같은 곳.
28. 같은 책, 232쪽. 이러한 관점에 입각하여 전개된, 쏘번의 소수정치학에 대한

교전이며 그 속에서 이루어지는 새로운 창조로 이해하지만, 그의 소수정치학은 존재론적 일의성에 적극적 관심을 기울이지 않음으로써 민중의 생성이라는 문제에는 무관심하게 (혹은 소극적으로) 된다. 여기에 들뢰즈의 이 취약점이 투영되고 있는 것이 아닐까? 그 결과 정치(학)이 다양한 속성들의 공통성을 조직화하는 과정으로 파악되기보다 동일성과의 교전이라는 수준에서만 이해되는 것이 아닐까? 이럴 때 민중의 부재 속에서 전개되는 그 교전은 동일성에 대한 반작용에 지나지 않으며 잠재력의 우선성은 부정되고 가능성의 장은 희미해지게 된다. 존재론적 자율에 대한 부정이라는 관념은 이러한 이해로부터 발생한다. 자율은 존재론적 일의성, 다양한 특이성들의 공통성, 그리고 공통성의 조직화에 기초한 내재적 코뮤니즘의 이념이다. 자율에 대한 거부는 존재론적 일의성에 대한 철학적 탐구의 부재(이것은 들뢰즈나 네그리와는 달리 쏘번에게서만 나타난다)와 속성들의 공통성의 조직화에 대한 회의(이것은 쏘번과 들뢰즈에게 공통적으로 나타난다)가 남겨놓은 정치학적 흔적이다.

네그리의 '가능성의 존재론'

보충적 비판은 쏘번의 『들뢰즈 맑스주의』의 「옮긴이 서문」 17~27쪽 참조.

이미 말한 바처럼 들뢰즈는 속성들의 공통성의 조직화 가능성에 대해 소극적이었다. 그는 칸트적 공통감(권리상 자연적인 공통감)을 본성상 올바른 사유, 초험적 모델로서의 재인과 결부된 사유의 이미지로 비판할 뿐만 아니라[29] 더 나아가 소통과 창조를 대립시키면서 특이성들 사이의 소통 불가능성을 역설했다.[30] 그렇다면 일의성을 강조하는 들뢰즈의 존재론과 공통성의 조직화 가능성을 부정하는 그의 정치학 사이에는 깊은 균열이 있는 것이 아닌가? 그리고 공통성의 조직화 가능성을 강조하는 네그리와 들뢰즈 사이에는 건널 수 없는 강물이 흐르고 있는 것은 아닌가?

들뢰즈가 소통과 공통성에 대해 부정적 태도를 취하는 것은 사실이지만 내가 보기에 그것은 공통성과 소통의 현실적 실존양식들(재인의 공통감과 부당한 종합들, 그리고 합의적 여론들)에 대한 비판으로 읽는 것이 옳다. 그는 구성되고 생산되어야 할 것이 아니라 이미 전제되어 있는 공통감을 비판하며[31] 지층화된 기호체제에 입각한 소통의 양식을 비판

---

29. 들뢰즈, 『차이와 반복』, 300~301쪽.
30. "소통이란 개념이 아니라 '합의'를 창출하기 위한 의견들의 가능태로서만 작용할 따름이기 때문이다."(들뢰즈·가타리, 『철학이란 무엇인가』, 15쪽). "소통이란 우리에게 결여된 것이 아니라 오히려 남아도는 것이며, 우리에게 부족한 것은 창조이다."(같은 책, 159쪽). 그런데 그가 소통이라고 말할 때, 그것은 '정보학, 마케팅, 디자인, 광고학' 등을 지칭한다(같은 책, 20쪽 참조)는 점에 유의해야 한다.
31. 들뢰즈, 『차이와 반복』, 301쪽.

하는 것이다. 그에게서 소통 불가능성은 실제로는 재현 불가
능성을 의미한다.[32] 이것은 소통의 실존양식에 대한 비판이지
그 이상은 아니다. 이러한 독해를 뒷받침하는 것은, 들뢰즈가
도주선들은 서로 연결됨으로써만 블랙홀로 빠져들지 않는다
고 강조한다는 사실이다.[33] 이것은 그가, 공통성들의 실존형식
들을 비판하는 한편에서, 특이성들의 공통적 조직화의 가능
성과 그 필요성을 긍정하고 있었음을 보여 주는 것이기 때문
이다.

물론 이렇게 들뢰즈가 특이성들의 공통적 조직화를 원리
적으로 승인하고 있지만 그가 그것을 풍부하게 전개하고 있
는 것은 아니다. 그의 논의는 도주적 생성에 집중되며 이 점에
서 생산적 구성에 집중되는 네그리의 논의와는 분명한 차이
를 드러낸다. 네그리는 부정적 종합들에 긍정적 종합들을 대
치시키고 후자의 가능성을 적극적으로 발견하고 또 발전시키
려 시도하는 점에서 들뢰즈와 구별된다. 이런 의미에서 들뢰
즈의 존재론을 "잠재성의 존재론"[34]이라고 부른다면 네그리의

32. 클로소프스키로부터의 다음과 같은 인용을 통해 그는 자신의 소통 불가능
성을 밝히고 있다. "소통 불가능성이란 무엇인가? 그것은 한 개인의 존재가
다수의 개인들에게 귀속될 수 없도록 해주는 원리이며 이 원리는 자기동일
적인 인격체를 고유하게 구성한다."(들뢰즈, 『의미의 논리』, 460쪽).

33. 들뢰즈·가타리, 『천 개의 고원』, 555쪽.

34. 鈴木 泉, 「潜在性の存在論 － 前期ドゥルーズ哲学の射程」, 『情況』 제3기
제4권 제3호, 190~208쪽 (鈴木 泉, 「잠재성의 존재론 － 초기 들뢰즈 철학의
사정」, 김상운 옮김, 미발표번역고, 2005).

존재론은 '가능성의 존재론'으로 부르는 것이 적합할 수 있다.

물론 네그리는 존재의 일의성의 관점을 들뢰즈와 공유한다. 하지만 그는 잠재성의 실재성의 규명에 철학적 노력을 기울이는 들뢰즈와는 달리, 잠재적인 것과 현실적인 것의 이중 운동 속에서 '가능적인 것의 구성'에 관심을 집중한다. 그리고 그는 잠재적인 것에서 현실적인 것으로의 이행이 경유하는 가능성의 장을 규명하는 일에 더 큰 관심을 기울인다. 잠재성(차이 자체 혹은 차이의 이념)은 직접적인 탐구의 대상으로 설정되기보다 그것의 가능적 조직화 속에 내재하는 것으로서 탐구되며 현실성도 가능성(경향)에 비추어서 해석되고 비판된다. 잠재성으로서의 행위할 힘power to act, 즉 노동력과 그것의 자본주의적 현실태인 노동이 산 노동의 가능성의 계보적 형태들(전문적 노동자, 대중 노동자, 사회적 노동자) 속에서 설명되는 것이다.

> 우리는 잠재적인 것을 다중 속에 있는 (존재하고, 사랑하고, 변형하고, 창조하는) 행위할 힘powers to act이라고 이해한다. 우리는 이미 다중의 잠재적 역능이 어떻게 투쟁에 의해 구축되고 욕망 속에 공고화되는지를 보았다. 이제 우리는 어떻게 잠재적인 것이 가능한 것의 경계선에 압력을 가할 수 있는지, 그래서 현실적인 것에 닿을 수 있는지 연구해야만 한다. 잠재적인 것으로부터 가능한 것을 통과하여 현실적인 것으로 나

아가는 이행은 근본적인 창조행위이다. 산 노동은 잠재적인 것에서 현실적인 것으로 나아가는 통로를 구축하는 것이다. 산 노동은 가능성의 전달수단이다.[35]

네그리는 잠재성의 창조적 역능을 인정한다. 그리고 그는 존재가 언제나 창조와 예측할 수 없는 새로움의 행위임을 강조할 필요에 대해 인정한다.[36] 하지만 그는, 가능성을 실재성의 재현으로만 간주하는 베르그손주의의 존재론은 "창조된 존재의 현실성, 그것의 존재론적 무게, 세계를 구조화하고 우연성에서 필연성을 창조해 내는 제도들을 강조할 필요가 있는 한 불충분하다."[37]고 본다. 그래서 그는, "우리의 관심이 처음에는 다중을 구성하는 잠재성의 요소들이 지닌 강렬도에 있었다면, 이제는 그러한 잠재성들이 축적되어 스스로의 힘에 적합한 실현의 문턱에 도달한다는 가설에 초점을 두어야 한다."[38]고 말하게 된다. 네그리에게서 문제는 잠재성에서 현실성으로 던져지고(분화와 극화, 밖주름운동) 다시 현실성에서 잠재성으로 떨어지는(미분화, 안주름운동) 주사위 놀이, 영원회귀의 운동이 아니다. 그가 파악하는 존재에게 영원회귀

---

35. 네그리·하트, 『제국』, 456~7쪽. 강조는 인용자.
36. 같은 책, 457쪽.
37. 같은 곳.
38. 같은 책, 470쪽.

의 원환적 운동[39]은 없다. 실재하는 것은 잠재성에서 가능성으로의, 가능성에서 현실성으로의 부단한 이행운동이다. 생산된 현실성은 이 운동의 종착점이 아니다. 그것은 새로운 이행의 잠재성과 가능성을 구성하므로 이 운동은 직선으로 진행되는 회귀하지 않는 시간이다.[40] 이것은 날아가는 화살촉의 시간, 즉 카이로스의 시간으로 불려진다.[41] 들뢰즈가 크로노스의 시간에서 아이온의 시간을 구별하고 아이온의 선차성을 강조하는 데 역점을 둔다면 네그리는 아이온의 시간의 선차성에 대한 인정 위에서 아이온이 크로노스를 향해 이행하는 시간인 카이로스의 시간을 관심의 중심에 놓는다. 그래서 그는 "가능한 것의 존재론이 분석의 중심지형이다."[42]라고 단언한다.

가능성은 존재가 힘으로 나타나는 평면, 즉 역사적 경향의 평면이다. 이 평면에서 힘들의 적대가 움직인다. 맑스의 추상 개념은 가능성의 평면에서의 이 적대를 드러내 보여 준다. 첫 번째의 추상, 즉 추상노동은 자본 측에서의 추상이다. 그

---

39. 네그리의 시각에서는, 원환처럼 보이는 운동들도 실제로는 나선형의 선형 운동이다.

40. "존재론적 관점에서 볼 때 역사의 행로는 직선으로 전개된다."(네그리, 2004 137). 이 직선 운동에 팽창 개념이 결합되면서 운동은 나선형적 형상으로 이해된다.

41. 네그리, 『혁명의 시간』, 16~17쪽.

42. 네그리·하트, 『제국』, 470쪽.

것은 인간의 산 노동을 양화하여 그것의 잠재력으로부터 그 것을 분리시킨다. 임금노동은 자본이 산 노동으로부터 잠재력(행위할 힘, 창조력)을 분리하여 자신의 목적에 맞게 통제하는 추상의 형식이며 일종의 형식적 추상이다.[43] 그것의 결실은 이 윤이다. 두 번째의 추상은 노동 측에서의 추상이다. 산 노동의 이 추상에서 드러나는 것은 행위할 힘의 전반적 틀이며 잠 재적인 것 자체이다.[44] 이 실질적인 추상에서 산 노동은 행위할 힘의 적극적 표현으로 드러나며 자본주의에 예속된 임금노동 으로서 나타나는 것이 아니라 모든 규제를 넘어설 수 있는 사 회적 노동으로서, 가능성의 형식으로서 드러난다. 이 사회적 노동은 현존질서와 질서 재생산의 규칙들을 넘어서는 생산적 힘 혹은 '생산적 과잉'이다. 그리고 "이 생산적 과잉은 해방의 집합적 힘의 결과인 동시에 노동의 생산적이고 자유로운 역량 들의 새로운 사회적 잠재성의 실체이다."[45] 즉 실질적 추상의 결실은 '내재적 코뮤니즘'이다.

마지막으로 우리가 살펴보아야 할 것은 사회적 잠재성의 실체이자 실질적 가능성의 장인 사회적 노동이 갖는 두 가지 특질에 대한 네그리의 분석이다. 첫째로 그것은 특이하며 보

---

43. 같은 책, 457쪽. 네그리의 창조 개념은 특이성에 강조점을 둔 들뢰즈의 창조 개념에 비해 특이적인 동시에 언제나 집단적이고 공통적이다.
44. 같은 곳.
45. 같은 책, 457~458쪽.

편적인 활동력이다. 둘째로 그것은 확장력, 존재론적 구축의 힘, 가치변환의 힘이다. 첫 번째 특질 때문에 업業, res gestae의 장 전체는 '척도 바깥에서' 잠재성에 의해 물들여진다. 잠재성이 전진함과 더불어 기록과 업적業績으로서의 역사historia rerum gestarum는 실효된다. 역사history가 끝나면서 유일한 역사적 능력은 역사성historicity, 업의 시간에 주어진다. 이것은 가능한 것과 현실적인 것을 접속시키는 특이한 잠재성들이며 특이성으로부터 공통성을 생산하는 행위의 시간이다. 두 번째 특질 때문에 잠재성들은 '척도를 넘어서는' 혁신기계들로 표현된다.[46] 특이한 잠재성들은 낡은 가치체계 및 착취체계에 지배당하는 것을 거부할 뿐만 아니라 그 고유의 환원 불가능한 가능성들을 창조한다.[47] 첫 번째 특질에서 업은 파괴력으로 나타나며 두 번째 특질에서 업은 구성력으로 나타난다. 이로써 잠재성에서 현실성으로의 이행은 파괴와 구성의 함수를 갖는 가능성의 기계의 기능이 된다. 이것을 통해 우연성에서 필연성이 구성되는 것이다.

소수정치 대 삶정치

---

46. 같은 책, 471쪽.
47. 같은 곳.

그러면 이 구성의 이념은 들뢰즈의 사유와 대립하는가? 자세히 살펴보면 결코 그렇지 않다. 들뢰즈 역시도 "우리는 카오스로부터 우리를 보호하기 위해 질서를 필요로 한다."고 말하기 때문이다.[48] 그에 따르면 카오스를 물리치는 세 가지 승자가 있다. 철학자, 과학자, 예술가가 그들이다. 이들은 카오스에 침잠하여 그것과 투쟁하는 것을 통해 얼마만큼의 질서를 가져온다. 철학의 변주들variations, 과학의 변수들variables, 예술의 변종들variétés이 그것이다.

변주들은 분리된 관념들의 연상이 아니라 한 개념 내의 불분명한 지대들을 통과하는 재연결들이고, 변수들은 사물들 내에 있는 특성들의 연결이 아니라 국부적 확률들로부터 총체적 우주론으로 전개되는 지시관계의 분할 구도상에서의 유한좌표들이며, 변종들은 기관 내에서 감각의 재생을 구축하는 것이 아니라 무한을 되돌릴 수 있는 비유기체적 구성의 구도상에서 지각의 존재, 감각의 존재를 세운다.[49] 들뢰즈는 『베르그손주의』, 『니체와 철학』, 『주름』, 『차이와 반복』, 『의미의 논리』, 『천 개의 고원』 등을 통해 철학의 변주들을 제시했고 『프루스트와 기호들』, 『감각의 논리』, 『카프카』 『시네마』를 통해 예술의 변종들을 제시했다. 또 곳곳에서 그는 과학이

---

48. 들뢰즈·가타리, 『철학이란 무엇인가』, 289쪽.
49. 같은 책, 294쪽.

생산한 변수들에 대해 서술했다. 그렇다면 네그리가 우연성에서 필연성을 건져내는 활동으로 평가했고, 실제로 자신의 작업들 전체에서 힘들여 가공한 업$^{res\,gestae}$, 즉 산 노동의 개념에 대해서 들뢰즈는 어떻게 평가했는가?

분명히 『안티 오이디푸스』와 『천 개의 고원』에서 그는 이 문제를 다룬다. 『안티 오이디푸스』에서의 '욕망하는 생산', 그리고 『천 개의 고원』에서의 '생성'이 그것이다. 그러나 들뢰즈에게서 맑스와 네그리가 분석의 중심에 놓은 노동은 점차 부정적으로 평가되는 경향이 있다. 『안티 오이디푸스』의 욕망하는 생산에서 노동은 욕망하는 생산의 일부로 사고되지만 욕망하는 생산을 부당하게 종합하는[50] 사회체들에 포섭된 형태로 등장한다. 『천 개의 고원』에서 들뢰즈는 생성(되기)을 생산으로부터 구별짓기 시작하는데 이 과정에서 노동에 대한 부정적 평가는 더욱 뚜렷해진다고 할 수 있다.

되기는 결코 모방하기도 동일화하기도 아니다. 그것은 또한 퇴행하기-진보하기도 아니다. 또한 그것은 대응하기도 아니고 대응관계를 설립하기도 아니다. 또한 그것은 생산하기, 즉 계통을 생산하기 계통을 통해 생산하기도 아니다. 되기는 자

---

50. 부당한 종합들에서 연결은 외삽으로, 이접은 배제적 이중구속으로, 결합접속은 적용으로 나타난다. 이에 대해서는 이 책의 2장, 특히 40쪽의 도표 참조.

기 나름의 고름을 갖고 있는 하나의 동사이다. 그것은 "… 처럼 보이다", "… 이다", "… 와 마찬가지이다", "생산하다" 등으로 귀착되지 않으며 우리를 그리로 귀착시키지도 않는다.[51]

들뢰즈의 관심은 계통적 생산도 유전적 생산도 없는 생성, 서식, 전파, 전염으로 향한다.

계통관계나 유전적 생산이 없는 서식, 전파, 생성을 어떻게 상상해 볼 수 있을까? … 우리들은 계통관계와 전염병을, 유전과 전염을, 유성생식이나 성적 생산과 전염을 통한 서식을 대립시킨다. 인간 패거리이건, 동물 패거리이건 하여간 패거리들은 모두 전염, 전염병, 전쟁터, 파국과 더불어 증식한다. 이들은 스스로를 재생산하지 않지만 그러나 매번 다시 시작하면서 영토를 얻어가는 성적 결합에서 태어난 그 자체로는 생식능력이 없는 잡종들과 같다. 반자연적 관여들, 반자연적 결혼들은 모든 왕국을 가로지르는 참된 〈자연〉이다. 전염병이나 전염에 의한 전파는 유전에 의한 계통관계와는 아무런 관계도 없다. 이 두 주제가 서로 섞이고 서로 상대를 필요로 하기는 하지만 말이다. 흡혈귀는 계통적으로 자식을 낳는 것이 아니라 전염되어 가는 것이다. 전염이나 전염병은 예컨대 인

51. 들뢰즈·가타리, 『천 개의 고원』, 454쪽.

간, 동물, 박테리아, 바이러스, 분자, 미생물 등 완전히 이질적인 항들을 작동시킨다는 점에서 차이가 난다. 〈자연〉은 이런 식으로만, 자기 자신에 반해서만 진행한다. 우리는 계통적 생산이나 유전적 생산과는 멀리 떨어져 있다. 이것들에서는 동일한 종 내에서의 성의 단순한 이원성과 여러 세대에 걸친 작은 변화들만이 차이로서 유지될 뿐이다. 이와 반대로 우리들의 입장에서는 공생하고 있는 항들만큼이나 많은 성들이 있으며 전염과정에 개입하는 요소들만큼이나 많은 차이들이 존재한다. 우리는 수많은 것들이 남성과 여성 사이를 지나간다는 것을 알고 있다. 이것들은 바람을 타고 다른 세계에서 오며, 뿌리들 주변에서 리좀을 형성하고 생산이 아닌 오직 생성의 견지에서만 자신을 이해하게 된다.[52]

생성개념이 이처럼 유전적 '재생산'에서 분리-대립되는 한에서 그것이 사회적 생산에서 분리되는 것도 자연스러운 일로 보인다.

소수자가 혁명적인 것은 세계적 규모의 공리계를 의문시하는 이보다 훨씬 더 심층적인 운동을 하고 있기 때문이다. 소수자의 역량, 즉 독자성은 프롤레타리아 속에서 형상과 보편적 의

---

52. 같은 책, 460쪽.

식을 발견한다. 그러나 노동계급이 기왕에 획득한 사회적 지위나 심지어 이미 이론적으로 극복한 국가에 의해 규정되는 한 그것은 오직 "자본" 또는 자본의 일부(가변자본)로서 나타날 뿐 자본의 판(= 계획)에서 벗어날 수 없다. 기껏해야 그러한 계획은 관료적인 것이 될 뿐이다. 반대로 자본의 판에서 벗어나고 항상 그렇게 하고 있을 때에야 비로소 대중은 끊임없이 혁명적으로 되고 가산 집합들 간에 성립되는 지배적 균형을 파괴할 수 있다. 아마존-국가, 여성들의 국가, 임시적 노동자들의 국가, (노동 "거부" 국가가 어떨지는 상상하기가 쉽지 않다). 소수자가 문화적·정치적·경제적으로 지속가능한 국가를 구성하지 않는 것은 국가-형식도 또 자본의 공리계 또는 이에 대응하는 문화라는 것이 소수자에 적합하지 않기 때문이다.[53]

이 대목에서 우리는 들뢰즈가 사회적 생산과 노동을 생성과는 다른 것으로 평가하는 이유를 이해할 수 있다. 노동은 자본의 판에 포섭된 가변자본이라는 인식이 그것이다. 이러한 인식은 국가 속에서 노동을 종합할 가능성을 찾는 사회민주주의적 노동관을 비판함에 있어서 결정적으로 중요한 의미를 갖는다. 그런데 산 노동을 중심으로 하는 네그리의 노동관도

---

53. 같은 책, 901~902쪽.

이와 같은 것으로 볼 수 있을까? 여기서 오뻬라이스모가 들뢰즈와 (그리고 오뻬라이스모 당시의 네그리 자신과도) 공유했던 '노동력 = 가변자본'이라는 등식에 대한 네그리의 문제제기를 살펴볼 필요가 있다.

> 이 비물질노동의 형식들에서 협력은 노동 자체에 완전히 내재적이다. 비물질노동은 즉각적으로 사회적 상호행위와 협력을 포함한다. 달리 말해 비물질노동의 협력적 측면은, 이전의 노동형식들에서처럼, 외부에서 부과되거나 조직되지 않는다. 오히려 협력은 노동활동 그 자체에 완전히 내재적이다. 이 사실은 노동력이 '가변자본'으로, 즉 자본에 의해서만 활성화되고 응집되는 힘으로 생각되는 (고전적 정치경제학과 맑스주의적 정치경제학에 공통적인) 낡은 관념을 의문에 붙인다. 왜냐하면, 노동능력의 협력적 힘들(특히 비물질적 노동능력)은 노동에게 그 자신을 가치화할 가능성을 제공하기 때문이다.[54]

여기서 네그리는 노동력을 가변자본으로만 평가하는 고전적 정치경제학과 맑스주의 정치경제학의 낡은 관념을 비판하면서 노동은 (특히 비물질노동은) 협력을 내재화하는 생성의 활

---

54. Hardt and Negri, *Empire*, p. 294 [네그리·하트, 『제국』]. 번역은 인용자.

동이라고 평가한다. 이에 반해 들뢰즈에게서 노동은 자본의 판에 예속된 인간 활동으로, 체제 재생산의 활동으로 인식되고 있다. 이러한 인식에 따르면 생성은 직접적 노동거부를 통해, 노동으로부터의 탈주를 통해, 생성의 활동들인 예술, 과학, 철학을 통해 비로소 가능해지게 된다. 이것이 소수정치(학)의 관점이라면 네그리의 삶정치학은 예술, 과학, 철학 등까지 모두 노동으로 포섭되어진 삶정치적 상황에서, 그것들을 비물질노동의 양상들로 파악한다. 그는 산 노동을 포섭하며 그것의 공통성을 착취하는 체제로부터 탈출할 출구를, 산 노동에 내재하는 협력적 자기가치화 능력에서 찾는다.[55]

이 양자 간의 분명한 차이를 다시 우리가 설정한 애초의 문제틀 속으로 가져가 보기로 하자. 소수정치는 잠재적인 것에서 현실적인 것으로의 이행(분화와 극화)을 다수적인 것의 합성과정이며 지층과 체제의 구축과정으로 파악한다. 이때 현실적인 것은 하나의 결과, 산물로 이해될 뿐 그 자체가 새로운 이행과 구성의 평면을 함축하고 있는 것으로 이해되지 않는다. 따라서 소수정치는 현실적인 것에서 잠재적인 것을 미분하는 정치로 나타난다. 좀 더 정확히 말하면 그것은 잠재적인 것에서 잠재적인 것으로 운동하는 잠재화의 정치학이다. 그것

---

55. 노동력 속의 자기가치화 능력에 대한 네그리의 이러한 승인을 니콜래스 쏘번은 사회민주주의적 문제의식 속으로의 회귀라고 비판한다.

은 '기관 없는 몸을 어떻게 만들 것인가?'의 문제의식에 의해 이끌린다. 역행involution, 이것은 소통되고 전염되기 위해 유전적인 계통적 진화evolution이기를 그치는 리좀권 속에서의 사건이다. 소수정치적 역행은 현실적인 것에서의, 갇힌 상황으로부터의, 지층들로부터의, 체제로부터의 도주이다. 소수정치에서 민중은 없다. 오히려 민중은 창조되어야 할 것으로 남아 있다. 그것은 "자신의 고유한 선을 따라, 주어진 여러 항들 '사이에서', 할당 가능한 관계를 맺으면서 전개되는 하나의 블록을 형성하는 일"[56]이다.

그렇다면 소수정치가 창조해야 할 이 민중과 삶정치가 말하는 다중은 어떤 관계에 있는가? 들뢰즈와 네그리는 공통적으로 근대적 혹은 고전적 민중의 부재를 말한다. 네그리에게서 민중은 근대적 주권들의 초석으로서 "사회적 차이들을 하나의 정체성으로 종합하고 환원하는 하나"이다.[57] 탈근대로의 이행 속에서 민중을 생산하는 메커니즘은 크게 와해되었다. 들뢰즈도 주체로서의 민중의 해체를 현대의 특징으로 보는 점에서 네그리와 공명하는 견해를 제시한다. 그는 에이젠시테인, 푸돕킨, 도브젠코, 베르토프 등의 고전 영화와 2차 세계대전 전후의 미국 영화에서 민중은 "비록 억압되고 배반되고 종속

---

56. 들뢰즈·가타리, 『천 개의 고원』, 454쪽.
57. Hardt and Negri, *Multitude*, p. 99 [네그리·하트, 『다중』].

되고 맹목적이거나 무의식적인 것이라 할지라도 존재하며", "현실화 과정 속에 있는 잠재적 실존성을 갖고 있다."고 본다.[58] 그것은 현실화되기 전에 이미 현실적인 것으로서, 추상적이지 않은 이상적인 것으로서 존재하고 있기 때문에 대중예술로서의 영화가 민중이 진정한 주체가 되는 탁월한 혁명예술 혹은 민주적 예술이 될 수 있다는 믿음이 나왔다는 것이다.[59] 이 믿음은 "노예적 대중을 영화의 대상으로 삼은 히틀러의 도래, 민중의 일체성을 당의 전제적 단일성으로 대체한 스탈린주의, 더이상 스스로를 과거의 민중들이 응집하는 도가니나 장차 올 민중의 어린 배아로서 믿을 수 없게 된 미국 민중의 해체"[60]를 통해 와해된다. 그 결과 현대적 정치영화는 "민중은 더 이상 존재하지 않는다. 혹은 아직 없다…. 민중이 결여되어 있다."[61]는 기저 위에서만 가능할 것이라고 들뢰즈는 진단한다. 카프카, 클레, 제3세계의 시네아스트 등은 제3세계 및 소수 집단들의 삶과 관련하여 민중의 부재를 보고하고 있다. 하지만 들뢰즈는 이러한 현실 진단에서 새로운 과제를 이끌어낸다.

부재하는 민중에 대한 이 보고서는 정치적 영화의 포기가 아

---

58. 들뢰즈, 『시네마 2』, 419~20쪽.
59. 같은 책, 420쪽.
60. 같은 곳.
61. 같은 곳.

니라 그와는 반대로 제3세계와 소수집단들이 이제부터 정초해 나가야 할 새로운 기초를 이룬다. 예술, 그리고 특히 영화는 이러한 과업에 무엇보다도 참여해야 한다. 이미 존재한다고 전제된 민중에 말을 거는 것이 아니라, 새로운 민중의 창조에 기여할 것. 주인, 식민 지배자들이 "여기에는 결코 민중이란 없었다"라고 주장하는 순간에, 결여된 민중은 이미 하나의 생성이 되고, 이 민중은 판자촌과 수용소, 혹은 게토, 즉 당연히 정치적인 예술이 헌신해야 할 새로운 투쟁의 조건 속에서 스스로를 창조하게 되는 것이다.[62]

민중이 부재하는 현실이 새로운 민중의 창조를 정치적 예술의 과제로 제시한다는 것이다.

이 생성으로서의 민중이 네그리의 다중과 겹치는 것일까? 이렇게 묻는 순간, 다중이 생산과 밀접하게 결부되어 구축된 개념임에 반해 (민중의) 생성은 생산과는 다른 과정이라는 앞에서의 논의를 상기하지 않을 수 없다. 『시네마』에서 생성으로서의 민중에 대한 서술이 역사적 서술로 제시됨에 비해,『철학이란 무엇인가』에서 그것은 논리적 서술로 제시된다. 이제 후자에서 민중의 생성 논리가 어떻게 전개되는지를 살펴보도록 하자. 그 논리의 첫 번째 근거는 카오스로부터 카오이드들

---

62. 같은 책, 421~2쪽. 강조는 인용자.

Chaoïdes(카오스를 재단하는 평면들 위에서 산출된 현실들)을 재단해 내는 세 가지 사유 혹은 창조의 형식은 예술, 과학, 철학이라는 들뢰즈의 명제에서 찾아진다. 둘째로 그는 "이 세 가지 평면들의 접합(단일성이 아닌), 그것이 곧 두뇌"[63]이며 두뇌가 주체가 되는 자리에서 일대 전환이 나타난다고 본다. 이제 사유하는 것은 두뇌이지 인간이 아니다. 인간은 단지 두뇌의 결정체일 뿐이다. 이곳에서 철학, 예술, 과학은 두뇌의 정신적 객체들이 아니라 두뇌가 "주체로 즉 사유-두뇌로 되는 세 가지 양상들이며, 두뇌가 카오스에 잠겨 카오스와 대적하기 위해 타고 가는 세 개의 뗏목들, 세 개의 평면들이다." 사유-두뇌는 정신 그 자체이며 주체이고 자기초월체superjet이다. 개념적 사유-두뇌(철학)는 개념들이 창조되는 내재성의 평면 위에서 개념적 인물들을 이끌어낸다. 감각적 사유-두뇌(예술)는 구성의 평면에서 변종이 된 진동으로서 영혼 혹은 힘으로 되어 미학적 형상들을 창조한다. 인식적 사유-두뇌는 지시관계 혹은 좌표화의 평면에서 기능들과 부분적 관찰자들을 창출한다.[64] 민중이 창조되는 세 번째 과정은 철학, 예술, 과학 사이의 내재적 간섭이다. 간섭은 예술이 비-예술을, 과학이 비-과학을, 철학이 비-철학을 필요로 하는 한에서 필연적이

---

63. 들뢰즈·가타리, 『철학이란 무엇인가』, 300쪽.
64. 같은 책, 304~312쪽.

다. 이 세 평면들은 실현되는 동시에 사라져 줄 것이 요청되는 시작이나 끝으로서의 부정이 아니라, 자신들의 생성이나 발전의 매 순간 부정을 필요로 하는 것이다. 그렇다면 민중은 어디에서 창조되는가?

> 이 세 개의 부정이 두뇌 평면과의 관계에서는 여전히 서로 구별된다 하더라도, 두뇌가 침잠하는 카오스와의 관계에서는 더 이상 서로 구별되지 않는다. 이러한 침잠 속에서 '다가올 민중'의 그림자가 카오스로부터 간신히 빠져나오는 것 같다. 그것은 예술이, 그뿐만 아니라 철학과 과학이 부르는 그대로, 대중적-민중, 세계적-민중, 두뇌적-민중, 카오스-민중이다. 그것은 클레의 비-개념적 개념이나 칸딘스키의 내적 침묵처럼, 세 개의 학문 속에 누워있는 비-사유적 사유이다. 바로 거기에서 개념들, 감각들, 기능들은 결정할 수 없는 상태가 되고, 그와 동시에 철학, 예술, 과학은 구별 불가능한 것이 된다. 마치 철학, 예술, 과학은 서로 다른 본질을 통해 연장되면서 끊임없이 그들을 따라다니는 동일한 한 그림자를 함께 나눠 갖고 있는 듯하다.[65]

민중이 창조되는 곳은 두뇌가 카오스와 관계하는 지점이다.

---

65. 같은 책, 314쪽.

그것은 철학, 예술, 과학에 자신의 힘을 나눠주는 카오스-민중이자 두뇌적-민중이다. 그것은 결정할 수 없고 구별할 수 없는 영역에서 일종의 그림자 존재로서, 잠재력으로서 생성된다. 철학, 예술, 과학은 이 잠재력을 분유하며 수행하는 평면들이다. 카오스-민중이자 두뇌적-민중인 이 생성의 민중은 개념상에서 척도 바깥의 것이자 척도 너머의 것인 네그리의 다중과 많은 점에서 겹친다. 그럼에도 불구하고 차이가 있다. 들뢰즈의 두뇌적-민중은 사유하는 정신적 주체성으로 나타남에 반해 네그리의 다중은 노동하는 사회적 주체성으로 나타난다. 네그리에게서 철학, 예술, 과학은 탈근대적 다중지성의 조건하에서 작용하는 비물질노동의 형태들임에 반해 들뢰즈에게서 이것들은 결코 노동으로 이해되지 않는다. 네그리에게서 다중이 현실성으로 이행하는 힘들의 연결로서, 즉 가능성의 수준에서 정의되고 있음에 반해 들뢰즈의 생성하는 민중은 예술, 철학, 과학에 자신의 힘들을 나눠주는 잠재성의 수준에서 정의된다. 네그리에게서 다중의 공통성은 산 노동 속에서 발생하고 발전하는 협력임에 반해 들뢰즈에게서 그것은 두뇌적-민중들(과학, 예술, 철학) 속에서의 내재적 간섭으로 나타난다. 들뢰즈에게서 새로운 민중은 정신적이다. 그에게서 "사유하는 것은 바로 두뇌이지 인간이 아니다. 인간은 단지 두뇌의 결정체일 뿐이다."[66]

이러한 생각은 맑스의 시험을 이겨내는가?

두뇌 속에서 사유의 총체로 현상하는 바와 같은 전체는 세계를 유일하게 가능한 방식으로 점취하는 사유하는 두뇌의 산물인데, 이 방식은 세계의 예술적·종교적·실천적이고 정신적인 점취와는 상이하다. 즉 두뇌가 사변적·이론적 상태에만 있는 한에 있어서, 현실적 주체는 여전히 두뇌 밖에서 자립적으로 현존한다. 따라서 이론적인 방법에 있어서도 주체, 즉 사회는 전체로서 항상 표상에 어른거리고 있어야 한다.[67]

맑스에게서 사유는 두뇌를 통해 세계를 점취하지만 이때도 실제적으로 사유를 행하는 주체는 사회이다. 이 때문에 사유가 주체적이려면 그것은 사유의 실제적 주체와 분리되어서는 안 된다. 사유와 몸의 결합의 이론, 즉 혁명의 두뇌인 철학이 혁명의 심장인 프롤레타리아트를 사로잡아야 한다는 「헤겔 법철학 비판 서문」[68]의 강한 주장이 여기에 근거를 두고 있다.

두뇌가 그것으로부터 분리된 몸-주체를 갖지 않는 두뇌-주체의 시대. 들뢰즈는 맑스가 말한 '현실적 주체로서의 사회'가 두뇌-주체로 전환한 시대로서 현대를 파악한다.[69] 여기서

---

66. 같은 책, 302~3쪽.
67. 맑스, 『정치경제학 비판 요강 1』, 72쪽.
68. 카를 마르크스, 「헤겔 법철학 비판 서문」, 『헤겔 법철학 비판』, 강유원 옮김, 이론과실천, 2011.
69. 오늘날의 생태위기는 그 두뇌-주체가 근대 이후 자연이라고 명명되어 사회로부터 의식적으로 분리되어온 물질세계에 얼마나 깊이 의존하고 있는가를

우리는 맑스의 일반지성 개념의 분명한 반향을 발견한다. 두뇌-사회의 시대. 여기서 우리는 들뢰즈의 생성하는 민중이 네그리의 다중 개념의 핵심적 특징들(지성, 감각, 정동, 소통)을 이미 예견하고 있음을 목격한다. 이런 의미에서 들뢰즈의 새로운 민중은 발생하고 있는 다중의 징후이다. 하지만 우리는 이 양자 사이의 간극에서 사유해야 한다. 들뢰즈의 새로운 민중은 네그리의 다중에게 '당신이 현실성으로 추락할 위험을, 그래서 주권존재로 전화할 위험을 어떻게 막을 수 있을 것인가?'라고 묻고 있다.[70] 이에 대한 네그리의 응답은 다중은 현실성이 아니라 가능성이라는 것이었다. 이제 다중이 새로운 민중에게 묻는다. 왜 두뇌적-민중은 철학, 과학, 예술이라는 "세 딸"[71]만을 거느려야 하는 것인가? 더 많은 딸들과 아들들이, 헤아릴 수 없을 만큼 무수한 활동들이 오늘날 두뇌적-민중의 사회적 자식들이 아닌가? 만약 두뇌적-민중이 이 세 딸만을 자신의 딸로서 인정하고 노동의 이름하에 수행되는 다른 활동들을 배제한다면, 플라톤이 모방을 통한 분유만을 인

사유하지 않을 수 없도록 요구한다. 이에 대해서는 제이슨 무어, 『생명의 그물 속 자본주의』, 김효진 옮김, 갈무리, 2020 참조.

70. 이러한 문제제기는 쏘번에게서 이루어졌는데, 엄밀하게 말하면 이것은 '민중의 부재'라는 관점에서 제기된 것이지 '새로운 민중의 생성' 혹은 '생성하는 민중'의 관점에서 제기된 것은 아니다. 들뢰즈의 '민중의 부재 속에서 전개되는 새로운 민중의 생성'이라는 생각은 '민중의 부재' 개념에 기초한 쏘번의 생각보다는 한층 더 '가능성으로서의 다중'에 접근한다.

71. 들뢰즈·가타리, 『철학이란 무엇인가』, 300쪽.

정했던 것과 유사한 위계를 새로운 민중 내부에 도입하는 것은 아닌가? 현실성으로부터 잠재성의 독립성("잠재성은 현실성의 반쪽이다."[72]과 그것의 정신적 본질("두뇌는 정신 자체이다."[73])을 강조함으로써 사유에 부당한 특권을 부여하게 되지 않겠는가? 이것은 정신과 물질, 사유와 연장을 가로지르는 다중의 특이성들이 공통적인 것을 구축하는 것을 저해하지는 않는가? 탈근대가 비물질성의 헤게모니에 의해 감싸여 있는 것이 사실이라 해도, 물질적인 것을 비물질적인 것의, 현실적인 것을 잠재적인 것의 결정체로 파악하여 전자를 후자에 종속시키는 것은 잠재성에서 현실적인 것으로 이행하는 카이로스의 시간에 대한 부정을, 이 세계에 대한 감각적이고 주체적이며 실천적인 태도의 약화를 가져오지 않는가?

자율의 정치

이상에서 서술한 차이와 문제에도 불구하고 들뢰즈와 네그리는 맑스의 실질적 포섭을 극단적으로 사유하면서 그 속에서 새로운 주체성의 가능성을 모색한다. 이들은 실질적 포섭의 심화 시대를 제2인터내셔널적인 붕괴론과 정치적 기회주

---

72. 이에 대해서는 들뢰즈, 『차이와 반복』, 453쪽을 참조하라.
73. 이에 대해서는 들뢰즈·가타리, 『철학이란 무엇인가』, 304쪽을 참조하라.

의에 따라 대응하지도 않고 프롤레타리아트를 혁명적 동일성으로 파악한 제3인터내셔널의 방법에 따라 사유하지도 않는다. 또 이들은 실질적 포섭의 시대를 비관적으로 전망했던 비판이론들과는 다른 혁신의 정치학을 제시한다. 소수정치와 삶정치는 이런 점에서 실질적 포섭의 심화 시대에 '무엇을 할 것인가?'를 사유할 수 있는 이론적 틀을 제시하려는 노력이다. 앞에서의 분석에 따를 때, 소수정치는 삶정치의 적극적 구성요소로 이해된다. 소수정치는 지배적 현실의 해체와 파열, 그리고 그것으로부터의 도주를 함축하며 좀 더 적극적인 경우에는 그 파열선과 도주선의 블록화(즉 네트워킹과 공통화)를 의미한다. 이것들은 삶 속에서 발생되고 형성되며 구성되는 협력적 공통되기의 일환이기 때문이다. 이런 전제 위에서 노동거부는 새로운 삶의 공통적 생산의 한 계기이며, 프롤레타리아트와 다중은 삶의 공통적 구성능력에 붙은 이름이고 코뮤니즘은 삶의 공통되기의 과정 자체이다. 자율은 갇힌 공간으로부터 독립된 어떤 공간을 지칭하는 것이 아니라 특이성들이 어떤 초월적 매개도 없이, 아니 그러한 매개의 거부 위에서 공통체적 주체성을 구축하는 과정을 일컫는 이름이다.

8장 속도: 감속과 가속 너머

감속할 것인가 가속할 것인가?

「가속주의 정치 선언」과 가속의 이념

들뢰즈와 속력의 존재론

들뢰즈와 가속 : 문명화된 자본주의 기계와 속력 문제

탈영토적 가속에서 절편화 대 블록화 : 특이성들의 공통되기

기술적 요소와 배치의 문제 : 무기와 도구

가속과 주체성 : 프롤레타리아의 집합적 배치

무엇을 가속할 것인가?

감속할 것인가 가속할 것인가?

2008년 서브프라임 모기지 위기로부터 촉발된 금융위기는 세계 경제위기로 확대되었다. 국가들은 양적 완화와 은행 손실의 국유화로 이에 대응했지만, 그것들의 미봉적 효과가 다한 후에 위기는 미국과 유럽을 비롯한 세계 전역의 재정위기로 다시 비화하였다. 세계자본주의는 성장동력을 잃은 채 표류를 계속했다. 이 기간에 사회간접자본 및 부동산에 대한 투자를 중심으로 한 국가자본주의적 발전양식을 통해 세계 경제의 성장엔진으로 기능해온 중국도 시진핑 시대에 들어오면서 감속의 징후를 뚜렷이 드러냈다. 요컨대 세계자본주의는 총체적 감속의 시대로 접어들었다. 세계 어느 곳에서나 사회적 쟁점으로 되었던 '긴축'은 세계자본주의의 감속이라는 상황에서 자본이 파산을 피하기 위해 감속에 따르는 위험을 다중들에게 전가하고 이들의 고통을 자신의 재생산의 조건으로 삼는 유혈적 전유 방식이다. 극단적으로 양극화된 세계에서 소득 격차의 심연은 채권·채무 관계를 통해 환상적이면서도 억압적인 방식으로 봉합되었다.

이러한 상황에 대한 아래로부터의 대응 방향은 속력과 관련하여 두 흐름으로 갈라지고 있다. 하나는 근대성을 자본주의로 파악하고 또 자본주의를 진보와 가속의 체제로 이해하면서 저항의 가능성을 감속에서 찾는 흐름이다. 주류 환경주의 운동을 통해 주장되어 다양한 운동과 사유 속으로 스며든 이 감속 노선은 20세기의 세기말을 전후로 저항의 일반노선으로 되었다. 이 흐름은, 혁명을 역사의 기관차라고 말했던 맑스의 생각보다 (그 말을 패러디하여) 혁명은 그 기관차를 정지시키는 것이라고 말했던 벤야민적 사유를 더 선호하면서, 자본주의적 가속기계를 멈추는 것이 가능한 유일한 대안이라고 제시한다. 우리는 이 흐름이 다양한 형태를 취하고 있다는 것을 알고 있다. 이것은 이성의 목적주의와 기만성 그리고 패권성에 대한 경고와 거부, 정보와 같은 디지털 자동언어에 대한 거부와 아날로그적인 시적 언어에 대한 찬미, 빠름에 대하여 느림을 대치시키기, 감성의 공동체적 가능성에 대한 긍정, 지역과 유기체적 공동체로 돌아갈 필요성에 대한 강조, 도시에서 농촌으로의 회귀, 발전보다 생태계의 보존을 우위에 놓기 등등의 양상으로 나타난다.

이것이 자본주의 역사에서의 연쇄적 가속시대들, 즉 유럽적 가속시대(제노바-포르투갈-스페인-네덜란드-영국), 미국적 가속시대, 그리고 최근의 중국적 가속시대 등이 가져온 부정적 결과들을 비판하고 대안을 사유하는 데에 상당한 설득력과 효과를 가졌음은 분명하다. 하지만 자본주의가 오늘날처럼 성장동력을 잃고 일반화된 긴축과 감속의 시대로 접어든 시대에도 그러할까? 나아가 자본주의가 아래로부터의 저감속적 운동들을 포획하면서 자신을 녹색세력(녹색자본주의)으로 정의하기 시작한 시대에도 그러할까? 자본주의와 그에 대한 감속주의적 저항의 이 기묘한 공조상황 속에서 떠오르고 있는 다른 흐름이 정반대 방향의 이른바 가속주의 흐름이다. 좀 더 구체적으로 말해 그것은, 2008년 위기 이후 전 지구적 재정위기와 북아프리카에서 시작된 전 지구적 반란의 와중에 나타난 것으로, 그 반란에 함축된 감속주의적 경향에 반대할 뿐만 아니라 20세기 말 신자유주의적 흐름과 공조하면서 등장한 바 있는 우파적 가속주의를 뒤집으면서 새롭게 등장하고 있는 좌파 가속주의 흐름이다. 이 흐름은 다중의 삶의 자본주의적 관계 아래로의 실질적 포섭이라는 조건하에서 감속주의적 흐름들이 순수함, 겸손, 비판, 시위라는 개인적으로 만족스러운 의식ritual들에 대한, 그리고 과거의 불안정하고 덧없는 민중folk 집단성의 형태들에 대한 감상적인 애착을 가진 반동적인 강박관념에 의해 지배되고 있는 것은 아닌지 반문한다. 그리고 이 흐름은 우리 시대가 자본주의라는 낡은 체제를 넘어서 다른 삶으로 구체적으로 이행하기 위해서는 그것의 정지 외에 그 체제의 요소들 중에서 무엇을 취하고 버릴 것인가를 결정해야 하는데, 감속주의 흐름이 새로운 삶을 위해 반드시 필요한 이 질문을 회피한다고 비판한다. '가속주의'라는 이름은 이 흐름이 전통적이고 퇴행적이고 복고적인, 요컨대 감속주의적인 해법들과는 다르게 미래를 사유하려는 일련의 그리고 일단의 수렴하는 이론적·실천적 기획들을 명명하

기 위해 채택된 것이다.[1]

이성에 대한 비판이나 감성과 정동에 대한 가치 부여에서, 그리고 이동하기보다 앉아있는 유목민의 형상을 새로운 주체형상으로 제시하고 있는 점에서 질 들뢰즈는 감속주의적 흐름에 일정한 자원을 제공하고 있는 것처럼 보인다. 반대로 그는 또 다른 여러 면에서 가속주의적 흐름에 많은 자원을 제공한다. 그가 일반화된 기계론을 제안하고 고정된 자아주체에 대하여 애매한 전구체, 분열자, 예언자, 추상기계, 전쟁기계 등 상황에 앞서 움직이며 자르고 결합하며 구멍을 파는 소수적 주체성을 제시하기 때문이다. 그리고 자본주의에 대해서는 그것의 탈영토화와 탈코드화가 충분하지 못하므로 그것들을 더욱 가속하는 것이 필요하다고 주장하기 때문이다.

외견상 객관적 운동은 결코 의식의 오인도 가상도 아니며, 자본주의의 생산적 본질이 그 자체 필연적으로 그것을 지배하는 상품 내지 화폐의 형식으로만 기능한다는 것을, 그리고 이 형식의 흐름들 및 이 흐름들 간의 관계들은 욕망의 투자의

---

1. 대표적인 문헌으로는 Alex Williams and Nick Srnicek, "#ACCELER-ATE : MANIFESTO for an Accelerationist Politics", *Critical Legal Thinking*, May 14th, 2013, https://bit.ly/36gjQ1Y (이 선언문의 한글본은 알렉스 윌리엄스·닉 서르닉, 「가속주의자 정치를 위한 선언」, https://brunch.co.kr/@bearnut/15 참조.)

비밀을 포함하고 있다는 것을 보여 준다. 욕망의 통합[적분]이 일어나는 것은 흐름들의 차원, 화폐 흐름들의 층위에서이지, 이데올로기 층위에서가 아니다. 그렇다면 그 어떤 해법, 그 어떤 혁명의 길이 있을까? 정신분석은 돈과 가장 친밀한 관계에 있으면서도 별 도움이 되지 못한다. 정신분석은 스스로는 인정하기를 경계하면서 실은 경제적-화폐적 의존 체계 전체를 자신이 다루는 각 환자의 욕망의 핵심에 등록하고, 잉여가치를 흡수하는 매머드급 기업을 제 나름으로 구성한다. 하지만 어떤 혁명적 길이 있을까? 하나라도 있을까? 사미르 아민이 제3세계 나라들에 충고하듯, 세계시장에서 파시스트적 〈경제해법〉이라는 기묘한 갱신 속으로 퇴각하는 것? 아니면, 반대방향으로 가는 것? 말하자면 시장의 운동, 탈코드화와 탈영토화 운동 속에서 더욱더 멀리 가는 것? 왜냐하면, 아마도 고도로 분열적인 흐름들의 이론과 실천의 관점에서 보면, 흐름들은 아직 충분히 탈영토화되지도, 탈코드화되지도 않았기 때문이다. 경과에서 퇴각하지 않고, 더 멀리 가야 한다. 니체가 말했듯이, 〈경과Prozeß를 가속하라.〉 사실 이 문제에 관해 우리는 아무것도 보지 못했다.[2]

이것은 앞서 말한 좌파 가속주의 정치학에 가장 큰 영감을

---

2. 들뢰즈·과타리, 『안티 오이디푸스』, 406쪽.

불어넣어 준 대목이다. 이처럼 들뢰즈 철학은 감속주의와 가속주의 모두에 자원을 제공한다. 들뢰즈 철학의 이 이중성은, 오늘날 중요한 쟁점으로 부상한 속력speed, 속도velocity, 가속도acceleration 3 문제와 관련하여 들뢰즈의 진정한 생각이 무엇인지, 미래적 대안의 구성에 그의 생각이 어떤 시사점을 던지고 있는지를 진지하게 검토해 볼 필요성을 제기한다.

「가속주의 정치 선언」과 가속의 이념

물리학에서 감속과 가속은 일반적으로 속도의 정도, 수준의 문제로 이해된다. 그런데 사회학에서 감속되고 가속되는 그 속도는 무엇인가? 정도에 따라 측정되는 속도가 있다면 그 속도는 무엇의 속도를 말하는가? '세계자본주의는 감속되고 있다.'고 말할 때, 초점에 놓이는 것은 아마도 경제성장의 속

---

3. 물리학에서는, 방향을 고려한 이동거리(Δx)를 변위(displacement)로 정의할 때, 운동 물체의 위치 변화의 빠르기를 나타내는 물리량(이동거리/이동시간)이 속력으로, 시간에 관한 변위의 변화율(변위/시간)이 속도로, 시간에 관한 속도의 변화율(속도/시간)이 가속도로 규정된다. 일반적으로 물체는 속력이나 운동방향이 바뀌면서 속도가 변하는데, 이와 같이 속도가 시간에 따라 변할 때 가속도가 있다고 한다. 속도와 마찬가지로, 가속도도 크기와 방향을 갖는 벡터량으로 나타낸다. 하지만 들뢰즈에게서는 속도(velocity)가 양적인 척도로 이해됨에 반해, 속력(speed)은 발본적으로 새로운 것의 출현을 가져오는 예측 불가능한 소용돌이로서 일종의 질적 운동으로 서술된다(Simon Glezos, *The Politics of Speed*, Routledge, 2011 참조). 어원적으로 speed는 희망, 풍요, 성공을 뜻하는 sperare와 관련된다.

도, 투자의 속도일 것이다. 그것은 화폐로 표현되는 경제적 규모들의 양적 증감(성장률, 투자율)을 지시한다. 벤야민적 사유에 따라 우리가 혁명은 진보의 중지이며 감속이라고 말한다면 그것은 시간의 물신화로서의 진보의 중지를 혹은 새로운 것을 동일한 것의 반복으로 만드는 기계적 시간성의 중지를 의미한다. 그렇다면 오늘날 가속주의자들은 가속이라는 말로써 무엇을 가리키고 있는가?

「가속주의 정치 선언」의 필자인 닉 서르닉과 알렉스 윌리엄스의 문제의식은 신자유주의 지배하에서 인류는 원시주의, 항구적 위기, 전 지구적 생태붕괴로의 완만한 파편화인가, 전 지구화된 탈자본주의로의 가속인가의 기로에 서 있다는 진단 위에서 우리가 신자유주의적 자본주의의 지배로 인해 빈곤해진 정치적 상상력을 회복하고 가속하자는 데 있다. 이러한 관점에서 보면 감속의 정치학은 정치적 상상력 빈곤의 산물이며 그것으로는 자본주의를 극복할 수 없다. 왜냐하면, 자본주의는 한편에서 가속의 이념과 연결되어 있지만, 자본주의가 탈영토화하면서 동시에 자본주의적으로 재영토화하는 점을 고려하면 자본주의는 진정한 가속의 행위자가 아니라 감속의 행위자이기도 하기 때문이다. 자본주의는 자본주의적 체제, 형식, 기능 이전에 실재하는 가속의 경향을 포획하고 억압하는 방식으로 자신의 속도를 얻어왔다. 이런 점을 고려하면 감속주의는 2008년 이후의 위기 속에서 감속하는 자본주의에게 구원의 동력을 제공할 수도 있다. 그렇다면 필요한 것은 자본주의가 억압해온 가속주의, 탈자본주의적 가속을 계획하고 실천하는 것이다. 그렇다면 탈자본주의적 가속주의는 무엇을 가속하는 것인가?

닉 서르닉과 알렉스 윌리엄스는 20세기 말의 가속주의자였던 닉 랜드Nick Land가 속도velocity와 가속도acceleration를 혼동했고 그 결과 가속도를 속도로 환원함으로써 실천적으로 자본주의에 흡수되었다고 비판한다. 이러한 문제의식 속에서 이들이 참고하는 것은 놀랍게도 맑스와 레닌이다. 이들은 맑스를 가속주의 사상가로 정의할 뿐만 아니라 레닌은 근대과학의 최근의 발견물에 기초를 둔 대규모 자본주의 엔지니어링 없이는 사회주의가 불가능하다고 생각했음을 강조한다. 억압된 가속도를 회복하기 위해 이들이 제안하는 것은 잠재적 생산력의 회복이다. 현대 자본주의는 특허 전쟁이나 아이디어 독점을 통해 기술 생산력을 제한하거나 협소한 목적에 종속시킨다. 이렇게 기술과학이 자본주의적 목적에 예속되고 억압되고 변형되어 왔음을 고려하면, 근대의 기술사회적 몸이 무엇일 수 있고, 또 무엇을 할 수 있는지를 우리가 모른다고 보는 것이 옳다는 것이다. 그래서 이들은 기술진화의 과정을 되돌려 포드주의로 회귀하는 것과 같은 사실상 불가능한 길이 아니라, 이 진화과정을 가속하는 것이 필요하다고 주장한다. 이것을 위해서는 자본주의 사회에 의해 가능해진 모든 기술과학적 진보를 이용하는 것이 필요하며 신자유주의적 자본주의의 인지테크놀로지는 파괴될 필요가 없고 공통의 목적을 향해 재정향되는 것이 필요하다고 본다.

이러한 생각은 낡은 기술유토피아를 되풀이하는 것이 아닐까? 차이가 있다면 이들이 기술은 자동적으로 새로운 사회를 가져온다는 낙관주의를 제시하는 것이 아니라 기술의 진화와 가속을 담지할 새로운 탈자본주의적 계획화의 필요성을 제시한다는 것이다. 이 계획은 사회경제적 계획일 뿐만 아니라 지구 사회의 하부구조로서 기능할 물질적 플랫폼을 구축하는 것을 포함한다. 불공정하고 전도되어 있으며 진보를 억제하는 체제로서의 자본주의를 극복하고 전 지구적 문제를 효과적으로 다루어 내기 위해서는 사회와 환경에 대한 극대의 지배라는 프로메테우스 정치가 필요한데 이것은 추상, 복잡성, 지구성, 기술의 근대성을 가속할 지적 하부구조의 구축, 광범한 미디어 개혁, 다양한 계급권력의 구축을 요구한다. 이 가속주의적 프로메테우스 정치학은 정치를 역동적 체계들의 집합으로 간주한다. 그래서 이 정치학은 직접행동, 지역주의 민중정치, 수평주의 등 지금까지 대항/대안운동을 지배해온 특수한 행동 양식을 특권화하지 말고 수평성, 개방성, 포함성만이 아니라 수직성, 비밀, 배제까지도 정치적 행동 양식으로 포함해야 한다고 주장한다. 왜냐하면, 민주주의는 수단에 의해서만이 아니라 전 지구적인 집단적 자치라는 목표에 의해서도 정의되어야 하기 때문이다. 집단적 자치는 거리에서의 민중권력을 넘어 새로운 플랫폼을 구축하고 신자유주의가 파괴한 미래를 재건할 다양한 행위주체들(정부, 기관, 씽크탱크, 노조 혹은 개인들 등)로부터의 기금도 필요로 한다.

들뢰즈와 속력의 존재론

이러한 생각들과 비교해 볼 때, 앞에서 우리가 인용한 바 있는 들뢰즈의 말, 즉 "경과를 가속하라"라는 말은 어떻게 이해될 수 있는 것일까? 들뢰즈는 시장의 운동을 탈코드화와 탈영토화의 운동으로 보면서도 그 운동의 흐름이 충분치 못하다고 보고 이 경과에서 퇴행하지 말고 그것을 가속하라고 말한다. 그런데 거기에는 "고도로 분열적인 흐름들의 이론과 실천의 관점"에서 볼 때라는 단서가 붙어있다. 시장의 운동이 탈영토화와 탈코드화의 관점에서 불충분하다는 것은 그것이 분열적 흐름을 충분히 가속하지 못한다는 것을 시사한다. 그렇다면 이 분열적인 흐름들의 이론과 실천의 관점이란 무엇을 의미하는 것일까?

『안티 오이디푸스』에서 들뢰즈가 말하는 분열적 흐름이란 도처에서 온갖 동작으로 멈춤 없이 기능하는 기계들, 그 나름의 짝짓기들, 그 나름의 연결들을 통해 흐름을 절단하고 채취하는 욕망하는 기계들, 그리고 그 기계들의 기계들을 지칭한다. 이 기계들은 산책하며 난혼하고 군무를 춘다. 기계들을 짝지어 하나 속에서 다른 하나를 생산하는 욕망적 기계들의 흐름 속에서 자연과 인간은 구분되지 않는다. 그것은 맑스적 의미의 '유적 삶'의 흐름으로서 자연, 인간, 산업 등의 어떤 극에도 고정되지 않고 서로의 근본적 동일성 속에서 전개되는 보편적 생산과정 그 자체이다.[4] 이 분열자 기계들은 언제나 다른 기계와 짝지어 있고 모든 방향에서 선형을 취하는 욕망의 흐름들이다. 이 흐름들은 부분객체들에 의해 생산되는데, 그것은 또 다른 흐름들을 생산하는 또 다른 부분객체들에 의해 부단히 절단되고 또 다른 부분객체들에 의해 재절단됨으로써 파편화되는 가운데 지속되는 흐름이다.[5] 즉 그것은 하나의 전체이지만 부분객체들을 총체화하지도 통일하지도 않는 전체로서 자신의 부분들 곁에 덧붙는 횡단적 전체이다. 들뢰즈는 이처럼 부분들과 공존하며 부분들에 인접하고 부분들에 적용되며 그 자체로 따로 생산되는 전체인 이 횡단적 전체를, 하나로도 여럿으로도 환원할 수 없으며 기원이나 목적을 갖는 총체성도 아니고 변증법적 종합의 통일체도 아닌 순수한 욕망기계, 욕망적 생산의 분열적 다양체로 규정한다.

---

4. 들뢰즈·과타리, 『안티 오이디푸스』, 26~28쪽.
5. 같은 책, 29쪽.

1981년에 출간된[6] 『스피노자의 철학』[7]의 6장 「스피노자와 우리」는 이 분열적 다양체를 속력의 **빠름**과 느림의 관점에서 정의하면서 '속력의 존재론'이라 부를 수 있을 독특한 스피노자적 존재론을 제시한다. 이 존재론의 출발점은 내재성의 평면이다. 들뢰즈가 이해하는 스피노자의 환경은 유일 실체와 모든 속성이라는 원리 외에 유일한 자연과 모든 몸, 모든 개체라는 원리를 갖고 있다. 후자를 다르게 표현하면, 무한히 많은 방식으로 변화하는 그 자체로 하나의 개체인 자연이라는 원리인데 이것은 더 이상 모든 속성을 갖는 유일한 실체의 긍정이 아니다. 오히려 이것은 "모든 신체들, 모든 영혼들, 모든 개체들이 존재하는 내재성의 공통평면plan commun d'immanence의 펼침"[8]이다. 이 내재성의 평면, 혹은 공재consistance의 평면은 계획이나 프로그램과 같은 정신 속에서의 구상의 의미로서의 평면이 아니라 단면, 교차점, 도표와 같은 기하학적 의미의 평면, 양태적 평면이다. 그렇기 때문에 그것은 온전하게 존재하는 평면이면서 동시에 건설되어야 하는 평면이기도 하다.[9]

이제 중요한 것은 그 평면 위에 존재하는 몸들을 정의하는 것이다. 그것은 운동학적cinétique 방식과 동역학적dynamique

---

6. 이 책의 초판은 1970년에 출판되었고 1981년에 출간된 것은 수정증보판이다.
7. 질 들뢰즈, 『스피노자의 철학』, 박기순 옮김, 민음사, 1999.
8. 같은 책, 181쪽.
9. 같은 책, 182쪽.

방식에 따라 두 가지로 정의될 수 있다. 하나는 외연관계(운동)의 측면에서 정의하는 것인데 이 측면에서 몸은 아무리 작은 것이라 하더라도 언제나 무한히 많은 분자들을 포함하며 이 분자들 사이의 운동과 정지, 빠름과 느림의 관계가 그 몸의 개체성을 규정한다. 이것이 몸에 대한 동학적 규정이며 몸의 경도에 대한 규정이다. 또 하나는 내포역량(강도)의 측면에서 정의하는 것인데 이 측면에서 몸은 다른 몸들을 정동하고 다른 몸들에 의해 정동되는데 이 정동하고 정동되는 역량이 그 몸의 개체성을 규정한다. 이것이 몸에 대한 동역학적 규정이며 몸의 위도에 대한 규정이다.[10]

운동학적 측면에서 몸은 형식, 기관, 기능이 아니라 분자들의 **빠름**과 느림의 관계에 의존한다. 삶의 개별성은 형식이나 기능이라기보다 내재성의 평면 위에서 몸을 구성하는 분자들의 미분적 **빠름**들, 빠름과 느림들 사이의 복잡한 관계이고 분자들의 감속과 가속 사이의 복잡한 관계인 것이다. 모든 개체들은 **빠름**과 느림을 통해서 다른 사물들에로 **빠져**들어가고 다른 사물과 결합한다. 즉 환경 속으로 **빠져**들고 그것으로 진입하며 리듬을 따르기도 하고 리듬을 부여하기도 하는 것이다.[11] 들뢰즈는 한 몸을 관계의 관점에서 구성하는 분자

---

10. 같은 책, 183쪽.
11. 같은 곳.

들, 즉 형식을 갖지 않는 요소들 사이의 빠름과 느림, 운동과 정지의 관계들 전체를 한 몸의 경도라고 부른다.[12]

동역학적 측면에서 한 개체의 몸과 영혼은 주체나 실체가 아니라 정동하고 정동되는 역량이다. 수레를 끄는 말의 정동 역량은, 프로이트가 보고한 어린 한스가 그랬듯이, 자부심을 갖는다, 눈가리개를 갖고 있다, 빠르게 간다, 무거운 짐을 끈다, 주저앉는다, 채찍을 맞는다, 다리로 요란한 소리를 낸다는 등으로 목록화할 수 있다. 이 역마의 정동역량은 경주마의 정동역량보다는 소의 정동역량과 더 공통적이다. 윅스퀼이 진드기를, 가지 위로 기어오른다(시각정동), 가지 밑을 지나는 포유동물 위로 떨어진다(후각정동), 따뜻한 곳을 찾는다(열정동) 등의 세 가지 정동에 따라 정의할 때 이 동역학적 정의를 사용하는 것이다. 들뢰즈는 한 몸을 실행시키는 정동들, 즉 익명의 어떤 힘(존재의 힘, 정동역량)의 내포적 상태들의 전체를 위도라고 부른다.[13]

이것은 개체들을 정동역량에 따라 정의하는 것인데, 몸이나 영혼이 분자들의 운동학적 만남, 배치, 결합 속에서 어떤 역량을 가질 수 있는지는 미리 앞서 알 수 있는 것이 아니다. 그러므로 내재성의 평면의 건설을 함축하는 긴 호흡의 신중

---

12. 같은 책, 189쪽.
13. 같은 곳.

함과 지혜가 필요한데 들뢰즈는 내재성의 평면 위에서 분자들의 빠름과 느림의 결합인 속도관계(경도)와 정동하고 정동되는 내포역량(위도)에 대한 연구, 달리 말해 상이한 사물들 사이에서 일어나는 관계들과 역량들의 결합에 대한 연구가 바로 행동학이라고 말한다.[14] 행동학의 관점에서는 정동들이 사물을 위협하는가 가속하는가, 독이 되는가 영양분이 되는가, 보다 연장된 새로운 관계, 보다 강력한 역량을 구성할 수 있는가 없는가, 더 폭넓고 강력한 세계를 어떻게 구성할 것인가, 빠름과 느림의 역량을 어떤 질서로 어떻게 구성할 것인가 등이 문제이다.[15] 그러므로 문제는 이용이나 포획이 아니라 관계와 공동체이다.

어떻게 개체들이 서로 결합하여 보다 우월한 개체를 형성하는가? 그리고 이 과정은 어떻게 무한하게 진행되는가? 어떻게 한 존재는 다른 존재를, 그것의 고유한 세계를 보존하면서 자신의 세계 속으로 가져올 수 있는가? … 어떤 상이한 유형의 사회관계들이 있는가? 인간들의 사회와 이성적 존재들의 사회 사이에는 어떤 차이가 존재하는가?[16]

---

14. 같은 책, 186쪽.
15. 같은 책, 187쪽.
16. 같은 곳.

이러한 문제들은 개체들을 빠름과 느림, 응결된 긴장과 가속화된 운동, 형식을 갖지 않는 요소들, 비주체적 정동들에 따라 사유하는 것을 요구한다. 이런 사유를 보여 주는 것이 바로 스피노자의 『에티카』이다. 『에티카』는 부분들이 풍부함을 갖는 우월한 내재적 단위로 결합해 가는 음악적 구성을 보여 준다. 『에티카』에서는 부분들의 빠름과 느림의 관계들이 연속적으로 그리고 동시적으로 끊임없이 변화하는 하나의 동일한 개체로 결합되며, 변화해 가는 상대적인 빠름들이 3종인식 속에서 사유의 절대적인 빠름, 가장 큰 빠름으로 정동되어 가장 풍부한 운동 속에서 펼쳐지기 때문이다. 이를 통해 도달한 『에티카』5부는 단 한 번의 작용 속에서 가능한 가장 많은 수의 사유의 관계들을 지각하는 역량(즉 직관)으로 응축된 사유의 무한속력을 보여 주기에 이른다.[17]

『스피노자의 철학』보다 10년 뒤인 1991년에 출간된 『철학이란 무엇인가』에서 들뢰즈는 사유의 이 무한속력에 대해 다시 언급하면서 그것은 스피노자적 환경을 넘어 철학이 생산하는 개념 일반이 갖추어야 할 것이라고 말한다. 내재성의 평면이 개념들을 감싸고 흘려보내는 유일한 하나의 파도라면 개념들은 오르내리는 다양한 파고이다. 내재성의 평면이 그 평면을 통과했다가 다시 돌아오는 무한한 운동들을 감싸는 전체

---

17. 같은 책, 188쪽.

라면, 개념들은 매번 단지 자신 고유의 구성요소들만을 주파하는 제한된 운동들의 무한한 속력들로 이해할 수 있다. 개념은 실체도 정황도 에너지도 본질도 사물도 아닌 강도적 사건이며 절대조감의 관점에 의해 무한의 속력으로 주파되는 유한한 수의 이질적 구성요소들의 불가분리성으로서, 크기의 차이는 다소간 있을지라도 무한의 속력으로 이행하는 사유다.[18] 그래서 사유의 문제는 곧 무한한 속력의 문제인데, 이 무한의 속력은 그 자체 안에서 무한히 움직이는 어떤 환경, 내재성의 평면, 비어있음을 필요로 한다. 이 속력의 관점은 철학과 과학을 구별하는 데에도 사용되는데, 철학이 잠재적 평면 위에서 유한한 구성요소들 사이를 이행하는 무한한 속력을 표현한다면 과학은 현실적인 것들의 제한된 변수 사이를 움직이는 빠른 속도를 표현한다.[19] 원자들의 운동을 표현하기 위해 과학이 사용하는 '원자적 속력'도 본질적으로는 무한속도의 과학적 감속이며 속도-한계의 현실성을 평가할 변수로 적용하는 것이다.

이러한 관점에서 들뢰즈는 운동과 속력을 구별한다. 운동은 아무리 빨라도 그것만으로는 속력이 될 수 없다. 또 속력

---

18. 들뢰즈·가타리, 『철학이란 무엇인가』, 36쪽.
19. 들뢰즈는 에피쿠로스학파가 클리나멘의 개념을 통해 잠재적인 것을 규명했으나 아직 현실적인 것과의 구별이 약하고, 스토아학파 역시 잠재적인 것과 현실적인 것을 구별했으나 잠재적인 것에 대한 설명이 취약하다고 본다.

은 아무리 늦어도, 설령 전혀 움직이지 않더라도 여전히 속력이다. 운동은 외연적이며 속력은 내포적이다. 운동은 경도이며 속력은 위도이다. 어떤 물체가 어느 한 지점에서 다른 한 지점으로 이동하는 경우 갖게 되는 상대적 성격이 운동이며 어떤 물체의 환원 불가능한 부분들(가령 원자)이 돌연 어떠한 지점에서라도 출현할 수 있고 또 소용돌이를 일으키는 방식으로 매끈한 공간을 차지하거나 채우는 경우 물체가 갖는 절대적 성격이 속력이다. 특정한 장소에서의 강렬한 체험과 정신적·유목적 여행도 절대적 운동으로서의 속력이다.[20]

　　운동과 속력은 『안티 오이디푸스』에서는 분열자의 이중 산책을 통해 표현되었던 것이다. 분열자는 분해할 수 없는 거리들을 따라가는 외적인 지리적 여행을 할 뿐만 아니라 이 거리들을 감싸고 있는 내공(강도)들을 따라가는 내적인 역사적 여행을 하는데, 전자가 운동이며 후자가 속력이다.[21] 운동은 이동에 의해 표시되지만 속력은 이동과 직결되지 않는다. 정지, 대기待期, 긴장 등도 속력의 성분과 연결되기 때문이다.[22] 들뢰즈는 전자를 과정processus으로, 후자를 경과procès로 부른다. 들뢰즈가 가속하라고 한 것은 전자(과정)가 아니라 후자(경과)이다. 다시 말해 상대운동의 가속이 아니라 절대운동인

---

20. 들뢰즈·가타리, 『천 개의 고원』, 732쪽.
21. 들뢰즈·과타리, 『안티 오이디푸스』, 161쪽.
22. 들뢰즈·가타리, 『천 개의 고원』, 762쪽.

속력의 가속을, 탈영토적 흐름의 가속을 요구한 것이다.

들뢰즈와 가속 : 문명화된 자본주의 기계와 속력 문제

그렇다면 자본주의가 갖는 속도는 어떤 성격의 것일까?
『안티 오이디푸스』의 3장 9절에서 들뢰즈가 서술하는 자본주의 문명기계는 자신이 직면하는 한계를 끊임없이 넘어서고 전위시키고 절단하면서 부단히 확대되는 분열과 흐름의 통일성이다. 자본주의는 사회적 내재성의 장으로, 공재성consistance의 평면으로 나타난다. 자본주의는 스스로 외적 한계를 갖지 않고 다만 자본 그 자체라는, 그래서 자본이 대면하지는 않지만 늘 전위시킴으로써 재생산하는 내부 한계만을 갖고 있다는 바로 그 이유 때문에 다른 모든 사회의 외적 한계로 나타난다. 자본주의는 그것의 확장하는 내재성 속에서, 애초의 정위定位에서 나타나는 (이윤율의) 저하의 경향을 그 전위轉位에서 재구성한다. 이렇게 경향은 종결에 이르지 않고 한계는 위기들, 사고들, 일탈들에 의해 끊임없이 지연된다. 들뢰즈가 보기에 이 영속적 전위의 운동은 중심에서 주변으로, 개발국에서 저개발국으로 잉여가치 착취의 장소를 바꾸어 나가는 자본주의의 탈영토화 운동이다. 그래서 시초축적은 봉건제에서 자본주의로의 이행기에만 있었던 과거적 사건이 아니라 무대를 바꿔가며 지속적으로 재생산된다. 중심에서 생산성, 자동화, 불변자본의 발전에 의해 가속된 이윤율의 경향적 저하가 일정한 방향을 갖고 계속된다고 할지라도 주변에서는 전통 부문들이 파괴되고 외향적 경제 회로들이 발전하며 3차 산업이 특유하게 비대해지고 생산성과 소득 분배에서 극단적 불평등을 낳으면서 흐름들의 탈코드화가 전개된다. 들뢰즈가 자본주의는 주변에서 점점 더 분열증화한다고 말하는 것은 이 때문이다.

그렇다면 탈영토화하고 탈코드화하는 자본주의의 분열적 흐름은 무한할 것인가? 만약 그렇다면 자본주의는 글자 그대로 역사의 궁극, 끝을 보여 주는 체제일 것이고 영원한 체제일 것이다. 그런데 들뢰즈는 그렇지 않을 수 있다고 본다. 그것은 자본주의가 이 분열적 흐름들을 부단히 확대하면서도 동시에 제한하는 성격, 즉 이중성을 갖고 있기 때문이다. 이 제한은 왜 나타나며, 어디에서 나오는 것일까? 자본주의의 분열적 흐름을 제한하는 것은 자본주의라는 사회기계의 공리계이다. 자본주의 공리계는 자본주의 이전 사회들의 코드화를 대신하는 것으로, 자본주의 사회기계가 이윤(율)을 목적으로 한다는 것을 표현한다. 탈코드화와 탈영토화의 흐름들이 이 공리계에 종속된다는 점이 자본주의의 특성이다. 그렇다면 이 종속은 어떤 구조를 취하고 있고 어떤 효과를 불러일으키는가?

자본주의에서 이윤은 잉여가치의 흐름에 근거한다. 맑스의 용어법에서 잉여가치는 몇 가지로 구분된다, 노동생산성과 노동강도가 주어져 있다는 조건 위에서 노동일의 증대에 의해 창출되는 잉여가치가 절대적 잉여가치이다. 그리고 노동일이 주어졌을 때 노동생산성이나 노동강도의 증대에 의해 창출되는 잉여가치가 상대적 잉여가치이다. 이 두 가지 잉여가치 외에 특별잉여가치가 있는데, 그것은 개별자본들 사이의 사회적 경쟁이라는 조건하에서 특정의 개별자본이 노동생산성이나 강도를 증대시켜 자신의 상품의 개별가치를 사회적 가치보다 낮게 만든 후에 그 상품을 사회적 가치에 판매함으로써 얻는 잉여가치이다.[23] 이것들은 모두 노동의 지속시간에 의해 측정 가능한 것들이며 또 서로 뒤섞이는 것들이다. 들뢰즈는 절대적 잉여가치, 상대적 잉여가치, 특별잉여가치라는 맑스의 개념적 구분법을 인간적 잉여가치와 기계적 잉여가치, 그리고 흐름의 잉여가치라는 개념으로 수정한다. 흐름의 잉여가치는 인간적 잉여가치와 기계적 잉여가치의 총체로 규정된다. 그런데 맑스에게서와는 달리, 이들 잉여가치들은 측정될 수 없는 것들이라는 점에서 그 수정은 지엽적인 것이 아니라 발본적인 것이다. 들뢰즈에 따르면 인간적 잉여가치는 가변자본을 근거로 하는 잉여가치로서 노동과 생산 각각의 탈코드화된 흐름들 사이의 미분비를 기초로 추출되며 그것의 생산중심은 중

---

23. 칼 마르크스, 『자본론』 1권(상), 김수행 옮김, 비봉출판사, 2009에서 절대적 잉여가치는 3편, 상대적 잉여가치는 4편, 특별잉여가치는 429쪽.

심부에서 주변부로 이전하지만, 중심부에도 방대한 잔여 지대들을 유지하는 양상으로 전개된다. 기계적 잉여가치는 불변자본을 근거로 하는 잉여가치로서 중심부의 '최첨단' 영역들에서 과학기술 코드의 흐름들의 공리계를 기초로 추출되며 인간적 잉여가치의 상대적 저하 경향을 상쇄시킨다. 흐름의 잉여가치는 이 두 잉여가치 양상의 방출을 보증함으로써, 또 생산 장치 속에 계속해서 반생산을 주입함으로써, 잉여가치의 이 두 형식을 흡수하거나 실현하는 총체이다.

들뢰즈는 노동을 가치의 실체로, 노동시간을 가치의 척도로 파악하는 맑스의 잉여가치 개념 전체를 '인간적 잉여가치'라는 개념으로 상대화하고 그러한 잉여가치 체제에서 나타나는 잉여가치의 저하 경향을 봉쇄할 다른 차원의 잉여가치인 '기계적 잉여가치'의 실재성을 주장한다. 이것은 『자본』에서 맑스가 제시한 잉여가치 개념과는 다른 잉여가치 개념을 제시하는 것이다. 하지만 이것은 실제로는 『정치경제학 비판 요강』의 맑스로써 『자본』의 맑스를 보완하고 두 맑스를 '흐름의 잉여가치'라는 체제 속에서 종합하는 것으로 이해할 수 있다. 왜냐하면, 『정치경제학 비판 요강』에서 맑스는 『자본』에 앞서 과학기술의 생산에의 응용으로 말미암아 직접적 노동시간이 더는 생산의 중심도 아니며 가치척도로서 기능할 수도 없는 고도로 기계화한 생산조직의 단계를 예상하고 있기 때문이다. 들뢰즈는 가치척도가 노동시간에서 가처분시간으로 이동하고 심지어는 가치의 측정이 불가능하게 될 것이라는 맑스의 예상을 역사 속에서 극단화하고 구체화한다. 19세기 맑스의 주요 관심은 당시의 산업자본주의에서 측정 가능한 것으로서의 이윤율의 경향적 저하와 공황의 가능성에 두어져 있었다. 이와 달리 고도기계체제가 맑스의 예상을 훨씬 넘어서까지 진전하여 금융화된 인지자본주의의 경향이 가시화되고 있던 20세기 후반 들뢰즈의 주요 관심은 탈영토화와 탈코드화의 흐름에 대한 자본주의 공리계의 제한에 두어져 있다. 들뢰즈가 "잉여가치의 정의는 가변자본의 인간적 잉여가치와 구별되고 또 흐름의 잉여가치 집합체의 측정 불가능한 성격과 구별되는 불변자본의 기계적 잉여가치의 관점에서 수정되어야만 한다. 잉여가치는 노동력의 가치와 노동력에 의해 창조된 가치 사이의 차이에 의해서는 정의될 수 없고 오히려 서로에게 내재하는 이 두 흐름의 통약 불가능성에 의해, 이 두 흐름을 표현하는 화폐의 두 양상 간의 어긋남에 의해, 또 그것들의 관계에 외적인 한계의 부재에 의해 정의될 수 있다."[24]고 말하는 것은 이 때문이다.

그러면 흐름의 잉여가치 내부의 이 두 잉여가치 흐름의 통약 불가능성, 두 흐름을 표현하는 화폐들 사이의 어긋남이란 무엇일까?

---

24. 들뢰즈·과타리, 『안티 오이디푸스』, 402~403쪽.

우선 두 잉여가치 흐름의 통약 불가능성에 대해 살펴보자. 이 두 잉여가치 중에서 규정적인 것은 기계적 잉여가치다. 과학은 몸들 속에 내재해 있던 코드들을 지식의 형태로 탈코드화하고 탈영토화한다. 그리고 자동 기계는 힘들의 장으로서 자신의 몸 내지 자신의 구조 속에서 언제나 흐름들을 내부화함과 동시에 과학과 기술에, 즉 노동자의 육체노동과 구별되는 이른바 지적 노동에 의존한다. 그데 자본주의에서 기계적 잉여가치 흐름은 결코 독자적이지 않고 자본주의 공리계의 이익과 목적에 종속되어 있다. 예컨대 과학기술적 혁신은 그것에 대한 투자가 비용 절감을 가져옴으로써 제공하게 될 이윤율 상승이 어느 정도인가에 따라 결정된다. 이윤율을 상승시킬 수 있다는 전망이 없을 때는 자본은 당연히 기존의 장비나 다른 장비에 투자할 것이기 때문이다. 기초연구 분야에서 과학자들이 분열적이고 탈코드화된 흐름들(예컨대 비결정론적 물리학)을 촉발하거나 방치하는 경우에도 결정적 순간에는 자본주의 사회기계의 공리계가 그것을 저지하고 코드화된 흐름과 타협하도록 만든다. 과학기술적 혁신은 시장의 기대가 이것의 도입을 용인할 때까지 과학적으로 필요한 시간을 넘겨 지연되거나 시장의 필요에 따라 선별된다. 요컨대 결정적인 것은 세계자본주의 시장의 공리계이다. 과학기술의 분열적 흐름들이 지속될 수 있는가, 또 그것이 기계적 잉여가치를 낳을 수 있는가 없는가는 과학기술 자체에 달려 있는 것이 아니라 자본주의 공리계에 달려 있는 것이고 양자의 흐름에는 어떤 통약 가능성도 없다. 자본주의 기계는 자신의 필요에 따라 앎을 촉진하고 기계적 잉여가치를 추구하지만 그와 동시에 역시 자신의 필요에 따라 무지를 촉진하고 인간적 잉여가치에 집착한다. 그 결과 과학기술이 가장 발전된 부문들이 가장 진부한 의고주의와 결연을 맺곤 하는데, 과학기술 노동자들이 퇴근 후에는 텔레비전이라는 바보상자와 결착하는 이중성을 보이고 첨단 과학기술을 집중적으로 사용하는 국가와 군대가 낡은 관료주의의 온상이 되곤 하는 것은 이 때문이다. 이런 이중성을 고려하면서 들뢰즈는 "과학자가 과학자인 한에서는 그 어떤 혁명적 힘도 갖고 있지 않다. 과학자는 통합에 첫째로 통합된 행위자요, 양심의 가책의 피난처요, 자기 고유의 창조성의 강제된 파괴자이다."[25]라고 말한다.

이렇게 자본주의 문명기계는 인간적 잉여가치와 기계적 잉여가치의 총체인 흐름의 잉여가치를 자본주의 공리계에 종속시킴으로써, 탈코드화와 탈영토화의 분열적 흐름을 촉발하면서 동시에 지연시키고 억압하는 이중성의 기계이다. 이 자본주의 공리계에서 국가의 역할은 기업들이 가져갈 잉여가치에서 어떤 것을 빼내는 것이 아니다. 국가는 오히려 자본주의 경제가 주어진 한계 내에서 최대 생산량에 접근하도록 하

---

25. 같은 책, 400~401쪽.

고, 또 사기업과 경쟁적이라기보다 상보적이라 할 수 있는 군비軍費 지출 질서, 즉 전쟁 질서에서 그 한계를 확대하는 방식을 통해 흐름의 잉여가치에 어떤 것을 추가한다. 경찰과 군대를 포함하는 국가는 일종의 반생산의 거대기업을 형성하지만, 생산 자체의 한복판에서 그 생산을 조건 지으면서 그렇게 하는 것이다. 들뢰즈가 "이 반생산 장치는 더 이상 생산에 대립되고 생산을 한정하거나 저해하는 초월적 심급이 아니다. 반대로, 그것은 생산기계의 생산성을 조절하고 그 잉여가치를 실현하기 위해 도처에서 생산기계에 스며들고 그 기계와 밀접하게 결속된다."[26]고 말하는 것은 이 때문이다. 요컨대 자본주의 문명기계는 일종의 정치-군사-경제 복합체로서, 중심의 전유된 지대들이나 주변에서 인간적 잉여가치의 추출을 보증하며, 또 그 자신이 지식·정보·자본의 자원을 동원하여 막대한 기계적 잉여가치를 낳고, 그렇게 생산된 인간적 잉여가치와 기계적 잉여가치의 가장 큰 부분을 흡수한다.

다음으로 화폐의 측면에서 인간적 잉여가치와 기계적 잉여가치는 서로 다른, 그리고 어긋나는 양상의 화폐들에 의해 표현된다. 전자가 소득으로서 구매력을 측정하는 화폐에 의해 표현된다면 후자는 참된 경제력을 측정하는 것으로서의 화폐에 의해 표현된다. 자본의 충만한 몸을 구성하는 탈영토화

---

26. 같은 책, 400쪽.

된 거대 흐름은 후자인데, 그것은 "은행들이 자기들에 대한 부채로서 자발적으로 창조하는 '순식간의 창조적 흐름', 즉 기존의 통화를 지불수단으로 이전시키는 대신 충만한 몸의 한 극단에서 마이너스 화폐(은행의 채무로 되는 부채)를 파내고 그것의 다른 극단에서 플러스 화폐(은행이 생산적 경제에 준 신용)를 투사하는 무에서의 창조, 소득으로 들어가지도 않고 구매로도 향하지 않는 '돌연변이의 힘을 지닌 흐름', 순수한 처분 가능성, 비-소유, 비-부"[27]다. 전자는 환류로서의 화폐이다. 그것은 "화폐가 노동자들이나 생산 요소들에 분배됨으로써, 즉 소득 형태로 할당됨으로써 구매력을 획득하자마자 재화와 맺게 되는 관계, 그리고 이 소득 형태가 실제적 재화로 변환되자마자 상실하게 되는 관계"[28]이다. 그런데 **흐름**과 **환류**라는 두 양상의 화폐는 서로 통약 불가능하다.

노동과 이윤 사이의 통약 불가능성, 인간적 잉여가치와 기계적 잉여가치의 통약 불가능성, 흐름으로서의 화폐와 환류로서의 화폐의 통약 불가능성 등 여러 가지 통약 불가능성의 조건 위에서 자본주의적 생산과 반생산 장치가 결착하여 만들어 내는 자본주의 공리계가 헤게모니를 행사하게 되면 자본주의에서의 탈코드화와 탈영토화의 흐름은 제한되어

---

27. 같은 책, 403쪽.
28. 같은 곳.

충분치 못하게 된다. 이런 조건 속에서 들뢰즈는, 정신분석은 화폐와 가장 내밀한 관계를 맺으면서 경제적-화폐적 종속 체계 전체를 자신이 다루는 환자들의 욕망의 핵심에 등록하는 방식으로 잉여가치를 흡수하는 거대한 기업이라고 판단한다. 그러므로 자본주의와 정신분석이 제한하고 있는 탈영토화와 탈코드화의 흐름을 가속하는 것, 즉 "경과Prozeß에서 퇴각하지 않고 더 멀리 가야 한다. … 경과를 가속하라"가 들뢰즈의 지상명제로 된다. 그가 자본주의와 정신분석의 제한에 맞서 탈영토화와 탈코드화의 분열적 흐름을 가속할 장치로서 분열분석을 대안적 혁명의 길로 제시하는 것은 이러한 인식에서이다.

탈영토적 가속에서 절편화 대 블록화 : 특이성들의 공통되기

『천 개의 고원』에서 탈영토화하고 탈코드화하는 분열적 흐름의 개념은 선과 속력의 개념을 통해 정교화된다. 여기에서 하나의 몸은 선과 속력의 배치물agencement로 이해되며 그것들의 흐름의 상대적 비율은 느림과 빠름, 점착과 파열의 현상을 가져온다.[29] 그래서 기계적 배치물은 한편에서 지층, 유

---

29. 들뢰즈·가타리, 『천 개의 고원』, 12쪽.

기체, 기표작용적 총체성, 주체, 영토화로 향하고 다른 한편에서 기관 없는 몸, 탈유기체, 탈기표작용적 입자들, 순수한 강렬함들, 탈영토화로 향하는 양면성을 갖는다.[30] 전자는 그램분자적이고 견고한 분할선 혹은 점이며 후자는 분자적이고 유연한 분할선이다. 전자는 거시정치이고 후자는 미시정치로서, 계급·성·인물들·느낌들과 서로 다른 관계를 갖는다. 전자는 분자적 흐름들을 봉쇄하여 잘 결정시킨 집합들, 원소들을 작동시키는 계급들, 남자와 여자, 이런저런 인물들의 내부적 커플 관계이고 후자는 그것들을 벗어나는 흐름들과 입자들의 외부적인 분신관계, 흐름의 가속이다. 들뢰즈는 후자의 유연한 분자적 흐름은 지각의 일상적 문턱을 넘어서는 속력으로 운동하기 때문에 우리가 현재라고 부르는 것은 이 흐름이 항상 이미 지나간 뒤에 지각에 나타나는 형식일 뿐이라고 말한다. 그런데 이 분자적 흐름의 가속은 상대적이라서 음속의 장벽에 도달하면 입자들이 이 벽에 부딪혀 튕겨 나오거나 블랙홀에 붙잡혀 지층들의 환경 속으로 다시 떨어진다.

이런 경우들과 달리 입자들이 벽을 뚫고 나가게 되는 때가 있다. 이때 입자들은 공재면/고른판의 형식화되지 않고 탈지층화된 요소에 도달한다.[31] 이것이 들뢰즈가 말하는 세 번째

---

30. 같은 책, 12~13쪽.
31. 같은 책, 114쪽.

선이다. 그것은 앞의 두 선과 마찬가지로 처음부터 실재했지만, 이 두 선의 충돌과 폭발의 순간에 비로소 현실화되는 진정한 단절이다. 그 선은 어떤 절편성으로도 회귀하지 않으며 모든 질료가 분자화되고 지각 불가능하게 되며 지정할 수 없게 되는 단절선이다. 그것은 유연한 분할선의 상대적 탈영토화와는 구별되는 절대적 탈영토화의 선, 기관 없는 몸 위에 그려지고 도망가는 순수한 추상적 선, 즉 도주선이다.[32] 들뢰즈에 따르면 이 세 가지 선은 각각 고유한 위험들을 갖는다. 견고한 분할선은 분자적 흐름들을 경직시킬 위험성을 갖고 유연한 분할선은 애매하고 타협적일 위험을 가지며 도주선은 앞의 두 선으로 퇴행할 위험만이 아니라 죽음이나 파괴 혹은 블랙홀로 내몰려 깊은 절망에 빠질 위험을 갖는다.[33]

이 세 가지 선은 항상 혼재되어 있다. 하지만, 들뢰즈는 이것들 중 일차적인 것은 절대적 탈영토화의 절대적 도주선이라고 말한다.[34] 이 도주선은 아무리 복잡하고 다양할지라도 절대적으로 탈영토화된 것인 지구, 기관 없는 몸 혹은 공재면/고른판의 절대적 탈영토화이고 절대적 도주선이다. 두 번째 선인 유연한 분할선처럼 탈영토화가 상대적으로 되는 때는 이 판, 이 몸 위에서 성층작용이 일어날 때뿐이다. 지층들은

---

32. 같은 책, 376~377쪽.
33. 같은 책, 392쪽.
34. 같은 책, 115쪽.

그러므로 잔여물인 것이다. 그러므로 지층들 안에는 입자들이 있고, 상대적 탈영토화 안에는 도주선으로 폭발되어 나갈 절대적 탈영토화의 첨점들이 있다.[35] 분열분석이 원소들, 집합들, 주체들, 관계들, 구조들을 다루는 것이 아니라 개인들과 집단들을 가로지르는 선의 배치만을 실천적 대상으로 다룬다는 들뢰즈의 생각은 이런 인식에서 나온다. 그래서 분열분석은 당신의 선들은 무엇인가, 당신은 어떤 추상적 선을 그리려고 하는가? 당신은 어떤 선을 끊고 어떤 선을 늘이거나 다시 붙잡는가, 당신은 어떤 도주선을 발명하는가 등을 다룬다. 도주선은 각 절편들이 도주선을 막기 위해 부단히 견고해지고 경직되는 때에, 관에 구멍을 내듯이 세상을 달아나게 만드는 선이다. 사람들은 이 도주선 위에서 국가의 거대무기에 대항하는 새로운 무기를 발명한다. 이러한 의미의 도주는 단지 도망가는 것에 불과한 것이 아니라 영토성을 가로지르면서 정복하고 창조하는 것이다.[36]

그러면 절대적 탈영토화의 도주선을 긋기 위해서 필요한 것은 무엇일까? 속도와 가속이 아닐까? 분명히 들뢰즈는 속도와 가속을 탈영토화의 중요한 요소로 파악하지만 이제 그것만으로는 충분하지 않다고 본다. "우리는 단순히 가속만 가

---

35. 같은 책, 116쪽.
36. 같은 책, 392쪽.

지고 상대적인 것에서 절대적인 것으로 이행할 수 없다."[37]는 이유에서다. 속도를 증가시키고 나서 그 전과 비교해 상대적인 것에서 절대적인 것으로 이행한 결과가 나온다 해도 절대적 탈영토화를 거대한 가속기로 환원할 수는 없다. 심지어 들뢰즈는 "절대적 탈영토화가 절대적인지 아닌지는 그것이 얼마나 빠른지 느린지와는 무관하다."[38]고까지 말한다. 발달지체에서처럼 우리는 상대적인 느림이나 지체를 통해서도 절대적인 것에 도달할 수 있기 때문이다. 들뢰즈는 탈영토화가 상대적인가 절대적인가 하는 것은 속도가 아니라 탈영토화의 본성에 의해 결정된다고 하면서, 탈영토화가 겉지층들과 곁지층들을 구성하고 분절된 절편들을 따라 나아가느냐, 아니면 고른판의 웃지층을 그리는 선, 절편으로 분해할 수 없는 선을 따라 하나의 특이성에서 다른 특이성으로 도약하느냐가 관건이라고 말한다.[39] 탈영토화의 가속은 그 자체로 평가될 수 없고 탈영토화의 성질에 의해 재평가되어야 한다는 것이다. 가속 그 자체가 능사는 아니며 특이성들을 중계해줄 수 있는 가속, 특이성들의 공통되기를 가져올 수 있는 가속만이 진정한 가속인 것이다.

이처럼 탈영토화의 첨점들을 구성하고 결합하면서 고른

---

37. 같은 책, 115쪽.
38. 같은 곳.
39. 같은 곳.

판을 그리며 나아가는 탈영토화의 기계를 들뢰즈는 "진정한 추상기계"[40]라고 부른다. 추상기계는 지층들이나 재영토화들을 따라 내용과 표현들을 형식화하면서 그 구분을 지층들, 영역들, 영토들에 분배하지만, 그 자체는 탈지층화되어 있고 탈영토화되어 있어 자신 안에서 내용과 표현을 구분하지 않으며 물리적이거나 물체적이지 않고 기호적이지도 않다. 그것은 인공과 자연의 구분을 알지 못하는 도표(다이어그램)로서, 실체가 아니라 질료에 의해 작동하고 형식이 아니라 기능에 의해 작동한다. 입자인지 기호인지 말할 수조차 없는 그 기계는 강렬함의 정도들, 저항의 정도들, 전도성의 정도들, 가열의 정도들, 늘어남의 정도들, 빠름 또는 지체의 정도들을 나타내는 질료-내용이며 수학적 표기나 음악적 표기에서와 마찬가지로 텐서tensor들만을 나타내는 기능-표현이다.[41]

추상기계는 가장 탈영토화된 내용과 가장 탈영토화된 표현을 결합시켜 고양시킴으로써, 다시 말해 각각의 탈영토화들의 접합접속을 가능케 하고 공통적 가속을 가능케 함으로써 그것들의 문턱을 넘어갈 수 있게 만든다. 추상기계는 어떤 것을 표상하지 않고 오히려 도래할 실재, 새로운 유형의 현실을 건설하는 선도적 역할을 수행한다. 창조의 점들 혹은 잠재

---

40. 같은 책, 270쪽.
41. 같은 책, 272쪽.

성potentialité의 점들을 구성할 때, 그것은 역사 바깥에 있지 않고 항상 역사 앞에 있다.[42] 그것은 성층작용을 가로질러 상이한 체제들을 지나가며 언어의 좌표들과 실존의 좌표들을 피해 가는 탈영토화의 기계인데,[43] 강렬함의 연속체들과 탈영토화의 연결접속들을 산출하는 이 실재적 추상기계야말로 창조와 도주를 가능케 하는 힘이다.[44] 이것이, 이항적 조직, 공명, 접합접속conjugation, 집적, 덧코드화와 재영토화의 선을 따라 흐름을 절편화하고 총체화하며 정지시키는 계급들의 견고한 그램분자적 선, 즉 덧코드화의 추상기계 아래에서, 그 선과 추상기계의 변이, 탈영토화의 양자들, 연결접속들connection, 가속들을 방출하는 도주선, 즉 탈영토화의 추상기계이다.

들뢰즈가 이 도주선을 가장 일차적이고 긍정적인 것으로 보는 것은 분명하다. 하지만 그는 이제 이 추상기계의 도주선이 다른 선들과 마찬가지로 갖고 있는 위험과 그것의 성격을 지적하기를 주저하지 않는다. 견고한 그램분자적 선은 그램분자적 조직, 나무성, 이항기계, 공명, 덧코드화의 체계 등을 상실하는 것에 대한 공포라는 위험을, 유연한 분자적 선은 각자의 비안전성의 시스템에 의해 각자가 자신의 블랙홀을 발견하고 그 구멍 안에서 자신의 입장, 역할, 임무에 대한 우려할 만

---

42. 같은 책, 273쪽.
43. 같은 책, 283쪽.
44. 같은 책, 273쪽.

한 명확성을 고집할 위험을 갖는다. 그리고 이 두 선이 겹쳐지면, 도주선들을 정지시키고 변이의 기계를 덧코드화의 기계 속에 고정시키려 하는 권력의 위험을 갖는다. 이에 비해 도주선은 피할 수 있는 것을 모두 파괴한 후 자기 자신도 해체되고 파괴할 전쟁으로 될 위험, "파괴, 순수하고 단순한 소멸, 소멸의 열정"[45]으로 될 위험을 갖는다. 전쟁기계는 본래 탈영토화의 양자들을 방출하고 변이하는 흐름들을 통과시키는 것을 목적으로 삼을 뿐 결코 전쟁을 목적으로 하는 것이 아닌 추상기계이다. 그런데 이 전쟁기계가 국가를 탈취했을 때 그러한 위험이 현실화되는데, 들뢰즈는 파시즘이 그 사례라고 말한다.[46] 파시즘은 전쟁 이외의 다른 목적을 갖지 않는 전쟁기계, 파괴를 정지시키기보다 오히려 자신에게 봉사하는 것들을 소멸시키기를 수락한 전쟁기계인데 도주선이 이러한 전쟁기계로 될 위험은 다른 선들이 갖는 그 어떤 위험들보다 더 크다.[47] 그것은 자살을 가속하는 선이기 때문이다.

그렇기 때문에 전쟁기계와 속도의 관계는 좀 더 신중히 생각될 필요가 있다. 전쟁기계는 절대적 부동성의 판, 또는 절대적 운동의 판, 즉 고른판 위에서 빠름과 느림의 정도들을 가진, 즉 상대적인 속도를 가진 무형의 무수한 요소들이 서로 연

---

45. 같은 책, 436쪽.
46. 같은 책, 436~437쪽.
47. 같은 책, 440쪽.

결접속하여 개체화되는 특정한 배치물로, 다시 말해 조직과 조성의 판으로 들어간다.[48] 조직의 판은 고른판 위에서 도주선들을 봉쇄하고 탈영토화의 운동을 저지하고 차단하며 재지층화하고 형식들과 주체들을 재건한다. 반대로 절대운동의 고른판은 조직의 판을 빠져나가고 입자들을 지층 밖으로 풀어놓고, 빠름과 느림을 교란시키고, 미시배치물들의 힘을 이용해 기능을 부순다.[49] 들뢰즈는 이 두 판의 역동적 관계를 서술한 후에, 전쟁기계가 그리는 도주선의 위험을 고려하면서 "고른판이 순수한 소멸의 판 또는 죽음의 판이 되지 않기 위해서는, 그리고 역행이 미분화상태로 퇴행하지 않기 위해서는 신중함이 필요하다. 재료들, 변용태들[정동들], 배치물들을 뽑아내기 위해서는 최소한의 지층들, 최소한의 형식들과 기능들, 최소한의 주체들을 남겨둬야 하는 것이 아닐까?"[50]라고 묻는다. 예컨대 마약이 강렬함들이 지나가기에 충분할 만큼 풍부하고 충만한 기관 없는 몸을 만들지만, 그 대신 환각, 망상, 환상, 급성 착란 등으로 분자적인 미시지각을 은폐하고, 유리화되거나 텅 빈 몸체, 암적인 몸체를 건립하여 인과적 선, 창조적 선, 도주선이 갑자기 죽음의 선, 소멸의 선으로 전환되어 버리는 것에서 확인되듯이 고른판 역시도 그 자체로 속도

---

48. 같은 책, 485쪽.
49. 같은 책, 512쪽.
50. 같은 곳. 대괄호 속의 번역은 인용자 삽입.

의 지배자가 아니라고 할 수 있기 때문이다.[51]

그렇다면 위험에 대한 지각과 신중함을 갖는 태도는 영토화와 탈영토화 사이의, 지층화와 탈지층화 사이의, 정지와 속도 사이의 타협을 의미하는 것일까? 그렇지 않다. 그것은 전쟁기계의 생성의 선이 중간만을 가지며, 언제나 중간에 있으면서도 결코 "평균치"가 아니기 때문이다. 생성은 가속운동이고 운동은 절대속도라는 점에 변함은 없다. 단지 생성이 이 절대속도의 가속운동에서 근방역, 식별 불가능성의 지대, 아무도 아닌 자의 땅, 인접한 점 사이의 관계를 구성하는 것이 필요하다. 소멸을 막기 위해 "최소한의 지층, 최소한의 형식과 기능, 최소한의 주체를 남겨 두어야" 할 필요가 있는 것이다. 그것은 실제로는 "분자적 성분들을 한데 모아 내는" 방향의 탈영토화를 가속시킬 필요 이외의 다른 것이 아니다.[52] 선을 해방시키면서 점의 체계를 벗어나되 그것을 "다선적" 체계로 대체하는 것이다. 가속과 정지의 타협이 필요한 것이 아니라 가속을 특이성들의 중계와 공통되기로 만드는 것이 필요하고, 공통되기를 가속화하는 것이 필요하다. 화음의 수직선과 선율의 수평선 사이를 지나가는 사선 위에 하나의 음의 "블록", 탈영토화된 리듬의 "블록"을 구축하는 것이 필요하다.[53] 들뢰즈가 "다

---

51. 같은 책, 539쪽.
52. 같은 책, 555~556쪽.
53. 같은 책, 560~561쪽.

선적 체계에서 모든 것은 동시에 시행된다. 선은 기원으로서의 점에서 해방된다. 사선은 좌표로서의 수직선과 수평선에서 해방된다. 횡단선은 점과 점을 잇는 위치를 정할 수 있는 연결로서의 사선에서 해방된다. 요컨대 하나의 블록—선이 음의 중간milieu을 지나 위치를 정할 수 없는 제 나름의 환경milieu 속으로 돌아나는 것이다. 음의 블록은 간주곡이다."[54]라고 말하는 것은 이런 의미이다. 음악은 횡단선이 소멸의 선으로 바뀔 위험을 무릅쓰면서, 죽음의 위험을 무릅쓰면서 다시 태어나기를 향해 도주하는 운동인데, 본질적으로 영토적인 성격의 리토르넬로가 그러한 생성적 음악에 고유한 내용의 블록을 제공함으로써 탈영토적 리토르넬로가, 그리고 리듬이 탄생한다.[55] 이렇듯 특수한 재영토화 없이 탈영토화가 있을 수 없고 그램분자적 성분들을 동반하지 않고서 분자되기가 가능하지 않다. 지각 불가능한 과정을 위해서도 지각 가능한 통로가 있어야 한다. 예컨대 정치적 좌파가 대중운동의 위치를 밝히고 진로를 제시한다고 할 때 그 좌파는 대중의 분자적 운동을 지각 가능하게 만드는 통로의 역할을 한다. 하지만 탈영토화와 재영토화, 분자와 그램분자의 잔존하는 상관관계는 결코 양자의 타협이나 평균의 방식이 아니라 중간을 뚫고 나가

---

54. 같은 책, 563쪽.
55. 같은 책, 567쪽.

는 생성 그 자체의 사선들의 블록 속에서, 즉 생성의 내재적 블록화를 통해서 사고되어야 하는 것이다.[56] 그것은 원소적인 것과 우주적인 것이 구축하는 블록, 우주의 섬유, 사선 또는 복합공간이다.[57] 이것은 자연 속에 있는 되기의 음악적 역량이다. 이것은 공장이나 폭격기의 굉음과 같은 인간의 기계가 가진 역량과 대립된다. 이런 점을 고려하여 들뢰즈는, 인간은 자신의 비음악적인 음이 음의 음악되기와 더불어 블록을 만들 수 있도록 해야 한다고 말한다.[58]

기술적 요소와 배치의 문제 : 무기와 도구

서르닉과 윌리엄스는 최근작『미래를 발명하기』[59]에서 완전고용의 전략에 완전자동화의 전략을 대치시킨다. 완전고용의 요구가 테크놀로지에 대한 제한과 통제를 요구하는 것인 반면 완전자동화의 요구는 테크놀로지의 가속화를 요구한다는 점에서 이 대립은 첨예하다. 들뢰즈의 '경과의 가속주의'는 후자를 지지하는가?

『천 개의 고원』12장에서 들뢰즈는 유목적 삶이 전쟁기계

---

56. 같은 책, 577쪽.
57. 같은 책, 584쪽.
58. 같은 곳.
59. Nick Srnicek and Alex Williams, *Inventing the Future*, Verso, 2016.

의 무기를 갖는다고 말하면서 무기와 도구를 구분하는데 이 구분법은 위의 질문에 대한 들뢰즈의 생각을 담고 있다. 첫째, 무기는 투사적, 원심적인 반면 도구는 내향적이고 구심적이다. 무기는 추진시킴에 반해 도구는 내부화한다. 둘째, 무기는 속도를 발명하며 속도라는 고유한 벡터를 출현시키는 모터로서, 소진되는 일이 없는 연속적 동력원인 자유행동 모델을 따른다. 도구는 저항에 부딪히면서 외부에 작용해 결과를 창출하고 소진되는 활동인 노동 모델을 따른다. 도구의 상대적 운동이 한 점에서 다른 점으로의 선적인 이동에 의해 구성되는 반면 무기의 절대적 운동은 소용돌이 운동을 통한 공간의 차지에 의해 구성되는 것이다.[60] 무기는 자기운동적임에 반해 도구는 피동운동적이다. 무기도 동력원의 갱신, 결과를 창출하기 위한 소진, 외적 저항에의 직면, 힘들의 이동을 내포한다는 점에서 도구와 동일한 법칙을 따른다고 할 수 있고 또 공통의 차원을 갖는다고 할 수 있지만, 양자를 엄격하게 구분하는 차원도 있다. 그것이 무엇일까?

기술적 요소는 그것이 전제하고 있는 배치물과 관련되지 않는 한 추상적일 뿐이고 완전히 무규정적인 것이라는 점이 그것이다. 들뢰즈는 기술적 요소보다 우선하는 것은 기계라고 말하면서 이때 '기계'란 기술적 요소들의 집합인 기술적 기

---

60. 들뢰즈·가타리, 『천 개의 고원』, 763쪽.

계machine technique가 아니라 사회적 또는 집단적 기계라고 단언한다.[61] 즉 특정한 시기에 무엇이 기술적 요소인가, 용도와 내용과 적용 범위는 어떠한가를 규정하는 기계적 배치물이 기술적 요소보다 중요하다는 것이다. 그렇기 때문에 무기인가 도구인가를 구분하려면 그것들이 전제하고 진입하는 구성적 배치(기술적 구성과 정치적 구성)를 먼저 규정해야 한다. 그것들의 내적 특성이 그것들과 연결되는 배치물들에 따라 규정되기 때문이다. 어떤 기술적 요소가 '노동기계'라고 하는 배치에서 노동모델을 따르는 도구로 되기도 하고 '전쟁기계'라는 배치에서 자유행동모델을 따르는 무기로 되기도 한다. 그래서 "도구는 본질적으로 힘의 발생과 이동, 그리고 소비와 결합되어 있으며 노동의 법칙에 의해 규정되는 반면, 무기는 자유행동에 따라 시간과 공간 속에서 힘을 행사하거나 표출하는 것과 관련되어 있다."[62] 도구가 중력과 이동, 중량과 고도 체계와 결합되는 반면 무기는 속력 및 영구운동 체계와 결합된다.

기술적 요소를 성격 규정하는 배치는 정념적이며 욕망의 편성이다.[63] 배치의 합리성이나 효율성은 배치가 유도하는 정념들, 배치를 구성하는 동시에 이러한 배치에 의해 구성되는 다양한 욕망들 없이는 존재할 수 없다. 국가는 시민 교

---

61. 같은 책, 764쪽.
62. 같은 책, 765쪽.
63. 같은 책, 767쪽.

육, 노동자 양성, 병사의 조련이라는 노동모델 배치 속에 전쟁기계를 삽입함으로써 감정sentiment이라는 노동자의 정념체제를 만들어 내고 이것을 통해 전쟁기계를 자신의 도구로 전화시킨다. 반면 전쟁기계는 동체 자체의 속력과 요소들 간의 속력의 합성에만 관여하는 정동affect 체제를 통해 기술적 요소를 무기로 바꾼다. 여기에서는 무기가 속력에, 특히 정신의 절대적 속력에 종속되며 절대적 부동이나 순수한 긴장증도 속력 벡터의 일부로서 동작의 화석화와 신속한 운동을 통일시키는 이 벡터 안에 존재한다. 무술인이 무기를 사용하는 방법뿐만 아니라 사용하지 않는 법도 배우듯이, 전쟁기계 체제에서는 자신을 탈각하고 자신을 비우는 것을 배우는 것이 중요하다. 이것이 전쟁기계의 무위, 주체해체, 탈코드화의 길이다. 도구는 기호와 본질적 관계를 맺는다. 왜냐하면, 국가가 문자(기호)에 의해 활동을 기호화함으로써 그것을 노동으로 포획하기 때문이다. 여기서 기호와 도구, 문자기호와 노동조직화의 친화성이 발생한다. 이와 달리 유목민과 직공들은 문자 언어의 원형proto-écriture보다 보석의 선적인 장식을 만들어 낸다.[64]

이런 방식으로 무기와 도구는 방향(투사–내향), 벡터(속도–중력), 모델(자유행동–노동), 표현(보석–기호), 정념과 욕망의 음조(정동–감정)라는 다섯 가지 점에서 구분된다. 가속주의가 제

---

64. 같은 책, 771쪽.

시하는 완전자동화 주장을 이러한 기준에 따라 평가해 보면 어떨까? 분명히 완전자동화는 완전고용에 비해 노동모델을 벗어나는 하나의 방향을 뚜렷이 지시한다. 그것은 전사가 모두 군인으로 변형되어 버린 시대에 전사의 부활을 가리킬 수 있을까? 그런데 그것이 전쟁기계의 무기일 수 있는가 없는가는 완전자동화의 기술적 요소들 그 자체에 의해 규정되는 것이 아니라 그것이 어떤 사회적 집합적 배치에 속해 있는가에 따라 달라진다. 들뢰즈도 지하, 하늘, 해저에서 첨단기술과 기술자들이 형성되고 있는 경향에 주목한다. 이들이 세계 질서에 속해 있으며 잠재적인 지식과 행동을 비자발적으로 발명하고 축적해 가고 있는 사실에도 주목한다. 이 기술적 요소들은 도주선과 순수한 가능성을 갖는다. 그런데 정작 중요한 것은 그것이 어떤 배치에 속하는가이다. 이미 이 기술적 요소를 도구로 전화시키기 위한 제국적 배치가 가동되기 시작했다. "용병이나 순회군사고문, 테크노크라트나 이동프로그램분석가, 즉 CIA와 IBM" 같은 우울한 희화적 인물들은 이 배치의 산물이다. 등장하고 있는 기술적 요소들을 전쟁기계의 무기로 전화시키기 위해서는 이미 확정되어 기선을 제압하고 있는 이 우울한 배치의 왜곡에 저항하면서 새로운 유형의 직공이나 전사 집단을 결합시킬 수 있는 새로운 배치를 발명해야 한다. 그럴 때만 새로운 기술적 요소는 가치를 갖게 되며 그것의 가속화가 해방적 의미를 갖게 된다.

이 새로운 배치와 관련하여 들뢰즈는 하나의 기계적 문 phylum 또는 하나의 기술적 계통이 있을 수 있다고 보는데, 몇 몇 조작을 통해 연장 가능해지며 하나 또는 몇 개의 지정 가능한 표현의 특질들로 수렴되거나 수렴될 수 있도록 만들어 주는 특이성들의 집합이 그것이다. 이 기계적 문은 다른 문으로 연장가능한 특이성의 차원들을 설치해 다른 문과 통일될 수도 있다. 하지만 이 문들과 문들의 통일은 운동-물질의 흐름, 즉 특이성과 표현의 특질을 짊어지고 연속적으로 변주되는 자연적인 동시에 인공적인 물질의 흐름이라는 단일한 기계적 문에 속한다. 이 단일한 기계적 문에서 인간과 자연은 구별되지 않는다. 나누어짐과 분화를 통해 지금 여기에서 실현되는 이 물질의 흐름에서 선별되고 조직되고 지층화된 특이성과 표현의 특질의 집합을 들뢰즈는 배치물이라고 부르는데, 이 배치물이야말로 진정한 발명에 값한다. 이 배치물은 흐름을 분화시켜 다양한 차원에서 다양한 차원의 문들로 나누어져 운동-물질의 관념적 연속성 속에 선별적인 불연속성을 도입하며 흐름들을 상이하게 분화된 선들로 분할한다.

장인은 이러한 물질-흐름에 순종하는 사람이며 행동하는 직관이다.[65] 그런데 이러한 장인은 유목공간에는 연결접속되지만 정주공간에는 결합접속된다. 장인이 유목적 배치 및 전

---

65. 같은 책, 786, 790쪽.

쟁기계와 연결접속되면 그것은 리좀이 되어 비약하고 우회하며 지하를 통과하고 공중에 줄기를 뻗어 다양한 출구, 궤적, 구멍을 만든다. 하지만 그것이 정주적 배치 및 국가장치와 결합접속되면 그것은 표현의 특질을 형상 또는 코드 속에 도입하여 구멍 전체를 함께 공명시킴으로써 도주선을 틀어막고 기술적 조작을 노동모델에 종속시켜 다양한 연결접속들에 수목적 결합체제를 강요하는 것으로 된다.[66] 그러므로 기술적 요소들이 국가장치와 결합접속되지 않게 하면서 그것들을 유목적 전쟁기계 배치와 연결접속시킬 수 있는가 없는가가 관건이 된다. 오늘날 고정자본과 가변자본 모두는 변이적·소수자적·민중적·혁명적 기계들의 특징을 이루는 예상 밖의 반격이나 예기치 못한 주도권을 장악할 가능성을 끊임없이 창조하고 있다. 이것이 국가적 전쟁기계를 넘어 전 지구적 전쟁기계를 가능케 하는 조건이다. 이제 문제는 이 조건들의 양적 축적이 아니라 이러한 조건을 전유하여 전쟁을 주요 사업과 목표로 만드는 국가장치, 포획장치와 지배장치들의 대규모 결합접속에 맞서 전쟁기계적 배치를, 이 조건과 요소들의 유목적 연결접속들을 창출하려는 질적 노력이다.

그렇기 때문에 들뢰즈는 흐름들의 연결접속, 불가산 집합들의 조성, 모든 사람의 소수자-되기에 기초한 자신의 구성주

---

66. 같은 책, 797쪽.

의와 도표주의를 자본의 조직, 계획, 발전의 판과 대립시킬 뿐만 아니라 관료 사회주의적 판과도 대립시킨다. 그것은 "자본주의 공리계의 자동화와도, 또 관료 사회주의의 프로그램화와도 대립된다."[67] 들뢰즈는 한편에서 고도테크놀로지 체제가 자유의 체제이기는커녕 "세계적 규모의 노예화 체제"[68]로 되고 있음을 직시한다. 하지만 그는 다른 한편에서 이러한 기계적 노예화조차 결정 불가능한 명제와 운동의 용광로이며 혁명적 결정인들의 발생 장소로 되면서 하이테크 전문가들의 독점을 넘어 라디오-되기, 전자적인 것-되기, 분자적인 것-되기 등 혁명적 연결접속과 세상-모든-사람-되기에 무기를 제공한다고 주장한다.[69]

가속과 주체성 : 프롤레타리아의 집합적 배치

「몸의 관점에서 비판적으로 살펴보는 가속주의」[70]라는 제목을 단 비포의 글은 들뢰즈의 사유가 가속주의를 지지하기는커녕 그것에 대립한다고 주장하는 점에서 주목할 만한

---

67. 같은 책, 903쪽.

68. 같은 곳.

69. 같은 책, 903쪽.

70. Franco Berardi "Bifo", "Accelerationism Questioned from the Point of View of the Body", *e-flux* #46, June, 2013, https://bit.ly/32lYMpE.

다. 물론 비포도 들뢰즈의 모든 사유가 가속주의에 반대하는 것은 아님을 인정한다. 『안티 오이디푸스』가 제시하는 분열자 관점은 정신적 해석의 속도에 대해 환경적 우주의 속도를 강조하고 무의식의 가속도를 강조하면서 전자본주의적 느림에 대한 어떤 향수도 거부한다. 거기에는 회복해야 할 정신적 정상성이라는 차원이 존재하지 않는다. 그런데 비포는 들뢰즈와 과타리의 사유 진화의 과정에서 이들은 점점 이러한 관점을 기각하는 방향으로 나아간다고 주장한다. 예컨대 『안티 오이디푸스』로부터 20년 뒤에 쓰인 『철학이란 무엇인가』가 그 점을 보여 주는데, 여기에서 들뢰즈와 과타리는 "우리는 카오스로부터 우리를 지키기 위해 아주 작은 질서를 요구한다. 그 자체에서 도주하는 사유보다, 즉 우리가 더 이상 지배하지 못하는 다른 것들 속으로 치닫거나 혹은 망각에 의해 이미 부식되어서 채 모습을 갖추기도 전에 사라지는 날아가 버리는 이념들보다 고통스러운 것은 없다."[71]고 말하기 때문이다. 비포는 들뢰즈와 가타리의 생각이 이렇게 변한 것은 1972년에서 1992년 사이에 전개된 경제적 지구화와 정보기술혁명이 욕망하는 몸에 가속의 효과를 미치고 그것을 강화시킨 것에 주목했기 때문이라고 해석한다. 비포는 『철학이란 무엇인가』의 마

---

71. Gilles Deleuze and Félix Guattari, *What is Philosophy?*, trans. Graham Burchell and Hugh Tomlinson, Verso, 1994, p. 201 [들뢰즈·가타리, 『철학이란 무엇인가』].

지막 장에 서술되는 카오스와 뇌의 결정적 관계에 대한 논급이, 가속하는 기계가 사회적 주체성에 미치는 효과를 이해할 최상의 관점이라고 말한다. 욕망과 자본주의적 발전의 상호 함축은 분열적 탈영토화 개념을 통해 적절하게 이해될 수 있지만, 그것이 주체성의 재구성 과정과 사회적 연대성의 형성에 관계될 때 가속은 전 지구적 기계에 무의식이 종속되는 것을 의미한다. 감수성과 욕망하는 몸의 관점에서 가속을 살펴보면, 카오스는 속도에 대한 고통스러운 지각이며 가속은 (과타리가 『카오스모제』에서 말하는) 경련spasm으로 이끄는 혼돈적 요소이다.[72] 이런 관점에서 비포는 가속은 자본주의적 정복의 특징들 중의 하나이며 이 과정에서 무의식은 점점 상승하는 정보권의 속도에 종속되고 이 종속은 고통스러울 뿐만 아니라 패닉을 야기하면서 마침내 어떠한 자율적 주체화의 가능한 형태도 파괴한다고 주장한다.

비포의 이러한 생각은 유물론적 내재주의에 대한 비판과 거부에 토대를 두고 있다. 자본주의에 대한 내재적 유물론의 비판은 역사에 어떤 초월적 차원도 없고 미래의 가능성은 사회의 현재적 구성에 포함되어 있다고 본다. 새로운 사회적 형식의 가능성은 자본주의가 발전시킨 사회적 관계, 기술적 능력, 문화적 형태에 포함되어 있다는 것이다. 이러한 유물론적

---

72. 펠릭스 가타리, 『카오스모제』, 윤수종 옮김, 동문선, 2003.

내재주의는 맑스-레닌주의가 채택한 헤겔주의적 변증법의 이상주의적 관점과 대립하면서 그리고 초월성에 대한 스피노자의 거부를 강조하면서 1960년대와 1970년대 이탈리아 오뻬라이스모와 프랑스의 포스트구조주의에서 발전되어 왔다. 현재의 사회적 구성 속에 포함되어 있는 내재적 힘에 대한 급진유물론적 강조는 20세기 말에 부상한 아우또노미아 운동의 특징이기도 하다. 아우또노미아 운동은 일반지성의 잠재력을 자본주의의 한계 너머로 풀어놓을 필요성을 강조한다. 이외의 어떠한 외부적 힘이나 기획도 사회적 조직화의 새로운 형식을 낳을 변형 과정을 촉진할 수 없다. 비포는 이것이 들뢰즈-과타리의 리좀학과 하트-네그리의 다중적 스피노자주의의 공통점이며, 일반지성의 잠재력, 생산성의 항상적 강화, 노동으로부터 시간의 해방을 향하는 경향에 대한 선구적 서술인 맑스의 「기계에 대한 단상」 등이 그 준거가 되고 있다고 본다. 이에 따르면 자본주의의 기술적 조직화에 함축된 경향이 지식과 기계의 새로운 연결을 낳을 것이고 코뮤니즘은 이로부터 발전해 나올 것이다. 비포는 가속주의의 가설이 이 내재적 코뮤니즘 개념의 극단적 발현인데, 이러한 내재적 관점은 노동과 기술의 현재적 구성 속에 포함된 잠재성의 전개를 하나의 필연성으로 오인한다는 점에서 철학적으로 위험하다고 평가한다.

비포는 가속주의적 가설이 두 개의 요점에 기초를 둔다

고 파악한다. 하나는, 가속하는 생산주기가 자본주의를 불안정하게 만들 것이라는 가정이며 또 하나는 자본주의 형식 속에 포함된 잠재성이 필연적으로 자기 전개할 것이라는 가정이다. 첫 번째 가설은 우리 시대의 자본주의 경험에 의해 기각된다는 것이 비포의 생각이다. 그에 따르면, 자본주의는 탄력적이어서 불안정화되기는커녕 합리적 정부를 필요로 하지 않는 자동적 통치성으로, 욕망하는 몸을 갖지 않는 추상적인 자동체제로 되어가고 있다. 합리적 정부는 기술언어적 자동주의의 단순한 결합으로 대체된다. 사회적 주체성은 경련점 이상으로 가속될 수 없는 몸의 리듬에 기초하는데, 이런 추상적이고 기술언어적인 자동주의 체제에서 가속은 사회적 주체성을 파괴하고 있다.

비포는 가속주의의 두 번째 가정은 주체화의 과정을 방해하고 왜곡시키는 장애들과 한계들을 완전히 과소평가한다고 말한다. 해방적 형태의 내재성은 그것의 전개의 가능성을 뜻할 뿐 그것의 필연성을 의미하지 않는다. 비포는 네그리-하트가 말하는 네트워크 생산에 구현된 일반지성의 잠재력은 금융 매트릭스의 권력에 종속되어 있음에 주목해야 한다고 말한다. 그리고 들뢰즈의 리좀학은 해방의 방법이 아니라 전 지구적 금융자본주의의 항구적 탈영토화의 방법론으로 이해되어야 한다고 평가한다. 리좀 이론은 자본주의적 탈영토화를 서술하는 방법론이면서 동시에 탈영토화된 주체성의 지반을 재정의하기 위한 시도이지만 가능성의 실현을 가로막는 장애에 대한 인식이 없는 한 자율성의 이론은 될 수 없다는 것이다. 비포는 가속주의적 입장은 내재주의적 구상의 극한적 표현으로서 자본주의적 가속의 궤도가 그것의 내적 동학을 전복하는 것으로 이끌게 되리라는 그릇된 붕괴론적 가정에 기초하고 있다고 비판한다. 가속은 자본주의적 성장의 본질적 특징이고 생산성 성장은 생산과 착취 리듬의 강화를 의미할 뿐이기 때문에, 지금도 맹목적 속도로 달리는 자동메커니즘 체제인 자본주의적 통치성을 카오스적으로 가속하는 것은 새로운 사회형태를 가져오기는커녕 자율적 주체화를 위협하고 사회적 주체성을 포획하여 종속시킬 뿐이라는 것이다.

비포의 이러한 해석과 비판은 자율에 대한 인간주의적 독해의 경향을 사례적으로 보여 준다. 그는 몸과 뇌를 유기체적 존재인 인간의 입장에서 이해함으로써 몸과 뇌, 그리고 사회적 주체성이 일정한 한계 이상으로 가속될 수 없다는 생각에 자신의 해석과 비판을 정초한다. 이것은 들뢰즈의 비-인간주의적 철학과 양립할 수 없는 것인데 이 비-인간주의적 입장은 비포가 자신의 입장으로 원용하고 있는 『철학이란 무엇인가』에도 일관되게 표현되고 있다. 아니 『스피노자의 철학』에서 정립된 무한속력, 절대속력의 개념은 오히려 『철학이란 무엇인가』에서 훨씬 더 일관되게 표현된다. 들뢰즈는 운동은 외연적이고 상대적이지만 속력은 내포적이며 절대적이라고 말하는

데, 운동의 상대성에 대한 인정이 속력의 절대성에 대한 인식을 대체하는 것은 결코 아니다. 들뢰즈가 『철학이란 무엇인가』에서 일관되게 강조하는 절대속력에 대한 망각 혹은 거부는 비포로 하여금 내재성 이론에 대한 기각으로 이끈다. 현재의 사회적 구성 속에 깃들어 있는 해방의 잠재력이 인정되기 어려우며 있다고 하더라도 실현될 수 없다는 비포의 생각은, 해방의 힘을 실재하는 것이 아닌 어떤 것에서 불러와야 하는 어려운 입장으로 그를 이끈다.

가속주의의 우파 버전인가 좌파 버전인가를 구분하지 않고 가속주의 일반에 대한 비판을 제시하고 있는 비포의 반가속주의적 입장과 달리 「가속주의 정치 선언」이 발표된 다음 해인 2014년 2월 「「가속주의 정치 선언」에 대한 성찰」[73]이라는 제목으로 발표된 네그리의 글은 좌파 가속주의의 가능성, 한계, 그것이 해방의 정치학으로 될 수 있는 실제적 조건을 구체적으로 사유함에 있어서 필요한 중요한 논제들을 제시한다. 네그리는 비포와는 달리, 「가속주의 정치 선언」이 파국론

---

73. Toni Negri, "Riflessioni sul Manifesto per una Politica Accelerazionista", 7 febbraio 2014, http://www.euronomade.info/?p=1684 (영어본 : Antonio Negri, "Reflections on the 'Manifesto for an Accelerationist Politics' ", trans. Matteo Pasquinelli, *e-flux* #53, March 2014, https://bit.ly/3eBVgfY) [이 글의 한글본은 안토니오 네그리, 「「가속주의자 정치를 위한 선언」에 대한 성찰 : 번역」, 이승준 옮김, 〈생태적지혜〉, https://bit.ly/3kjx2YZ에서 읽어볼 수 있다].

과 종말론을 비판할 뿐만 아니라 케인스주의적 개혁주의 복지론과도 구별되는 급진적 입장을 표현한다고 본다. 산업주의로의 귀환을 환상으로 파악하면서 기술에 관한 점증하는 퇴행적 입장을 비판하고 자본주의가 결정하는 가능성의 공간 속에서 발견의 실험과정을 열어나가면서 자본의 명령에 의해 제한되는 잠재적 생산력을 해방시켜야 한다고 주장하는 「가속주의 정치 선언」의 입장이, 좌파의 긍정적 유산을 물려받으면서 새로운 미래를 구축하는 전복적 지식의 공간을 열어놓는다고 평가한다.

하지만 무엇을 가속할 것인가에 대해 네그리는 「가속주의 정치 선언」이 강조하는 바와는 다른 지점을 강조한다. 그는 「가속주의 정치 선언」이 제안하는 기술적 생산력의 가속에 대한 테제를 계급투쟁의 관점에서 비판적으로 재전유하면서 생산가속화와 생산계획화보다 투쟁가속화와 투쟁계획화가 더 우선한다고 주장한다. 이 관점에서 기술의 문제를 바라보면 중요한 것은 고정자본의 재전유라는 맑스의 관점을 현대화하는 것이다. 포스트포드주의에서 고정자본은 정보테크놀로지, 개인미디어, 소프트웨어, 특허, 집단지성 등의 형태를 포함하며 고정자본의 재전유는 집합노동자들의 이러한 생산능력을 투쟁의 관점에서 재전유하고 이를 통해 노동주체의 인류학적 변형을 추구하는 것이다. 「가속주의 정치 선언」이 사회기술적 헤게모니를 발전시키기 위해 탈자본주의 목적에 상응하도록 재프로그램되고 재포맷된 생산, 금융, 유통, 소비의 물질적 플랫폼을 발전시키자고 주장할 때, 네그리는 여기에 객관성과 물질성에 대한 강한 의존이 보이며 사회적·정치적·협력적 요소에 대한 일정한 과소평가가 보인다고 평가한다. 하지만 그는, 가속주의자들의 이러한 주장을, 우리가 새로운 헤게모니를 전진시키기 위해서는 인지노동의 주객관적인 생산적 잠재력의 복합체 전체를 성장시켜야 한다는 주장으로 받아들일 수 있는 것으로 이해한다.

네그리는 2011년에 시작된 새로운 투쟁 주기의 말기에 그 투쟁들이 강력하고 그것의 내용이 진정으로 새로웠음에도 불구하고 그것이 권력과 충돌하는 조직형태에서는 뚜렷한 한계를 드러냈다고 말한다. 이러한 생각은 가속주의자들도 공유하는 것이다. 이러한 생각 속에서 가속주의 정치학의 저자들이 제안하는 것은 세 가지이다. 첫째, 새로운 이상적 프로젝트와 새로운 경제모델 연구를 위한 새로운 지적 하부구조의 구축, 둘째, 주류 매스미디어 지형에서 강력한 주도권을 조직하기, 셋째, (과도적이건 영구적이건, 정치적이건 조합주의적이건, 지구적이건 지역적이건 간에) 계급권력의 가능한 제도적 형태를 활성화하기 등이 그것이다. 네그리는 이들의 제안이 적합하고 현실적이라고 받아들인다. 그것들이 탈인간주의적이고 과학적인 유토피아로서 노동과 사회의 강력한 자기가치화를 조직할 가능성을 제시하고 또 지구화의 내부만이 있는 현실에서 그 내부 속에 외부를 도입하는 미래구축의 가능성을 제시한다는 의미에서다.

하지만 네그리는 여기에도 약간의 문제점이 있음을 지적한다. 「가속주의 정치 선언」이 사용하는 가속주의라는 용어가 전혀 미래주의적이지 않은 것에 미래주의적 의미를 귀속시킨다는 점에서 조금 부적합하며, 경향을 물질적이고 잠재적인 주체화의 힘에 의해 구성되는 것으로 이해하기보다 기술정치적인 힘에 의해 결정되는 것으로 파악하는 성향이 강하다는 것이다. 하지만 이런 약점에도 불구하고 그것이 자본주의 발전 경향과 그것의 재전유·파열의 필요에 대한 분석을 제공하고, 코뮤니즘 프로그램을 전진시킬 강력한 발판을 제공하며, 사회주의적 인간주의와는 다른 새로운 긍정적 인간주의를 구축하려는 시도로서 후기오뻬라이스모 관점에 대한 앵글로색슨적 보충물로 읽힐 수 있다고 평가한다. 무엇보다도 그는, 포스트오뻬라이스모와 『천 개의 고원』이 제안하는 것이 악무한으로 보일 수 있는 상황에서 「가속주의 정치 선언」이 노동자 몸의 변형적 인류학(기술적 구성과 정치적 구성의 관계)을 주객관계의 중심에 놓음으로써 이 악무한을 해결할 수 있는 제안을 한다는 점에 주의를 기울인다.

프롤레타리아의 집합적 배치에 대한 연구는 고정자본의 재전유와 관련된 기술적 구성과 노동력의 변형과 관련된 정치적 구성의 상호관계를 명확하게 하는 것이다. 기술적 구성과 정치적 구성의 관계를 설명할 수 없을 때, 우리는 방법론적으로 무기력하고 정치적으로 무력하다고 느끼며 따라서 정치적 프로그램이 불가능해진다. 이와 반대로 기술정치적 관계의 특유한 양상을 지각함으로써 우리는 역사적 문턱을 규정할 수 있고 이것은 조직과정과 적합한 행동프로그램의 정식화를 가능하게 한다. 이러한 평가 위에서 네그리는 가속주의 정치학이 기술적 구성에 대한 파악에 기초하여 프롤레타리아적 협력의 헤게모니 문제에 대한 탐구로 나아가야 할 것이라고 제안한다. 왜냐하면,「가속주의 정치 선언」이 물질적 생산에서의 기술적 측면에 비해 생산의 협력적 차원(노동력의 인류학적 변형)을 과소평가하고 있다고 보기 때문이다. 고립된 노동자들에 의해 행사되는 기계력의 총합은 많은 사람들이 분할되지 않은 동일작업 속에서 협력할 때 펼쳐지는 사회력과는 다르다고 보는 맑스의 관점에 따르면, 현대 프롤레타리아가 구성하는 언어, 알고리즘, 함수, 기술적 노하우 등 협력적 요소가 현대 사회에서의 새로운 헤게모니 구성에 핵심적이고 또 유인적이다. 고정자본(잉여가치 생산에 직접 포함된 자본 부분)은 협력에 의해 규정되는 잉여 속에 자리 잡는다. 지금은 정보화가 고정자본의 가장 가치 있는 형태이다. 생산사회는 전 지구적으로 정보화되었다. 이렇게 컴퓨터화된 사회세계는 노동시장 관리와 사회 관리의 새로운 위계와 변수의 측면에서 새로운 기준에 따라 조직되고 자동화된다. 정보화가 다시 자동화에 종속되고 이것이 자본주의적 알고리즘의 명령을 구축한다. 자본은 여전히 임금관계를 통해 노동을 착취한다. 하지만 그것은 사회 전체에서 잉여노동을 추출하고 강탈하는 것에 비하면 제한된 형식이다. 착취자본보다 수탈자본이 우선적인 것으로 되며 전자는 후자의 일부에 지나지 않는다. 네그리는 이처럼 수탈자본주의가 착취를 외연적으로는 모든 사회적 하부구조에까지, 내포적으로는 지구 금융과 같은 생산기계의 모든 추상도에까지 뻗친 실천적·이론적 공간 내부에서 고정자본 재전유에 대한 논의를 시작하는 것이 필요하다고 주장한다.

그것은 노동거부를 새로운 방식으로 이해하고 공통적인 것의 통화를 구축하는 방향으로 정향된다. 네그리가 보기에 화폐는 추상기계이며 사회에서 수탈된 가치를 측정하는 최고의 형태이다. 오늘날 화폐는 세 가지 성격을 갖는다. 척도화폐, 위계화폐, 계획화폐가 그것이다. 이 화폐적 추상은 저항과 전복의 잠재적 형태를 가리킨다. 그렇기 때문에 코뮤니즘 프로그램도 이 지형에서 수행되어야 한다. 그것은 부의 프롤레타리아적 재전유를 진전시키고 헤게모니적 권력을 구축하는 것이다. 오늘날 가치를 추상하고 수탈하는 최고의 기반은 공통적인 것이다. 그러므로 이 공통적인 것을 재전유하고 그것을 헤게모니적 권력 구축의 기반으로 삼는 것이 필요하다. 공통적인 것의 통화라는 말로 네그리가 의미하는 바가 그것이다.

공통적인 것의 통화는 자본에 의해 노동에 부과된 척도에 대한, 사장에 의해 부과된 잉여노동 위계에 대한, 자본주의 국가에 의해 부과된 소득의 일반적·사회적 분배에 대한 공격을 함축한다. 이런 관점에서 노동거부도 현대적으로 재해석될 수 있는데, 그것은 알고리즘적 자동화가 낳은 생산성에 대한 포착, 노동시간의 축소, 실질적 봉급인상, 기본소득, 그리고 삶의 기쁨의 증대를 의미한다. 그것은 자본주의적 명령과 주권에 대항하여, 열정을 치열한 방식으로 사용함으로써 새로운 주체성을 생산하는 활동 외에 다른 것이 아니다. 이를 위해서는 수직적 국가명령을 구축하지 않으면서 지식과 생산적 능력의 네트워크로 수렴하고 탈자본주의적 코뮤니즘 제도들을 발생시키는 투쟁의 계획화를 생산의 계획화보다 우선적인 것으로 간주해야 한다.

무엇을 가속할 것인가?

2008년부터 시작된 일련의 위기들, 즉 서브프라임 모기지 위기, 세계경제 위기로의 심화, 다시 각국 재정위기로의 비화의 상황에서 자본은 다중들에게 긴축을 강요했다. 이것은 감속의 시간의 개시를 보여 준다. 그리고 이것은 자본주의의 성장과 가속이라는 상황에서 제기된 대안전략들에 대한 재검토를 요구한다. 2010년대 초에 유럽(특히 영국)의 젊은 좌파들로부터 제기된 가속주의 정치(학), 대표적으로는 닉 서르닉과 제임스 윌리엄스의 「가속주의 정치 선언」은 자본주의의 실제적 감속과 긴축이라는 상황에 맞설 대안전략으로 지금까지 전통적 좌파에 의해 제기되어온 완전고용(총고용)의 요구 대신에 완전자동화를 요구한다. 즉 기계화의 감속과 기계의 노동으로의 재^再대체 대신 노동의 기계로의 대체라는 기존의 경향을 가속하여 생산을 완전자동화하는 방향으로 나아갈 것을 요구한다. 이것은 노동 속에서의 더 나은 삶을 추구하는 완전고용의 요구가 갖는 퇴행성과 복고성을 거부하고, 맑스의 노동시간 단축 요구와 이탈리아 오뻬라이스모 및 들뢰즈의 노동거부 요구에 의해 표현되었던 **노동으로부터의 해방**의 요구를 과학기술적 방식으로 실현할 방법으로 제시된다. 이 대안은 노동에서 분리된 소득, 즉 보편적 기본소득Universal Basic Income, UBI을 필수적으로 요구하는데, 이것은 자동화된 생산체제가 산출하는 (그런데 오늘날 금융자본에 의해 지대형태로 수취되고 있는) 기계적이고 사회적인 잉여가치의 합리적 분배방식이자 지대의 사회화 방책이라고 할 수 있을 것이다. 이렇게 보편적 기본소득하에서 노동으로부터 해방된 사람들의 가처분 시간은 새로운 미래를 발명하는 데 투자될 수 있으리라는 것이 좌파 가속주의자들의 미래 전망이다. 이러한 관점은 맑스, 사무엘 버틀러, 니콜라이 페도로프, 톨스타인 베블렌, 장-프랑수아 료타르, J. G. 발라드, 사이버문화 이론가들 등으로부터 영감을 얻지만 무엇보다도 질 들뢰즈(와 펠릭스 과타리)의 속력 이론으로부터 커다란 영감을 얻는다. 하지만 서르닉과 윌리엄스의 「가속주의 정치 선언」의 발표 이후, 이 선언에 대한 비판이나 반가속주의적 거부도 질 들뢰즈(와 펠릭스 과타리)의 철학에 의거하여 전개되고 있는 것이 사실이다. 이러한 사정을 고려하면서 나는 들뢰즈의 속력철학과 현대 가속주의 정치학의 관계를 검토함으로써 가속이 해방의 정치와 장치로 될 수 있는지, 만약 될 수 있다면 그 조건이 무엇인지를 정치철학적 맥락에서 살펴보는 데 초점을 맞추었다.

무엇보다 강조해야 할 점은 들뢰즈의 속력이론이 존재론적이라는 사실이다. 자연적 객체들은, 외연적으로는 무수히 많은 분자들 사이의 운동과 정지, 빠름과 느림의 관계에 의해 규정되며 내포적으로는 다른 몸들을 정동하고 또 그것에 의해 정동되는 역량에 의해 규정된다. 전자는 상대적이고 관계적인 운동이며 후자는 절대적이고 무한한 속력이다. 들뢰즈는 후자의 내포적 역량의 가속을 주장하면서도, 전자의 외연적 운동의 가속을 주장하지는 않는다. 분자들 사이의 상대적 운동은 빠를 수도 있고 느릴 수도 있으며 심지어 정지할 수도 있기 때문이다. 들뢰즈는 빠름뿐만 아니라 느림과 정지조차도 절대적 속력과 그 가속의 표현일 수 있다고 생각한다. 그리고 절대적 탈영토화가 거대한 가속기로 정의될 수는 없고 절대성은 얼마나 빨리 움직이는가에 달려 있지도 않으며 상대적 느림이나 자연의 현상에 의해서도 절대적인 것에 도달할 수도 있다고 생각한다. 그러므로 필요한 것은 가속 그 자체가 아니라 분자들의 빠름과 느림의 결합인 상대적 속도관계(경도)와 정동하고 정동되는 절대적 내포역량인 속력(위도)의 결합에 대한 연구로서의 행동학이다.

이러한 관점에 따라 들뢰즈는 몸들의 탈영토화하고 탈코드화하는 분열적 흐름을 선과 속력의 배치물agencement로 이해한다. 몸의 내포적 속력은 절대적이지만 그것들의 흐름의 상대적 비율은 느림과 빠름, 점착과 파열의 운동을 한다. 그 결과 기계적 배치물로서의 몸은 양면성을 갖는다. 한편에서 그것은 지층, 유기체, 기표작용적 총체성, 주체, 영토화로 향하고 다른 한편에서는 기관 없는 몸, 탈유기체, 탈기표작용적 입자들, 순수한 강렬함들, 탈영토화로 향한다. 그러므로 행동학과 분열분석은 원소들, 집합들, 주체들, 관계들, 구조들을 다루기보다 개인들과 집단들을 가로지르는 선의 배치를 다루어야 한다. 그것은 절대적 탈영토화의 도주선을 긋기 위해서 무엇이 필요한 것일까를 사유하는 것을 본령으로 삼는다. 들뢰즈에 따르면 도주선에서 중요한 것은 속력이다. 하지만 상대적 가속만으로는 절대적 탈영토화를 달성할 수 없다. 도주선이 절대적인지 아닌지는 사실상 그것이 얼마나 빠른가 혹은 느린가와는 무관하다. 결정적인 것은 운동의 속도가 아니라 탈영토화의 성질로서의 속력이기 때문이다. 탈영토화가 겉지층

들과 곁지층들을 구성하면서 분절된 절편들을 따라 나아가
느냐, 아니면 고른판의 웃지층을 그리는 선, 절편으로 분해할
수 없는 선을 따라 하나의 특이성에서 다른 특이성으로 도약
하느냐가 관건이다. 이러한 생각에 따르면 특이성들을 중계해
줄 수 있는 가속, 특이성들의 공통되기를 가져올 수 있는 가
속만이 절대적 도주선을 그릴 수 있는 가속이다. 이러한 가속,
즉 특이성들의 중계를 가져올 수 있는 가속을 위해서는 다선
적 체계가 필요하다. 이것은 선들의 타협이나 평균을 요구하
는 것이 아니라 선들의 중간을 뚫고 나가는 사선들의 내재적
블록화를 요구하는 것이다.

그러므로 들뢰즈의 관점에서 기술적 요소나 기술적 몸은
그 자체로 해방적일 수 없고 그것이 전제하고 있는 배치물과
관련되어서 평가되어야 한다. 배치물과의 관련 속에서 기술적
요소의 가치를 평가한다는 것은 무엇을 의미하는가? 들뢰즈
의 관점에서 기술적 요소보다 우선하는 것은 기계다. 이때 '기
계'란 기술적 요소들의 집합인 기술적 기계가 아니라 사회적
또는 집단적 기계이다. 특정한 시기에 무엇이 기술적 요소인
가, 그것의 용도와 내용과 적용 범위는 어떠한가를 규정하는
것이 기계적 배치물이다. 그러므로 완전자동화라는 가속주의
적 대안도 그것이 전제하고 또 진입하는 사회적 배치물이 무
엇인가에 따라 먼저 평가되어야 한다. 그것이 노동기계(의 도
구)로 기능하지 않고 전쟁기계(의 무기)로 기능하게 할 수 있

는 배치에 대한 사유가 무엇보다 중요한 것이다. 몸을 노동에 예속시키지 않고 자유행동(즉 활동)으로 나아가게 할 수 있는 실제적 조건이 무엇인지에 대한 사유가 중요하다는 네그리의 지적은 바로 이 점을 가리킨다.

그런데 들뢰즈에 따르면 기술적 요소를 성격 규정하는 집단적 배치는 정념적인 것이며 욕망의 편성이다. 국가가 전쟁기계를 노동기계로 흡수하기 위해 시민 교육, 노동자 양성, 병사 조련과 같은 방식으로 주체성을 형성하는 것은 이러한 점을 포착하고 있기 때문이다. 들뢰즈는 국가의 이러한 흡수 전술에 맞서 기술적 요소를 전쟁기계로 전화시키기 위해서는 이러한 주체성을 탈각하고 자신을 비우는 방법을 배우는 것이 중요하다고 말한다. 그는 이것을 전쟁기계의 무위, 주체 해체, 탈코드화의 길이라고 부르고 문자기호 대신 선적 장식과 세공의 방향으로 나아갔던 유목민, 직공, 장인의 동맹에서 그 예를 찾는다. 이것을 우리는 다른 주체성, 생성의 주체성, 되기의 주체성에 대한 사유로 읽을 수 있다. 좌파의 가속주의 정치학에 가장 크게 결여된 것이 바로 이 대안적 주체성에 대한 사유이다. 기술적 플랫폼이 노동으로부터의 실제적 해방과 자유로운 미래를 발명할 장치로 기능할 수 있도록 하기 위해서는 보편적 기본소득만으로는 부족하고 가속주의 정치학이 기술정치를 사유하기 위해 괄호 치고 있는 다중정치folk politics, 즉 주체성의 정치를 기술적 플랫폼에 대한 사유와 긴밀히 결합시키지 않으면 안 되는 이유가 여기에 있다. 이렇게 예상의 정치를 자생의 정치와, 정치적 인식론을 정치적 존재론과, 기술기계를 사회기계와 결합시키는 것이야말로, 기술적 몸들을 자본주의에 고유한 것으로 평가하여 부정하는 낡은 인간주의로 추락하지 않으면서 그 몸의 빠름과 느림, 응결된 긴장과 가속화된 운동의 상대적 관계를 그것의 절대적 탈영토화 속력의 내포역량에 따라 고려하고 평가하며 조직할 수 있는 섭정의 사유능력을 보여 주는 길일 것이다. 그리고 이것만이 기술의 잠재력에 대한 인식 위에서 이행의 기술과 집단적 자치의 기술을 개발해야 한다는 가속주의 정치의 기본 취지를 올곧고 충실하게 실천하는 방식일 것이다.

9장 결론

취지와 요점

들뢰즈–추상기계

블록화, 공통화, 좌파, 그리고 아래로부터의 섭정의 문제

지금까지 우리는 기계, 시간, 주체, 정동, 정치, 속도 등에 대한 들뢰즈의 개념작업을 살펴보았다. 그것들은 지배적인 사유의 이미지를 절단하여 새로운 개념들을 빚어내는 들뢰즈의 철학공장에서 우리 시대의 삶에 적합하고 유용한 개념무기들을 선별하는 작업이었다. 각각 독립적으로 서술된 장들 사이의 연결 관계와 책 전체의 의미를 좀 더 명료하고 쉽게 이해하기 위해 먼저 각 장의 요점을 서술 취지와 함께 정리해 보자.

취지와 요점

1장 「서론」은 이 책에 쉽게 입문할 수 있도록 돕기 위한 안내 글이다. 들뢰즈는 철학작업의 초기에 경험의 초월론적 조건으로서 차이의 개념을 정립하고, 중기에 절대적으로 내재적인 존재론적 실재로서의 그 차이가 잠재적 차원, 강도적 차원, 현실적 차원을 무한속도로 순환하면서 분화와 미분의 운동을 전개하는 드라마를 그려냈으며, 68혁명 이후의 후기작업에서는 이 차이를 기관 없는 몸, 욕망기계, 혹은 카오스로 재규정하고 그것들을 유기체, 오이디푸스기계, 뇌와의 길항관계 속에 놓고 성찰하면서 자신의 철학을 분열분석, 정치철학, 예술철학으로 발전시켜 나갔다. 「서론」은 그 과정을 그의 주요 저작들을 중심으로 한 연대기적 역사 속에서 개괄적으로 서술한다.

2장 「기계 : 사회기계와 전쟁기계」는 들뢰즈의 기계론을 다룬다. 오늘날 사변적 실재론의 한 조류인 기계지향존재론(레비 브라이언트)[1]에 큰 영향을 준 그의 기계론은 『안티 오이디푸스』와 『천 개의 고원』으로 대표되는 들뢰즈(와 과타리)의 후기 철학에서 비교적 명확해진 관점이다. 이 장의 앞부분은, 존재론적 실재는 곧 유동하는 욕망기계들이기 때문에 자연과 인간은 이 점에서 구분될 수 없고 인간적 실재나 비인간적 실재가 각기 생산자-생산물로서만 존재한다는 관점 위에서 그 기계들 사이의 연결접속, 분리접속, 결합접속을 통해 다양한 사회기계들(원시적·야생적 사회기계, 제국적·야만적 형성체, 자본주의적·문명적 형성체 등)이 생성되는 과정에 대한 들뢰즈의 논리를 서술한다. 이 장의 뒷부분은, 현대의 자본주의적 문명 사회기계에 흡수통합되어 그것의 동력으로 사용되고 있는 전쟁기계가 그 사회적 주권체를 역전시켜 자기 고유의 유목적이고 다의적인 질서 아래로 종속시킬 수 있는 방법이 있는지, 있다면 그것이 무엇일지를 탐구한다.

3장 「시간 : 시간의 세 차원과 두 가지 시간성」은 후기 철학에서 명료해진 기계론을 『차이와 반복』과 『스피노자와 표현의 문제』로 대표되는 중기 철학의 문맥 속으로 되가져가, 존재론으로서의 시간론("존재는 시간이다.")의 관점에서 재고찰한다. 나는 여기에서 주로 측정척도로서의 시간이라는 관점

---

1. 레비 브라이언트, 『존재의 지도』, 김효진 옮김, 갈무리, 2020 참조.

에서 이해되는 맑스의 '사회적 필요노동 시간'과 (그것을 척도로 하는) 가치법칙의 개념이, 척도 너머의 시간을 중시하는 들뢰즈의 심화되고 확장된 시간 개념 속에서 바라보면 어떤 형상으로 나타날 것인가, 라는 문제의식을 가지고 이 장을 썼다. 이러한 문제의식은, 물질노동이 헤게모니적이었던 맑스 시대와는 달리 측정불가능한 비물질노동이 헤게모니적으로 되고 있고 그에 따라 다른 시간 개념이 요청되고 있다는 시대 인식에 근거를 두고 있다. 들뢰즈는, 노동시간의 변증법을 통해 삶시간으로 접근해가는 맑스와는 달리 직접 단번에 삶시간으로, 즉 인간적·비인간적 생태의 시간으로 들어가 거기서 표면적 반복(습관), 심층적 반복(기억), 궁극적 반복(죽음)의 세 차원을 식별한다. 물리적 반복, 심리적 반복, 존재론적 반복으로 달리 표현되기도 하는 시간의 이 세 차원 속에서 들뢰즈는 기호의 시간과 실재의 시간이라는 두 개의 시간성을 구분하고 전자를 크로노스의 시간, 후자를 아이온의 시간으로 명명한다. 하나의 통일된 시간성을 이렇게 두 가지 시간성으로 나눔으로써 이 장은, 비물질노동의 시간[2]은 크로노스의 시간성을 통해 온전히 이해하기 어렵고 아이온의 시간성, 척도 너머의 시간성을 통해서만 온전히 이해될 수 있음을 보여 준다.

---

2. 여기에는 정신노동이나 가사노동만이 아니라 노동의 형태를 취하지 않는, 혹은 노동으로 간주되지 않는 것으로서 인간 자연 및 비인간 자연이 수행하는 여러 유형의 무형적 일들도 포함될 수 있다.

4장「정동 : 정동은 무엇을 할 수 있는가?」는 전쟁에 대한 공포, 실업과 가난에 대한 두려움, 인종 간·성별 간·계층 간 혐오, 불공정에 대한 분노 등 정서적 반응들이 이데올로기적 호소나 이성의 힘을 압도하는 것처럼 보이는 21세기 정보사회적 현실에서 정서로부터 정동을 구분해 내고 그것이 무엇을 할 수 있는 힘인지를 질문한다. 이 장은 현대 사회를 정보사회로 부를 만큼 중요한 위치를 차지하게 된 '정보' 개념을 '정서' 개념과의 연속성 속에서 고찰한 후, 이성과 직관이 정보와 정서의 한계를 넘어설 역량을 정동에서 구할 수 있다고 서술한다.

이러한 관점에서 보면 정서, 정보, 정동, 이성, 직관 등은 지금까지와는 다른 개념형상과 관계양식을 갖게 된다. 여러 유형의 정서들은 어떤 객체가 상대 객체에 마주쳐서 갖게 되는 지각과 그에 대한 지체된 행동 사이의 간극에서 겪는 수동적인 충격과 놀람의 형태들이다. 이 연쇄에서 정보는 행동을 위한 정서의 지각적 조직이다. 그것은 두 객체들 사이의 합의가 아니다. 그것은 마주친 상대 객체로부터 주어지는 충격과 놀람을 지각이 행동의 필요에 맞게 감산한 결과로서의 에너지량이다. 지각이 충격과 놀람 중에서 행동에 유용한 것만 받아들이고 나머지는 물리치기 때문이다. 수동적으로 받아들여진 정서를 지각이 유용성의 회로를 따라 정보형태로 조직하면서 가능한 행동의 윤곽을 그려나가는 것과는 달리, 정동은 정서에 수반되고 병행하는 내재적 활동역량의 전개체적 이행을 그려낸다. 지각이 객체들의 정서를 유용한 행동의 필요에 맞게 감산의 방식으로 조정하는 운동학적 과정임에 비해 정동은 전체의 이행이라는 필요에 따라 객체들의 전개체적·비인격적 역량들의 소통관계를 창출하는 동역학적 과정이다. 이것은 객체들 사이의 적합한 관계들의 합성을 통해 새로운 객체를 구성함으로써 개체의 한계를 부단히 초극해 나가는 과정이기도 하다.

들뢰즈는 특별히 이 과정을 세심히 들여다보는데, 그 응시 속에서 5장의 주제이기도 한 탈주체적 주체되기의 양상들이 전개된다. 전개체적 특이성들이 불균등한 계열들 사이의 강도 공간인 개체화의 장을 구축하고 전구체들이 계열들을 소통, 짝짓기, 내적 공명의 강요된 운동으로 밀어 넣으면 그 속의 수동적 애벌레–주체들이 충격과 놀람의 카오스로부터 시뮬라크르적인 카오이드들을 구출해 내면서 우화짓기를 행하는 것이다. 들뢰즈는 한 객체의 이러한 정동적 변이는 우주의 정동적 이행의 표현이라고 말한다. 정서가 객체의 행동과 상관됨에 반해 정동은 우주, 즉 실재 전체 안에서의 변화를 표현한다는 것이다.

이성은 이러한 정동의 능동적 변이태이다. 그것은 객체들의 공통관계를 구축하는 능력임과 동시에 그 공통관계가 베르그손이 '지속'이라고 불렀던 실재 전체에 어떻게 결합되어 있는지를 발견하는 능력이기도 하다. 이러한 능력을 통해 이성은 정보적이고 정서적인 것을 정동적인 것으로, 행동을 이행으로, 수동적인 것을 능동적인 것으로 변환시킬 수 있으며 지각이 준비하는 부동의 단면들을 동적 이행의 요소로 전환하여 공간적인 것을 시간적인 것으로 고찰할 수 있게 한다. 들뢰즈는 이성의 이러한 작용과정을 "개체를 전체와의 관계 속에서 고찰하는 관념능력", 즉 직관의 준비과정이라고 설명한다. 개개의 객체들이 전체 우주와의 관계 속에서 나타나고 전체 우주도 하나의 정동하는 몸으로 나타나는 것은 직관에서이다. 그리고 개체의 정동하는 능력은 직관에서 비로소 전체 우주의 정동되는 능력의 일정한 정도로 나타난다. 요컨대 지각, 정보, 정서의 표층운동을 정동, 이성, 직관의 존재론적 심층이행의 관점에서 보도록 유도하고 그것들 사이의 동역학적 관계를 면밀히 그려내는 것이 이 4장의 방법이다. 그 방법은 공포, 혐오 등 정보사회의 도래와 더불어 삶을 압도하는 것으로 나타나는 정서적인 것들의 지배 속에서, 그것을 극복하고 사회적 몸을 새롭게 구성할 정동적 잠재력의 실재성을 확인하기 위한 것이다.

5장 「주체 : 탈주체적 주체되기의 형상들」은, 알튀세르의 '주체 없는 과정' 철학의 다른 형태로 이해되거나 심지어 반주체의 철학으로 이해되어온 들뢰즈의 철학 속에서 주체성의 개념이 어떻게 생생하게 작동하고 있는지를 주체의 이중성이라는 관점에서 탐구한다. 들뢰즈가 주체화를 욕망기계가 아니라 그것의 찌꺼기로, 원인이 아니라 결과로, 생성이 아니라 언표행위적 배치물로 보았고 권력장치에 의해 만들어진다고 본 것은 분명하다. 이 점에서 들뢰즈는 주체화에 대한 부정적 태도를 강하게 드러낸다. 그가 자본을 가장 뛰어난 주체화의 점으로 본 것도 이런 사실을 시사한다.

그런데 이것이 전부가 아니다. 들뢰즈는 초기의 『경험주의와 주체성』에서부터 다른 주체성 개념을, 즉 권력장치에 의해 수동적으로 만들어지는 결과물로서의 주체가 아니라 경험에 의해 실천적으로 발명되는 주체성의 개념을 동시에 발전시켜 왔다. 상상력 속에서 비밀의 힘들을 추정하고 믿음을 통해 자신이 아는 것 이상을 긍정하며 발명을 통해 자연에 주어지지 않은 기능적 총체를 구성하는 것으로서의 경험적 주체성이 그것이다. 데이비드 흄에 대한 연구를 통해 들뢰즈는 '생각하는 나'와 같은 데카르트적 선험 주체성을 회의하고 경험 속에서 새로운 세계를 구성하는 실천적인 주체성 개념을 정립했다. 이후 『차이와 반복』에서 그것은 애벌레-주체 개념으로 발전한다. 들뢰즈에 따르면 그 주체는 차이를 훔쳐내는 분열적 자아이자 다질의 계열들을 짝지어서 소통시키는 미분적 주체이며, 단절과 연결, 접힙과 펼침을 통해 새로운 질과 연장을 개봉해 내는 유목적 주체이다. 들뢰즈가 이러한 주체를 인정했다는 것은, 그가 주체 개념을 제거하고자 한 것이 아니라 권력장치에 의한 주체화라는 주체에 대한 기존의 경직된 이미지를, 차이들의 접속적 재분배와 재회집이라는 표상을 통해 해체하고 재구성하려고 했음을 보여 준다. 권력에 예속된 주체들은 자아-주체, 오이디푸스-주체, 나르키소스-주체, 모델-주체로 나타남에 반해 그것을 해체하는 애벌레-주체는 누군가-주체, 분열자-주체, 기관 없는 몸-주체, 경험-주체로 나타난다.

중요한 것은 들뢰즈가 이 두 주체성 중에서 후자를 유일하고 절대적인 주체성으로 본다는 것이다. 그렇다면 전자의 주체성은 무엇인가? 그것은 후자가 권력장치와 권력작용에 의해 흡수되고 고정되어 성층화되면서 나타나는 일시적이고 상대적인 잔여물이다. 후기로 갈수록 들뢰즈의 주체성 개념은 적극적 형태를 띠면서 욕망기계, 추상기계, 전쟁기계 등의 개념으로 발전한다. 정서와 행동에 앞서 특이성을 중계하면서 파토스를 사용하여 민중에게 호소함으로써 잡종화하고 혼종화하는 예수, 예언자, 레닌, 실험예술 등이 추상기계-주체성의 형상으로 등장하기 시작한다. 나는 5장에서 들뢰즈가 세심하게 가공한 다섯 가지 주체성의 형상과 그것들의 준칙에 대해 서술했다. 애매한 전구체의 '보이지 않게 앞서 움직여라', 분열자의 '절단하고 연결하라', 소수자의 '집단적·정치적·탈영토적이어라', 유목민과 장인의 '이동하고 구멍을 파라' 등이 그것이다. 나는 이것들을 들뢰즈가 천착한 프롤레타리아의 형상들과 벡터들로 서술함으로써 들뢰즈와 맑스 사이에 개념의 다리를 놓고자 했다.

들뢰즈에게는 정치학이 없다고 말하는 사람들이 드물지 않다. 6장 「정치·1 : 역설의 존재론과 들뢰즈 정치학의 자장」과 7장 「정치·2 : 소수정치와 삶정치」는 이러한 주장들에 맞서 그의 철학에 장착되어 있는 정치학을 규명한다. 그것이 소수 정치학이다. 권력의 운동을 정치로, 그것의 공학적 논리를 정치학으로 보는 전통적 통념을 가지고 들뢰즈 철학 속에 내재되어 있는 색다른 정치학을 지각하는 것은 쉽지 않다. 들뢰즈는 그 고유의 정치학을 전개할 뿐만 아니라 그 고유의 정치를 실행한다. 전통적 사유의 이미지가 자유로운 차이들, 유목적 분배들, 원형과 모상에 항거하는 짓궂음들 등을 개념 안의 동일성, 술어 안의 대립, 판단 안의 유비, 지각 안의 유사성에 종속시킨다고 비판할 때 그는 이미 철학에서의 정치를 시작하고 있는 셈이다.

6장에서 나는 들뢰즈 현상이 적어도 세 번 있었는데, 1968년에는 차이의 철학자로, 1989년에는 도주선의 철학자로, 1999년에는 리좀과 네트워크의 철학자로 현상했다고 서술한다. 이러한 역사적 진단 위에서 나는, 들뢰즈 정치학은 권력의 공학으로서의 정치학이 갖는 일방성과는 달리 사물과 사건, 사태와 명제, 존재와 의미라는 두 방향으로 생성하며 계열화하는 역설의 존재론에 기초하고 있음을 규명한다. 들뢰즈의 소수정치학은 동일성, 유사성, 부정성(대립), 유비 등 재현의 매듭들을 풀어내고 미규정성, 무-바탕, 전개체적 특이성을 발산시키는 것을 추구한다. 3장에서 서술한 시간 및 반복과 관련해서 보면, 그것은 차이를 절도하는 반복(즉, 요소들의 물질적이고 습관적인 반복인 표면적 반복)이나 차이를 포괄하는 반복(즉, 기억의 심리적 반복인 심층적 반복)을, 세 번째 반복인 차이를 생산하는 반복(즉, 무-바탕의 존재론적 반복인 궁극의 반복)과의 관계 속에 놓는 것이다. 이것은 시간의 경험적 내용이나 순수한 형식을 시간의 경첩이 풀리는 영원과의 관계 속에 놓는 것이라고 표현할 수도 있다. 들뢰즈에 따르면 이 셋 중에서 우선적일 뿐만 아니라 일의적인 것은 세 번째의 반복인 궁극의 반복, 즉 영원이며 다의적 존재자들은 영원이라는 이 일의적 존재를 언명하는 매개들이다.

이런 관점에서 보면, 유물론의 '지시'나 데카르트의 '현시', 그리고 구조주의의 '기호'를 넘어 사물들의 표면에서 비물체적인 것을 찾고, 명제 속에 내속하는 순수사건을 따라 의미로 나아가는 것, 달리 말해 정지와 고정의 언어인 명사에서 운동과 생성의 언어인 동사로 이행하는 것[3]이 들뢰즈의 반동일성

---

3. 적어도 이 점에서 들뢰즈의 방법론은 동사에서 명사로 돌아가야 한다고 주장하는 그레이엄 하먼의 객체지향존재론과는 대립하는 셈이다. 그럼에도 불구하고 하먼이, 감각객체와는 달리 실재객체는 관계나 효과로부터 물러나 있다고 말할 때 그 실재객체는 다의적 존재자들을 통해 자신을 언명하면서도 그 존재자 객체로부터는 물러나 있는 들뢰즈의 일의적 존재와 기묘

정치철학의 방법론이다. 구체적으로 그것은 혁명에 대한 전체주의적 사유와 기술주의적 사유를 비판하는 것으로 나타난다. 현실 사회주의로 나타났던 전체주의적 혁명관은 특정한 순간의 사회적 총체의 리듬에 맞추어 기호화 가능한 것 또는 인식된 것의 총체화를 구성하고자 했다. 사회민주주의로 나타났던 기술주의는 기술적 진보의 리듬에 맞추어 사회적 관계들의 부분적 정비를 증진하거나 강요하려고 했다. 그 결과 이들은 독재나 컴퓨터의 친구가 되기를 강요하면서 혁명을 좌절시키는 오류를 범했다. 이러한 비판적 판단에 기초해서 들뢰즈는, 혁명가는 기술주의와 전체주의 사이, 기표와 기의 사이, 물체와 명제 사이의 비평형에, 기술적 발전과 사회적 총체성 사이의 간격에 그의 영구혁명의 꿈을 새기면서 물음과 문제의 의미공간에서 특이성을 분출하며 살아갈 필요가 있다고 강조한다.

6장의 뒷부분은 들뢰즈의 정치학에 대한 몇 가지 주요한 관점들이나 관계들을 다룬다. 지젝은 들뢰즈가 『안티 오이디푸스』에서부터 과타리와 공동작업을 하기 시작하면서 그의 중기 철학(특히 『의미의 논리』)에서 나타났던 정치학이 오히려 사라졌다고 비판한다. 그는 물질적인 것에 앞서 비물질적인 것을 변형시켜야 한다는 자신의 이데올로기 정치학을 뒷받

하게 접근한다.

침하기 위한 자료로 들뢰즈의 중기 철학을 일면적으로 전유한다. 지젝과는 달리 니콜래스 쏘번은 들뢰즈에게 비교적 일관된 정치학이 있다고 주장한다. 사회민주주의의 노동정치에 맞서 1960년대 전후에 노동거부를 주장했던 (네그리를 포함한) 이탈리아 오뻬라이스모와, 노동에 대한 거부가 자본의 동일성에 대한 소수적minor 교전의 방식이라고 주장한 들뢰즈·과타리가 공유하고 있는 노동거부론이 그 핵심이다. 쏘번은 소수적 노동거부 정치를 현대 프롤레타리아트의 운동의 슬로건으로 삼을 것을 제안하는 방식으로 들뢰즈의 정치학을 전유한다.

이 밖에 정보사회론들에서는 들뢰즈의 탈영토화론과 리좀이론이 혁명이론으로보다 권력이론이나 자본이론으로 전유되는 것을 볼 수 있다. 흐름의 권력, 네트워크 권력, 접속의 시대 등에서 들뢰즈가 전유되는 방식이 그러하다. 이와 달리 해러웨이의 회절이론에서는 들뢰즈의 탈영토화론이나 도주선 이론이 페미니즘의 실천이론으로 흔적을 남기고 있음을 볼 수 있다. 스피박은 국가구성체와 법 내부에서 재현이 갖는 의미와, 주체–서술subject-predication에서 재현이 갖는 의미를 구분해야 한다고 주장하는데 이것은 들뢰즈의 재현 비판을 써발턴의 관점에서 더욱 정교화하는 것으로 볼 수 있다. 대중독재론에서는 탈영토화가 블랙홀에 빠지거나 전쟁기계가 국가에 포획될 위험에 대한 들뢰즈의 사유가 전유된다. 부사령관 마르꼬스에 의해 표현된 사빠띠스따의 봉기 철학에는 국가권력의 장악 없는 새로운 유형의 혁명에 대한 사유의 형태로 들뢰즈 실천철학과의 공명 지점이 발견되고, 생태주의에는 순수내재성으로서의 삶에 대한 들뢰즈의 통찰이, 현대 아나키즘에는 특이성들의 분산과 분권에 대한 들뢰즈의 생각이 그 흔적을 남기고 있다.

무엇보다도 중요한 들뢰즈 전유는 안또니오 네그리와 마이클 하트[4]의 작업에서 발견된다. 이들의 들뢰즈 전유는 삶정치학으로 집약되는데, 이것을 들뢰즈 자신의 소수정치학과 미시적으로 비교하는 작업은 7장에서 이루어졌다. 정보위계의 흐름과 도주적 소수정치 흐름 중에서 후자를 우선적인 것으로 본 들뢰즈의 생각을 자본에 대한 노동의 우선적 자율성 개념을 바탕으로 재전유한 것이 네그리와 하트의 삶정치론이다. 이들은 산 노동living labor을 노동관계 속에서의 특이성으로 파악하고 그 특이점이 노동거부로 나타난다고 보는 점에서 들뢰즈의 소수정치론을 온전히 계승한다.

7장 「정치·2: 소수정치와 삶정치」는 제목 그대로, 존재를 잠재성-강도성-현실성이 서로 교차 반복하는 미적분 드라마로 이해하는 들뢰즈의 소수정치론과 존재를 잠재성-가능성-

---

4. 마이클 하트는 박사학위 논문에서 들뢰즈와 네그리의 사상을 연구했다. 그 논문의 전반부는 『들뢰즈 사상의 진화』로, 후반부는 『네그리 사상의 진화』로 나누어서 한국어로 출간되었다. 이 책 11쪽 각주 3 참조.

현실성으로 나아가는 나선적 이행 과정으로 이해하는 네그리의 삶정치론의 관계를 다룬다. 양자는 모두 잠재성을 정치학의 출발점으로 삼는다는 점에서 공통되는데 이것은 20세기 혁명철학의 현실주의들(혁명적 현실주의와 개혁적 현실주의)의 한계와 문제를 넘어서려는 68혁명적 특징이다. 또한 이들은 모두 잠재성을 현실성만큼이나 실재적인 것으로 이해하면서 그것을 현실성과의 관계 속에서 다룬다. 이러한 관점은 잠재성에 대한 강조가 현실성과의 관계를 상실하고 비실재적인 것으로, 이른바 '아름다운 영혼'으로 추락하는 것을 막아준다.

그러면 가능성에 대한 두 사람의 관점 차이는 무엇일까? 네그리는 실재의 존재론적 운동에서 가능성이 잠재성에서 현실성으로의 이행양태라고 보고 긍정적으로 파악한다. 이에 비해 들뢰즈는 가능성은 현실성의 전사傳寫로 보아 실재적이 아닌 것으로 기각한다. 이 사실은 네그리의 존재론과 들뢰즈 존재론의 실제적 차이를 보여 주는 것이 아닐까? 나는 이 장에서 들뢰즈에게 가능성에 대한 다른 개념이 있음을 보여줌으로써 이 차이가 네그리와 들뢰즈의 가능성론을 결정적으로 대립시키지는 않는다고 주장한다. 가능성이 현실성을 전사하여 해解를 받아들일 논리적 가능성으로만 나타날 경우에, 들뢰즈는 그것을 비실재적인 것으로 보지만 가능성이 잠재적인 것을 구현하는 강도적 특질로, 특이성의 표현이나 분화 혹은 극화로, 그리고 감각적 표정으로 나타날 경우에 그는 그러한 가능성은 실재적인 것으로 이해하기 때문이다. 차이가 있다면 들뢰즈가 그러한 가능성을 예술작품과 같은 특수한 양식들 속에 한정함에 비해 네그리는 그것을 삶 일반의 존재론적 범주로 확대한다는 것이다. 나는 이 장에서 삶이 우리 시대에 예술로 전화하고 있기 때문에 이 차이마저도 해소될 수 있는 것으로 파악한다.

그럼에도 가능성에 대한 이러한 이해의 차이로 인해 두 정치학 사이에서 미묘한 차이가 나타나는 것은 분명하다. 네그리의 삶정치론은 가능성 범주를 통해 객체들의 실재하는 다양한 속성들의 공통성을 조직화하는 것, 즉 정치적 주체성의 조직화를 적극적으로 사유한다. 이에 비해 들뢰즈의 소수정치론은 조직화에 소극적이다. 그가 새로운 민중의 창조에 대해 언급하지만, 그 민중은 실재하는 속성들의 공통화를 통해서 달성되는 정치적 구성의 주체성이라기보다 동일성과 교전하는 도주적 생성이다. 물론 들뢰즈도 도주하는 항들의 관계 및 블록화가 필요하다는 말로 조직화와 공통화의 방향을 열어둔 것은 분명하다. 그럼에도 거기에는 색깔의 차이가 나타나는데, 네그리의 가능성이 잠재성이 현실성으로 이행하는 적극적 구성공간으로 채색됨에 반해 들뢰즈의 가능성은 현실성에서 잠재성으로 도주하는 소극적 생성공간으로 채색된다.

노동에 대한 이해에서 두 정치학의 차이는 좀 더 두드러진다. 들뢰즈는 '노동력은 가변자본이다.'라는 맑스의 명제를 '노동자는 자본에 포획된 가변자본이다.', 그리고 '노동은 가변자본이다.'로 확대 해석하여 노동에 대한 거부를 보편적 슬로건으로 만든다. 네그리는 1960년대 전후 오뻬라이스모 시절에 이러한 생각을 공유한 바 있다. 하지만 1980년대 이후, 좀더 정확하게는 『디오니소스의 노동』 이후 그는, 노동력이 가변자본이라 할지라도 노동이 가변자본인 것은 아니며 노동과정은 가치화 과정과 직접적으로 동일시될 수 없다고 판단한다.[5] 따라서 노동력과 노동 사이에, 그리고 가치화 과정과 노동과정 사이에 분열과 긴장이 있을 수 있다는 관점에서 그는 가치화 과정으로서의 노동을 거부하는 노동거부의 태도를 유지하면서도 사용가치 생산과정인 노동과정을 기쁨의 활동으로 전화시킬 수 있는 디오니소스적 가능성을 주장한다. 이러한 차이의 효과로서 들뢰즈의 민중은 철학, 예술, 과학 등처럼 노동 외부에서 사유하는 정신적 주체성으로 나타남에 반해 네그리의 다중은 공장과 사회에서 노동하는 범사회적인 생산 주체성으로 나타난다. 달리 말해 네그리에게서 철학, 예술, 과학은 탈근대적 다중지성의 조건하에서 작용하는 비물질노동의 형태들임에 반해 들뢰즈에게서 이것들은 노동이 아닌 활동이고 두뇌-민중의 세 딸이다.

8장 「속도 : 감속과 가속 너머」는 속도 문제에 대한 들뢰

---

5. 이것은 『자본』 1권 3부 7장 '노동과정과 가치화과정'의 독해에 기초한다.

즈의 개념작업을 다룬다. 기후위기와 생태위기가 절박한 문제로 두드러지고 그것이 2008년 이후 전 지구적 자본축적의 위기와 맞물리면서 감속인가 가속인가 라는 속도의 문제가 여러 부문의 쟁점으로 등장했다. 자본주의에 대항하는 운동들도 이 문제를 피할 수 없었다. 이 과정에서 생태주의의 감속노선이 큰 영향력을 행사한 것은 자연스러운 것이었다. 이런 가운데 이에 맞서는 「가속주의 정치 선언」이 발표된 것은 주목을 요하는 사건이었다. 그런데 이 책의 주제와 관련하여 우리의 관심을 끄는 것은 이 글의 필자들을 비롯한 일련의 논자들이 "경과를 가속하라"는 들뢰즈의 명제를 지침 삼아 좌파적 가속의 노선을 제기하고 나섰다는 사실이다. 이 장은 들뢰즈의 속도론과 속력론이 이 쟁점에 대해 실제로 던지는 메시지가 무엇인가를 살핀다.

좌파 가속주의가 주장하는 전 지구적 탈자본주의 계획은 인간이 사회와 환경에 대해 극대의 지배를 하는 것이 필요함을 강조한다. 하지만 그것은 기술발전이 자동적으로 새로운 사회를 가져오리라는 단선적인 기술주의적 낙관론이 아니다. 그것은 지구 사회의 하부구조로서 기능할 물질적 플랫폼의 구축을 추구하되 그것을 전 지구적 집단자치를 위한 사회경제적 계획과 결합시키자는 제안이다. 이 장에서 나는, 좌파 가속주의 정치학이 인간 행위주체성을 과도하게 강조하면서 상대적으로 비인간 행위주체성을 경시한다는 점은 논외로 했다.

그 이유는 "경과를 가속하라"는 들뢰즈의 명제가 좌파 가속주의의 이 프로메테우스주의적 정치학을 뒷받침하는 것으로 문구 그대로 직접적으로 사용될 수 있는가, 라는 질문에 집중하기 위해서다. 이 질문에 대한 나의 대답은 부정적이다. 왜냐하면 들뢰즈의 말은 운동론적 과정이 아니라 동역학적 경과를 가속하라는 의미이며 사물 운동(즉 과정)의 속도와 탈영토화의 분열 흐름(즉 경과)의 속력을 엄격하게 구분하면서 전자가 아니라 후자를 가속하라는 말이기 때문이다.

이 장에서 나는 또 속력에서의 가속의 중요성을 고려한다고 해도 들뢰즈는 그것이 블랙홀로 빠지지 않을 수 있는 방법도 동시에 고려한다고 서술한다. 그것은 탈영토화된 리듬들의 블록화다. 이 블록화는 특이성들의 탈영토적 가속화의 위험을 그 탈영토적 흐름들의 공통되기를 통해 보충하려는 이론적 장치인데, 이것은 전기와는 달리 후기 들뢰즈의 실천철학에서, 특히 『천 개의 고원』과 『철학이란 무엇인가』에서 두드러지게 강조되는 일종의 자기비판적 측면이다.

네그리는 「「가속주의 정치 선언」에 대한 성찰」에서 기술의 가속만으로는 부족하고 계급투쟁과 공통체적 주체성을 가속하는 작업이 병행되어야 한다고 말하는데 이 말은 블록화의 필요성에 대한 들뢰즈의 이러한 고려와 상통하는 생각을 표현한 것이라고 해석할 수 있을 것이다. 들뢰즈와 네그리의 이런 정치철학적 요청에 좌파 가속주의가 말하는 '전 지구적 집단자치를 위한 사회경제적 계획'이 제대로 응답할 수 있는지는 의문이다.

이와 달리 비포는 감속주의의 입장에 서서, 들뢰즈가 『안티 오이디푸스』까지 유지했던 가속주의를 버리고 『천 개의 고원』부터는 감속주의로 전환한다는 해석을 제시한다. 이것은, 가속의 위험을 제어하기 위해 들뢰즈가 덧붙인 탈영토화적 힘들의 블록화에 대한 서술과 뇌에 의한 카오스의 안정화에 대한 서술을 가속론의 위험을 제어하기 위한 보충장치로서보다 가속론 자체를 대체하는 것으로 이해함으로써 나타나는 논리적 결과로 보인다. 들뢰즈의 생각을 둘러싼 이러한 갈등적 사정은 감속과 가속의 문제와 관련해 들뢰즈의 속력철학에 대한 한층 엄밀한 독해를 요구하는 실제적 조건이다.

들뢰즈-추상기계

이상의 요약을 통해 드러나는 것처럼 들뢰즈는, 실재를 절단과 채취의 욕망기계로 파악하면서 시간, 정동, 주체, 정치, 속도 등에서 자신의 고유한 개념무기들을 벼려낸다. 시간을 절단하여 크로노스의 시간과 구별되는 아이온의 시간 개념을 벼려내고, 정념을 절단하여 정서와 구별되는 정동의 개념을 벼려내며, 주체를 절단하여 애매한 전구체, 분열자, 소수자, 유목민, 장인과 같은 탈주체적 주체성의 형상을 벼려내고, 정치를 절단하여 권력정치와 구별되는 소수정치의 개념을 벼려내며, 속도의 개념을 절단하여 빠름과 느림과는 구별되는 속력의 개념을 벼려낸다. 이렇게 벼려낸 개념무기들은 권위주의, 자유주의, 사회주의, 사회민주주의, 파시즘 등 21세기에까지 이어져 오고 있는 전통적 정치철학과 그것을 뒷받침하는 사유들의 실재관, 시간관, 주체관, 정념관, 속도관을 균열시키면서 새로운 민중의 도래를 앞서서 자극하고 촉구한다.

7장에서 나는, 가장 탈영토화된 내용과 가장 탈영토화된 표현을 결합하면서 서로를 자신의 역량으로 고양함으로써, 다시 말해 각각의 탈영토화들의 접합접속을 가능케 하고 공통적 가속을 가능케 함으로써 그것들의 문턱을 넘어갈 수 있게 만드는 기계를 들뢰즈가 추상기계로 개념 규정했다고 말했다. 추상기계는 어떤 것을 표상하지 않고 오히려 도래할 실재, 새로운 유형의 현실을 건설하는 선도적 역할을 수행하는 기계였다. 그것은 역사 앞에서 성층작용을 가로질러 상이한 체제들을 지나가며 언어의 좌표들과 실존의 좌표들을 피해 가는 탈영토화의 기계이기도 했다. 창조적 도주, 도주적 창조는 강렬함의 연속체들과 탈영토화의 연결접속들을 산출하는 이 실재적 추상기계의 힘에 의해 가능해지는 것이었다. 물론 이항적 조직, 공명, 접합접속, 집적, 재영토화의 선을 따라 흐름을 절편화하고 총체화하여 그것을 정지시키면서 견고한 그램분자적 분할선을 그리는 덧코드화의 추상기계도 있다.

우리가 지금까지 살펴본 들뢰즈의 실천철학은 이러한 덧코드화의 추상기계들을 절단하면서 탈영토화의 양자들, 연결접속들, 가속들을 방출하여 단절선과 도주선을 그리는 실제적 추상기계로 나타난다. 그는 예수, 레닌, 예언자 등을 추상기계로 보면서 예수-추상기계, 예언자-추상기계, 레닌-추상기계라고 말했는데 이제 우리는 들뢰즈의 실천철학을 또 하나의 탈영토적 추상기계로, 들뢰즈-추상기계로 부르지 않을 수 없다.

블록화, 공통화, 좌파, 그리고 아래로부터의 섭정의 문제

하지만 우리가 간과하지 말아야 할 것은 앞서 말한 것처럼 들뢰즈-추상기계가 탈영토적 흐름의 가속을 절대적으로 추구하는 것에 함몰되지 않았다는 점이다. 후기로 가면 갈수록 들뢰즈는 단절선과 도주선이 유연한 분할선인 상대적 탈영토화선, 분자적 흐름을 경직화하는 영토화선인 견고한 분할선과 늘 혼재되어 있음을 강조했고, 도주선으로 폭발해 나갈 절대적 탈영토화의 첨점들은 상대적 탈영토화 안에서 움직이고 있으며, 도주하는 입자들은 지층들 안에 깃들어 있음을 강조했다. 만약 도주선이 지층이나 영토성을 전면적으로 외면한다면 소멸의 열정으로 되고 그러한 도주선은 파시즘이 이미 역사적 선례로 보여 주었듯이 자살선으로 귀결되고 말 것이라는 경고를 덧붙인 것이다. 이런 방식으로 후기의 들뢰즈는 도주선이 블랙홀로 빠지고 자살선으로 변질될 위험을 지각할 수 있는 신중함을 갖도록 우리에게 요구한다. 절대속도의 가속운동에서 근방역, 식별불가능성의 지대, 아무도 아닌 자의 땅, 인접한 점 사이의 관계를 구성하는 것, 그리고 소멸을 막기 위해 최소한의 지층, 최소한의 형식과 기능, 최소한의 주체를 남겨두어야 함을 자각하는 것이 그 신중함을 표현하는 방식이라는 것이다. 음의 무한도주를 저지하는 탈영토화된 리듬의 블록이 리토르넬로이다. 음악의 감각이 이렇게 리토르넬로에 의지하듯 정치에서도 분자적 성분들과 도주선들을 한데 모아 다선적 체계의 공통장으로 만들어나갈 수 있는 감각능력이 필요하다. 소수정치적 집단이나 삶정치적 다중은 자신의 분자적 탈영토화 운동의 무한도주를 저지할 일종의 리토르넬로로서 좌파의 존재를 필요로 한다. 들뢰즈가 스스로를 좌파이자 맑스주의자라고 칭하게 되는 것은 이런 이유 때문일 것이다. 물론 그는 아래로부터의 소수정치와 위로부터의 좌파정치라는 두 정치의 관계에 대해서는 구체적 생각을 내놓지 않았다.

나는 이 책에서 위로부터의 좌파정치에 대한 아래로부터의 소수정치적 섭정이라는 문제틀을 통해 양자의 관계를 구체화해 나갈 길을 더듬어 왔다. 여기서 아래로부터의 섭정에 대한 구상은 소수정치가 도주와 블록화를 통해 좌파정치를 전략적으로 규정하고 좌파정치가 소수정치의 실천적 전술단위로서 기능하는 관계양식에 대한 상상이다. 들뢰즈의 철학은 이러한 상상을 밀고 나갈 광범위한 사유의 광맥을 제공하면서도 구체적인 응답은 미래의 사유에 넘기고 있다. 이후 그의 철학을 어떤 형태로건 계승하고 전유하는 흐름들은 어떠한가? 사변적 실재론이나 신유물론은 이 문제에 어떤 응답을 줄 수 있을까? 이 책은 이러한 질문들에 답하기 위한 조사와 연구를 미룰 수 없는 과제로 남긴다.

:: 참고문헌

한국어 자료

가타리, 펠릭스. 『카오스모제』. 윤수종 옮김. 동문선, 2003.

권명아. 『무한히 정치적인 외로움:한국 사회의 정동을 묻다』. 갈무리, 2012.

_____. 『음란과 혁명:풍기문란의 계보와 정념의 정치학』. 책세상, 2013.

그레그, 멜리사·그레고리 시그워스 편저. 『정동 이론:몸과 문화·윤리·정치의 마주침에서 생겨나는 것들에 대한 연구』. 최성희·김지영·박혜정 옮김. 갈무리, 2015.

김미정. 『움직이는 별자리들:잠재성, 운동, 사건, 삶으로서의 문학에 대한 시론』. 갈무리, 2019.

네그리, 안또니오. 『혁명의 시간:나 자신에게 주는 아홉 개의 교훈』. 정남영 옮김. 갈무리, 2004.

네그리, 안또니오·펠릭스 가타리. 『미래로 돌아가다』. 조정환 편역. 갈무리, 2000;『자유의 새로운 공간』. 조정환 옮김. 갈무리, 2007.

네그리, 안토니오·마이클 하트. 『다중:제국이 지배하는 시대의 전쟁과 민주주의』. 조정환·정남영·서창현 옮김. 세종서적, 2008.

_____. 『디오니소스의 노동 1:국가형태 비판』. 이원영 옮김. 갈무리, 1996.

_____. 『제국』. 윤수종 옮김. 이학사, 2001.

들뢰즈, 질 외. 『비물질노동과 다중』. 자율평론 기획. 서창현·김상운·자율평론번역모임 옮김. 갈무리, 2005.

들뢰즈, 질. 「내재성:생명…」. 『들뢰즈가 만든 철학사』. 박정태 엮고 옮김. 이학사, 2007.

_____. 「내재성:하나의 삶」. 조정환 옮김. 『자율평론』 15호, 2006, http://daziwon.com/?mod=document&uid=810&page_id=1250

_____. 「정동이란 무엇인가?」. 서창현 옮김. 『비물질노동과 다중』. 자율평론 기획. 갈무리, 2005.

_____. 「추신:통제사회에 대하여」. 『대담:1972~1990』. 김종호 옮김. 솔, 1994.

_____. 『감각의 논리』. 하태환 옮김. 민음사, 2008.

_____. 『경험주의와 주체성:흄에 따른 인간본성에 관한 시론』. 한정헌·정유경 옮김. 난장, 2012.

_____. 『니체와 철학』. 이경신 옮김. 민음사, 2001.

_____. 『대담:1972~1990』. 김종호 옮김. 솔, 1994.

_____. 『들뢰즈가 만든 철학사:생성과 창조의 철학사』. 박정태 편역. 이학사, 2007.

_____. 『매저키즘』. 이강훈 옮김. 인간사랑, 2007.

_____. 『스피노자와 표현의 문제』. 이진경·권순모 옮김. 인간사랑, 2003.

_____. 『스피노자의 철학』. 박기순 옮김. 민음사, 1999.

_____. 『시네마 1:운동─이미지』. 유진상 옮김. 시각과언어, 2002.

_____. 『시네마 2:시간─이미지』. 이정하 옮김. 시각과언어, 2005.

_____. 『의미의 논리』. 이정우 옮김. 한길사, 1999.

_____.『주름, 라이프니츠와 바로크』. 이찬웅 옮김. 문학과지성사, 2004.

_____.『차이와 반복』. 김상환 옮김. 민음사, 2004.

_____.『칸트의 비판철학』. 서동욱 옮김. 민음사, 2006.

_____.『프루스트와 기호들』. 서동욱·이충민 옮김. 민음사, 2004.

들뢰즈, 질·펠릭스 가타리.『소수 집단의 문학을 위하여 : 카프카론』. 조한경 옮김. 문학과지성사, 1992.

_____.『천 개의 고원 : 자본주의와 분열증 2』. 김재인 옮김. 새물결, 2001.

_____.『철학이란 무엇인가』. 이정임·윤정임 옮김. 현대미학사, 1995.

들뢰즈, 질·펠릭스 과타리.『안티 오이디푸스 : 자본주의와 분열증』. 김재인 옮김. 민음사, 2014.

라이크만, 존.『들뢰즈 커넥션』. 김재인 옮김. 현실문화연구, 2005.

鈴木 泉.「潛在性の存在論―前期ドゥルーズ哲学の射程」.『情況』제3기 제4권 제3호 (鈴木 泉, 「잠재성의 존재론-초기 들뢰즈 철학의 사정」, 김상운 옮김. 미발표번역고, 2005).

리프킨, 제러미.『소유의 종말』. 이희재 옮김. 민음사, 2001.

마라찌, 크리스티안.『자본과 정동 : 언어 경제의 정치학』. 서창현 옮김. 갈무리, 2014.

마르크스, 카를.「헤겔 법철학 비판 서문」.『헤겔 법철학 비판』. 강유원 옮김. 이론과실천, 2011.

_____.『자본론』1권 (상), 김수행 옮김. 비봉출판사, 1991;2004;2009.

_____.『정치경제학비판을 위하여』. 김호균 옮김. 중원문화, 1988.

마르크스, K.·F. 엥겔스.「고타강령 비판」.『마르크스·엥겔스 저작선』. 김재기 편역. 거름, 1988

마수미, 브라이언.『가상계 : 운동, 정동, 감각의 아쌍블라주』. 조성훈 옮김. 갈무리, 2011.

맑스, 칼.「고타 강령 비판」.『마르크스·엥겔스 저작선』. 거름, 1988.

_____.『경제학-철학수고』. 김태경 옮김. 이론과실천, 1987.

_____.『정치경제학 비판 요강 1』. 김호균 옮김. 백의, 2000.

_____.『정치경제학 요강 비판 2』. 김호균 옮김. 백의, 2000.

맑스, 칼·프리드리히 엥겔스.「공산주의당 선언」.『칼 맑스 프리드리히 엥겔스 저작선집 1』. 김세균 감수. 박종철출판사, 1993.

무어, 제이슨.『생명의 그물 속 자본주의 : 자본의 축적과 세계생태론』. 김효진 옮김. 갈무리, 2020.

베르그손, 앙리.『물질과 기억』. 박종원 옮김. 아카넷, 2005.

_____.『창조적 진화』. 황수영 옮김. 아카넷, 2005.

브라이언트, 레비.『존재의 지도 : 기계와 매체의 존재론』. 김효진 옮김. 갈무리, 2020.

비교역사문화연구소 기획.『대중독재』1~3권. 임지현·김용우 엮음. 책세상, 2004.

스피노자, B.『에티카』. 강영계 옮김. 서광사, 2008.

스피박, 가야트리.『포스트식민이성 비판』. 태혜숙·박미선 옮김. 갈무리, 2005.

시몽동, 질베르.『형태와 정보 개념에 비추어 본 개체화』. 황수영 옮김. 그린비, 2017

쏘번, 니콜래스.『들뢰즈 맑스주의』. 조정환 옮김. 갈무리, 2005.

이원영.「근대 극복과 철학에서의 반헤겔주의」.『현대 프랑스 철학의 성격 논쟁』. 이원영 옮김. 갈무리, 1995.

_____.「마르크스주의 철학에서 헤겔주 대 반헤겔주의」.『현대 프랑스 철학의 성격 논쟁』. 이원영 옮김. 갈무리, 1995.

이진경.『노마디즘』1, 2권, 휴머니스트, 2002.

이토 마모루.『정동의 힘 : 미디어와 공진(共振)하는 신체』. 김미정 옮김. 갈무리, 2016.

장시기. 「들뢰즈-가타리의 생태학적 사유의 영토들」. 『문학과 환경』 통권1호, 2012년. http://arm-down.net/schizo/2698.

조정환. 「비물질노동과 시간의 재구성」. 『비물질노동과 다중』. 자율평론 기획, 갈무리, 2005.

_____「삶미학과 리얼리즘 : 리얼리즘의 대안근대적 재구축」. 『예술인간의 탄생 : 인지자본주의 시대의 감성혁명과 예술진화의 역량』. 갈무리, 2015.

_____「삶정치와 자율」. 『제국기계 비판』. 갈무리, 2005.

_____『아우또노미아 : 다중의 자율을 향한 네그리의 항해』. 갈무리, 2003.

_____『예술인간의 탄생 : 인지자본주의 시대의 감성혁명과 예술진화의 역량』. 갈무리, 2015.

_____『인지자본주의 : 현대 세계의 거대한 전환과 사회적 삶의 재구성』. 갈무리, 2011.

_____『카이로스의 문학 : 삶, 그 열림과 생성의 시간』. 갈무리, 2006.

지젝, 슬라보예. 『신체 없는 기관 : 들뢰즈와 결과들』. 김지훈·박제철·이성민 옮김. b, 2006.

진태원. 「정동인가 정서인가? 스피노자 철학에 대한 초보적 논의」. 『현대시학』 563호, 2016년 4월.

최원. 「'정동 이론' 비판 : 알튀세르의 이데올로기론과의 쟁점을 중심으로」. 『문화과학』 86호, 2016년 여름.

카스텔, 마누엘. 『네트워크 사회의 도래』. 김묵한·박행웅·오은주 옮김. 한울, 2003.

캘리니코스, 알렉스 외. 『현대 프랑스 철학의 성격 논쟁』. 이원영 편역. 갈무리, 1995.

패튼, 폴. 『들뢰즈와 정치』. 백민정 옮김. 태학사, 2003.

하트, 마이클. 『네그리 사상의 진화』. 정남영·박서현 옮김. 갈무리, 2008.

_____『들뢰즈 사상의 진화』. 김상운·양창렬 옮김. 갈무리, 2004.

해러웨이, 다나. 『한 장의 잎사귀처럼 : 사이어자 N. 구디브와의 대담』. 민경숙 옮김. 갈무리, 2005.

외국어 자료

Ardoin, Paul et al. (ed.). *Understanding Deleuze, Understanding Modernism*. New York : Bloomsbury Academic, 2014.

Bard, Alexander and Jan Söderqvist. *Netocracy : The New Power Elite and Life After Capitalism*. London : Financial Times Prentice Hall, 2002.

Berardi "Bifo", Franco. "Accelerationism Questioned from the Point of View of the Body", *e-flux* #46, June, 2013, https://bit.ly/32IYMpE.

Deleuze, Gilles and Félix Guattari. *A Thousand Plateaus : Capitalism and Schizophrenia*. trans. B. Massumi. Minneapolis : University of Minnesota Press, 1987.

_____*Anti-Oedipus*. Minneapolis : University of Minnesota Press, 2003.

_____*What is Philosophy?*. trans. Graham Burchell and Hugh Tomlinson. London : Verso, 1994.

Deleuze, Gilles. "La méthode de dramatisation", *Bulletin de la Société française de philosophie* 61(3), 1967.

_____"On Gilbert Simondon", *Desert Islands and Other texts, 1953-1974*. Los Angeles, CA : Semiotext(e)/Foreign Agents, 2004.

_____*Cinema 2 : The Time-Image*. trans. H. Tomlinson and R. Galeta. Minneapolis : University of Minnesota Press, 1989.

_____*Desert Islands and Other texts, 1953-1974*. Los Angeles, CA : Semiotext(e)/Foreign

Agents, 2004.

_____. *Difference and Repetition*. trans. P. Patton. New York : Columbia University Press, 1994.

_____. *The Logic of Sense*, trans. M. Lester. ed. C. V. Boundas. New York : Columbia University Press, 1990.

_____. *Pure Immanence : Essays on A Life*. trans. Anne Boyman. New York : Zone Books, 2001.

Glezos, Simon. *The Politics of Speed : Capitalism, the State and War in an Accelerating World*. London : Routledge, 2011.

Hardt, Michael and Antonio Negri. *Empire*. Cambridge, MA : Harvard University Press, 2000.

_____. *Multitude : War and Democracy in the Age of Empire*. New York : Penguin Books, 2004.

Hardt, Michael. *Gilles Deleuze : An Apprenticeship in Philosophy*. Minneapolis : University of Minnesota Press, 1993.

Marx, Karl, *Capital : A Critique of Political Economy*, vol. 1. London : Penguin, 1992.

_____. *Grundrisse : Foundations of the Critique of Political Economy*. trans. Martin Nicolaus. New York : Vintage Books, 1973.

May, Todd, "Review of Gillian Howie, Deleuze and Spinoza : An Aura of Expressionism", *Notre Dame Philosophical Reviews*, November 11, 2002.

Negri, Antonio. *Time of Revolution*. New York : Continuum, 2002.

Negri, Toni. "Riflessioni sul Manifesto per una Politica Accelerazionista", Febbraio 7, 2014, http://www.euronomade.info/?p=1684 (영어본 : Antonio Negri, "Reflections on the 'Manifesto for an Accelerationist Politics' ", trans. Matteo Pasquinelli, *e-flux* #53, March 2014, https://bit.ly/3eBVgfY).

Patton, Paul. *Deleuze and the Political*. London : Routledge, 2000.

Piercey, Robert. "The Spinoza-intoxicated man : Deleuze on Expression", *Man and World 29*, 1996, https://bit.ly/3k6f2l0.

Scholes, Robert. *The Fabulators*. New York : Oxford University Press, 1967.

Simondon, Gilbert. *L'individuation à la lumière des notions de forme et d'information*. Grenoble : Millon, 2005.

Thoburn, Nicholas. *Deleuze, Marx and Politics*. London : Routledge, 2003.

Williams, Alex and Nick Srnicek. "#ACCELERATE MANIFESTO for an Accelerationist Politics", *Critical Legal Thinking*, May 14th, 2013, https://bit.ly/36gjQ1Y.

_____. *Inventing the Future : Postcapitalism and a World Without Work*. London : Verso, 2016.

Žižek, Slavoj. *Organs without Bodies : Deleuze and Consequences*, New York : Routledge, 2004.

:: 인명 찾아보기

ㄱ

과타리, 펠릭스(Guattari, Félix) 10, 15, 17, 18, 22, 25~27, 30, 31, 37, 38, 45, 54, 71, 84, 86, 96, 105~107, 109, 116, 120, 144, 147, 148, 155, 157, 163, 164, 172~174, 195, 198, 200, 202, 231, 232, 257, 258, 263, 264, 267, 269, 270, 272, 276, 291, 300, 301, 307, 309, 314, 317, 321, 322, 330, 336, 342, 343, 348, 353, 365, 372~374, 385, 393, 402, 403
권명아 105
그레그, 멜리사(Gregg, Melissa) 105
글레조스, 사이먼(Glezos, Simon) 331

ㄴ

네그리, 안또니오(Negri, Antonio) 11, 15, 17, 18, 64, 66, 170, 188, 198, 200, 201, 238, 242~244, 248~255, 265, 266, 275, 276, 280, 282, 283, 285, 293, 299~305, 308, 311~314, 316, 319, 321, 323, 374, 375, 377~382, 388, 403~407, 409
니체, 프리드리히(Nietzsche, Friedrich) 24, 50, 80, 86, 93, 211, 226, 288, 330

ㄷ

데리다, 자크(Derrida, Jacques) 261, 280
데카르트, 르네(Descartes, René) 23, 226, 398, 401
도브젠코, 알렉산드르(Довженко, Олександр Петрович) 314
동즐로, 자크(Donzelot, Jacques) 242, 266
들뢰즈, 질(Deleuze, Gilles) 10~15, 17, 18, 22~32, 36~39, 43~46, 48, 50~54, 57, 66, 67, 71~87, 89, 91, 93, 96, 105~114, 116, 119~121, 123, 125~130, 132~134, 136, 138, 142, 144, 145, 147~149, 151, 152, 154~156, 158, 159, 161~164, 166, 168, 170, 172, 173, 175, 177, 182, 183, 186~189, 191, 194~197, 199~205, 207~210, 212~218, 221, 223, 227~234, 238, 239, 241, 242, 245, 246, 249~254, 256~259, 261~264, 266~276, 280~294, 296, 298~301, 304, 307, 308, 311, 313~315, 317, 319~322, 329~331, 335~348, 350, 351, 353~362, 364, 365, 368~372, 374~377, 384~388, 392~394, 396~414

ㄹ

라이크만, 존(Rajchman, John) 276
라이프니츠, 고트프리트 빌헬름(Leibniz, Gottfried Wilhelm) 29, 66, 288
랜드, 닉(Land, Nick) 333
레닌, 블라디미르(Ле́нин, Влади́мир Ильи́ч) 12, 13, 16, 102, 145, 157, 195, 201, 236, 333, 374, 399, 412
레비나스, 에마뉘엘(Levinas, Emmanuel) 280
리프킨, 제러미(Rifkin, Jeremy) 256, 259

ㅁ

마라찌, 크리스티안(Marazzi, Christian) 105
마르꼬스(Subcomandante Marcos) 17, 238, 263, 403
마수미, 브라이언(Massumi, Brian) 126
마오쩌둥(毛澤東) 44, 236
맑스, 칼(Marx, Karl) 11~19, 26, 29, 36, 37, 46, 49, 51, 52, 55, 60~62, 65~73, 102, 105~108, 145~147, 157, 163, 167~170, 175, 188~191, 195, 200, 201, 238, 239, 241~245, 247~249, 252, 253, 255, 261, 264~267, 270~274, 280, 282~286, 288, 293, 296, 304, 308, 312, 319~321, 323, 327, 333, 336, 345~348, 374, 378, 381, 384, 394, 400, 406, 413
메를로-퐁티, 모리스(Merleau-Ponty, Maurice) 226
메이, 토드(May, Todd) 228
무어, 제이슨 W.(Moore, Jason W.) 321

ㅂ

바드, 알렉산더(Bard, Alexander) 256~258
바타이유, 조르주(Bataille, Georges) 235
박영희 100, 103
베라르디 비포, 프랑코(Berardi "Bifo", Franco) 17, 371~377, 410
베르그손, 앙리(Bergson, Henri-Louis) 24, 29, 66, 73~77, 82, 84~87, 93, 107, 126, 171, 253, 282, 288~290, 303, 396
베르토프, 지가(Вертов, Дзига) 314
벤야민, 발터(Benjamin, Walter) 327, 332
보드리야르, 장(Baudrillard, Jean) 147, 266
브라이언트, 레비 R.(Bryant, Levi R.) 393

ㅅ

사르트르, 장-폴(Sartre, Jean-Paul) 23, 225
서르닉, 닉(Srnicek, Nick) 329, 332, 333, 364, 384, 385
소더크비스트, 얀(Söderqvist, Jan) 256~258
숄즈, 로버트(Scholes, Robert) 111
스즈키 이즈미(鈴木 泉) 301
스탈린, 이오시프(Сталин, Иосиф Виссарионович) 16, 236, 262, 315
스피노자, 바뤼흐(Spinoza, Baruch) 24, 32, 66, 74~76, 78, 80~84, 86, 93, 117, 118, 122, 125, 126, 128, 134, 209~211, 213, 227~230, 237, 288, 337, 341, 374
스피박, 가야트리(Spivak, Gayatri Chakravorty) 261, 262, 403
시그워스, 그레고리 J.(Seigworth, Gregory J.) 105
시몽동, 질베르(Simondon, Gilbert) 112~116, 119~121, 133, 226
시진핑(習近平) 326
쏘번, 니콜래스(Thoburn, Nicholas) 18, 157, 201, 238, 239, 241~246, 249~252, 254, 255, 266, 276, 277, 282, 294~296, 298, 299, 313, 321, 403

ㅇ

아감벤, 조르조(Agamben, Giorgio) 280
아르토, 앙토냉(Artaud, Antonin) 224
아리스토텔레스(Αριστοτέλης) 112, 290
알도안, 폴(Ardoin, Paul) 107
알튀세르, 루이(Althusser, Louis) 12~14, 95, 102, 146, 397
에이젠시테인, 세르게이(Eisenstein, Sergei) 235, 314
윌리엄스, 알렉스(Williams, Alex) 329, 332, 333, 364, 384, 385
이원영 11, 14~16, 248
이진경 24, 281
이토 마모루(伊藤 守) 105

ㅈ

장시기 264
조정환 15, 18, 19, 22, 64, 70, 97, 103, 173, 266, 283
지젝, 슬라보예(Žižek, Slavoj) 102, 202, 203, 205, 231~238, 258, 259, 402, 403
진태원 135

ㅊ

최원 138

ㅋ

카스텔, 마누엘(Castells, Manuel) 256, 257
카프카, 프란츠(Kafka, Franz) 30, 66, 173, 315
칸트, 임마누엘(Kant, Immanuel) 23, 31, 66, 96, 158, 261, 300
캐럴, 루이스(Carroll, Lewis) 66, 224
캘리니코스, 알렉스(Callinicos, Alex) 11, 13, 14, 202
클레, 파울(Klee, Paul) 315, 318

ㅍ

패튼, 폴(Patton, Paul) 43, 281
퍼시, 로버트(Piercey, Robert) 228

푸돕킨, 프세볼로트(Пудо́вкин, Все́волод Илларио́нович) 314

푸코, 미셸(Foucault, Michel) 12~14, 29, 31, 66, 146, 200, 226, 265

프루스트, 마르셀(Proust, Marcel) 30, 66, 291

ㅎ

하먼, 그레이엄(Harman, Graham) 13, 401

하트, 마이클(Hardt, Michael) 11, 18, 64, 201, 229, 242, 248, 254, 265, 266, 281, 285, 294, 296~298, 303, 304, 312, 314, 374, 375, 404

해러웨이, 다나(Haraway, Donna J.) 259, 260, 403

헤겔, 게오르크 빌헬름 프리드리히(Hegel, Georg Wilhelm Friedrich) 13, 14, 18, 23, 105, 235, 236, 261, 374

후설, 에드문트(Husserl, Edmund) 216, 225

흄, 데이비드(Hume, David) 23, 149, 150, 153, 398

히틀러, 아돌프(Hitler, Adolf) 110, 315

:: 용어 찾아보기

ㄱ

가능태 290~293, 300

가변자본 56, 169, 170, 187, 188, 246, 247, 262, 275, 311, 312, 346, 348, 370, 406, 407

가속 50, 109, 124, 326, 327, 329~335, 338, 340, 341, 343~345, 353, 354, 356~360, 362, 371~373, 375, 376, 378, 383~387, 407~413

가속주의 328~333, 364, 367, 371, 372, 374~377, 379~381, 384, 385, 387~389, 408~410

「가속주의 정치 선언」(서르닉·윌리엄스) 331, 332, 377, 378, 380, 381, 384, 385, 408, 409

「「가속주의 정치 선언」에 대한 성찰」(네그리) 377, 409

가족 41, 45, 52, 195, 272

가족주의 27

가처분시간 61, 67, 68, 70, 347, 384

가치 47, 48, 60~63, 68, 102, 239, 247, 249, 273, 275, 306, 329, 346~348, 368, 381, 382, 387

가치법칙 394

가치실체론 60

가치척도 60, 63, 66, 347

가치형태 60, 66

가치화 과정 245, 249, 407

갇힌 공간 173, 243, 252, 254, 255, 323

감각의 기념비 30, 106

『감각의 논리』(들뢰즈) 29, 30, 307

감속 109, 124, 326~329, 331, 332, 338, 342, 383, 384, 407, 408, 410

강렬도 46, 303

강제노동 28, 52

개념무기 10, 11, 19, 31, 105, 135, 392, 410, 411

개념적 인물 107, 109, 317

개체 113~116, 119, 121, 124~129, 131, 132, 134, 136, 138, 139, 226, 227, 267, 337~341, 396, 397

개체성 211, 338

개체적인 것 113

개체초월적인 것 120

개체화 81, 91, 112~115, 119, 121, 122, 133, 207, 213, 361, 396

개체화의 장 91, 115, 207, 396

개혁주의 284, 288, 378

객체 24, 40, 41, 51, 55, 61, 62, 76, 80, 82, 85, 92, 94, 115, 155, 162, 167, 168, 194, 208, 212, 213, 217, 222, 228, 261, 290, 317, 385, 395~397, 401, 406

객체지향존재론 401

객체지향철학 138

거짓추리 41, 42, 44

결합접속적 종합 40, 44~46, 48, 50, 166, 195

『경제학-철학수고』(맑스) 163, 245, 247

경첩 66, 70, 79, 210, 401

경험 24, 30, 61, 69, 83, 104, 110, 114, 117, 118, 120, 132, 150, 155, 158, 172, 190, 197, 209, 215, 225, 255, 256, 259, 286, 289, 375, 392, 398, 399, 401
경험론 23, 24, 293
경험주의 149, 153, 219
『경험주의와 주체성』(들뢰즈) 23, 24, 148, 149, 153, 190, 398
계급 15, 16, 61, 63, 167, 189, 196, 239, 334, 354, 359, 379
계급투쟁 196, 378, 409
계보학 36, 39, 154, 159
고전적 맑스주의 11~16, 102, 190
고정자본 56, 187, 188, 370, 378, 380~382
고정자본의 재전유 378, 380, 382
공가능성 226
공-간(spatium) 88, 91, 92, 115, 204, 207
공동체 120, 173, 327, 340
공리계 27, 47~51, 54~56, 245, 246, 261, 310, 311, 345, 347~350, 352, 371
공명 71, 91, 115, 148, 151~153, 160, 161, 163, 186, 201, 207, 226, 246, 257, 259, 282, 293, 314, 359, 370, 396, 404, 411
공장 56, 103, 104, 130, 131, 142, 143, 197, 244, 364, 392, 407
공재 337
공재성 344
공통감 154, 194, 300
공통관계 126, 127, 134, 135, 138, 396
공통관념 76, 78, 119, 123, 124, 127, 129, 134, 138, 139, 210
공통되기 28, 134, 210, 323, 353, 357, 362, 387, 409
공통몸 124, 135
공통성 296~301, 306, 313, 319, 406
공통장 32, 413
공통적인 것 119, 139, 237, 238, 280, 322, 382, 383
공통정치 10
공통체 128

공황 132, 348
과거 12, 30, 102, 117, 157, 172, 183, 214, 221, 283, 315, 328, 344
과학 16, 30, 47, 48, 100~103, 105~107, 109, 112, 130~132, 143, 177, 179, 185, 259, 260, 267, 270, 307, 313, 317~319, 321, 333, 334, 342, 347, 349, 350, 379, 407
과학기술 143, 259, 260, 347, 349, 350, 384
관계 18, 36, 37, 41~45, 47, 48, 51, 54, 61, 63, 68, 69, 71, 73, 76, 81, 83, 86, 94, 106, 108, 109, 112, 116~119, 121~123, 127, 129, 131~134, 136, 143, 144, 148, 150, 153, 155~ 157, 161, 162, 170, 175, 178, 212, 215, 216, 218~220, 223, 226, 229, 237, 239, 241, 242, 248~251, 257, 259, 264, 267, 269, 272, 275, 276, 282, 283, 285~287, 294, 307~309, 314, 317, 318, 326, 328~330, 338~341, 348, 352~354, 356, 360~362, 367, 373, 380~382, 385, 386, 389, 392, 395~397, 401, 402, 404~406, 413, 414
관념 74, 76, 78, 83, 102, 117, 118, 120, 121, 123, 124, 127, 129, 132, 134, 136~139, 157, 169, 210, 228, 281, 299, 307, 312, 369, 397
관념론 234, 235
관료주의 101, 350
교감 129
교환가치 68
구조주의 11, 13, 14, 25, 137, 154, 191, 215, 223, 231, 232, 374, 401
「구조주의를 어떻게 인지할 것인가?」(들뢰즈) 154
국가 42~44, 47, 49~51, 53, 56, 63, 95, 100, 101, 104, 130, 131, 142, 143, 146, 147, 158, 176, 177, 179, 182, 186, 187, 190, 196, 246, 249, 254, 262, 271, 273, 311, 326, 350, 351, 356, 360, 366, 367, 370, 383, 388
국가자본주의 101, 326
국민국가 53, 56
국유화 69, 326
국제사회주의 12, 16, 18

군대 176, 179, 350, 351
궁극적 반복 77, 209, 394
권위주의 146, 199, 411
「근대 극복과 철학에서의 반헤겔주의」(이원영) 14
근대성 66, 138, 200, 266, 326, 334
금융위기 326
금융자본 56, 199, 273, 375, 384
기계 27, 36, 37~39, 41, 43, 47, 64, 90, 143, 157, 163~166, 177, 180, 181, 187, 188, 195, 207, 267, 269, 270, 273, 306, 327, 335, 336, 344, 348~350, 358~360, 364~366, 369~371, 373, 384, 387, 392, 393, 411
「기계에 대한 단상」(맑스) 374
기계적 잉여가치 346~352
기계지향존재론 393
기계화 61, 243, 347, 384
기관 없는 몸 46, 47, 155, 156, 165, 166, 185, 224, 314, 354, 355, 361, 386, 392, 399
기쁨 46, 80, 84, 117, 122, 123, 128, 194, 210~212, 242, 254, 255, 383, 407
기술유토피아 104, 334
기술주의 218, 231, 402, 408
기억 29, 64, 76~78, 93~96, 111, 172, 208~210, 234, 283, 394, 401
기초개념 91, 92, 207, 208
기회주의 284, 323

ㄴ

나선형 304
남근 233, 237, 238
내재성 30, 47, 56, 156, 263, 270, 276, 280, 281, 297, 317, 337, 338, 344, 375, 377, 404
「내재성:삶…」 22
내재성의 평면 30, 47, 48, 55, 56, 73, 317, 337~342
내재인 74, 75
내적 공명 91, 115, 152, 160, 161, 207, 396
내포적 176, 339, 343, 376, 382, 385, 386
『네그리 사상의 진화』(하트) 11, 404

네토크라시 258
『네토크라시』(바드·소더크비스트) 256, 258, 259
네트워크 143, 201, 256, 257, 259, 265, 267, 375, 383, 400, 403
『네트워크 사회』(카스텔) 256, 259
네트워킹 256, 258, 323
노동 15, 16, 28, 29, 47, 48, 51~53, 55, 56, 60, 62~65, 67, 69~71, 93~96, 101, 103~105, 132, 143, 168, 181, 182, 186, 197, 239, 243~250, 254, 265, 270, 273, 274, 276, 287, 302, 305, 308, 311, 312, 319, 322, 345~347, 349, 352, 365~368, 374, 379, 381~384, 388, 394, 404, 406, 407
노동강도 346
노동강제 16, 101
노동거부 71, 199, 243~246, 249, 275, 323, 382~384, 403, 404, 407
노동계급 63, 101, 197, 246, 311
노동과정 63, 93, 94, 245, 254, 273, 274, 407
노동대중 68
노동력 41, 47, 52, 61, 94, 101, 130, 169, 178, 247, 272, 275, 287, 302, 312, 348, 380, 381, 406, 407
노동모델 186, 366~368, 370
노동시간 60~62, 64, 67, 68, 70~73, 94, 104, 130, 347, 383, 384, 394
노동운동 103, 197
노동일 64, 346
노동자 26, 47, 53, 64, 69, 70, 103, 131, 142, 145, 146, 169, 170, 182, 184, 197, 243, 244, 246, 247, 262, 264, 271, 272, 274, 275, 287, 302, 311, 349, 350, 352, 367, 378, 380, 381, 388, 406
노동정치 95, 403
노동착취 104
『노마디즘』(이진경) 281
녹색자본주의 327
뇌 28, 32, 65, 104, 152, 244, 317~322, 373, 376, 392, 410

『니체와 철학』(들뢰즈) 24, 66, 86, 307

ㄷ

다수 229
다수어 28, 174
다수자 170, 171, 173, 174, 240
다수적인 것 294, 313
다수주의 240, 262, 294, 295
다이어그램 103, 358
다중 10, 17, 32, 143, 144, 158, 188, 199, 201, 242, 253, 254, 265, 276, 280, 288, 302, 303, 314, 316, 319, 321, 323, 326, 328, 383, 407, 413
『다중』(네그리·하트) 64, 201, 285, 314
다중정치(folk politics) 388
다중지성 18, 319, 407
『대담』(들뢰즈) 110, 170, 189
대중 노동자 302
『대중독재』(비교역사문화연구소) 262
대항지구화 운동 17, 265
덧코드화 43, 44, 48, 359, 360, 411, 412
데이터 112, 114
도구 53, 70, 106, 180, 182, 244, 272, 364~368, 387
독일 49, 107, 173
독재 147, 197, 201, 218, 256, 262, 402, 403
동구 12, 195, 198, 199
동독 12, 145, 146
동역학(적) 10, 32, 124, 337~339, 396, 397, 409
동일성 46, 87, 88, 92, 116, 152, 154, 158, 161, 163, 165, 194, 202~204, 208, 214, 239, 240, 243, 261, 275, 289, 294~296, 298, 299, 323, 336, 400~403, 406
두뇌적-민중 318, 319, 321, 322, 407
두뇌-주체 320, 321
「드라마화의 방법」(들뢰즈) 151, 160
『들뢰즈 맑스주의』(쏘번) 18, 157, 201, 238, 241, 244, 266, 276, 277, 282, 295, 299
『들뢰즈 사상의 진화』(하트) 11, 229, 281, 297, 404

『들뢰즈 커넥션』(라이크만) 276
『들뢰즈가 만든 철학사』(들뢰즈) 23, 151, 154, 158, 160, 161
『들뢰즈와 정치』(패튼) 43, 281
등가물 47, 60, 62
『디오니소스의 노동』(네그리·하트) 407

ㄹ

러시아 157
러시아 혁명 146, 236
룸펜프롤레타리아트 239
리얼리즘 96, 97, 236
리좀학 374, 375
리토르넬로기계 28

ㅁ

「마르크스주의 철학에서 헤겔주의 대 반헤겔주의」(이원영) 14, 16
마오주의자 102
마주침 92, 114, 115, 117, 119, 132, 137, 208, 272, 273
맑스-레닌주의 12, 13
맑스-레닌주의자 102
『맑스의 위대함』(들뢰즈) 238, 277, 285
맑스주의 11~13, 17~19, 69, 70, 73, 146, 147, 188, 190, 191, 200, 201, 238, 242, 264, 280, 282~285, 288, 293, 296, 312, 413
맑스주의적 유물론 288, 293
매끈한 공간 54, 56, 175, 176, 179, 184~186, 343
매스미디어 379
메온 88, 205
몸 37, 42, 46, 47, 93, 110, 117, 118, 120~124, 127, 129, 131, 134~137, 155, 163, 165, 178~180, 224, 233, 234, 253, 272, 314, 320, 333, 337~339, 349, 351~355, 361, 371~373, 375, 376, 380, 385~389, 392, 397, 399
묘사 132, 171, 201, 262, 275, 286
무기 89, 176, 180~184, 186, 206, 356, 364~368, 371, 387

무대 95, 115, 131, 143, 196, 223, 344
무-바탕 77, 90, 91, 207, 209, 401
무엇(aliquid) 215, 217, 232
무한속도 23, 109, 133, 137, 342, 392
문명기계 27, 46, 344, 350, 351
문명된 자본주의 기계(형성체) 44, 344
문화정치 105, 231, 235, 256
문화주의 137
문화혁명 236, 237
물질 62, 68, 72, 77, 85, 87, 93, 94, 180, 182,
　　184~186, 197, 209, 221, 222, 233, 234, 236,
　　257, 259, 268, 321, 322, 334, 369, 380, 381,
　　394, 401, 402, 408
『물질과 기억』(베르그손) 29, 76
물질적 반복 77, 209
므네모시네 77, 208
미국 12, 17, 111, 174, 314, 315, 326, 327
미디어 103~105, 142, 143, 334, 378, 379
미래 12, 73, 117, 157, 214, 221, 273, 283, 328,
　　331, 335, 364, 373, 378, 380, 384, 388, 414
『미래를 발명하기』(서르닉·윌리엄스) 364
민감성 107, 108
민족주의 45
민족해방투쟁 49
민중(folk) 328
민중권력 335

ㅂ
밖주름운동 303
반란 26, 146, 185, 328
반맑스주의 13, 146, 284
반봉건 투쟁 49
배치 36, 37, 55, 148, 156, 180~184, 186, 236,
　　240, 253, 265, 275, 280, 286, 290, 339, 353,
　　356, 361, 364~371, 380, 386~388, 398
범주 81, 91, 92, 169, 207, 208, 212, 253, 288,
　　290~292, 406
베르그손주의 303
변증법 14, 31, 68, 70, 71, 73, 164, 170, 191,
　　336, 374, 394

변증법적 유물론 131
변환 112~114, 116, 119, 136, 185
본질 16, 37, 43, 56, 60, 74, 75, 89, 117, 125,
　　127, 129, 134, 138, 149, 168, 169, 205, 219,
　　228~230, 292, 298, 318, 322, 329, 342
부르주아 16, 60, 61, 89, 131, 190, 196, 206
부분객체 39, 41, 155, 164, 165, 167, 269, 336
부정성 206, 233, 235, 237, 401
북아프리카 328
북한 102, 106, 137, 145
분리접속적 종합 40, 42, 44, 166, 195
분열분석 25, 27, 195, 353, 356, 386, 392
분열자 38, 149, 159, 162~168, 175, 191, 329,
　　336, 343, 372, 399, 410
분열증 38, 46, 49, 156, 163, 345
분유 297, 319, 322
불변자본 56, 345, 347, 348
블랙홀 32, 238, 301, 354, 355, 359, 403, 409,
　　413
블록화 323, 353, 364, 387, 406, 409, 410, 412,
　　413
비물질노동 64, 65, 92, 94, 95, 242, 250, 280,
　　312, 319, 394, 407
『비물질노동과 다중』(들뢰즈 외) 64, 120,
　　121, 123, 125~129, 136, 283
「비물질노동과 시간의 재구성」(조정환) 283
비물질적인 것 62, 93, 234, 236, 322, 402
비판이론 323

ㅅ
사건 14, 25, 28, 64, 86, 115, 152, 160, 161, 171,
　　172, 179, 195, 196, 198, 214~217, 219~223,
　　227, 233, 235, 276, 291, 292, 314, 342, 344,
　　400, 401, 408
사변적 실재론 138, 194, 393, 414
사변철학 22, 28
사빠띠스따 17, 238, 262, 263, 404
사실주의 111
사용가치 68, 247, 407
사이버네틱스 104, 110, 112

사이버코뮤니즘 258
사적 소유 52, 135, 168
사회구성주의 137
사회기계 36, 39, 50, 51, 195, 270, 271, 345, 349, 389, 393
사회민주주의 198, 241, 249, 254, 311, 313, 402, 403, 411
사회적 노동 60, 62~64, 131, 132, 243, 293, 302, 305
사회주의 12~14, 16, 26, 29, 31, 49, 63, 100~102, 106, 107, 131, 145, 146, 198~200, 236, 239, 241, 263, 285, 333, 371, 380, 402, 411
산 노동 53, 248, 249, 250, 253, 254, 274, 275, 302, 303, 305, 308, 311, 313, 319, 404
산업자본 56, 130, 131, 199, 273, 348
살아있는 노동 52, 273, 274
삶시간 70, 71, 84, 94, 394
삶정치 17, 242, 264, 266, 278, 280, 281, 306, 313, 314, 323, 400, 404~406, 413
상대속도 109, 110, 133
상대적 잉여가치 61, 346
상징적인 것 232
상품 60~64, 69, 73, 107, 133, 239, 247, 275, 329, 346
생명철학 263
생산 26, 27, 36~39, 45~48, 50, 52, 60~63, 65, 68~70, 74, 75, 89, 93~95, 109, 112, 113, 135, 142~144, 148, 149, 159, 161, 164, 166~168, 194, 195, 198, 202, 205, 223, 224, 233~235, 239, 242~245, 247~251, 255, 256, 258, 259, 261, 266~271, 273, 275, 286, 300, 304~306, 308~311, 316, 323
생산기계 148, 351, 382
서구 23, 196, 198, 261, 288
서브프라임 모기지 326, 383
성층작용 156, 355, 359, 411
소득 61, 326, 345, 351, 352, 383, 384, 388
소련 12, 49, 102, 145, 195
소수자 159, 168, 170, 173~176, 185, 188, 191, 240, 243, 245, 246, 250, 251, 262, 264, 310,

311, 370, 399, 410
소수적인 것 239, 250, 251, 253, 294
소수정치 17, 18, 238, 240, 241, 250, 252, 256, 266, 276, 282, 294, 295, 298, 306, 313, 314, 323, 400, 401, 404, 406, 411, 413, 414
소수철학 23
속도 23, 32, 85, 86, 109, 133, 137, 176, 180, 181, 331~333, 340, 342, 344, 356, 357, 360~362, 367, 372, 373, 376, 386, 392, 407~411, 413
속력 182, 326, 331, 335, 337, 341~344, 353, 354, 365~367, 376, 377, 385, 386, 389, 408~411
속성 24, 74~76, 83, 85~87, 92, 93, 194, 228~230, 238, 285, 296~300, 337, 406
수동성 84, 119, 248
수동적 변용 83
순수 내재성 263, 268, 276
스탈린주의 16, 236, 258, 262, 315 .
스토아학파 214, 288, 342
『스피노자와 표현의 문제』 24, 75, 78, 80, 81, 83, 194, 202, 203, 212, 213, 227, 296, 393
『스피노자의 철학』(들뢰즈) 337, 341, 376
스피노자주의 82, 213, 374
습관 64, 77, 78, 93, 95, 136, 148, 208, 210, 234, 394
시간 10, 24, 29, 104, 111, 126, 130, 161, 197, 199, 203, 209~211, 212, 214, 216, 219, 221~224, 229, 234, 237, 238, 245, 248, 249, 270, 304, 306, 322, 331, 332, 349, 366, 374, 383, 392~394, 401, 410, 411
시간성 52, 58, 83~88, 91, 117, 332, 393, 394
시간-이미지 29
『시네마』 29, 66, 72, 77, 110, 111, 126, 172, 234, 253, 276, 307, 315, 316
시초축적 46, 344
신 75, 157, 171, 223, 229, 230, 248, 296, 298
신그람시주의 195, 241, 249
신유물론 138, 194, 414
신자유주의 13, 17, 28, 31, 104, 198, 200, 241,

263, 328, 332, 334, 335
실재시간 67
실천이성 128
실천철학 10, 22, 404, 409, 412
실체 23, 24, 38, 60, 74~77, 81~84, 86, 87, 92, 93, 96, 108, 178, 191, 194, 213, 228~230, 239, 275, 288, 291, 296, 297, 305, 337, 339, 342, 347, 358
심리적 반복 77, 209, 216, 219, 394, 401
심층적 반복 77, 208, 209, 216, 219, 394, 401

ㅇ

아나키즘 101, 256, 264, 265, 404
아름다운 영혼 284, 289, 405
아우또노미아 17, 18, 28, 70, 71, 156, 243, 245, 255, 374
아이러니 106, 215
안주름운동 303
『안티 오이디푸스』(들뢰즈·과타리) 26, 37, 45, 96, 148, 154, 155, 163, 164, 195, 202, 231, 234, 257, 267, 269, 272, 308, 330, 335, 336, 343, 344, 348, 372, 393, 402, 410
앙상블 113, 114, 128, 134
애매한 전구체 160~163, 168, 175, 191, 207, 329, 399, 410
애벌레-주체 28, 91, 115, 121, 151~155, 159, 160, 161, 191, 207, 396, 398, 399
양태 24, 74~76, 81~83, 85~87, 92, 93, 117, 123, 132, 136, 152, 164~166, 194, 213, 228~230, 237, 296, 297, 337, 405
어두운 전조 91, 160, 207
어리석음 90, 207, 236
언어 11, 24, 27, 75, 77, 80, 83, 136, 163, 173, 196, 212, 214, 217, 223, 237, 267, 276, 327, 359, 367, 375, 381, 401, 411
『에티카』(스피노자) 117, 122, 125, 126, 128, 134, 228, 229, 341
에피쿠로스학파 342
역설 23, 28, 66, 67, 136, 192, 202, 203, 215, 217, 220, 224, 232, 238, 253, 300, 400

연결망 114
연결접속적 종합 40, 41, 166, 195
열린 맑스주의 17
영구혁명 218, 231, 237, 402
영국 13, 14, 17, 18, 49, 107, 174, 327, 383
영원성 80, 84, 126, 134, 212
영원회귀 24, 36, 79~82, 93, 162, 166, 211~214, 237, 256, 303
영토기계 27, 40~44, 46, 48
영화 29, 30, 75~77, 94, 104, 111, 201, 314~316
예술 18, 30, 100, 102~105, 107, 108, 129, 159, 167, 171~173, 190, 201, 219, 223, 258, 262, 289, 292, 293, 307, 313, 315~321, 392, 399, 406, 407
예술인간 18, 97, 103, 173
오이디푸스 26~28, 41, 44, 45, 52, 155, 156, 159, 195, 203, 231, 234, 392, 399
완전고용 364, 368, 384
완전자동화 364, 368, 384, 387
외삽 40~42, 308
외연적 88, 176, 204, 343, 376, 382, 385
욕망기계 26~28, 148, 149, 154~156, 159, 164~166, 168, 336, 392, 393, 398, 399, 410
욕망하는 기계 37, 269, 271, 336
우크온 88, 205
우화짓기 110~112, 116, 119, 126, 396
운동-이미지 29, 76
운동학(적) 10, 32, 124, 337~339, 396
원시적·야생적 영토기계(사회기계) 46, 393
원자 153, 154, 342, 343
유동자본 56
유럽 28, 135, 145, 170, 195, 326, 327, 383
유목민 53, 159, 175, 176, 179, 180, 184~186, 191, 329, 367, 388, 399, 410
유물론적 내재주의 373
유비 80, 87, 92, 116, 194, 204, 208, 211, 297, 400, 401
유사성 80, 87, 88, 90, 116, 150, 152, 161, 162, 204, 206, 211, 253, 400, 401
유용노동 55

유용성 85, 395
유출 47, 74, 75, 230
은행 51, 326, 352
음의 엔트로피 112
의미 11, 25, 26, 30, 32, 36, 45, 50, 53, 55, 63,
    66, 67, 71, 79, 81, 82, 88, 94, 102, 106~108,
    111, 121, 124~126, 128, 133, 136, 142, 143,
    147, 162, 163, 164, 171, 175, 184, 186~188,
    195, 196
『의미의 논리』(들뢰즈) 25, 194, 202, 203, 214,
    223, 227, 234, 301, 307, 402
이것임 85, 184
이성 76, 78, 83, 119, 123, 126, 128, 134, 327,
    329, 340, 395~397
이용 183, 198, 240, 251, 261, 334, 340, 361
이윤 48, 51, 52, 55, 61, 305, 344, 345, 348,
    349, 352
이윤 축적 48
이윤율의 경향적 저하 55, 345, 348
이탈리아 11, 15, 17, 18, 28, 156, 242, 374, 384,
    403
이항기계 38, 164, 269
인간적 잉여가치 346~348, 350~352
인간주의 23, 37, 376, 379, 380, 389
인간중심주의 138
인민 16, 101, 235
인종 45, 395
인종주의 45
『인지자본주의』(조정환) 103
인칭 219, 223, 225~227
일반지성 321, 374, 375
일상 75, 104, 111, 160, 168, 293, 354
임금노동 52, 53, 56, 62, 246, 249, 250, 254,
    287, 305
잉여가치 47, 52, 61, 243, 330, 344~353, 381,
    384
잉여노동 56, 61, 68, 382, 383
잉여노동시간 56, 61, 68

ㅈ
자기가치화 243, 266, 313, 379
자기정서 123, 130
자동주의 375
『자본』(맑스) 18, 60, 199, 201, 237, 239, 245,
    272, 286, 293, 346, 347, 407
자본기계 270~273, 275
자본주의 15~18, 26, 27, 31, 40, 44, 46~56,
    60~62, 64, 100, 101, 103~105, 130~132,
    135, 142~146, 169, 170, 187, 189, 190, 195,
    198, 200, 202, 237, 241, 243, 245, 248, 251,
    253~258, 263, 270~272, 274, 275, 280, 284,
    286, 293, 302, 305, 326~329, 331~334, 344,
    345, 348~353, 371~376, 378, 380, 382~384,
    389, 393, 408
자본주의 공리계 48, 49, 54~56, 345, 348~
    350, 352, 371
자본주의 문명기계 27, 46, 344, 350, 351
자본주의 붕괴론 284
자본주의 사회체 46
자본주의 안정론 284
자연주의 37, 137
자유노동자 272, 273
『자유의 새로운 공간』(네그리·과타리) 15,
    198, 201
자유주의 63, 411
자율(적) 10, 16, 17, 54, 174, 179, 225, 233, 240,
    249~252, 254, 255, 265, 266, 295, 299, 322,
    323, 373, 376, 404
자율주의 11, 17, 18, 101, 265, 281
자율주의적 맑스주의 11, 265
잠재적인 것 23, 36, 152, 228, 232~234, 237,
    238, 249, 252, 253, 268, 285, 287, 288, 291,
    302, 303, 305, 313, 322, 342, 405
잠재태 292
장인 159, 175, 184~186, 191, 369, 388, 399,
    410
재현 23, 52, 81, 87, 90~92, 95, 96, 124, 125,
    131, 156, 158, 159, 161, 178, 190, 194~197,
    200, 203, 204, 206, 207, 212, 233, 240, 260,

262, 288, 301, 303, 401, 403
재현주의 87
전개체적 80, 91, 105, 112, 114, 115, 119, 121, 122, 133, 138, 159, 207, 219, 225, 396, 401
전개체적인 것 113
전쟁기계 28, 50~53, 56, 156, 159, 176, 177, 179, 181~183, 186, 187, 191, 275, 329, 360~362, 364, 366~370, 387, 388, 399, 403
전제군주기계 27, 195
전체주의 218, 231, 402
절대속도 32, 109, 133, 362, 413
절대운동 343, 361
절대적 능동성 80, 212
절대적 잉여가치 346
절대적인 탈영토화 48, 49
절대정신 105
절편화 200, 353, 359, 411
정동 32, 84, 94~96, 98, 100, 103, 105, 108, 109, 112, 114, 116, 119~139, 172, 173, 180, 182, 184, 321, 329, 338~341, 361, 367, 385, 386, 392, 395~397, 410
『정동 이론』(그레그·시그워스) 105
「정동이란 무엇인가?」(들뢰즈) 120~123, 125~129, 136
정동이론 100, 105, 108, 130, 132, 135, 137~139
정보 29, 101, 103~106, 108~114, 116~119, 121, 123, 124, 127, 130~134, 137~139, 143, 197, 200, 242, 256~259, 261, 265, 300, 327, 351, 372, 373, 378, 381, 395, 397, 403, 404
정보화 103~106, 114, 200, 242, 381
정서 61, 114, 116~130, 132~139, 182, 254, 395~397, 399, 410
정신분석학 52, 106
「정적 발생의 논리학·2」(들뢰즈) 226
정치 10, 14, 15, 17, 18, 22, 25~28, 31, 32, 49, 52, 92, 95, 100, 103~107, 112, 121, 130, 131, 134, 168, 173, 176, 180, 187~189, 191, 195, 196, 200~202, 218, 223, 230, 231, 234, 235, 238, 240~242, 244~246, 249, 252,

253, 255, 256, 258~260, 262, 264, 266, 276, 280~283, 287, 293~296, 298~300, 306, 311~316, 322, 330, 332, 334, 351, 354, 363, 366, 377, 379~381, 384, 385, 388, 389, 392, 399~406, 408~411, 413, 414
정치경제학 비판 14, 49
『정치경제학 비판 요강』(맑스) 65, 245, 249, 270, 274, 293, 320, 347
정치철학 14, 18, 22, 25, 27, 28, 33, 106, 189, 191, 195, 201, 265, 385, 392, 402, 409, 411
제2인터내셔널 323
제3세계 145, 199, 261, 315, 316, 330
제3인터내셔널 323
제국 12, 18, 31, 32, 39, 40, 42, 46, 48, 143~145, 178, 180, 195, 198, 241, 242, 261, 265, 266, 280, 368, 393
『제국』(네그리·하트) 18, 201, 242, 254, 303, 304, 312
제국적·야만적 전제기계(형성체) 44, 46, 393
조직의 판 361
존재론 23~25, 27, 77, 81, 82, 87, 113, 192, 201~203, 209, 212, 213, 215, 216, 227~229, 231, 233, 234, 249, 254, 276, 281~283, 285, 287, 290, 297~304, 306, 335, 337, 385, 389, 392~394, 397, 400, 401, 405, 406
존재론적 반복 24, 77, 209, 216, 231, 234, 394, 401
존재론적 선회 285
『존재의 지도』(브라이언트) 393
종교 45, 83, 105, 111, 236, 320
종합 25, 30, 32, 38~42, 44~46, 48, 50, 78, 80, 107, 150, 152, 164, 166, 170, 187, 195~197, 200, 209, 211, 227, 269, 300, 301, 308, 311, 314, 336, 347
좌파 12, 13, 18, 26, 101, 102, 131, 195~197, 200, 201, 241, 242, 294, 328, 330, 363, 377, 378, 383, 384, 388, 408, 409, 412~414
『주름』(들뢰즈) 29, 307
주체 15, 26, 28, 32, 46, 52, 55, 64, 65, 86, 88, 91, 94, 103, 107, 115, 121, 131, 138, 165,

166, 168~171, 174, 175, 179, 182, 183, 188, 190, 204, 207, 226, 243, 262, 290, 314, 317, 320, 322, 329, 335, 339, 341, 354, 356, 361, 362, 367, 373, 375, 376, 378, 380, 386, 388, 392, 396~399, 403, 410, 411, 413

주체되기 140, 396, 397

주체성 15, 28, 55, 131, 142, 144, 149, 150, 153, 154, 156, 169, 173~175, 183, 188, 190, 191, 198, 266, 280, 283, 296, 319, 323, 329, 371, 373, 375, 376, 383, 388, 397~399, 406~410

주체이론 144, 145, 147, 149, 188, 262

주체주의자 102

죽음 77, 106, 146, 155, 156, 171, 177, 208, 209, 223, 271, 355, 361, 363, 394

준안정성 112, 113

중국 102, 145, 146, 326, 327

중성 219, 225

지구 사회 334, 408

지대 46, 51, 52, 120, 166, 227, 307, 347, 351, 362, 384, 413

지복 84, 194, 237

지속 15, 18, 24, 28, 54, 62~65, 67, 71~77, 82, 86, 87, 93, 95, 96, 112, 125~127, 129, 134, 161, 164, 180, 229, 244, 246, 288, 295, 311, 336, 344, 346, 349, 396

직관 22, 54, 77, 84, 85, 87, 123, 127, 130, 135, 178, 184, 237, 341, 369, 395, 397

직선 39, 178, 221, 222, 304

진리 74, 100, 102, 103, 126, 222

진화 13, 18, 77, 84, 93, 123, 134, 145, 149, 153, 194, 314, 333, 334, 372

질료형상론 112

집단적 자치 334, 335, 389

집합 32, 48, 49, 55, 76, 170, 180, 181, 184, 226, 246, 305, 311, 334, 348, 354, 356, 365, 368~371, 378, 380, 386, 387

집합적 배치 184, 368, 371, 380

짝짓기 91, 115, 152, 153, 160, 163, 207, 269, 335, 396

ㅊ

차이 23~27, 29, 31, 32, 36, 37, 47, 49, 66, 75~78, 80~82, 86~90, 93, 101, 109, 110, 114~117, 119, 125, 126, 133, 134, 137, 150~152, 159~163, 194~196, 200, 203~207, 209, 211~214, 219, 225, 231, 232, 237, 238, 245, 253, 256, 259~261, 268, 281, 282, 284, 286, 289, 290, 292, 298, 301, 302, 310, 313, 314, 319, 322, 334, 340, 342, 348, 392, 398~401, 405~407

차이소 116, 162

『차이와 반복』(들뢰즈) 25, 66, 77, 78, 80, 82, 88, 115, 151, 152, 155, 158~160, 162, 163, 194, 199, 202~204, 212, 255, 268, 284, 286~290, 300, 307, 322, 393, 398

『창조적 진화』(베르그손) 74~76, 85, 87

척도시간 67, 70

『천 개의 고원』(들뢰즈·과타리) 18, 27, 54, 71, 84, 86, 147, 148, 156, 157, 174, 199, 201, 202, 231, 234, 246, 251, 263, 301, 307~309, 314, 343, 353, 364, 365, 380, 393, 409, 410

철학 10~12, 14, 15, 17, 18, 22, 23, 25, 27, 28, 30, 32, 36, 57, 66, 67, 102, 105, 106, 108, 109, 112, 129, 130, 135, 138, 144, 153, 159, 161, 178, 179, 189, 191, 194~197, 199~202, 205, 215, 219, 223, 227, 232, 249, 262, 263, 265, 281, 283, 287~289, 299, 301, 307, 313, 317~321, 331, 341, 342, 374, 376, 385, 392, 393, 397, 400, 402~405, 407, 409~412, 414

『철학이란 무엇인가』(들뢰즈·과타리) 30, 106, 107, 109, 116, 120, 172, 190, 276, 291, 300, 307, 316, 317, 321, 322, 341, 342, 372, 376, 377, 409

초월 23, 24, 30, 96, 120, 185, 233, 234, 265, 274~276, 280, 284, 317, 323, 351, 373, 374, 392

초재 40, 42, 43, 54~56

초험적 경험론 293

총력전 체제 262

추상 28, 30, 43, 52, 55, 62, 63, 75, 90, 156, 157,

159, 174, 206, 235, 243, 244, 270, 273~276,
285~287, 304, 305, 315, 329, 334, 355, 356,
358~360, 365, 375, 382, 399, 410~412
추상기계 28, 30, 156, 157, 159, 243, 270, 274~
276, 329, 358~360, 382, 399, 410~412
추상노동 52, 55, 62, 304
추상화 52, 62, 106
「추신: 통제사회에 대하여」(들뢰즈) 110

ㅋ

카오스 28, 30, 31, 116, 120, 122, 307, 316~319,
372, 373, 376, 392, 396, 410
『카오스모제』(과타리) 373
카오이드 116, 316, 396
카이로스 223, 304, 322
『카이로스의 문학』(조정환) 97
『카프카』(들뢰즈·과타리) 30, 276, 307
『칸트의 비판철학』(들뢰즈) 23, 24, 66
케인스주의 198, 378
코드화 40, 41, 43, 48, 199, 345, 349
코뮤니즘 16, 101, 169, 222, 223, 241, 243, 255,
265, 276, 277, 280, 281, 283, 284, 293, 295,
299, 305, 323, 374, 380, 382, 383
크로노스 86, 87, 91, 95, 126, 221, 222, 304,
394, 410

ㅌ

탈맑스주의 146, 195, 200, 238, 241, 242
탈영토화 27, 28, 40, 44, 46~52, 147, 156,
173, 176, 191, 199, 200, 202, 237, 256, 259,
271~273, 275, 276, 281, 294, 329, 330, 332,
335, 344, 345, 348~363, 373, 375, 385, 386,
389, 403, 409~413
탈주체(적) 28, 140, 146, 147, 396, 397, 410
탈중심화 87, 90, 92, 116, 159, 204, 206, 208
테러리즘 238
테크놀로지 110, 131, 132, 334, 364, 371, 378
토지 47, 51, 184, 195, 270, 272
통제 26, 41, 53, 54, 61, 66, 69, 104, 110, 196,
255, 258, 305, 364

통치성 265, 375, 376
투쟁가속화 378
투쟁계획화 378
트로츠키주의 101
특별잉여가치 47, 346
특이성 36, 113, 115, 134, 154, 158, 184, 195,
219, 220, 223, 225, 226, 272, 275, 288, 291~
294, 299~301, 305, 306, 322, 323, 353, 357,
362, 369, 387, 396, 399, 401, 402, 404, 405,
409
특이점 219~223, 226, 264, 275, 276, 287, 404
특허 333, 378

ㅍ

파괴 51, 79, 143, 154, 166, 178, 180, 196, 210,
235~238, 246, 266, 289, 306, 311, 334, 335,
345, 350, 355, 360, 373, 375
페미니즘 17, 256, 259, 265, 403
편집증 27, 238
평균이윤 61
평화 54, 56, 187
포드주의 244, 333, 378
포스트구조주의 11, 13, 14, 374
포스트모더니즘 12, 13, 146, 147, 197, 200
『포스트식민 이성 비판』(스피박) 261
포획장치 51, 53, 188, 370
표면적 반복 77, 208, 209, 394, 401
표현 14, 24, 29, 37, 57, 60, 71, 72, 74, 75,
81~83, 86, 92, 95, 97, 100, 102, 103, 107,
110, 111, 125, 126, 129, 136, 137, 151, 153,
160, 167, 173, 180, 182, 184, 186, 194, 195,
197, 202, 203, 212, 214, 216, 217, 226~231,
237, 241, 242, 245, 257, 275, 287, 290~292,
296~298, 305, 306, 332, 337, 342, 343, 345,
348, 351, 358, 367, 369, 370, 376, 378, 384,
385, 394, 396, 401, 404, 405, 409, 411, 413
표현주의 87, 227
『푸코』(들뢰즈) 29
프랑스 11~15, 17, 22, 25, 26, 107, 146, 374
프로메테우스 334, 409

프롤레타리아 18, 47, 52, 53, 61, 89, 100, 107,
145, 169, 170, 175, 190, 191, 206, 236, 239,
240, 243, 244, 246, 253, 275, 276, 283, 293,
295, 296, 310, 320, 323, 371, 380~382, 399,
403
『프루스트와 기호들』(들뢰즈) 30, 307
플라톤주의 214
플랫폼 334, 335, 379, 388, 408
필요노동시간 56

ㅎ

『한 장의 잎사귀처럼』(해러웨이) 260
한번-던짐 221
허상 80, 90~92, 115, 116, 158, 206~208, 212
허상의 평면 91, 207
허상화 116
「헤겔 법철학 비판 서문」(맑스) 320
헤겔주의적 변증법 374
혁명 13, 15~18, 25~29, 52, 60, 61, 71, 89, 100,
101, 107, 108, 131, 145, 146, 148, 167, 169,
177, 187, 188, 190, 191, 199, 200, 206, 218,
219, 223, 231, 235~238, 245, 246, 249, 251,
254, 263, 275, 280, 283~285, 288, 294, 310,
311, 315, 320, 323, 327, 330, 332, 350, 353,
370~372, 392, 402~405
『혁명의 시간』(네그리) 280, 304
혁명적 문화정치 231, 235
현대 자본주의 54, 56, 333
『현대 프랑스 철학의 성격 논쟁』(캘리니코스
외) 11~15, 17
현실사회주의 29, 285
현실적인 것 23, 36, 228, 237, 249, 251~253,
268, 285~288, 302, 303, 306, 313~315, 322,
342
현실주의 284, 288, 294, 405
협력 19, 237, 238, 265, 312, 313, 319, 323, 379,
381
협치 265
형이상학 106, 201, 227, 233, 235, 260
형태 13, 18, 19, 37, 39, 40, 42, 47, 48, 54, 56,
60, 64, 66, 68, 70, 84, 85, 93~96, 105, 107,
111, 131, 133, 136, 139, 156, 160, 177, 185,
187~190, 197, 220, 247, 249, 253, 255, 257,
274, 275, 292, 295, 302, 308, 319, 327, 328,
349, 352, 373, 375, 376, 378, 379, 381, 382,
384, 394, 395, 397, 399, 404, 407, 414
『형태와 정보 개념에 비추어 본 개체화』(시몽
동) 113
홈패인 공간 28, 50, 55, 185
홈패임 56, 178
화폐 44, 47, 51, 60~62, 199, 258, 272, 273,
329, 330, 332, 348, 351~353, 382
환경주의 263, 326
회집체 172
「흄」(들뢰즈) 153
흐름의 잉여가치 47, 346~348, 350, 351

기타

1917 145, 198
1929년 198
1968년 25, 146, 151, 160, 194~199, 202, 288,
400
1980년 12, 15, 30, 100, 103, 145, 146, 201, 244,
407
1989년 145, 194, 197~200, 400
1995년 10, 11, 15, 17, 23, 103
19세기 61, 105, 348
1종인식 78, 83~85, 209, 210
2008년 103, 326, 328, 332, 383, 408
20세기 31, 100, 102, 132, 194, 327, 328, 333,
348, 374, 405
21세기 17, 32, 61, 100, 201, 395, 411
2종인식 84, 210
3종인식 80, 84, 85, 212, 341
68혁명 13, 18, 25, 27, 28, 71, 392, 405
9·11 241
IMF 200